La France d'hier

Récit d'un monde adolescent
des années 1950 à Mai 68

DU MÊME AUTEUR

Le Mythe de l'entreprise, *La Découverte, 1992 et 1995*

Les Illusions du management. Pour le retour du bon sens, *La Découverte, 1996 et 2000*

Mai 68, l'héritage impossible, *La Découverte, 1998, 2002, 2006 et 2015*

La Barbarie douce. La modernisation aveugle des entreprises et de l'école, *La Découverte, 1999 et 2003*

La Démocratie post-totalitaire, *La Découverte, 2002 et 2003*

La France morcelée, *Gallimard, Folio essai, 2008*

La Gauche à l'épreuve, *Tempus-Perrin, 2011*

La Fin du village. Une histoire française, *Gallimard, 2012 ; Folio histoire, 2017*

Malaise dans la démocratie, *Stock, 2016* ; *Pluriel, 2017*

La Gauche à l'agonie ? 1968-2017, *Tempus-Perrin, 2017*

À Julien et à Benjamin

« Ma conviction est que la pensée elle-même naît d'événements de l'expérience vécue et doit leur demeurer liée comme aux seuls guides propres à l'orienter. »

Hannah Arendt, Préface à *Crise de la culture*, 1961

Introduction

D'un récit incertain

Je ne voulais pas écrire ce livre. Je n'ai guère de goût pour les commémorations et le cinquantième anniversaire de Mai 68 ne suffisait pas à me convaincre de reprendre l'écriture sur ce thème. Un demi-siècle est passé et les livres n'ont pas manqué. L'événement et ses suites ont subi une série de relectures variées et contradictoires qui forment autant de couches d'interprétations qui se sont accumulées pendant un demi-siècle. Ayant le sentiment d'avoir dit l'essentiel de ce que j'avais à dire dans *Mai 68, l'héritage impossible*[1] et dans d'autres articles et ouvrages qui ont suivi[2], qu'aurais-je à écrire de plus sur le sujet ?

En 1998, quand parut ce livre, l'histoire était encore racontée par les « vainqueurs » : des soixante-huitards reconvertis et devenus célèbres qui tenaient le haut du pavé dans le journalisme et l'édition. Le récit faisait encore la part belle à l'extrême gauche se réclamant des différents courants révolutionnaires (trotskystes, maoïstes…) et à des *leaders* dont la

1. *Mai 68, l'héritage impossible*, La Découverte, 1998, 2002, 2015.

2. Notamment : *La Barbarie douce*, La Découverte, 1999 et 2003, *Malaise dans la démocratie*, Stock, 2013, *La Gauche à l'agonie. 1968-2017*, Perrin, 2014.

plupart étaient issus du Parti communiste. Mai 68 pouvait alors apparaître avant tout comme l'affaire d'une seule et même génération étudiante et parisienne, militante et politisée avant l'heure qui, à travers ses aventures et ses mésaventures, avait finalement réussi à moderniser positivement la société française, même si le sens de cette transformation escomptée au départ (la révolution) n'était pas le bon.

C'est dans ce contexte que Mai 68 est devenu un nouveau mythe fondateur inaugurant une histoire qui reléguait le passé dans l'obscurantisme et faisait des soixante-huitards les nouveaux héros d'une modernité qui trouvait son accomplissement à l'heure du mitterrandisme triomphant. Le Parti socialiste, SOS Racisme, les milieux du journalisme, de la communication, de l'édition… offraient alors des lieux de reconversion du militantisme et de pouvoir gratifiants. Ils semblaient venir confirmer, à leur façon, que non seulement la révolte et les engagements des soixante-huitards n'avaient pas été vains, malgré des erreurs de jeunesse, mais que ces derniers étaient devenus les héros des temps nouveaux, reconnus et gratifiés comme tels à l'aune des grands médias audio-visuels devenus leur terrain de prédilection et l'instrument de leur hégémonie. Le constat paraissait alors sans défaut et le parcours d'une génération se clôturait par ce qui ressemblait fort à l'autocélébration d'une frange bien particulière de soixante-huitards qui s'étaient approprié l'événement.

Cette version de l'histoire écrite par les vainqueurs s'est érigée en nouvelle doxa pour les jeunes générations. Elle laissait de côté les aspects nihilistes dont ce mouvement a été porteur et glorifiait ce que j'ai appelé le « gauchisme culturel [1] », notion longtemps ignorée et largement reprise aujourd'hui. L'« héritage impossible » de Mai 68 s'est répandu

1. Cf. « III. Naissance d'une contre-culture » in *Mai 68, l'héritage impossible, op. cit.*, ; « Du gauchisme culturel et de ses avatars », *Le Débat*, n° 176, septembre-octobre 2011, repris dans *La Gauche à l'agonie 1968-2017*, *op. cit.*

dans la société au terme de tout un parcours fait de continuités et de ruptures. Dans les années 1980-1990, sur fond de crise de sa doctrine, la gauche l'a repris à son compte. Institutionnalisé par la gauche au pouvoir, le gauchisme culturel a acquis une légitimité sans précédent lui assurant les moyens de son hégémonie. Une partie de la droite finira par s'y rallier avec plus ou moins de réticences. Cette interprétation de l'héritage impossible de Mai 68 et du gauchisme culturel ne prétend pas à l'exhaustivité ni dévoiler un « sens caché » inscrit dans une marche de l'histoire, mais elle entend contribuer à la compréhension d'une « révolution culturelle » qui, combinée avec le développement du chômage de masse, a produit des fractures sociales et culturelles qui sont au cœur du malaise démocratique [1].

De la critique à l'opprobre

Depuis les années 2000, de nouvelles générations ont rompu avec le discours lénifiant sur Mai 68, critiquant son héritage impossible en matière de politique, de mœurs et de culture en y ajoutant un aspect de revanche générationnelle contre ceux qui depuis des années occupent le milieu intellectuel parisien et les médias. Leur révolte et leur critique du « gauchisme culturel » font plaisir à lire et à entendre : elles s'attaquent aux « mutins de panurge [2] », au nouveau conformisme qui s'est développé sous les traits de l'anticonformisme. Les nouvelles générations critiques de 68 n'entendent plus s'en laisser compter, mais encore s'agit-il de ne pas sombrer dans un nouveau règlement de comptes qui brouille les pistes et risque de tourner en rond.

1. *Malaise dans la démocratie*, Stock, 2016.

2. Philippe Muray, *Les Mutins de Panurge. Exorcismes spirituels II*, Les Belles Lettres, 2006.

De jeunes conservateurs de droite réaffirment l'importance de l'autorité et de la transmission d'un héritage politique et culturel issu d'une longue histoire nationale et civilisationnelle dans laquelle ils s'inscrivent et qu'ils entendent bien défendre et faire valoir. Autant d'éléments qui soulèvent la « chape de plomb » du politiquement et du moralement correct de gauche et de ses procès en sorcellerie. Mais la colère légitime verse dans des critiques souvent sommaires, procédant à des raccourcis et des approximations. Cette façon d'écrire et de « dégainer » au plus vite des idées qui peuvent faire sensation, en récupérant au passage de nombreux auteurs et écrits, porte la marque de ce qui est dénoncé. Comme quoi, on ne se débarrasse pas si facilement d'un héritage impossible dont on se voudrait exempt, on peut même se nourrir de ce qu'on dénonce dans un jeu d'affrontement délétère. Face à l'hégémonie du gauchisme culturel, la révolte salutaire peut servir de catharsis. Mais elle brouille l'analyse et la compréhension. C'est un autre récit inversé et tout aussi schématique que le précédent qui risque de prendre la place de la belle histoire antérieure racontée aux enfants.

Face à ce nouveau schématisme, il est bon de rappeler une idée simple en forme de constat : tous les problèmes ne peuvent être ramenés et imputés à Mai 68 et aux soixante-huitards. On peut être critique sur les idées et les actions menées à l'époque, mais les étudiants contestataires et les gauchistes n'ont pas inventé la crise du christianisme, le discrédit du gaullisme dans de larges parties de l'opinion, la crise de l'université, le mécontentement social, les luttes ouvrières et paysannes et la grève générale qui paralysa un moment le pays… Cinquante ans plus tard, on ne saurait pas plus leur imputer la fin des Trente Glorieuses, le chômage de masse, les déserts industriels, les problèmes des banlieues, voire l'islamisme radical… Les années 1970, 1980, 1990…

écrasent l'événement et sont considérées dans le droit-fil de Mai 68 sans tenir compte des discontinuités et des ruptures qui ont marqué le mouvement [1].

Un demi-siècle après l'événement, des questions simples méritent d'être posées : quand on parle de « Mai 68 » et des « soixante-huitards », de quoi et de qui au juste parle-t-on ? Faute de répondre à ces questions, on se condamne à des approximations et des contre-vérités ; on juge d'emblée plutôt que de chercher d'abord à comprendre ce qui s'est passé. Une nouvelle fois, l'histoire de Mai 68 peut être réécrite à coups de serpe et de rapprochements hasardeux dans une optique de règlement de comptes et de faire-valoir qui n'a rien à envier au récit apologétique des soixante-huitards et de leurs descendants. L'enjeu n'est pas la prise du pouvoir intellectuel d'une nouvelle génération trop longtemps étouffée et avide de reconnaissance, mais la compréhension du passage de l'ancien à un nouveau monde dont Mai 68 marque un des moments charnières. Il s'agit d'essayer de « trouver la bonne distance » en faisant la part des choses entre les évolutions structurelles de la société et du monde moderne, et les représentations et les idéologies qui les accompagnent en produisant leurs effets de déstructuration.

Vingt ans ont passé depuis la publication de mon premier livre sur Mai 68 et l'on assiste aujourd'hui à un mouvement de balancier dans l'appréciation de l'événement et de ses effets sociétaux. À la légende dorée de Mai 68 peut succéder une légende noire qui n'en comprend pas plus la signification sociale et historique et fait le procès de la modernité.

1. Cf. « Mai 68, la France entre deux mondes », *Le Débat*, mars-avril, 2008, repris dans *La Gauche à l'agonie, op. cit.* Ce texte distingue quatre phases du « mouvement de mai » : les conditions historiques et les prémisses de mai 68 ; les journées de mai et de juin ; le début des années 1970 et la flambée du gauchisme ; le tournant du milieu des années 1970 qui combine la fin des Trente Glorieuses et la montée des thèmes écologistes.

Les relectures oscillent constamment entre fascination et rejet, entre nostalgie et déclarations velléitaires appelant à « liquider 68 » avec l'illusion d'un possible retour en arrière comme à un bon vieux temps supposé. Les débats autour du cinquantième anniversaire de Mai 68 risquent de nouveau de se trouver pris dans une confrontation stérile. C'est précisément l'une des raisons qui me pousse à creuser le sillon de l'interprétation à nouveau frais et sous une nouvelle forme.

Renouer le fil de l'histoire

Mai 68 est un événement historique iconoclaste qui n'appartient à personne. Le gauchisme et les années de l'après-Mai ne peuvent se confondre avec l'événement lui-même et les conditions qui l'ont rendu possible. C'est précisément ce que ce livre entend montrer en recourant à un récit qui décrit ce que furent mon enfance et mon adolescence des années 1950 à Mai 68. J'ai été réticent à raconter cette histoire, préférant le recul distancié et l'analyse globale d'une situation historique dont j'ai toujours eu le sentiment d'avoir été l'un des témoins et des acteurs parmi d'autres. Mais, en fin de compte [1], il m'a semblé que la forme du récit était la mieux à même de rendre compte d'un passé devenu aujourd'hui incompréhensible aux générations nées dans un nouveau monde qui s'affiche sous les traits d'une modernité pratiquant une perpétuelle fuite en avant. Les générations se renouvellent vite et pour celles que l'on dénomme X, Y ou Z, Mai 68 peut apparaître comme une préhistoire ; elles ont bien d'autres préoccupations en tête et les nouvelles technologies de l'information et de la communication offrent d'autres attraits que ceux de lire une vieille

1. Sous la pression et les conseils amicaux d'Alice d'Andigné et de Georges Liébert, deux éditeurs que j'apprécie particulièrement.

histoire. Mais que savent-elles au juste des conditions dans lesquelles a vécu ma génération, de la façon dont elle a été élevée et éduquée, de son adolescence et de son passage difficile à l'âge adulte ? Comment peuvent-elles encore comprendre un malaise existentiel et une révolte qui ne se confondent pas avec quelques slogans caricaturaux et la recherche du paraître et du faire-valoir ?

Il ne s'agit pas dans ce livre de « faire le bilan » de Mai 68, d'analyser des mécanismes de fonctionnement et des idéologies, pas plus que de prétendre à une intelligibilité globale qui se situerait en position de surplomb de l'histoire. Ce livre voudrait faire comprendre « de l'intérieur » le climat d'une époque, ce que pouvait être la vie d'un jeune dans les années 1950 et 1960 et comment se sont nouées dans cette période des contradictions qui éclateront au grand jour en Mai 68. Ce parcours individuel s'insère dans une société et une « chair de l'histoire » faites de représentations, d'idées, de valeurs anciennes et nouvelles qui coexistent tant bien que mal dans cette période de l'après-guerre. Il ne prétend pas à l'exhaustivité et n'a rien d'exemplaire. Il décrit un milieu familial et social particulier, commerçant et marin-pêcheur, une éducation marquée par le poids du catholicisme, dans une région, la Normandie, encore imprégnée d'une culture issue du XIXe siècle, qui subit une mutation rapide. Paris n'est pas la France et Mai 68 ne se réduit pas à ce qui s'est passé au Quartier latin.

Cet essai d'ego-histoire n'est pas seulement intellectuel, il est tout autant existentiel et événementiel en opérant un va-et-vient entre le passé et le présent [1]. Son but est d'essayer

1. Il s'appuie sur des souvenirs, des archives personnelles, des brochures, des articles de journaux et des livres d'histoire régionale portant sur les années 1950-1960. L'appréciation des situations, des institutions et des personnages, décédés ou vivants, n'engage que son auteur. Certaines peuvent paraître sévères, elles relèvent d'une estimation personnelle et ne préjugent pas de ce qu'ils sont advenus.

de mieux appréhender l'ancien et le nouveau monde dont les années 1950 et 1960 furent les années charnières et Mai 68 un moment de catharsis et de basculement. À partir d'un parcours individuel, il voudrait faire comprendre les mentalités et l'esprit d'une époque à ceux qui ne l'ont pas vécue, en même temps qu'il en tire quelques leçons pour le présent. Comme l'a si bien dit Stefan Zweig dans *Le Monde d'hier*, qui remonte beaucoup plus loin dans le temps : « Si par notre témoignage, nous transmettons à la génération qui vient ne serait-ce qu'une parcelle de vérité, vestige de cet édifice effondré, nous n'aurons pas œuvré tout à fait en vain [1]. » C'est de cette façon que je voudrais, à ma manière et sans démagogie à l'égard de la jeunesse, renouer le fil de nouveau rompu entre les générations. Libre à chacun d'en prendre connaissance et d'en tirer des leçons.

1. Stefan Zweig, *Le Monde d'hier, souvenir d'un Européen*, Belfond, 1993, p. 14.

PREMIÈRE PARTIE

UNE GÉNÉRATION D'ENFANTS GÂTÉS ?

Chapitre 1

Entre les « pauvres » et les « gens riches »

Je fais partie de la génération dite du baby-boom sur laquelle on a beaucoup écrit et glosé depuis un demi-siècle. Avec son petit sourire en coin, mon père disait que j'étais, comme beaucoup d'autres de ma génération, un « enfant gâté ». À l'époque, cette remarque sarcastique ne me plaisait pas beaucoup. J'y voyais un reproche et une critique injustifiés de ma situation : après tout, je n'avais pas choisi de naître dans une famille d'artisans et de commerçants qui « gagnait plutôt bien sa vie » dans les années 1950 et 1960 du siècle dernier dans une France en pleine expansion. Le monde familier dans lequel je vivais allait de soi ; on n'allait pas revenir en arrière et les histoires du passé ne m'intéressaient pas vraiment. Il n'en allait pas de même pour mes parents et mes grands-parents qui n'auraient pas cru vivre un jour dans une société nouvelle où l'on pouvait vivre aussi bien en « gagnant de l'argent ».

Misère et petit commerce

Mon père me le répétait souvent : pendant longtemps, il avait connu la misère, n'ayant « pas grand-chose à se mettre sur le dos » et n'ayant pas toujours « mangé à sa faim ». Il avait passé le certificat d'études et avait dû commencer à travailler à 12 ans comme apprenti dans une menuiserie puis mousse sur un cordier[1], avant de pratiquer la pêche côtière pour nourrir sa famille qui était dans le besoin. Mon grand-père breton, issu d'une famille de tailleur de pierre, était venu faire son service militaire à Cherbourg, il y avait épousé ma grand-mère normande et travaillait comme ouvrier, « charpentier marine » à l'arsenal. Il s'était fabriqué un canot pour la pêche côtière qui, avec le jardin potager, contribuait à « faire bouillir la marmite » comme dans beaucoup de familles de l'époque. Mon père prit le relais quand ce dernier tomba malade et fut dans l'incapacité de travailler. C'est ainsi qu'il devint « marin pêcheur », ayant appris le métier sur le tas, avant de passer plus tard le certificat de « patron-pêcheur », ce qui ne changea pas son activité de pêche côtière, travaillant la plupart du temps seul à bord de son bateau.

Entre-temps, il s'était marié avec ma mère, issue d'une famille de commerçants qui était « à l'abri du besoin ». Mes grands-parents maternels avaient acheté avant la guerre un petit commerce qui tenait à la fois du débit de boissons (« Cidre et café ») et de la boutique où les clients pouvaient acheter des coquillages (« Coques et moules d'Isigny – Huîtres de Saint-Vaast »). À la différence de beaucoup d'autres, ils ne semblaient manquer de rien et étaient propriétaires de la maison. Ils faisaient partie des « petits commerçants » d'Équeurdreville, tout près de Cherbourg où les ouvriers de l'arsenal constituaient la majorité de la

1. Bateau de pêche utilisant des lignes de fond.

population et faisaient vivre le commerce, notamment les très nombreux « débits de boissons ». Les rares images de ma petite enfance me ramènent dans cette salle de café où des messieurs à casquette buvaient une « moque » de cidre et plaisantaient, tandis que j'apprenais à marcher avec ma grand-mère qui me soulevait légèrement avec un grand torchon glissé sous mes aisselles.

À regarder les photos jaunies de l'époque, sauf pour les habits du dimanche, rien ne semble vraiment distinguer mes grands-parents de ce petit peuple composé d'ouvriers, de commerçants et d'artisans. Ma mère commença très jeune à « travailler à la boutique » familiale et ne la quitta pas, devenant à son tour propriétaire et commerçante après la mort de ses parents. Sur les vieilles photos à côté de sa mère et de sa grand-mère, elle a l'air insouciante et joyeuse, à la différence de mon père jeune, au regard inquiet.

La pauvreté de sa famille impliquait chez ce dernier une « dureté de la vie » qui ne l'a peut-être jamais quitté, compensée par un humour et une ironie douce-amère comme une façon de ne jamais s'en laisser conter. Cette pauvreté originaire n'impliquait pas chez lui une quelconque résignation mais la volonté farouche de « gagner sa vie » pour faire vivre sa famille et ne « dépendre de personne », autrement dit être libre et autonome en n'entrant pas dans des rapports de servitude envers les riches et les puissants. Je l'ai souvent entendu dire : « Je ne dois rien à personne » avec fierté et cette phrase m'a profondément marqué. Emprunter de l'argent pouvait être considéré comme une pratique honteuse. Tout au plus pouvait-elle se faire discrètement au sein de la famille ou parmi ses amis proches. Il convenait de régler ses dettes au plus vite pour pouvoir se sentir libre de nouveau.

Le discours de ma mère, comme celui de ma grand-mère n'était pas tout à fait du même ordre : « Il ne faut pas toujours se plaindre, disaient-elles. Pour se sentir heureux, il faut regarder toujours au-dessous de soi; il y a toujours des gens qui sont plus malheureux que vous… » Drôle de consolation… Et ma mère qui était dévote et quelque peu superstitieuse pouvait ajouter à mon endroit: « Tu peux remercier le bon Dieu d'être venu au monde dans une famille où tu ne manques de rien. »

Ce qui était loin d'être le cas pour tout le monde. Je pouvais quotidiennement m'en rendre compte en jouant avec mes copains de la rue qui ne bénéficiaient pas du même bien-être quand ils rentraient à la maison. Il y avait ceux qui, pour la « collation de quatre heures », avaient droit à une ou deux tranches de pain beurré, un grand morceau de chocolat et de la confiture (et plus tard un pain au chocolat acheté à la boulangerie) et ceux qui devaient se contenter d'une tranche de pain avec un petit morceau de chocolat. C'était le cas de la plupart de mes petits copains. Quand ils jouaient avec moi dans la cour de la maison, ma mère qui avait bon cœur servait la même collation à chacun. Mon copain Alain, qui habitait dans la rue un peu plus loin, vivait avec ses parents dans une pièce sombre au rez-de-chaussée d'une vieille maison. Son père était maçon et sa mère infirme passait sa journée accoudée à sa fenêtre à regarder les passants. Je bavardais souvent avec elle et le soir j'allais lui livrer les invendus de crustacés et de poisson que me donnait ma mère pour améliorer leurs repas.

Mes copains et moi, nous collions souvent notre nez à la vitre du marchand de jouets de la rue en nous posant mutuellement la question: « Si t'avais de l'argent, qu'est-ce que tu choisirais? » J'étais celui dont la mère finissait par céder aux demandes répétées d'« acheter un jouet » tandis que mon père bougon ajoutait sans trop insister: « Tu le gâtes trop, à l'écouter il faudrait acheter la boutique… »

Il n'en avait pas toujours été ainsi. Je me souviens d'un temps plus lointain où le « père Noël » se contentait de déposer au pied du sapin quelques oranges, des bâtons de sucre d'orge, un criquet et un petit cheval en bois. Cette période n'a pas duré bien longtemps. Quelques années plus tard, mes parents m'achetèrent de « beaux jouets » m'assurant un certain prestige auprès de ceux qui n'en disposaient pas tant et en mouraient d'envie. J'avais donc de la chance d'être un fils de commerçant plutôt privilégié pour l'époque mais cela ne m'empêchait pas de jouer constamment avec mes meilleurs copains, les fils des voisins des familles pauvres sur le trottoir de la rue Gambetta.

Des pauvres et des miséreux

Ma grand-mère maternelle occupait un logement dans le « hameau Guerry », qui faisait partie de la commune mais ressemblait à un village de campagne ; je me souviens que ma grand-mère m'emmenait avec elle acheter du lait à la ferme d'à côté et chercher de l'« herbe aux lapins » sur les chemins de terre environnants. Mes grands-parents ont vécu dans une seule pièce située au premier étage d'une maison. Le confort y était sommaire : un robinet d'eau froide pour la cuisine et la toilette (ce qui constituait déjà un progrès par rapport à la pompe du jardin), une cuisinière à bois et à charbon qui chauffait la pièce, un lit dans un coin, une table, une armoire, sans oublier le chat, qui « était bon pour les souris », et les puces qui sautaient sur le plancher. Au rez-de-chaussée de la même bâtisse, dans une pièce au sol de terre battue, vivait le « père Voisin » (nom du père de ma grand-mère), vieux cantonnier avec sa large ceinture de flanelle autour des reins qui avait « fait le Tonkin » (la guerre du Tonkin). Derrière la maison, dans le jardin potager attenant, un chien enchaîné aboyait à la moindre occasion ; mes grands-parents essayaient de le faire taire en lui lançant des pierres et en criant : « Vas-tu te coucher, sale bête ! ». S'entassaient aussi des « cages à lapins » et, au fond, une fosse à purin, où chaque jour on vidait le « seau », servait de réserves d'engrais. Mon père me raconta qu'un jour le « père Voisin » était tombé dans la fosse. Il s'en sortit sans grand dommage, mais cela fit rire tout le monde et l'histoire circula longtemps dans la famille.

Mes grands-parents paternels étaient pauvres, mais ils n'étaient pas miséreux. Ces derniers étaient généralement des « sans-familles » qui avaient connu de multiples déboires et buvaient beaucoup. Habitant dans des taudis, des remises ou des cabanes, la plupart n'étaient pas tout à fait des « clochards », car ils avaient un toit. C'était en tout cas des personnages bien connus dans la commune, qui suscitaient un sentiment mêlé de pitié et de dégoût. On les plaignait et on les condamnait à la fois : c'était des « pauvres bougres » qui avaient une histoire personnelle compliquée en même temps que des « ivrognes » qui « roulaient dans le ruisseau ».

Je me rappelle l'un d'eux qui vivait dans une minuscule remise et qui était tout le temps saoul. Il criait fort, en agitant ses grands bras au fond d'une ruelle du hameau Guerry, et il m'effrayait beaucoup quand j'étais enfant. Les habitants racontaient que, pendant la guerre, comme il n'avait pas grand-chose à manger, il avait tué non seulement des chats mais aussi des rats. Mon père m'avait avoué avoir mangé du chat une fois pendant la guerre : « C'était un peu comme manger du lapin » disait-il ; mais manger des rats était tout autre chose, tant cette bête suscitait la répulsion.

Dans une cabane, près de la plage de la Saline, existait un autre personnage qui lui aussi était fortement porté sur la bouteille. Il avait connu le bagne et la prison mais il n'était pas méchant avec les enfants. Simplement, comme il était tout le temps saoul, il partait toujours dans des délires et faisait le vide autour de lui.

Mon oncle, qui avait connu une enfance et une adolescence des plus difficiles, avait fini lui aussi par sombrer dans l'alcoolisme ; il habitait au hameau Guerry, avec sa mère qui servait d'exutoire à son malheur et qui « n'en pouvait plus ». Bien des années plus tard, quand il fut placé sous curatelle dans une maison de retraite après plusieurs cirrhoses, je l'emmenais parfois à la baie de Saline manger un cornet de frites face à la mer, assis sur un banc. Un jour de grand vent, surgissant de je ne sais où, l'un de ses anciens copains de beuverie, beaucoup plus jeune que lui, le reconnut et le salua chaleureusement. Un peu gêné, mon oncle lui prêta peu d'attention, mais celui-ci insistait pour lui parler : sa femme, qui l'avait quitté, lui avait fait des « misères » avec son « garçon ». Il avait offert à ce dernier un petit vélo qui lui avait « coûté des sous ». Malgré cela, son « p'tiot » ne s'était pas montré gentil et il avait dû lui flanquer une correction : « On gâte trop les p'tiots et ils ne vous en savent pas gré... » Quand sa femme avait récupéré son enfant couvert de bleus, elle lui avait « envoyé les gendarmes ». À l'en croire, il ne l'avait pas frappé bien fort et il était bien malheureux qu'on lui ait interdit de revoir son « garçon ». Mon oncle, de plus en plus gêné, approuva mollement ses propos de la tête. Puis, quand le gars eut disparu, il me dit que c'était un « pauvre mec » qui ne méritait aucune considération.

Le petit peuple de la rue Gambetta

La rue où habitait ma famille était la plus passante d'Équeurdreville : elle était la voie de passage obligé entre Cherbourg et les autres communes plus à l'Ouest vers la Hague. Équeurdreville, comme les autres communes environnantes, vivait au rythme des sirènes de l'arsenal ponctuant midi et soir le début et la fin du travail. Les ouvriers de l'arsenal avaient un surnom : les « cocus du port ». Cette expression ironique renvoyait sans doute à la « chance » d'avoir un métier protégé et sûr, de mener une activité à heures fixes. Ce qui n'était pas le cas de la majorité de la population locale et tout particulièrement les marins pêcheurs qui travaillaient durement.

Les cafés de la rue avaient tous leurs habitués qui venaient prendre un verre de cidre ou l'apéritif midi et soir, sans oublier le petit verre de blanc du matin avant d'aller travailler. En fin d'après-midi, le hurlement des sirènes annonçait la venue imminente d'un flux de cyclistes qui envahirait la rue Gambetta, remplirait les cafés en un clin d'œil avant de s'éparpiller « comme une volée de moineaux » pour rentrer chez eux. Ceux qui s'attardaient avaient souvent un « coup dans le nez » et ne roulaient pas très droit. Les accidents de la circulation n'étaient pas rares dans la rue Gambetta, d'autant moins que les roues des vélos pouvaient se prendre dans les creux des rails des anciens tramways d'avant guerre. Il arrivait que des « malheureux » se fassent renverser par une voiture ou un camion, provoquant aussitôt l'agitation et l'attroupement dans la rue. Je me souviens encore de ce « malheureux » gisant ensanglanté sur la chaussée, avec le « père Vincent » du bistrot d'en face écartant les curieux et répétant qu'il ne fallait surtout pas le bouger avant l'arrivée des secours… En général, on apprenait quelques jours après dans *La Presse de la Manche* si le blessé était encore vivant.

La rue Gambetta était la rue commerçante par excellence : des deux côtés, les boutiques de toute sorte formaient un continuum, entrecoupé de petits cafés avec leurs habitués. Les commerçants habitaient sur place – la cuisine se situait en arrière de la boutique, la chambre et la salle à manger au premier étage de la maison. Dans la rue, « tout le monde connaissait tout le monde », et les habitants étaient désignés par le nom de famille précédé parfois de la formulation : « le père… » ou « la mère… ». Et quand on oubliait le nom, il s'agissait toujours du « père » ou de la « mère machin », auquel on ajoutait un trait de caractère ou de comportement.

L'expression « poésie du petit commerce » – à laquelle il faudrait ajouter celle du petit café – apparaît aujourd'hui désuète, mais elle a longtemps constitué pour moi une réalité. Entrer dans une boutique étant enfant, c'était entrer dans un autre univers : un monde de grandes personnes quelque peu merveilleux dans la mesure où tout semblait facile et à disposition, surtout quand vos parents ne rechignaient pas trop à « dépenser un peu d'argent ». Chaque boutique selon le produit vendu avait son odeur particulière et son secret ordonnancement ; le patron ou la patronne avait une personnalité unique et sa petite réputation.

Pour nous, les enfants, la « marchande de bonbons », la « marchande de jouets » et la « marchande de gâteaux », à laquelle on rendait visite le dimanche et les jours de fête, avaient naturellement nos préférences. Les autres boutiques nous concernaient moins directement, mais elles n'en exerçaient pas moins leur fascination. Le « marchand de chaussures » n'avait pas son pareil pour trouver des boîtes dans un empilement impressionnant ; il en allait de même pour la droguiste dont la boutique avait les allures de capharnaüm. Le réparateur et marchand de vélos toujours en verve était bizarre mais sa vitrine avec ses vélos « demi-course » et « course » nous faisaient rêver, surtout lors du tour de France qui avait aussi ses héros. Le boucher qui tuait les animaux dont le sang coulait dans le caniveau nous faisait peur ; le pharmacien ressemblait au docteur : quelqu'un de sérieux qui n'était pas très « rigolo » ; le tailleur était, comme les photos et le mannequin de sa boutique, un monsieur toujours bien habillé et élégant ; la belle droguiste du haut de la rue si bien maquillée avait quelques mystères…

Les artisans et leur savoir-faire suscitaient le respect, d'autant plus quand ils travaillaient avec des machines qu'on regardait « marcher toutes seules » avec étonnement. Derrière son établi et son touret à bandes pour polir le cuir, le cordonnier avait fière allure. Il en allait plus encore pour le « père Morel », qui tenait un petit garage dans une impasse. Nous le regardions travailler, impressionnés par sa capacité à mettre ses mains dans un moteur dont le fonctionnement était mystérieux. Le spectacle d'une voiture s'élevant doucement dans les airs sur un élévateur nous fascinait, à tel point que, profitant d'un moment d'absence du garagiste au bar du coin, nous avons osé, avec un copain, le faire fonctionner, perchés sur l'une des rampes à la place de la voiture pour voir l'effet que cela faisait de se retrouver en l'air.

Il y avait aussi le coiffeur, que l'on n'aimait pas beaucoup. Se faire couper les cheveux était considéré non seulement comme une corvée à laquelle il fallait se soumettre, mais c'était avant tout « un truc de filles ». Quand un des membres de la bande que nous formions était chez le coiffeur, il arrivait que les autres se fassent remarquer en se moquant de lui par quelques singeries derrière la vitre. À vrai dire, cette mentalité n'était pas l'apanage des « petits garçons » que nous étions : les cheveux courts étaient la marque des hommes et un signe de bonne tenue, sans plus. À la différence des femmes, ces derniers avaient, disaient-ils, autre chose à faire que passer des heures chez le coiffeur pour « se faire pouponner ». Ils pouvaient accepter une lotion après s'être fait raser de près ou de la « brillantine » sur les cheveux, mais cette acceptation s'accompagnait souvent d'une brève remarque signifiant publiquement le peu de considération accordé à ce genre de soin : « Ça suffit bien comme ça ! »

« Aller au coiffeur » relevait de l'hygiène et du strict nécessaire comme se laver les dents – ce qui n'avait rien d'évident dans les familles pauvres comme celle de mon copain Alain qui découvrit la brosse à dents vers l'âge de douze ans. Le coiffeur appartenait avant tout au monde des femmes, fait de coquetteries et de bavardages plus ou moins consistants, qui contrastait fortement avec celui, viril, des hommes, fait de travail dur et d'affrontements. La virilité avait ses marques de reconnaissance et de distinction.

Anticléricalisme et religion

La municipalité d'Équeurdreville était depuis longtemps socialiste et résolument laïque; les batailles entre catholiques et anticléricaux avaient laissé des traces. D'un côté, les écoles privées de Sainte-Marie et de Saint-Jean, le patronage catholique (Saint-Joseph); de l'autre, l'école publique et le patronage laïque dont était fière la municipalité. Les deux camps étaient en concurrence non seulement pour l'enseignement dispensé aux enfants mais aussi pour leurs loisirs: chaque camp avait son cinéma (le «Palace» et le «Jeanne d'Arc») qui projetait des films pour les jeunes le jeudi après-midi, sa fanfare – la «Diane», rattachée à la paroisse, recueillait la majorité des suffrages pour la qualité de ses prestations quand elle défilait dans les rues suivie d'une petite foule s'exerçant à marcher au pas.

Les bagarres entre enfants des deux camps étaient courantes et les différends se réglaient souvent à coups de jets de cailloux. J'allais de temps à autre au patronage Saint-Joseph, mais les jeux et les activités organisées ne m'intéressaient pas trop. Je préférais jouer librement dans la rue Gambetta avec mes copains de l'école laïque. Le jeudi après-midi, nous allions la plupart du temps au Palace voir les films pour une somme modique. Un jour, mes copains m'emmenèrent au foyer laïc qui, pour les catholiques, n'était pas un endroit fréquentable – l'inverse était vrai pour les laïcs qui refusaient de mettre un pied au patronage Saint-Joseph. Je fus surpris d'y être accueilli au même titre que les autres enfants par une éducatrice qui nous montra tous les jeux auxquels nous avions droit. Le patronage Saint-Joseph n'en avait pas tant…

J'allais donc à l'« école des curés », mais mes copains de rue n'y prêtaient pas attention. Notre petite bande était soudée et solidaire, quelle que soit l'école où nous étudiions. Mes copains de la « communale » n'allaient pas à la messe tous les dimanches comme moi, mais ils avaient été baptisés, ils avaient suivi le catéchisme et avaient fait leur communion. Sauf pour une minorité de familles socialistes, la religion faisait partie de la tradition.

À Équeurdreville, la majorité des familles se faisaient enterrer religieusement ; rares étaient les tombes au cimetière qui n'avaient pas de croix. La messe de minuit et le jour de Noël, tout comme à Pâques, l'église était pleine. Pour les croyants, l'une des cérémonies les plus marquantes était celle de la « Fête-Dieu ». Ce jour-là, une grande procession descendait la rue de l'Église ; des draps blancs piqués de fleurs étaient accrochés aux fenêtres et aux façades des maisons. En tête du cortège, le curé portait le Saint Sacrement[1] entouré d'assistants et d'enfants de chœur agitant leur encensoir et jetant des pétales de rose tout en marchant. Suivaient un monsieur en habit du dimanche avec des gants blancs portant la bannière de la paroisse représentant le Christ Roi et une petite foule chantant des cantiques. Il y avait aussi beaucoup de monde sur les trottoirs ; les hommes se découvraient au passage du Saint Sacrement ; tout le monde baissait la tête et faisait le signe de croix.

Par-delà ces manifestations de dévotion et de foi, le catholicisme s'intégrait au monde commun, que l'on soit ou non

1. Hostie consacrée placée dans un ostensoir.

croyant, par une série de dates, de rituels et de cérémonies qui rompaient l'écoulement du temps ordinaire en l'ouvrant à d'autres dimensions.

La religion accompagnait les différentes étapes de la vie à travers un certain nombre de sacrements et de cérémonies. Le baptême, la « communion solennelle » et le mariage étaient des grands moments de la vie individuelle et collective marqués par la solennité de la cérémonie à l'église, la fête et les réjouissances familiales avec l'assurance d'un bon repas dont on se souviendrait longtemps. À Noël, les rues et les boutiques étaient décorées de multiples façons, on pouvait même y rencontrer un père Noël en chair et en os, et les parents se devaient d'acheter des cadeaux pour leurs enfants. À Pâques, les bouchers décoraient leurs boutiques et leur viande avec des feuillages et il était de tradition de manger de l'agneau grillé, sans oublier les œufs de Pâques en chocolat pour les enfants que les parents cachaient dans le jardin ou dans la maison.

Dans la semaine, deux jours particuliers portaient l'empreinte de la religion. Le vendredi, il était de coutume de ne pas manger de viande [1], mais du poisson, des coquillages ou des crustacés, ce qui arrangeait mes parents. Quant au dimanche, c'était un jour à part. Dans mes souvenirs, il garde la saveur d'un « temps arrêté », marqué par le silence inhabituel qui régnait le matin dans la maison et dans les rues. C'était le jour où l'on cessait de « gagner sa vie » pour se consacrer à sa famille et à des activités librement choisies. Cette rupture se manifestait par des rituels et des activités sortant de l'ordinaire : enfants, hommes et femmes revêtaient leurs « habits du dimanche » ; des familles se rendaient à la messe, leur missel à la main ; les hommes allaient prendre

1. Pour les chrétiens, ce jour est associé au « vendredi saint » pendant la période du carême, jour de la mort de Jésus sur la croix.

l'apéritif dans les cafés des environs ; on achetait les « gâteaux du dimanche » pour le dessert d'un repas familial plus abondant qu'à l'accoutumée. L'après-midi était consacré aux loisirs : séance de cinéma par temps couvert ou de pluie, promenades à la campagne ou en bordure de mer quand il faisait beau. À la belle saison, les fêtes votives étaient également nombreuses dans la région, chaque paroisse ayant son saint patron. Ces fêtes donnaient lieu à des jeux et à des spectacles ; on pouvait y manger frites, saucisses et mouton grillé au feu de bois. Les plus célèbres, comme la Sainte-Anne, la Sainte-Échelle ou la Saint-Clair, avaient leur défilé et leur fête foraine avec leurs tours de manège dont les enfants étaient friands.

Catégories sociales et communautés

On me l'a dit et répété souvent : nous vivions bien par rapport à beaucoup de familles, mais il y avait deux mondes : celui des pauvres et celui des riches. Nous étions socialement dans l'entre-deux. À Équeurdreville, où se mêlaient des gens de condition modeste et quelques notables (médecins, dentistes, « gros commerçants »...), on distinguait parmi les « riches », ceux qui « étaient fiers » (qui « méprisaient les petites gens » alors que bien souvent ils en étaient issus), et ceux qui ne l'étaient pas. Dans ce dernier cas, leur « richesse » passait au second plan ; ce qui comptait, c'était leur gentillesse. Certes, ce n'était pas des « gens comme nous », ils « avaient de l'instruction » et on pouvait envier leur situation matérielle. Mais, à la différence de Cherbourg où quelques familles de notables, fières de leur statut et de leurs prérogatives, vivaient dans l'entre-soi et régnaient sur la ville, les quelques « gens riches » d'Équeurdreville ne le faisaient pas voir ostensiblement.

Si leurs maisons étaient plus belles et plus luxueuses, ils n'habitaient pas dans des quartiers résidentiels ; c'était des Équeurdrevillais avant tout, habitants d'une commune où les « ouvriers de l'arsenal » et les gens de condition modeste constituaient la grande majorité de la population. À la différence de beaucoup d'autres qui « faisaient leur crâneur », ce n'était pas des « snobs » et il arrivait que mon père aille avec eux « boire un coup ». Il y avait aussi quelques officiers de la marine, les « trois ou quatre galons » qui travaillaient à l'arsenal dont on parlait avec un certain respect mais qui étaient avant tout des militaires, ayant leur propre « cercle » d'officiers, vivant surtout dans un « monde à eux ».

En dehors de liens familiaux, les pêcheurs et les commerçants ne se mêlaient pas trop aux paysans. À Cherbourg et dans les communes limitrophes, ceux de la Hague n'avaient pas très bonne réputation : on les surnommait les « doigts crochus » parce qu'ils étaient, disait-on, « près de leurs sous ». Pour les gens de la ville, c'étaient des « bedas » (nigauds) qui n'étaient pas commodes et ne liaient pas facilement conversation avec les « horsains » (étrangers). Ce rapport particulier aux étrangers était une caractéristique de l'ensemble de la Normandie, mais le Cotentin, et plus encore la Hague, ce coin de terre sauvage enfoncé dans la mer, avec ses petites routes de campagne et ses fermes isolées, en accentuaient les traits. Dans les années 1950, alors que les voitures commençaient à envahir les rues, je me souviens d'une fidèle cliente qui venait de la Hague en carriole à cheval à la boutique pour acheter du poisson et des coquillages. Elle portait encore une longue robe noire austère et un petit chapeau comme on en voyait encore dans les campagnes. Les maraîchers du Val de Saire[1] qui venaient vendre leurs produits au marché de

1. Territoire situé à la pointe nord-est de la péninsule du Cotentin dont les principaux ports sont Saint-Vaast-la-Hougue et Barfleur.

Cherbourg paraissaient plus modernes, plus ouverts et plus liants.

Le port était à lui seul un univers, celui des gens de mer, des mareyeurs et de leurs employés, des marchands de poisson. Les cordiers et les chalutiers arrivaient souvent dans la nuit et mes parents devaient se lever vers cinq heures du matin pour aller à la criée choisir les bons produits. Alors que j'étais encore très jeune, mon père m'amena dans un vieux café du port dans une ruelle près des quais dont j'ai gardé le souvenir à cause de la présence de poules qui picoraient ce qu'elles trouvaient sur la terre battue au milieu des jambes des clients. La patronne les laissait faire mais ne supportait pas de les voir sauter sur les tables, tout comme les pêcheurs qui parlaient et buvaient fort en rigolant. Le comportement de l'une des poules avait attiré l'attention et faisait rire tout le monde : un client farceur lui avait donné une « vive[1] » à picorer, celle-ci s'était coincée dans son gosier et le volatile ne parvenait pas à s'en débarrasser. Ses caquètements étaient enroués et elle courait dans tous les sens. C'était un spectacle qui amusa tout le monde, sauf moi.

Je n'étais pas très à l'aise dans ce drôle d'endroit. Mon père m'avait emmené dans ce café d'un autre âge afin que ses copains me voient. Il était fier qu'on lui demande : « C'est-y ton p'tiot ? » en m'adressant quelques sourires qui ne parvinrent pas à lever mes appréhensions. L'un des clients qui travaillait sur le quai avait une jambe de bois qui attira mon attention ; ces pêcheurs à casquette aux visages burinés et au verbe haut parlaient un patois du port dont je ne saisissais de temps à autre que quelques mots. Ces hommes hors du commun m'impressionnaient. Je n'aimais pas trop cet endroit bizarre qui n'avait rien de vraiment rassurant. Quelques

1. Petit poisson doté d'épine dont le contact produit de violentes douleurs. Enfoncé dans le sable, il est particulièrement redouté des baigneurs qui peuvent négligemment marcher dessus, ce qui m'est arrivé quelquefois.

années plus tard, en allant voir des films de corsaires et de cap et d'épée, je retrouverai des personnages buvant dans des tavernes qui avaient un air de déjà-vu.

La mer, les plages et les ports

La mer, les plages et les ports étaient partie intégrante du monde environnant. Alors que j'étais encore à l'école maternelle, lors d'une « fête de la mer », on me déguisa en marin comme les autres enfants de ma classe et on nous fit défiler sur un char en forme de bateau de guerre. Dans la journée ou dans la nuit, on pouvait entendre le mugissement de la « corne de brume » et, plus rarement, les sifflements de la sirène des paquebots *Queen Mary* et *Queen Elisabeth* quand ils faisaient escale à la gare maritime de Cherbourg.

Il ne fallait pas aller bien loin pour sentir le vent sur son visage et l'odeur de la mer. Équeurdreville avait une petite plage, la Saline, où j'allais me baigner avec mes copains. De nombreuses plates [1], casiers et filins couvraient le haut de la plage. Les pêcheurs portaient la plate sur leur dos de la grève à la mer pour rejoindre leur petit bateau ancré près du rivage. Mon grand-père et mon père, quand il était plus jeune, partaient à la pêche de cet endroit, disposant d'une plate, d'un doris [2] puis d'un canot que mon grand-père avait lui-même construit.

Cette plage offre une vue imprenable sur la grande rade avec ses forts et ses digues. Mais elle avait quelques désavantages : à marée haute, il fallait marcher sur les cailloux et les égouts de la ville y déversaient toute sorte de déchets. « Se baigner à la Saline, c'est se baigner dans les égouts de la

1. Petit bateau à fond plat plus large et moins long que le doris, utilisé pour rejoindre un bateau ancré en mer ou dans un petit port.
2. Petit bateau à fond plat d'une longueur de cinq à six mètres.

ville» ; cette maxime nous amusait beaucoup. À vrai dire, nous ne manquions pas de plages pour aller nous baigner, avec chacune ses particularités. Ma mère nous y amenait en voiture pendant les vacances d'été. Sur la côte est de la pointe de la Hague, celles de Querqueville et d'Urville, les plus proches et les plus fréquentées, étaient souvent venteuses et la mer était plutôt froide. Celles situées sur la côte Ouest, à Siouville et à Biville étaient plus chaudes et réputées pour leurs «rouleaux». On pouvait se laisser porter par le déferlement des vagues jusqu'à la plage, assis sur de vieilles et grosses chambres à air récupérées je ne sais où. Comme à Biville, Carteret avait ses dunes où nous pouvions jouer librement. La mer y était souvent «tiède», comme à la plage de «L'Anse du Bric», à l'est de Cherbourg, qui combinait l'avantage des grosses vagues et de «l'eau tiède» – sachant que la tiédeur en question était relative aux températures de la région…

Lors des grandes marées, la pêche à pied était un loisir prisé. À marée basse, on s'y rendait en famille avec différents ustensiles : épuisette pour les crevettes grises, couteaux pour les coquillages accrochés aux rochers, «pic à fourneau [1]» pour faire sortir les crabes et les petites pieuvres cachées dans la rocaille et les trous, râteaux ou petites bêches pour tracer des sillons dans le sable afin d'attraper des lançons [2], ramasser des coques et des praires… Cela dépendait de l'endroit de la côte où l'on voulait aller pêcher à pied, mais à l'époque l'on était sûr de ne pas rentrer bredouille.

Pour désigner les différents coquillages et poissons, le Cotentin a son propre vocabulaire. J'appris à distinguer et à reconnaître les différentes sortes de poissons mais aussi les crustacés et les coquillages aux noms particuliers comme les

1. Petit instrument en fer dont le bout est recourbé et qui permettait de soulever la plaque d'un fourneau pour y faire brûler du bois ou du charbon.

2. Petit poisson en forme d'anguille qui s'enfonce dans le sable.

« anglettes » (étrilles), les « moussettes » (jeunes araignées) et les « crabes » (araignées de mer) dont certaines étaient des « lanternes » (« crabes » gorgées d'eau), les « clos-poings » ou « dormeurs » (tourteaux), les vannes (coquilles Saint-Jacques) et les vanneaux (pétoncles), les « calicocos » (bulots), les « brelins » (bigorneaux), les « flies » (patelles)… J'entendis très tôt mon père parler aussi de « Nordet » et de « Sudet » (vent du nord et du sud-est). C'est en grandissant que je me suis aperçu que ces dénominations n'avaient rien de naturel pour ceux qui n'étaient pas nés dans la région.

Embarquer sur un bateau pour « aller faire un tour en mer » était un loisir envié par beaucoup. Je me souviens d'une fête de la mer, à Cherbourg. Les bateaux étaient décorés avec toutes sortes de guirlandes sur les rebords et sur les mâts, drapeaux français flottant au vent ; les ponts étaient remplis de gens heureux et fiers de faire un petit tour dans le port et en mer pour l'occasion. Pour ce jour de fête, mon père avait apporté son bateau et je piquai une colère quand on refusa de m'embarquer, ma mère, ayant estimé que c'était trop dangereux pour mon âge.

Je me suis rattrapé quelques années plus tard, lors des régates de la Sainte-Anne que mon père gagna dans la catégorie des petits bateaux de pêche. Son moteur, qui faisait un boucan du diable, n'était pourtant pas très puissant, mais il avait enduit la coque d'une importante couche de peinture spéciale et de graisse qui avait permis de mieux glisser sur l'eau. Cette petite « course en mer » m'avait ravi. Contrairement à mes parents, qui tenaient à ce que cette expérience ne se répète pas trop souvent. Ils craignaient que je « prenne le goût de la mer » ; or ils nourrissaient pour moi d'autres ambitions : l'instruction, les études et une « bonne situation ».

Des années plus tard, suite à mes demandes répétées, mon père avait fini par accepter de m'emmener pêcher des poulpes dans la rade de Cherbourg. Il fallait tirer doucement la ligne lestée d'un plomb en évitant les soubresauts et accrocher rapidement le poulpe quand il parvenait près de la surface. Avec ses tentacules, il pouvait se coller à vos mains ou vos bras et vous faire des suçons. Quand ils s'agitaient trop sur le pont du bateau, mon père leur plantait son couteau au-dessus des yeux. Si j'aimais bien la mer, ce spectacle ne me plaisait pas trop. Je me suis rendu compte assez vite que je n'étais pas vraiment fait pour ce métier. Comme le disait mon père, je n'étais pas très « costaud » et je « ne savais pas quoi faire de mes mains ». Lui avait appris depuis l'enfance les bons gestes, comment se déplacer comme il faut sur un bateau, accrocher les hameçons des lignes de fond, dépecer des poissons pas très frais et des « crabes vertes [1] » pour les enfiler sur un fil de fer et les accrocher au fond des casiers et des nasses à crevettes. Je l'observais à la maison tisser ses casiers en osier pour les crabes et les tourteaux ; je m'étonnais qu'avec ses grosses mains calleuses il puisse remailler ses filets si facilement.

Il avait fini par m'apprendre à placer une ligne de fond sur la plage à marée basse et « baiter » (accrocher l'appât à l'hameçon) avec du lançon ou du sandon [2] selon le poisson que l'on voulait pêcher. Il y eut quelques belles prises : turbots, soles, orphies... Mais j'avais toujours du mal à accrocher les hameçons, à démêler les lignes et je trouvais surtout que cela prenait beaucoup de temps. Me promener en mer me plaisait beaucoup, mais je ne me sentais pas attiré par les métiers de la pêche – mes parents ne cessaient pas du reste de me le déconseiller. J'appris à ramer comme il faut sur un petit bateau, mais je préférais voguer pas trop loin de la plage avec un copain plutôt que d'aller pêcher. Plus tard,

1. Crabe vert : petit crabe que l'on trouve sur les côtes et sur les rochers à marée basse.

2. Ver de sable, autrement dénommé arénicole.

j'ai appris à pratiquer la voile sur un dériveur et cette navigation m'a donné un grand sentiment de liberté. Je n'avais rien d'un marin pêcheur ; j'étais fasciné par la mer d'une autre manière : je la regardais en rêvant, elle était une ouverture vers un ailleurs indéfini dans cette presqu'île enclavée du bout du monde.

Un métier dur, une passion

Pour mon père, la mer était son métier, sa passion et sa vie. Il en allait de même pour ses copains pêcheurs qui se plaignaient de la dureté du métier mais ne pouvaient se passer d'aller en mer. Les bateaux, même les plus petits pour la pêche côtière, avaient un nom. Celui de mon père s'appelait *Rayon d'espoir*. Ceux des cordiers et des chalutiers de Cherbourg m'étaient devenus familiers : *La Belle Poule*, le *Mimi Charlot*, *Les Deux Amis*, le *Marie-Anne de Bretagne*, mais aussi le *Que Dieu nous protège* et le *Gloire à Dieu*...

Le soir, à heures fixes, mes parents écoutaient attentivement les nouvelles des bateaux partis en mer, grâce à leur poste de radio. Le *speaker* de la radio maritime appelait un à un les bateaux et le capitaine donnait des nouvelles : « en pêche » ou « en route vers Cherbourg », « mer calme », « forte ou agitée », le message se terminant toujours par un « bonsoir aux familles ! ». De temps en temps, l'un des membres des familles à terre demandait à s'entretenir avec un matelot pour lui donner des nouvelles de la maison. Mes parents guettaient les bateaux qui rentraient à Cherbourg les cales pleines et signalaient leur heure d'arrivée. C'était le moyen pour eux d'être les premiers sur les quais et se réserver des caisses de poissons frais et de qualité. Tous les soirs, les bateaux de pêche et leur commandant donnaient ainsi de la voix dans la maison. C'est comme si nous étions en mer avec eux, imaginant leur situation, heureux en cas de bonne pêche, craignant pour leur sort en cas de mer forte ou d'avis de tempête. Il y avait aussi les drames des bateaux disparus en mer on ne savait pas trop comment. On entendait alors dans la radio, les multiples messages des bateaux qui cessaient la pêche et partaient à la recherche d'éventuels survivants. Une nuit, le cordier « Que Dieu nous protège » sombra avec ses neuf hommes d'équipage suite à une collision avec un cargo. Mes parents les connaissaient tous. Le silence se fit dans la maison.

Le dimanche, à la belle saison, on allait faire un tour dans le Cotentin avec toujours le même itinéraire qui nous amenait sur les plages ou dans les petits ports environnants. Situé tout au bout de la Hague, le petit port de Goury dispose d'un canot de sauvetage abrité dans un bâtiment octogonal. Nous y entrions chaque fois pour admirer ce bateau réputé insubmersible, placé sur une plaque tournante qui, par une simple rotation, permet au bateau de sortir par l'une ou l'autre des grandes portes en glissant sur des rails vers un grand pan de mer entouré de rochers. Les murs de bâtiments sont recouverts de panneaux indiquant les dates de sortie et les opérations de sauvetage avec le nombre de morts et de survivants. Un peu plus loin, au bout d'un petit chemin, se trouve une grande croix de granit face au phare de la Hague, c'est le monument érigé en mémoire des hommes d'équipage du sous-marin *Vendémiaire* qui sombra au large du cap de la Hague en 1912 lors de manœuvres navales. Les promenades dans le Val de Saire se terminaient également près de la mer, avec une petite promenade sur les quais de Barfleur et de Saint-Vaast-la-Hougue. Mon père y croisait souvent quelques marins pêcheurs de sa connaissance avec lesquels on allait « boire un coup » au café du coin.

Pour un pêcheur côtier, l'heure de la retraite n'était pas nécessairement synonyme de bon temps. Ne plus aller en mer et vendre son bateau coïncidait avec le constat que le métier devenait au-dessus de ses forces. Cette situation pouvait être vécue comme un drame. Il y a une trentaine d'années, l'un des amis de mon père fut déclaré inapte lors d'une visite médicale à l'hôpital maritime. Il eut beau protester, son permis de pêche lui fut retiré. Un jour, on retrouva son bateau en pleine mer. On ne sut pas ce qui s'était passé, mais pour mon père, c'était une évidence : « Il me l'avait dit : "Si je ne peux plus naviguer, je m'attacherai des plombs autour du corps et je me jetterai à l'eau." »

Après avoir quitté la pêche professionnelle, mon père s'acheta un bateau pour continuer à pêcher de temps à autre comme un simple plaisancier, avant d'abandonner définitivement cette activité. Il a su profiter de sa retraite, mais chaque fois que je l'emmenais en promenade dans les petits ports de la région, il ne pouvait s'empêcher de regarder les bateaux avec leurs cordes, leurs casiers et leurs filets, comme s'il voulait recueillir encore quelques secrets de pêche bien gardés. Un jour, je l'emmenai boire un verre au café du port d'Omonville-la-Rogue. Il me confia que tous les anciens pêcheurs qu'il connaissait étaient morts, sauf un copain qui était tombé malade et n'habitait pas loin. Sur la route du retour, il me fit ralentir devant sa maison : « C'est là qu'il habitait et il doit toujours y être… » Je lui proposai d'aller frapper à la porte car je sentais qu'il en mourait d'envie. Il me répondit : « Non, non, c'est pas la peine ! Ce sont de vieilles histoires… » J'insistai mais en vain. Il n'y avait rien à faire : « Non, non je ne veux pas le voir… » comme s'il craignait que ne resurgisse tout un passé qu'il s'efforçait d'oublier. Ce jour-là, je m'en suis voulu de ne pas lui avoir forcé la main pour une dernière rencontre entre deux vieux pêcheurs, derniers témoins d'un monde en train de disparaître.

Chapitre 2

Un certain état des mœurs

L'ancien monde de mon enfance peut apparaître sous de nombreux aspects aux antipodes de celui d'aujourd'hui. Les promesses de la société de consommation étaient déjà dans l'air mais la culture populaire n'avait pas disparu. La vie individuelle et collective était encore régie par des maximes, des usages, des habitudes issues des siècles précédents et qui s'étaient transmis à travers les générations. Ces façons de sentir, de penser et d'agir étaient largement partagées et pratiquées sur le mode de l'évidence. Elles formaient un état des mœurs où la morale, la solidarité, la joie de vivre se mêlaient aux préjugés, à l'égoïsme, aux brimades, aux violences et aux humiliations. Ces mœurs avaient des traits régionaux particuliers en même temps qu'ils reflétaient des modes de vie plus globaux. Avec le développement économique, scientifique et technique de l'après-guerre, la société amorçait un bouleversement historique sans précédent tout en étant encore attachée à l'ancien monde. Ce difficile équilibre n'avait pas encore été rompu. C'est dans ce contexte bien particulier que ma génération a vécu son enfance sur un mode qui n'était déjà plus celui de l'évidence des parents et des grands-parents.

Superstitions, présages et dictons

J'ai grandi dans un monde où les rituels et la transmission orale tenaient une place centrale. Lors des repas, ma mère, avant de couper le pain, prenait soin de tracer, sur son côté plat, un signe de croix avec la pointe de son couteau. Celui-ci devait être toujours bien posé sur la table : il ne fallait pas « mettre le pain à l'envers », même par inadvertance, car une telle position laissait supposer un comportement honteux : « On ne gagne pas son pain en étant couché sur le dos », allusion que j'ai mis longtemps à comprendre : elle n'évoquait pas seulement la paresse mais la prostitution. D'autres formulations usuelles avaient encore une connotation religieuse. Faire une chute, se blesser légèrement après « avoir fait l'imbécile » ou désobéi s'accompagnait de la sentence : « C'est le bon Dieu qui t'a puni ! » ; quand l'orage grondait, « c'est le bon Dieu qui se met en colère ! ».

Ces expressions que ma mère tenait de ses parents et de ses grands-parents allaient de pair avec des présages liés à la nature, aux insectes et aux animaux qui faisaient signe de multiples façons : « araignée du matin chagrin, araignée du midi plaisir, araignée du soir espoir » ; « une pie malheur, deux pies bonheur ». La vue d'un chat noir passant devant soi portait malheur ; un chien « hurlant à la mort » annonçait un décès dans le voisinage ; les corbeaux et les hiboux étaient des « oiseaux de malheur » qui peu ou prou semblaient avoir des liens avec le diable.

Les comportements quotidiens n'échappaient pas aux superstitions : passer sous une échelle, ouvrir un parapluie dans une maison, briser un miroir, renverser une salière, croiser une fourchette et un couteau, être treize à table... pouvaient provoquer le malheur. Lorsque quelqu'un évoquait dans la conversation des catastrophes, des maladies ou des désagréments, l'expression : « Parle pas de malheur ! » s'accompagnait souvent de l'injonction : « Touchons du bois ! » pour conjurer le mauvais sort, ce que ne manquaient pas de faire mes parents en posant rapidement la main sur une chaise, un meuble ou tout objet de cette nature. À l'inverse, briser accidentellement un objet en verre blanc portait bonheur ; trouver un trèfle à quatre feuilles ou un fer à cheval portait chance. On pouvait encore apercevoir ce demi-cercle de fer forgé dans la campagne accroché aux murs et aux portes. Quant à la marguerite, on l'effeuillait en s'amusant pour mesurer l'intensité de notre sentiment à l'égard de son amoureuse ou de son amoureux.

Les présages se rapportant au beau ou au mauvais temps étaient nombreux. Ils pouvaient être liés au comportement d'un animal comme le chat : en passant sa patte derrière l'oreille, il annonçait la pluie. D'autres se présentaient comme des leçons de l'expérience : « Quand il pleut à la Saint-Médard, il pleut quarante jours plus tard » ; « Noël au balcon, Pâques aux tisons » ; « Une hirondelle ne fait pas le printemps » ; « En avril ne te découvre pas d'un fil »... Les dictons des pêcheurs de la région étaient directement liés aux caractéristiques journalières du soleil, de la mer et du vent : « Rougie du matin met la mer au plein, rougie du sé (soir) met la mer à sé (sec) », « Soleil en lune vent d'amont ou de la brume »... À la maison, c'était devenu une habitude : chaque soir, on demandait à mon père de nous dire le temps qu'il ferait le lendemain en fonction de ses observations de marin. Les voisins avaient aussi tendance à l'interroger sur cette question Il répondait plus ou moins volontiers et se trompait rarement. Pour mettre fin à ces demandes répétées, il répondit un jour en souriant : « Je vous le dirai ce soir » et alors qu'on le félicitait pour l'exactitude de ses prévisions, il ajouta : « C'est normal, j'ai écouté la météo à la radio »...

À l'époque, les rapports humains n'étaient pas imprégnés de vocabulaire psychologique comme c'est le cas aujourd'hui. La physionomie d'un individu entrait en ligne de compte : il fallait se méfier des roux, cette couleur de cheveux étant considérée comme une anomalie (résidu des temps plus anciens temps où les roux étaient associés aux flammes de l'enfer) ; la méfiance concernait également d'autres traits du visage : « Cils barrés et noirs cheveux, méfie-t-en si tu veux. » Les noirs de peau – peu nombreux dans la région – étaient considérés comme des êtres étranges et primitifs, suscitant quelques réflexions grossières du genre : « Ils se ressemblent tous et avec une couleur pareille, je me demande comment ils font pour se distinguer les uns des autres »...

Ces préjugés et ces superstitions se mêlaient à un sens commun issu de l'observation des comportements : « grand diseu, p'tit faiseu » (quelqu'un qui parle beaucoup mais ne fait pas grand-chose) ; « il ne sait pas à quel saint se vouer » (être dans l'embarras) ; « il mâque (mange) la chandelle par les deux bouts » (il mène une vie agitée sans se soucier de ses dépenses et de sa santé) ; « il n'peut pas être au four et au moulin » (On ne peut faire deux choses en même temps)... De vieux proverbes tiraient les leçons de l'expérience commune : « chat échaudé craint l'eau froide » ; « aide-toi le ciel t'aidera » ; « c'est dans les vieux pots qu'on fait les meilleures soupes » ; « faire contre mauvaise fortune bon cœur » ; « il n'y a pas de sots métiers, il n'y a que de sottes gens »... Ces dictons formaient un fond commun de sagesse partagée, transmise depuis des générations.

Une certaine conception de l'honneur

L'honneur continuait d'être fortement présent dans ces milieux populaires. Cette notion qui semble si difficile à définir aujourd'hui paraissait alors aller de soi. Elle faisait partie d'une éducation première reçue par imprégnation du milieu familial et environnant, sans qu'on en ait forcément conscience et qu'on se pose des questions sur ce qu'elle signifiait exactement.

Mon père avait une exigence qu'il tenait lui-même de son propre père : il fallait « se donner de la peine » non seulement pour gagner sa vie mais pour que le travail soit bien fait. C'était une sorte de morale commune à nombre d'artisans et de commerçants de l'époque qui se connaissaient par leur nom de famille et avaient bonne réputation. Ils formaient une sorte d'aristocratie populaire qui se distinguait par l'excellence à laquelle ils parvenaient dans leurs différents métiers. Les habitants de la commune savaient chez qui il fallait aller de préférence parce qu'ils étaient sûrs qu'ils auraient affaire à des gens honnêtes et compétents, attentifs à la qualité du travail ou du service rendu. Dans ce domaine, je n'étais pas peu fier d'avoir un père que je considérais avec mes yeux d'enfant comme le meilleur pêcheur du coin et une mère qui tenait un commerce renommé. J'admirais aussi le « cousin de Fermanville », artisan au caractère bourru et rebelle qui avait des mains d'or et n'en finissait pas de construire sa maison. Prisonnier en Allemagne pendant la guerre, il s'était promis de fabriquer et de déposer à l'intérieur de l'église de Fermanville une pièce unique de sa conception s'il revenait sain et sauf de sa captivité. C'est ce qu'il fit en transformant une douille d'obus de fort calibre – qui à l'époque servaient de vases de fleurs que l'on mettait aussi dans les chœurs des églises – en un tabernacle finement martelé, surmonté d'une petite croix soudée à l'étain et d'un motif en fer forgé sur la petite porte en cuivre.

La réputation s'établissait de bouche à oreille et l'on se méfiait comme par instinct de la « réclame » qui ne s'appelait pas encore publicité. L'expression « C'est de la réclame ! » signifiait ironiquement qu'il fallait se méfier du produit en question. Elle pouvait être liée à une autre expression commune : « Le papier ne refuse pas l'encre » puisque les « réclames » en question s'affichaient dans la presse locale et sur les panneaux publicitaires. Tout cela n'avait pas encore grande importance face à l'« honneur du travail bien fait ». Par-delà les grands discours, c'était la pratique et la qualité qui comptaient.

En dehors même du travail, l'honneur impliquait une certaine image de soi que l'on tenait à faire prévaloir à l'égard de soi et des autres. On aurait tort de réduire une telle attitude à un conditionnement social. La bonne ou la mauvaise réputation n'était pas une simple affaire de commérage et de conformisme. L'honneur ne renvoyait pas essentiellement à une image de soi convenue qu'il s'agissait de faire valoir bêtement devant les autres. Il impliquait un rapport intime à soi où l'individu se fixait des devoirs et entendait demeurer souverain dans l'idée qu'il se faisait de lui-même et de son destin. En ce sens, l'honneur ne se discutait pas. Les rapports humains se devaient de respecter cet idéal. Les comportements pouvaient être proches ou semblables, mais il existait une sorte de reconnaissance mutuelle discrète entre ceux qui avaient de l'honneur face à ceux qui n'en avaient pas.

À vrai dire, si tout le monde entendait défendre son honneur, tous n'envisageaient pas la chose de la même façon. Certains savaient faire la différence entre ce qui touche à l'essentiel et ce qui relève de la superficialité, d'autres non. Ces derniers demeuraient crispés sur une image exagérée d'eux-mêmes qui ne souffrait d'aucun défaut, cherchant à tout prix à se faire valoir aux yeux des autres dans une recherche éperdue de « gloriole ». C'étaient des vaniteux qui sous des apparences hautaines n'avaient pas trop confiance en eux et manifestaient une dépendance servile à l'égard des autres et du qu'en-dira-t-on. Ces individus avaient le plus souvent « mauvais caractère » et l'« orgueil mal placé ». La pratique de l'humour vis-à-vis de soi-même et dans la conversation faisait souvent la différence entre ces deux types de personnalité qui se réclamaient tous deux de l'honneur, sans pour autant le concevoir et le pratiquer pareillement. La distinction entre l'honneur et l'orgueil peut sembler difficile à établir et ils peuvent se mélanger souvent mais, à la différence de ce dernier, l'honneur n'est pas incompatible avec une certaine forme d'humilité, une appréciation raisonnable de sa propre valeur et le souci d'autrui.

Le respect dans les rapports humains impliquait la reconnaissance et la retenue envers cette part de souveraineté propre à chacun ; on pouvait être chaleureux et blagueur, mais il fallait quand même faire attention à ne blesser personne dans les conversations, sous peine de s'exposer à des réactions soudaines et incontrôlées. Quiconque prononçait des paroles ou commettait des actes jugés déshonorants contre soi ou un membre de sa propre famille devenait quelqu'un à qui l'on n'adressait plus la parole « du jour au lendemain ». Ce genre de conflit pouvait même concerner les rapports au sein de la famille. Mon oncle avait connu une jeunesse difficile et était jaloux de mon père qui « avait réussi » ; il était devenu un alcoolique notoire. Il « buvait » sa paie de l'arsenal le jour même où il l'avait touchée, offrant des tournées à n'en plus finir à des « copains » qui savaient bien en profiter. Pour mon père, c'était un affront : il avait déshonoré sa famille et il ne lui pardonnait pas de maltraiter sa mère quand il rentrait « ivre mort » à la maison. Mon père ne lui a plus « adressé la parole » et a rompu tout contact avec lui pendant des années.

À la fin de sa vie, suite à mes demandes répétées, il a fini par accepter que son frère vienne déjeuner le dimanche à la maison lors de mes passages dans la région. Les deux frères ne se saluaient pas ; assis chacun à un bout de table, ils s'observaient en « chiens de faïence » sans échanger un mot. Mon père l'acceptait dans sa maison pour me faire plaisir, mais il ne lui adressait pas la parole, feignant d'ignorer sa présence. Ma mère, « bonne chrétienne », en avait pitié : le recevoir discrètement à la maison, passe encore, mais se promener avec lui dans la rue lui faisait honte.

Mon oncle était content et fier de se retrouver en famille, même s'il ne disait pas grand-chose : après des années d'alcoolisme, le cerveau ne fonctionnait plus très bien, mais les sentiments étaient toujours là. Mon père et son frère mangeaient tous les deux en silence et goulûment, tout entier concentrés à leur besogne, avalant le repas avec une satisfaction manifeste jusqu'à se sentir rassasiés avec seulement quelques mots de Normands pour exprimer leur contentement : « C'est pas mauvais ! » Jusqu'à la fin de leur vie, ils mangèrent de cette façon, comme pour compenser les jours de leur enfance où ils avaient eu faim.

Rudesse et pudeur des sentiments

Les hommes ne tenaient pas à manifester trop ouvertement leurs émotions et leurs sentiments, surtout quand ils étaient entre eux. Je n'ai jamais vu mon père pleurer, ou alors il le faisait très discrètement. Ma mère et ma sœur avaient moins de retenue dans ce domaine. Quant à moi, on ne manqua pas de me faire valoir très tôt que ce n'était pas bien de « pleurer comme une fille » à la moindre occasion : j'étais un garçon et je me devais d'être « plus fort » et capable de « serrer les dents ». À considérer les efforts à faire pour y parvenir, cette disposition n'était pas si naturelle qu'on le disait.

On peut y voir la marque du machisme dominant, affirmant un statut d'homme fort et viril à l'opposé de celui des « faibles femmes ». Cette interprétation comporte sa part de vérité, mais elle laisse de côté un facteur essentiel de la sensibilité de l'époque : par-delà la différence des sexes, des rôles et des statuts, la retenue de l'émotion et des sentiments impliquaient une forme de respect à l'égard des autres que l'on n'entendait pas troubler ou désorienter par une manifestation ostentatoire de sa propre subjectivité. Quand ils ne parvenaient pas à retenir leur émotion et leurs larmes lors des veillées funèbres et des enterrements, hommes ou femmes avaient tendance à s'excuser devant l'assistance ou se mettaient en retrait dans un coin pour pleurer en silence et ne déranger personne. On n'exprimait pas ses sentiments de la même façon dans la famille et en public comme on le fait aujourd'hui. Non seulement « le linge sale se lavait en famille » mais il en allait de même pour ses joies et ses peines individuelles.

Les relations familiales elles-mêmes étaient marquées par une certaine retenue. On embrassait les parents pour se dire bonjour le matin ou quand on allait se coucher ; il fallait également ne jamais oublier d'embrasser la grand-mère ou le grand-père qui, comme le père, « piquait » parce qu'il était mal rasé. Cela faisait partie d'une sorte de rituel de politesse et d'égard envers eux permettant de manifester en même temps son attachement. En retour, les embrassades et le toucher des mains plus ou moins appuyés exprimaient le degré d'affection, tendresse d'autant plus appréciée qu'elle se manifestait inopinément. L'expression des sentiments et les gestes tendres à l'égard des enfants étaient avant tout le fait des mères, des grands-mères et des sœurs. Les pères le faisaient plus discrètement.

On considérait naturel que les femmes s'occupent des enfants : c'était leur rôle, non seulement parce qu'elles travaillaient moins que les hommes et qu'elles étaient présentes à la maison, mais parce que le lien qui les unissait aux enfants était considéré comme relevant d'une condition particulière, différente de celle des hommes : les femmes portaient les enfants et les faisaient venir au monde. Cette situation dont il était inimaginable à l'époque qu'elle puisse être autrement, impliquait un rapport particulier et privilégié tout particulièrement dans la prime enfance. Toutes les mères n'étaient pas tendres et l'on en connaissait qui se montraient dures, voire tyranniques avec leurs enfants, mais elles disposaient de ce lien privilégié qui potentiellement rendait possible une affection et une attention particulières différentes de celles des hommes.

À la différence de ma mère et de ma sœur qui tenaient la boutique, mon père était souvent absent et n'avait guère de temps à me consacrer. Il avait été « élevé à la dure » et avait du mal à manifester par des paroles et des comportements l'affection qu'il me portait. Mais quand il rentrait de la pêche, il m'apportait toujours quelques « crabes vertes » encore vivantes qui couraient sur le carrelage de la cuisine et qui étaient censées m'amuser. J'avais peur qu'elles me pincent et je préférais démonter de vieux réveils que m'avait donnés ma mère en guise de jouets. De temps à autre, mon père sortait de sa vareuse un « criquet » (un petit homard) qu'il n'avait pas le droit de pêcher étant donné sa petite taille, mais qu'il mettait de côté pour que je puisse me régaler. J'avais droit également à des filets de soles fraîches, ce qui lui fit dire plus tard en riant que j'avais élevé au biberon et « nourri à la sole frite ». À ces marques d'affection s'en ajoutaient d'autres que j'appréciais particulièrement : dans les promenades en famille le dimanche, il lui arrivait de me « donner la main » et me promener ainsi dans les rues me procurait assurance et fierté.

Au regard d'autres situations, les rapports avec mon père étaient délicats et doux. En témoigne un documentaire diffusé sur la chaîne Histoire il y a quelques années sur les marins de l'île de Sein qui répondant à l'appel du 18 Juin du général de Gaulle avaient rejoint l'Angleterre[1]. À l'époque, la vie sur cette île n'avait guère changé depuis le XIXe siècle ; elle était très dure, l'influence du recteur était prédominante, la religion et le patriotisme formaient un bloc. Le témoignage de l'un des fils de ces pêcheurs attira plus particulièrement mon attention : « Lorsque mon père est parti en Angleterre, j'avais 6 ans. [...] Il n'était pas trop porté sur les effusions. Il m'a embrassé sur la cale[2] avant de partir. Ça m'a un peu surpris. Il avait dit à ma mère qui était enceinte de six mois : "Dans six mois ou un an plus tard, je serai de retour." En fait, il est revenu près de cinq ans après[3]. » Ces années sans nouvelles furent vécues comme un deuil par les femmes et les enfants qui n'avaient pas le droit de demander si les pères allaient rentrer. Sur les 128 hommes partis en Angleterre, une trentaine fut tuée et ne rentra pas. Le retour n'était pas partout synonyme de joie et le souvenir qu'en gardent certains enfants témoigne d'un type de rapport avec le père qui paraît incompréhensible aujourd'hui : « Je me rappelle quand il était rentré le 21 février. L'instituteur qui était un prêtre m'avait laissé sortir une demi-heure avant tout le monde – ce qui était quand même remarquable comme procédé à l'époque – et j'ai trouvé mon père. On a mangé et j'étais un peu intimidé parce qu'on ne se connaissait pas énormément, et puis à une heure et demie, il regarde sa montre et il me dit : "Il n'y a pas école aujourd'hui ?" Je lui dis : "Si, mais tu viens de rentrer." "Non, non, va à l'école..." Eh bien dis

1. *L'Île de Sein, compagnon de la Libération*, film de Thierry Spitzer.
2. Plan incliné destiné à mettre à l'eau ou haler à sec les bateaux.
3. Pierre Salaün, interviewé dans le film.

donc, ça commence bien, au bout de quatre ans et demi, c'était mon premier contact avec mon père… »

Un tel rapport paternel peut paraître extrême, mais il ne signifiait pas l'absence d'affection du père. Celui-ci pouvait être d'autant plus rude qu'il pouvait avoir du mal à contenir ses émotions. Les liens affectifs entre parents et enfants impliquaient le maintien d'une distance respectueuse, tout particulièrement avec le père qui incarnait la figure de l'autorité. Cette distance pouvait se relâcher à certaines occasions, laissant place à la manifestation d'une affection qui ne s'oubliait pas de sitôt comme un bien précieux prodigué parcimonieusement.

Dolorisme et humour dans la maison

Ma mère avait été élevée dans une famille catholique et sévère, mais elle n'en avait pas moins mené une vie quelque peu dévergondée. Avant de se marier, elle avait commis le « péché de chair » avec un jeune homme rencontré dans un bal ; elle se trouva enceinte et l'épousa dans cet état. Mobilisé en 1939 et parti à la guerre, son mari l'abandonna au profit d'une infirmière rencontrée à cette occasion et s'installa en Angleterre. Entre-temps, elle avait accouché d'une fille qu'elle dut élever avec sa mère à la maison. Ce mari perdu qu'elle ne reverra jamais fut son « amant de Saint-Jean », en même temps que celui dont elle « attendait le retour » mais qui ne revint pas. Cette situation faisait écho à deux chansons de l'époque « Mon amant de Saint-Jean » et « J'attendrai [1] », qui figuraient en bonne place dans son cahier de chansons et qu'elle a continué de fredonner longtemps.

1. Tous les films et les chansons cités dans cet ouvrage sont crédités en fin de volume.

Après l'abandon de son premier mari, elle épousa celui qui deviendra mon père alors qu'elle était de nouveau enceinte. Cette union donna naissance à un premier enfant qui mourut d'une toxicose à l'âge de huit mois, maladie que je contractai également après ma naissance deux ans plus tard mais dont je guéris : mes parents avaient entre-temps changé de médecin, le premier s'étant révélé, pour le moins, incompétent. Quelque temps plus tard, mes parents divorcèrent avant de finir par se remanier quelques années plus tard.

Un tel parcours chaotique avait donc fini par se stabiliser, mais il n'en demeurait pas moins gravement fautif aux yeux de l'Église et de ma mère devenue une paroissienne des plus dévotes. Ses fautes de jeunesse avaient entraîné chez elle un sentiment exacerbé de culpabilité : la mort de son enfant n'était-elle pas une punition de Dieu pour ses péchés ? Son catholicisme était largement centré sur la pénitence et le péché. Étant divorcée, elle ne pouvait plus communier à la messe et cette situation renforçait cette sorte d'obsession. À sa façon, elle entendait réparer ses fautes de jeunesse en veillant scrupuleusement à donner à ma sœur et moi une éducation religieuse des plus strictes.

La mentalité de mon père était à l'opposé de ce dolorisme. Il avait été baptisé et avait fait sa première communion « comme tout le monde », mais il n'était pas croyant. Il n'aimait pas entendre les gens se plaindre et geindre à tout bout de champ. À Équeurdreville, la côte qui menait au cimetière était surnommée : « La côte du mont'à rgret » (la côte que l'on monte avec regret) et il ne manquait pas d'ajouter : « Il faut croire qu'ils se plaisent bien là-haut, parce qu'il n'y en a pas un qui est revenu pour se plaindre. » Il aimait se moquer des « bondieuseries » et des bigotes avec leur sourire angélique et leur air rabougri. Sous les apparences les plus dévotes, des paroissiennes passaient beaucoup de temps à médire des gens de la commune dont les mœurs ne correspondaient pas à leur credo. Quand les commérages sur les femmes enceintes et les paternités supposées parvenaient jusque dans la maison, la réplique paternelle ne se faisait pas attendre : « Encore une opération du Saint-Esprit… », suivie d'un commentaire sur la situation du pauvre Joseph qui était cocu. Rien ne semblait pouvoir échapper à sa moquerie, s'en prenant à celles qu'il appelait les « faux-culs » et les « culs-bénis », n'hésitant pas à arranger quelques prières et cantiques à sa façon. Prenant un air ahuri et joignant ses mains comme pour faire sa prière, il entamait d'une voix fluette un : « Je vous salue Marie, pleine de graisse… » Ce genre de plaisanteries, pour le moins grossières, faisait hurler ma mère qui le suppliait de se taire pour ne pas blasphémer.

Il se lançait également dans des jeux de mots faciles du genre : « L'abbé cane, l'abbé cassine, l'abbé molle… » auxquels s'ajoutait « la jouvence de l'abbé souris ». Cette dernière formulation me plaisait beaucoup car elle évoquait un être hybride avec sa petite tête de souris sortant du col de la soutane. En fait, ce nom était celui d'un médicament bien connu à base de plantes, inventé au XVIIIe siècle par un abbé dénommé Soury. Ces paroles anticléricales étaient dites et fredonnées avec le sourire et ces échanges n'étaient pas bien méchants. En tout cas, mon père nous faisait rire, ma sœur et moi – tout comme les jolies cousines de passage qui ne ressemblaient guère à des bigotes et avaient plutôt l'air déluré.

Mes parents « se rouspétaient » sans cesse, c'était devenu un mode habituel de leurs relations, mais cela ne les empêchait pas de plaisanter entre eux de temps en temps. Ils se moquaient de leurs défauts et lorsque nous étions à table en famille leurs échanges malicieux me plaisaient beaucoup. Il faut dire que mon père avait un don pour la repartie, les quolibets et les surnoms. Il y avait « Madame Passe-moi » qui était le surnom donné à ma mère quand elle quémandait tel ou tel ustensile ou ingrédient : « passe-moi le plat »,

« passe-moi le sel », « passe-moi la bouteille d'eau »… Ce surnom était donné aussi à une voisine qui le midi arrivait toujours à heure fixe pour demander : « Vous n'auriez pas des allumettes, un peu d'huile ou du sel, ou encore un tire-bouchon ?… » « Attention, voilà Madame Passe-moi qu'arrive ! » disait mon père, provoquant l'hilarité de la tablée. Il y avait aussi « Madame Gâte-sauce… » qui ratait tous ses plats…

D'autres surnoms renvoyaient avec ironie à des traits physiques disgracieux : le « gros paisson » (gros poisson) ou le « dodu » désignait une personne trop bien en chair, la « famille boudin gras » (expression tirée du jeu des sept familles) le charcutier du haut de la rue, sans oublier le fameux « Coco bel œil » bien connu sur les quais de Cherbourg avec son fort strabisme divergent… S'ajoutaient d'autres reparties plus ou moins drôles en réponses à diverses questions : « Où est-ce que j'ai bien pu ranger mes affaires ? – Dans le tiroir de la meule… », « Où est-elle passée ? – Elle est partie traire… » Les commères qui cherchaient à savoir si le fils d'untel ou untel avait une « bonne situation » se voyaient répondre : « Je pense bien, il est garde-barrière dans l'aviation… » En passant devant un « hôtel tout confort », mon père ne pouvait s'empêcher de s'exclamer : « Le gaz et l'eau tout dans le même tuyau ! », souvenir ironique du passé où l'éclairage était au gaz et où l'eau n'était pas fournie à tous les étages. Ces plaisanteries étaient bonnes à entendre ; elles constituaient un contrepoint salutaire face à un esprit de sérieux et à une éducation moraliste et sévère

Dressage et brimades

Comparée à d'autres familles où les enfants recevaient de temps à autre une « bonne correction », la mienne paraissait plutôt laxiste. Ma mère qui était fille unique de petits commerçants avait été dans sa jeunesse une « enfant gâtée ». La pauvreté de la famille de mon père signifiait « dureté de la vie » mais nullement absence d'affection, même si l'on ne savait pas trouver les mots pour l'exprimer. Son père était un homme bon qui pouvait se montrer sévère mais ne l'avait jamais battu et sa mère s'était toujours montrée affectueuse envers lui et son frère. Les parents ayant tendance à élever leurs enfants selon le modèle qu'ils avaient eux-mêmes connus, je fus plutôt chanceux dans ce domaine. De plus, étant né dix ans après ma sœur issue du premier mariage de ma mère et un an après que mes parents eurent perdu leur premier bébé, j'étais l'« enfant chéri » de la famille auquel on portait beaucoup d'attention.

Ce qui n'était pas le cas de ma sœur avec laquelle ma mère se montrait beaucoup plus sévère, lui infligeant des punitions à l'ancienne : les gifles, la privation de dessert ou de repas du soir (« aller se coucher avec du pain sec et de l'eau »), et de temps en temps l'enfermement dans le noir du réduit à charbon. Cette dernière punition ne m'a été appliquée, pour autant que je m'en souvienne, qu'une seule fois, la crainte de l'enfermement dans la pénombre suffisant généralement pour me faire taire. J'ai dû recevoir quelques fessées et je me souviens de quelques claques, mais les punitions s'arrêtaient là.

Mes parents pouvaient faire appel au Croque-mitaine – personnage imaginaire censé croquer les enfants –, ou brandir le martinet – petit fouet à lanières qu'on pouvait acheter à l'époque dans les drogueries –, cela ne m'impressionnait pas vraiment. Ils avaient beau appeler le Croque-mitaine, je ne le voyais jamais arriver dans la maison. Quant au martinet, il leur servait surtout à faire peur au chien pour qu'il cesse d'aboyer. Un peu plus tard on me menaça de m'« envoyer en maison de correction » et plus précisément à Tatihou, petite île près de Saint-Vaast qui à l'époque n'était pas un lieu touristique et de festival, mais un centre de rééducation pour adolescents dont il était difficile de s'échapper.

À force d'entendre : « Attends un peu, je vais te dresser ! » sur un ton qui n'était pas vraiment sérieux, je ne craignais pas grand-chose et c'était comme une sorte de complicité malicieuse qui s'était installée entre eux et moi. Je savais en profiter, quémandant sans cesse de multiples faveurs et cadeaux qu'ils refusaient d'abord en criant haut et fort, avant de les satisfaire en maugréant. Mes parents qui n'étaient pas très cohérents en déduisaient que j'étais vraiment trop gâté. Leur autorité s'en trouvait affaiblie et ils ne parvenaient pas à « se faire obéir ». Ils invoquaient alors des tierces personnes qui n'étaient pas seulement mythiques comme le Croquemitaine ou le père Fouettard, mais incarnaient une autorité sociale incontestable comme le gendarme dont la peur était supposée être le début de la sagesse, non seulement parce qu'il pouvait mettre des contraventions, mais parce qu'il pouvait vous mettre en prison. C'est du moins de cette manière qu'on me présentait ce personnage qui suscitait la crainte, y compris chez les grandes personnes : à chaque déplacement en voiture, ma mère avait tendance à l'apercevoir à tous les carrefours.

Pour « se faire obéir », cette dernière eut recours une fois à un « gendarme » en chair et en os. C'était un jour où voulant à tout prix me faire couper les cheveux chez un coiffeur réputé de Cherbourg que je ne connaissais pas, elle dut faire face à une résistance des plus agitées de ma part consistant à traîner les pieds, à tirer sur la manche de son manteau, à pousser des cris d'orfraie au vu et au su des passants. Ne parvenant pas à faire cesser mes pleurs et mon agitation, elle me menaça d'aller « trouver le gendarme » qui faisait la circulation. Cela ne changea rien à mon état d'excitation. Elle me traîna alors au milieu de la chaussée face à ce fameux gendarme qui était en fait un policier municipal réglant la circulation avec son bâton blanc et lui demanda d'intervenir pour que cesse mon insubordination. Celui-ci baissa les yeux vers moi en me disant d'être sage. Son képi, son uniforme, son bâton blanc et la prison toute proche suffirent pour me faire taire. La peur du gendarme produisit son effet ; ma mère remercia le policier municipal et j'entrai dans le fameux « salon de coiffure » en étant accueilli par un monsieur plutôt gentil et rassurant qui finit de me calmer.

Maltraitance et humiliation

En remontant d'une ou deux générations, le « dressage » des enfants pouvait donner lieu à des pratiques barbares. J'appris par ma propre mère que l'une de ses cousines fut élevée très durement dans sa jeunesse : sa mère avait non seulement l'habitude de la priver de nourriture, mais elle l'attachait à son lit quand elle estimait qu'elle n'était pas sage. En guise de punition, elle alla même pendre le petit chien que la jeune enfant adorait et qui était devenu son confident. Une telle scène me terrifiait mais elle n'était pas la seule dans le genre. Quand elle était enfant, ma mère avait passé quelque temps dans une ferme à la campagne. Quand ses parents étaient absents, le valet de ferme prenait un malin plaisir à lui faire peur : il la soulevait par les pieds pour la placer tête en bas au-dessus de la margelle du puits en la menaçant de la laisser tomber. Quand son père apprit ce qui était arrivé, le valet de ferme eut droit à de sérieuses remontrances, mais l'affaire s'en tint là. Les enfants victimes de mauvais traitements n'étaient pas rares. On le savait, on s'en indignait, on pouvait consoler l'enfant quand on le rencontrait, mais on allait rarement protester auprès des coupables et encore moins le signaler à la police : c'était une « affaire de famille » dont on ne voulait pas se mêler.

La maltraitance au sein de certaines familles et les mauvaises rencontres n'étaient pas les seules manifestations de cette violence et de cette perversion. D'une façon moins brutale, le dressage des enfants à l'école pouvait donner lieu à des scènes d'humiliation. Ma mère m'avait inscrit à l'école maternelle catholique de la commune où elle-même avait été scolarisée quand elle était enfant. Je garde encore quelques images de cette école où j'appris à lacer mes chaussures, à me laver les mains et à me moucher correctement, à me mettre en rang quand la maîtresse faisait sonner la petite cloche sur le fronton du bâtiment... À ces apprentissages s'ajoutaient des leçons élémentaires de catéchisme, des rondes, des comptines et des chants... J'y ai appris, bon gré mal gré, les premières contraintes d'une vie collective en dehors de la famille, ce qu'on appelle aujourd'hui la « socialisation ».

Cette école, en face de l'église, était dirigée par une vieille fille et sa mère qui, pour gentilles qu'elles semblaient être, savaient se montrer sévères envers les enfants turbulents. Il fallait rester silencieux et attentifs quand la maîtresse parlait et les bavards comme moi étaient régulièrement punis en « allant au coin » : vous deviez rester debout, immobile devant le mur de la classe durant de longues minutes, avant que la maîtresse ne vous donne la permission de regagner votre place. Vous pouviez également être privés de récréation, ce qui était pire encore parce que vous ne pouviez pas « aller jouer » et libérer une énergie contenue tant bien que mal de longues heures durant. Pour faire taire les enfants, cette maîtresse de l'école maternelle pratiquait également une méthode plus douce mais dont l'efficacité était plus incertaine : elle collait sur les lèvres des enfants un morceau de ruban adhésif. J'étais régulièrement soumis à ce traitement, mais je parvenais malgré tout, je ne sais trop comment, à murmurer quelques mots à mes voisins de classe. Le bout de « scotch » finissait par se détacher des lèvres et le bavardage reprenait de plus belle. Un tel comportement excédait la maîtresse qui en avait assez de cet enfant qui dissipait ses petits camarades. Il faut dire qu'à cette époque j'étais particulièrement « nerveux », les disputes de mes parents qui avaient décidé de divorcer entraînaient chez moi un sentiment d'angoisse et d'insécurité.

N'en pouvant plus, la maîtresse me saisit brutalement, me coinçant horizontalement contre sa hanche, et m'entraîna au rez-de-chaussée où se trouvait la classe des « grandes filles ». Je criais et me débattais comme un beau diable sans parvenir à desserrer son étreinte. Arrivée dans la classe, elle me présenta comme un enfant qui ne voulait obéir à personne, me déculotta et, me renversant sur ses genoux, elle me flanqua une fessée des plus vigoureuses devant toutes les filles qui se mirent à rire bruyamment à la vue d'un tel spectacle. Me retrouvant debout je ne sais trop comment, choqué et affolé, je me mis à courir dans les allées au milieu des huées, cherchant désespérément le visage et les bras de ma sœur pour me réconforter. Mes parents apprirent ce qui s'était passé mais ils ne trouvèrent officiellement rien à redire : la maîtresse était sévère mais c'était elle qui, à l'école, commandait. « Ça t'apprendra ! » Je n'avais qu'à bien me tenir si je ne voulais pas être à nouveau corrigé.

Une telle humiliation m'avait marqué. Je n'étais pas le seul à subir de pareilles épreuves et, lorsque je fus en primaire, j'assistai au spectacle d'un jeune doté d'un bonnet d'âne, son cahier attaché autour du cou, condamné à faire plusieurs fois le tour de la cour sous les huées et les risées des écoliers qui en profitaient pour se défouler. La vue de cette scène me choqua profondément, ravivant l'humiliation subie quelques années auparavant. Je me tins à distance, compatissant à la douleur de celui qu'on avait coiffé d'un bonnet d'âne ; j'étais solidaire de ceux à qui l'on « faisait honte » tout en leur disant que « c'était pour leur bien ».

Cette pratique disparut dans les années suivantes, mais certains curés « sévères » entendaient d'une manière analogue faire respecter la religion. Je me souviens d'un jeune arrivé en retard à l'office et contraint de rejoindre le chœur, de se mettre à genoux sur le sol au vu de tous et d'assister à la grand-messe dans cette posture des plus inconfortables. L'heure de la revanche et des règlements de comptes n'avait pas encore sonné, mais c'est ainsi qu'on fabriquait des révoltés en puissance qui des années plus tard allaient vouloir tout casser.

Discipline et apprentissage

L'école n'était pas considérée comme une sorte de perpétuel jardin d'enfants ou le lieu d'une citoyenneté avant l'heure. Les enseignants ne nous considéraient pas comme des petits anges ou des génies créateurs, mais comme de très jeunes élèves ayant une part sauvage qu'il fallait « dresser » et des capacités qui ne pouvaient se révéler que par l'acquisition des connaissances.

Nous nous conformions à ce que la maîtresse et le maître attendaient de nous parce que ces derniers disposaient d'une autorité et d'un prestige incontestables, même si certains pouvaient être « sévères » ou « méchants ». Le désir de « bien faire » répondait à l'attente de vos maîtres et de vos parents, il prouvait votre respect envers le monde des adultes, renforçait le lien de confiance avec eux. Ils étaient « fiers de vous » et vous pouviez être « fier de vous-mêmes » en même temps.

Il fallait donc apprendre à se tenir droit, à se taire et à se mettre en rang au son de la cloche et du sifflet. L'entrée dans la classe devait se faire dans l'ordre et en silence, chacun se plaçant devant son pupitre en attendant que le maître vous autorise à vous asseoir. À l'école catholique, chaque début de classe était précédé d'un rituel quotidien : debout, la main gauche sur la poitrine pendant que la main droite faisait le signe de croix avant de réciter à haute voix le Notre Père. Cette pratique a duré jusqu'au début du secondaire où le cours d'anglais commençait toujours par la récitation : « *Our Father who art in Heaven, hallowed be thy name. Thy kindgom come, Thy will be done on earth as it is in heaven...* » Cette prière en anglais avait pour elle le charme de la nouveauté et des accents agréables à l'oreille, la signification des paroles important peu. À chaque entrée d'un autre enseignant ou d'une grande personne dans la classe, les élèves devaient se mettre debout tous en même temps, en attendant qu'on leur dise : « Vous pouvez vous asseoir », formulation que j'ai entendue des milliers de fois. À force de répétition, ces attitudes étaient devenues des automatismes, ce qui était le but recherché.

Les enfants que nous étions n'avaient pas le choix, sachant que toute transgression des règles se payait automatiquement d'une punition : recevoir une gifle, « aller au coin », et, pire encore, être privé de récréation. Nos parents étaient tenus au courant de notre inconduite et cela pouvait se traduire par une double punition. Il n'était nullement question d'autodiscipline, non seulement parce que nous n'avions pas l'âge pour comprendre, mais parce que la discipline n'impliquait nul consentement ; elle supposait un rapport d'obéissance au maître. Il y avait des règles de code de bonne conduite à respecter, un système quasi automatique de punitions et de récompenses.

Apprendre supposait beaucoup de récitations. Il fallait répéter en chœur les connaissances de base élémentaire pour les « faire entrer dans nos têtes » : alphabet et b.a.ba, puis additions et soustractions, puis multiplications et divisions... L'apprentissage de l'écriture et de la lecture passait par des dictées, des lectures à haute voix, des leçons consistant à apprendre par cœur à la maison des résumés pour les réciter ou les écrire en classe le lendemain. Il fallait apprendre à tenir droit son crayon et son porte-plume en veillant à respecter des lignes horizontales du cahier, recommencer sans cesse en évitant les réprimandes et parfois les coups de règle sur les doigts. Pour certains, c'était un véritable parcours du combattant ; ils n'avaient pas beaucoup de mémoire, écorchaient les lettres et les mots, bafouillaient beaucoup. Les répétitions et le « par cœur » pouvaient paraître contraignants et fastidieux, mais il fallait bien en passer par là si nous voulions « devenir grands ». Je me souviens encore du plaisir et de la fierté que j'éprouvais le jour où je réussis à tracer sur le papier les pleins et les déliés des lettres en appuyant sur la plume comme il se devait ; le geste était devenu simple et naturel après bien des ratés et des hésitations.

Les notes, les « bons points » de différentes couleurs récompensaient vos efforts et vos résultats ; l'accumulation de ces « bons points » donnait droit à une belle image (dans l'école privée, il s'agissait d'images pieuses). Le classement des élèves en fonction des notes (parmi lesquelles la « note de conduite ») faisait partie intégrante de l'éducation, les meilleurs avaient droit à la rubrique « Excellence » et à l'inscription au « tableau d'honneur » (du premier ou du second degré). Cela n'était nullement considéré comme une pratique discriminante parce que les inégalités de compétences et de talents faisaient partie de choses de la vie, tout le monde n'étant pas également « doué » et « fait pour les études ».

Nous devions donc en prendre notre parti : l'instruction supposait une discipline et des contraintes incontournables. Les parents, les maîtresses et les maîtres ne cherchaient pas à nous le dissimuler. Simplement, ils nous faisaient en même temps valoir que l'effort en valait la peine : c'était le chemin pour devenir « grand », appartenir un jour au monde des adultes autonomes parce qu'ils « gagnaient leur pain à la sueur de leur front » et pouvaient en même temps profiter de plaisirs qui ne nous étaient pas encore accessibles. Comme me le disaient mes parents : « Il faut prendre son mal en patience et savoir se contenter de ce que l'on a. » À l'adolescence, ces paroles m'apparaîtront comme une marque de résignation insupportable.

Des filles et des garçons

À l'époque, on n'éduquait pas les garçons et les filles de la même façon. Mes parents avaient reporté sur moi leur espoir de promotion sociale et étaient prêts à se « sacrifier » pour me payer des études. Il n'en allait pas de même pour ma grande sœur. Âgée de dix ans de plus que moi, elle portait le nom de son père, qu'elle n'avait pas connu, et, bien qu'elle soit intégrée pleinement dans la famille, elle vivait difficilement cette situation. Elle cessa d'aller à l'école à seize ans, prit quelques cours de couture et travailla aussitôt à la boutique avec mes parents. Après avoir rompu ses premières fiançailles avec un patron-pêcheur, elle trouva enfin l'« homme de sa vie », se fiança de nouveau et le mariage eut lieu en grande pompe avec l'accord et la satisfaction des deux familles. Le mariage de ma sœur fut l'un des rares moments où je vis mon père entrer dans une église. En tête du petit cortège, ma sœur lui tenant le bras, il la conduisit jusqu'à l'autel auprès de son futur époux, comme le voulait la tradition. Ma sœur n'était pas sa fille, mais cela n'avait pas grande importance, le geste et la symbolique de la cérémonie la réinscrivaient dans une filiation aux yeux des participants. Cette cérémonie du mariage réaffirmait son inscription dans la famille en même temps qu'elle lui permettait de s'en libérer.

Le parcours de ma sœur reflétait à sa manière celle des jeunes filles de l'époque. Le modèle de la « femme au foyer » dominait et la scolarité des filles dans les milieux populaires ne durait pas très longtemps. Les jeunes filles devaient aider leur mère dans les tâches ménagères et les activités familiales, en attendant le mariage (précédé des fiançailles) qui permettait de quitter le foyer, en espérant trouver un « prince charmant » qui fût en même temps un « beau parti [1] » qui satisferait les parents. Avant le mariage, les garçons disposaient d'un avantage sexuel incontestable : ils ne risquaient pas de « tomber enceinte » et on leur pardonnait plus facilement leurs « bêtises ». Les filles étaient prévenues par les mères et leurs grands-mères : il fallait qu'elles fassent très attention à ne pas succomber à la tentation, sous peine de se retrouver dans la situation de « fille mère » le plus souvent abandonnée par leur amant de passage. Avoir un enfant en dehors du mariage, c'était s'exposer à la désapprobation publique et aux commérages sur les « filles faciles » qui « ne pensent qu'à ça ».

Il ne fallait pas se tromper dans le choix du fiancé, prendre le temps de le connaître avant de se décider. Les fiançailles étaient faites pour cela et bien que leur rupture soit mal vécue, elles pouvaient permettre d'éviter quelques emballements sans lendemain et des « incompatibilités de caractères ». Une fois le mariage prononcé, il n'était pas religieusement et socialement convenable de rompre l'union.

1. Personne disposant de biens et de revenus substantiels avec qui l'on se marie.

Des grands-mères ou des mères avaient encore une façon bien à elles de parler du mariage, comme une sorte de fatalité pesant sur leur condition : « Ma fille, c'est ton calvaire qui commence, tu vas désormais devoir porter ta croix toute ta vie. » À l'époque, le divorce était considéré comme un acte grave qui demeurait honteux ; il n'avait rien d'un « consentement mutuel », mais il impliquait une procédure longue et contraignante s'appuyant sur des faits et des témoignages qui avivaient les tensions, avantageaient l'un des conjoints au détriment de l'autre dans un règlement de comptes exacerbé.

Mais le mariage ne réglait pas tout. Dans les familles, même les plus bourgeoises, existaient des « bâtards » nés d'une liaison adultérine. Même si celle-ci était plus ou moins connue par les commérages, on ne tenait pas à ce qu'elle nuise à la « bonne réputation ». Dans ce cas, soit la mère déniait toute parenté avec l'enfant, l'abandonnant à un triste sort, soit – et c'était le cas le plus fréquent – on faisait comme s'il s'agissait d'un enfant « légitime », le père de la famille acceptant finalement de l'« endosser ». La « bâtardise » n'avait pas pour autant disparu. Tout en portant le même nom patrimonial, l'enfant demeurait « honteux » et ne bénéficiait pas nécessairement des mêmes soins et de la même éducation. C'était le cas d'un proche que j'ai bien connu : il fut placé en nourrice à la campagne, vivant une enfance des plus difficiles. Cette situation l'a profondément marqué : toute sa vie, il a économisé et travaillé dur comme s'il devait prouver le bien-fondé de sa naissance et montrer qu'il était lui aussi capable d'« avoir une belle situation » comme ses demi-frères devenus de riches notables.

Née un siècle plus tôt, la vieille tante de ma mère avait elle aussi donné naissance à une enfant illégitime dans des situations beaucoup plus dramatiques : dans sa jeunesse, elle fut violée par un garçon de ferme lors d'un mariage à la campagne et donna naissance à une fille dont elle prit soin. Depuis l'enfance, la vie de la « tante Victorine » dont j'ai gardé l'image penchée sur sa machine à coudre était marquée par le malheur, sa mère ayant été abandonnée par son père ouvrier journalier, qui s'était enfui avec une serveuse de café. Pour elle comme pour d'autres femmes ayant subi les mêmes violences, les hommes ne valaient pas grand-chose et la vie était vécue comme un fardeau. Fréhel, chanteuse bien connue dans les milieux populaires, l'avait dit à sa manière : « Les hommes nous aiment pas pour nous mais pour eux [1]. »

De la mort et des enterrements

La mort s'intégrait tant bien que mal dans la vie de tous les jours. De temps à autre, on pouvait croiser sur le trottoir Monsieur le curé revêtu de sa chasuble, marchant d'un pas pressé dans la rue, précédé d'un enfant de chœur agitant une clochette. Les gens s'arrêtaient pour le laisser passer, les hommes se découvraient et beaucoup de passants faisaient le signe de croix : le curé allait porter l'extrême-onction [2] et donner la communion à un mourant. Ma grand-mère maternelle a elle aussi reçu l'extrême-onction sur son lit de mort. Je me souviens de la nuit de son décès. J'avais quatre ans et c'est la première fois que je me trouvais directement confronté à la mort d'un être proche. Je me rappelle avoir été réveillé cette nuit-là par une agitation inhabituelle dans la maison. Ma sœur et ma mère allaient et venaient devant mon lit en me disant à chaque passage de me rendormir. J'aperçus même un voisin qui lui aussi avait l'air triste et

1. « L'Amour des hommes ».

2. Sacrement des malades consistant en une onction d'huile sur le front et l'imposition des mains.

s'affairait à je ne sais quelle besogne : que faisait-il dans la maison la nuit ? N'y tenant plus, j'allai voir ce qui se passait dans la chambre de ma grand-mère qui était juste à côté. Tout le monde pleurait en silence autour de moi, mais je n'arrivais pas vraiment à comprendre que « mémère Blanche » (son prénom était Blanche) était morte. Elle était toujours là dans sa chambre, allongée sur son lit, l'air calme et serein. On me dit qu'elle s'était endormie pour toujours et je ne me souviens plus si j'ai eu le droit de l'embrasser pour lui dire au revoir. On s'affairait autour d'elle, il fallait lui faire sa toilette, l'habiller de ses plus beaux habits. Les voisins étaient venus pour nous soutenir et nous aider. On alluma des cierges, on lui croisa les mains et on lui mit son chapelet entre les doigts. Ma mère, ma sœur et des voisins se relayèrent pour la veiller toute la nuit. Quelque temps après, on posa de grandes tentures noires devant la porte d'entrée de la maison ; celle au-dessus de la porte avait un écusson avec la lettre H, l'initiale de son nom. Ce sont les seuls souvenirs qu'il me reste de la mort de ma grand-mère, n'ayant pas participé à son enterrement. C'est plus tard, alors que je devais avoir dix ans, que je suis allé à l'enterrement d'un autre membre de la famille, une tante de ma mère qui faisait de la couture à domicile. Ce jour-là j'étais plutôt content et fier d'être placé en tête du cortège avec les membres de la famille derrière le corbillard et le cheval tout noir montant la côte conduisant au cimetière.

Il en est d'autres qui mouraient plus brutalement. Ce fut le cas du « marchand de postes » juste à côté de la maison. Nous admirions souvent le contenu de sa boutique avec les postes de radio, les électrophones et les premiers téléviseurs. Lors des soirées de la piste aux étoiles ou des combats de catch, il plaçait l'écran face à la vitrine dans sa boutique pour que les voisins de la rue puissent en profiter. Un jour, un attroupement inhabituel se fit autour de son magasin :

quelqu'un avait entendu un coup de feu et il venait de se suicider. Plus tard, j'appris que sa femme l'avait quitté, qu'il « jouait aux courses » et ne pouvait plus payer ses dettes. La police arriva et l'emmena sur un brancard sans prendre la peine de recouvrir son corps. Perdu dans la petite foule, à la différence de mes copains, je l'entraperçus sans voir le trou qu'il avait dans la tête, ce qui soulagea mes parents. Ce suicide avec un revolver était rare ; dans les campagnes, la pendaison était le mode le plus courant pour mettre fin à ses jours. Dans les conversations, mes parents faisaient parfois allusion à tel ou tel monsieur qu'on avait retrouvé pendu dans sa grange ou son cellier. C'était triste et dramatique, mais cela ne suscitait pas un sentiment d'effroi. Il y avait des gens qui « n'avaient jamais eu de chance dans leur vie » et que le « malheur » avait poursuivis jusqu'au bout. Il y avait aussi ceux qui, voyant leurs forces décliner, ne voulaient pas devenir une charge pour les autres ou terminer leur vie dans un « asile de vieillards ». Ces suicidés n'avaient droit à aucune cérémonie à l'église. Ma mère plaignait ces malheureux qui, ayant commis un « gros péché mortel », allaient en enfer, sans qu'on n'y puisse rien.

Quelques années plus tard, j'assisterai à une autre scène mortuaire. Une nuit, l'un des curés enseignants de mon école était mort brusquement d'une perforation d'un ulcère à l'estomac. Le lendemain, on vint nous l'annoncer dans la classe et nous dire qu'on pouvait aller lui rendre hommage dans sa chambre où il était exposé. Je ne résistai pas à l'invitation. Agenouillé devant son lit à côté d'un prêtre qui le veillait, je fus surpris de voir comment son visage restait marqué par la douleur, l'une des mains que l'on n'avait pas réussi à joindre restait crispée sur son estomac. Cette scène n'était pas traumatisante mais lugubre et triste, comme ce vieux curé à côté du cadavre qui lisait des prières en latin.

La religion n'empêchait pas d'autres rituels familiaux et délicats. Ma mère m'a raconté à ce sujet des scènes qui l'ont beaucoup marquée. Sachant qu'elle allait mourir, sa grand-mère avait tenu à lui offrir une « belle boîte de bonbons » avec un couvercle de tissu représentant une scène naïve : un jeune homme du XVIIIe siècle avec de beaux habits se promenant dans la nature. Ce couvercle fut accroché au mur de la chambre pendant longtemps. Lors de la mort de son autre grand-mère ou de son père – je ne sais plus –, on acheta une bouteille de champagne et l'on fit tremper les lèvres du mourant dans une coupe de ce vin précieux. C'était une façon de s'offrir un dernier cadeau, de se dire qu'on s'aimait beaucoup et de rendre humain jusqu'au bout ce passage vers l'autre monde.

Mes parents lisaient quotidiennement *La Presse de la Manche* avec une attention particulière accordée à la rubrique nécrologique et à Équeurdreville, comme tout le monde connaissait tout le monde, il était d'usage de se rendre régulièrement aux enterrements pour saluer le défunt une dernière fois et manifester par sa présence sa solidarité envers la famille éplorée. Après que le défunt fut mis en terre, la famille organisait souvent un « repas d'enterrement » où l'on évoquait la mémoire du disparu sans nécessairement sombrer dans une tristesse infinie. Ces repas de fin d'enterrement pouvaient être « arrosés » et certains manifestaient à leur manière que la vie reprenait déjà ses droits. Pour les proches, le processus était beaucoup plus long. Ils étaient « en deuil » et l'affichaient ouvertement. Cela se savait et se voyait par le ruban noir enroulé à la manche du manteau ou du veston pour les hommes, remplacé un peu plus tard par un morceau de tissu noir cousu à la boutonnière. Les femmes portaient des vêtements de couleur noire. Dans les rues d'Équeurdreville comme ailleurs, on pouvait rencontrer beaucoup de vieilles dames habillées de cette façon.

Dans la vie collective comme dans celle de la famille, tous les jours n'étaient pas gais, mais l'humour populaire constituait un antidote à la dureté de la vie. Les repas familiaux et, pour les hommes, les rencontres au bistrot permettaient d'échanger non seulement les chagrins et les soucis, mais des plaisanteries de toute sorte. La vie était plus rude, mais on riait de bon cœur plus souvent qu'aujourd'hui. Mon père se moquait joyeusement de ce qu'il appelait le « bureau des pleurs et des lamentations » composé de ceux qui ne cessaient de se plaindre « pour un oui ou pour un non », considérant la vie comme un dû. L'heure n'était pas celle de l'ego et des droits individuels sans limites avec en complément la victimisation généralisée avec plaintes à l'appui en cas de non-satisfaction. Depuis son enfance, mon père n'avait au contraire cessé de se battre pour vivre ; il était sorti de la misère, avait acquis une situation qui globalement le satisfaisait. Il n'éprouvait pas le besoin de se conformer aux modes de vie des parvenus qui copiaient bêtement le comportement des riches. C'était l'une des différences avec ma mère dont les grands-parents avaient été domestiques au château d'Orglandes et qui demeurait malgré tout fascinée par les notables et les puissants. Comme beaucoup d'autres, elle rêvait d'« en être » tout en dénonçant le mépris des riches envers les « petites gens » ; elle enviait leur fortune tout en les critiquant. Mais quoi qu'elle fît pour les imiter, elle savait qu'elle ne serait pas admise en leur sein et qu'elle resterait une « marchande de poisson » bien connue : il ne « fallait pas jouer les riches quand on n'avait pas assez de sous ». Le développement de la société de consommation commençait à faire rêver, mais les traditions populaires et le « bon sens », l'affrontement à la réalité par le travail manuel, la confrontation à la souffrance et à la mort constituaient encore des contrepoints salutaires qui faisaient que globalement, les gens demeuraient les « pieds sur terre » en évitant de trop dépenser et de croire que tout était possible pourvu qu'on l'ait désiré.

Aujourd'hui, il est de bon ton, dans certains milieux, de se vanter d'avoir été élevé en dehors des préjugés campagnards et religieux en faisant valoir une modernité qui serait débarrassée de toute croyance. On peut en douter sérieusement au vu de la place et de la fascination qu'exerce sur certains esprits le monde de l'audiovisuel. J'ai pu m'en rendre compte un jour où j'avais eu le tort d'accepter d'intervenir dans une émission d'une chaîne de télévision bien connue qui plaît beaucoup aux adolescents. Ce jour-là, de jeunes élèves d'une école de la banlieue parisienne étaient venus assister à l'émission dans le cadre d'une sortie scolaire « à visée éducative ». En entrant dans le studio avant que l'émission ne commence, ils s'éparpillèrent dans tous les sens, regardant de tous les côtés comme éblouis par ce lieu hors des normes qu'ils ne connaissaient jusqu'alors qu'à travers leur écran de télévision. Les responsables avaient du mal à les tenir en place tellement ils étaient agités. Je les observais jetant leur regard émerveillé vers la table encore vide où les animateurs et les invités allaient bientôt prendre place. J'avais l'impression que ces jeunes entraient pour la première fois dans un nouveau lieu sacré avec ses plateaux inondés de lumière qui sont comme un univers hors de l'espace et du temps, régi par quelques mystérieux ordonnateurs et animateurs auréolés de leur notoriété. M'est revenu spontanément en mémoire l'échange que j'avais eu bien des années auparavant avec celle qu'on appelait « Marraine » et qui venait souvent rendre la monnaie à la boutique d'Équeurdreville. Je lui avais alors demandé les raisons pour lesquelles elle continuait d'aller à la messe alors que celle-ci me semblait très ennuyeuse. Sa réponse m'avait surpris : « Tu ne te rends pas compte. On est des pauvres gens, on a connu la misère et la messe nous fait du bien. Il y a les vitraux avec leurs couleurs et leur lumière, l'encens et les chants en latin, l'autel et le prêtre en chasuble avec les enfants de chœur devant l'autel… La messe nous fait oublier nos soucis quotidiens. Tu ne te rends pas compte comme pour nous c'est beau… » Ce n'était pas seulement le Bon Dieu qui comptait ou plutôt celui-ci était intimement mêlé à un monde de beauté qui transcendait une vie besogneuse et permettait aux « pauvres gens » d'accéder à un univers surnaturel. Le « peuple adolescent » élevé dans un tout autre contexte où la télévision ou les concerts fusionnels tiennent lieu de monde merveilleux ne me paraît pas nécessairement avoir gagné au change. Le sacré dont on affirme un peu vite s'être débarrassé revient sous la forme de multiples idoles et addictions.

Chapitre 3

Jeux de guerre et jeux d'enfant

Ma génération n'a pas connu la dernière guerre mondiale, mais elle n'en a pas moins beaucoup entendu parler. La ville de Cherbourg avait déjà une longue histoire liée à l'armée et à la guerre. C'était un port militaire avec ses fortifications, ses forts maritimes, ses casernes et son arsenal où l'on construisait des sous-marins depuis longtemps. Entre les deux guerres, Cherbourg accueillait également une base pour hydravions.

Mais ce sont surtout les souvenirs de la dernière guerre qui continuaient d'être présents. Les troupes allemandes d'occupation avaient laissé leurs marques dans le paysage normand à travers de multiples blockhaus sur les côtes et dans les terres. Les cérémonies au cimetière et devant les monuments aux morts, les barbelés et les restes de miradors d'un camp de prisonniers pas très loin de la gare maritime, les visites au musée de la Libération, au sommet de la montagne du Roule surplombant Cherbourg… nous rappelaient l'importance de cette histoire que nous n'avions pas vécue. Le poids des morts de la guerre pesait encore sur les vivants, mais cet élément avait commencé à s'effacer malgré les leçons de morale des adultes qui n'insistaient pas trop. Nous rejouions à la guerre dans une situation ambivalente marquée par une mémoire endolorie et les nouvelles promesses de la modernité.

Des souvenirs familiaux

Bien que mes parents n'en parlent pas volontiers, il leur arrivait parfois d'évoquer leurs souvenirs dans les repas de famille. Les bombardements alliés sur la ville et dans la région avaient fortement marqué les esprits : ma grand-mère paternelle était ressortie « miraculée » et toute blanche de poussière des gravats d'une maison écroulée sous les bombes dans la rue Gambetta ; ma mère et ma grand-mère maternelle s'étaient retrouvées « prises sous les bombes » alors qu'elles partaient se réfugier à vélo à la campagne ; la ville de Saint-Lô avait été rasée par les bombardements alliés, les détenus de la prison de cette ville, dont des résistants, périrent dans les flammes…

Les pénuries alimentaires et le marché noir tenaient également une place importante dans la conversation sur le mode : « Il y a ceux qu'ont su en profiter… » Dans ce domaine, les paysans avaient acquis une mauvaise réputation, mais également des commerçants et des entrepreneurs, qui avaient continué leurs trafics dans la période de pénurie après la Libération en faisant main basse sur des stocks de nourriture, de boisson et de matériels des troupes américaines qu'ils avaient revendus à prix d'or. Il y avait aussi les collaborateurs connus, dont certains s'étaient affichés avec les officiers allemands, telle cette comtesse habitant un château à Bricquebec et son amie Marylou qui avaient acquis une réputation détestable. À entendre mes parents qui évoquaient leur nom avec mépris, il me semblait qu'ils étaient nombreux comparés aux résistants qu'on appelait par leurs noms de famille et dont beaucoup avaient été fusillés.

Mon père était patriote, sans plus ; il n'aimait pas les « boches » et les « collabos », mais il n'avait pas pris part à la résistance, ayant choisi de revenir en France pour nourrir sa famille après que le sous-marin dans lequel il avait été affecté eut réussi à rejoindre l'Angleterre. Il y avait chez lui non seulement une sorte de solidarité première dans la pauvreté avec ses proches qui avaient besoin de lui pour vivre, mais aussi une méfiance instinctive des grands discours. Il gardait quelques souvenirs peu glorieux de la guerre et de la Libération, de ceux qui « s'empiffraient avec les Allemands », des dénonciateurs qui réglaient leurs comptes familiaux ou de voisinages en écrivant des lettres anonymes, mais aussi des résistants de la dernière heure qui, à l'en croire, étaient nombreux.

Il n'aimait pas en parler, mais il se souvenait des femmes tondues à la Libération et des exécutions sommaires, prenant comme exemple celui d'un collaborateur fusillé du côté de la « plaine » d'Équeurdreville : « Ils étaient tellement pressés de tirer qu'ils ont tué celui qui venait de lui mettre un bandeau sur les yeux… » Je n'ai jamais su s'il s'agissait ou non d'une rumeur. Ce genre d'anecdote n'était pas rare dans la région. Un des prêtres enseignants de mon école nous avait raconté avoir vu un paysan avec son fusil de chasse tuer un Allemand alors que celui-ci s'avançait vers lui les mains en l'air : « Celui-là, disait-il, le Bon Dieu le punira, il ira en enfer, à moins qu'il ne se repente et ne se confesse avant de mourir ! »

Les villes rasées et les morts sous les bombardements avaient été vécus comme de terribles drames, et pourtant les gens ne semblaient pas en vouloir aux « Américains ». À l'époque, on pouvait pleurer, mais cela ne servait à rien de se mettre en colère, cela faisait partie de la guerre avec ses drames et ses souffrances et l'on n'y pouvait rien. Les bombardements étaient largement considérés comme un prix effroyable à payer pour la Libération. Cela n'empêchait pas de se méfier des soldats américains : ils roulaient à toute allure avec leurs camions et leurs jeeps et provoquaient des accidents (des boutiques de la rue Gambetta avaient eu leurs vitrines défoncées), et avaient la réputation, maintes fois vérifiées, de se saouler et de se bagarrer facilement. Ma mère m'avait raconté sa frayeur quand une nuit, seule avec sa mère, des soldats ivres avaient hurlé et tapé violemment sur les volets du commerce pour obtenir du calva. Il n'était pas conseillé se promener la nuit dans les rues d'Équeurdreville et de Cherbourg, malgré la présence de la police militaire.

Les soldats américains n'en étaient pas moins considérés comme des libérateurs à qui l'on devait beaucoup : « Les Allemands seraient peut-être encore là s'ils n'avaient pas débarqué... » Ces soldats étaient jeunes, ils avaient quitté leur famille et leur pays, ils s'étaient sacrifiés pour nous délivrer, les cimetières américains dans la région étaient là pour en témoigner. S'y mêlait un autre élément plus matériel qui suscitait l'étonnement et une sorte d'admiration : l'incroyable armada avec les milliers de bateaux, d'avions, de parachutistes, la quantité d'hommes, d'armement, de matériel que les Alliés avaient réussi à débarquer sur les plages... Cela supposait des capacités de production et d'organisation inconnues jusqu'alors, tout particulièrement dans cette presqu'île du Cotentin peu encline à la modernité.

La guerre si loin, si proche...

La guerre était finie sans l'être vraiment. Elle était à la fois proche et lointaine : les adultes en parlaient au passé, en même temps que nous vivions au contact de vestiges et d'objets qui témoignaient encore de sa présence. Dans le garage de la maison, était accrochée une ceinture de sauvetage américaine que mon père avait trouvée en mer après le torpillage du *Léopoldville* qui transportait des troupes américaines devant la grande rade de Cherbourg, en décembre 1944[1] ; mon oncle m'avait donné une petite casquette verte en laine que lui avait offerte un tankiste américain ; dans la maison de ma grand-mère, comme dans beaucoup d'autres, des douilles d'obus servaient de décoration sur les cheminées ou de vases pour les fleurs... Un jeune voisin de la rue avait trouvé dans « la plaine » une mitraillette rouillée hors d'usage qu'il gardait comme un fétiche. Nous aimions nous aventurer dans les blockhaus avant qu'ils ne deviennent des toilettes sauvages où il ne faisait pas bon pénétrer. Certains y trouveront des obus et voudront les démonter : ils y perdront des doigts sous l'effet de l'explosion.

Le dimanche, les plages du Débarquement étaient un lieu d'excursion et l'occasion de « faire de la route » en voiture. Les cimetières américains avec leurs champs de croix blanches nous impressionnaient, mais nous aimions surtout le musée d'Arromanches qui fut le premier musée construit pour célébrer le débarquement. Il disposait d'un atout important pour les enfants : ses maquettes du port artificiel, ses reproductions miniatures avec ses petits effets de son et de lumière en faisaient une sorte de grand jeu de petits soldats. Nous pouvions aussi regarder de près une batterie ou un char hors d'usage, observer la mer à travers les meurtrières d'un

1. Le *Léopoldville* transportait 2 235 soldats américains à destination du port de Cherbourg. Il fut torpillé le 24 décembre 1944 par un sous-marin allemand à 5 000 nautiques de Cherbourg devant la grande rade. 763 soldats périrent dans le naufrage. Cf. « 24 décembre 1944 : naufrage du *Léopoldville* », *La Cité de la mer*, médiathequedelamer.com

blockhaus… Tout cela suscitait un plaisir plus grand encore que celui de voir de près une voiture de pompiers avec sa grande échelle.

Nous aimions « jouer à la guerre », non seulement avec des petits soldats de plomb mais en nous répartissant les rôles entre bandes et groupes rivaux. C'était notre manière de vivre une grande aventure à la manière des acteurs de cinéma qui pouvaient s'écrouler sous les balles sans perdre de sang. Nous remettions en scène leurs péripéties, tout comme celles des héros des bandes dessinées grossières de l'époque : le soldat américain *Garry*, le pilote anglais *Battler Britton* ou l'agent secret britannique *X13* qui finissaient toujours par triompher des méchants allemands [1]. Le monde était simple et binaire : il y avait les héros de guerre et les méchants allemands aux visages fort peu sympathiques. Leur vocabulaire se limitait à quelques mots que nous avions fini par comprendre : «*Achtung!*» «*Feuer!*» ou «*Kapput!*» Nous les reprenions à notre manière dans les scènes que nous imaginions.

La « petite guerre » avait l'avantage de satisfaire une agressivité par le jeu qui ne débouchait pas sur des drames mais se payait seulement de quelques bleus. Elle faisait alors partie de la condition enfantine des garçons comme la « guerre en vrai » était celle des adultes depuis toujours. Il ne serait jamais venu à l'idée de nos parents comme de nos maîtres d'école de nous interdire de « jouer à la guerre ». L'heure n'était pas à l'hygiénisme et au pacifisme ; on ne rêvait pas d'un monde plein d'amour et de bisous et les éducateurs ne prétendaient nullement éradiquer toute forme d'agressivité chez les enfants, tout particulièrement chez les garçons. Nous étions férus de films de guerre qui nous paraissaient la

1. *Garry*, *Battler Britton* et *X13* étaient les titres de bandes dessinées publiées par l'éditeur Imperia.

version moderne des westerns et des films de cape et d'épée. Le soldat avait gardé les aspects des chevaliers du Moyen Âge, tout en incarnant la modernité avec ses multiples engins de guerre sur terre, sur mer et dans les airs. La combinaison de ces deux facteurs conférait au militaire le statut d'un héros au grand cœur inscrit dans le présent d'une époque résolument moderne mais qui n'en continuait pas moins une même histoire de France.

La guerre sans fin ?

Les guerres d'Indochine et d'Algérie perpétuaient d'une autre manière cette tradition. La France défendait son empire et nous en avions quelque écho non seulement par la radio, les journaux et les actualités Gaumont au cinéma, mais par ce que nous pouvions observer dans notre environnement. Un jour, dans mon école primaire, arriva en scooter un jeune parachutiste avec un talkie-walkie en bandoulière. C'était un instituteur de l'école qui était parti faire son service en Algérie et qui était en permission. Il était visiblement fier de son uniforme et nous étions fascinés par lui tout autant que par son talkie-walkie qui permettait de communiquer sans fil avec un autre élève situé deux étages plus bas dans la cour de récréation.

Parmi nos jeux de guerre, il y avait aussi celui consistant à envahir les maisons et à les « nettoyer » à la mitraillette : on donnait un grand coup de pied dans la porte du cellier et on « tirait dans le tas ». Nous rejouions une scène entraperçue aux actualités, celle de paras avec leurs pistolets-mitrailleurs entrant dans une maison dans la Casbah en défonçant une porte lors de la bataille d'Alger.

Le beau-frère de mon meilleur copain était un gendarme qui était allé en Algérie. Son uniforme nous impressionnait et nous le considérions comme une sorte de héros. Un jour, alors qu'il était en permission pour voir sa fiancée, il logea dans le garni que ma mère louait à la famille et nous profitâmes d'un de ses passages sur le palier pour lui rendre hommage : « Garde-à-vous ! » cria mon copain, et d'un seul mouvement, la petite bande que nous formions redressa le buste en tenant bien droit nos carabines à flèches et nos épées en bois, avant de faire le salut militaire, qu'il nous rendit en riant. À vrai dire, il avait vu en Algérie des choses pas très belles qui l'avaient découragé de poursuivre une carrière militaire mais nous ne le savions pas.

Un soir, nous fûmes réveillés par un tapage dans la rue Gambetta ; nous nous mîmes à la fenêtre pour découvrir des dizaines de jeunes soldats avec leur musette qui faisaient grand bruit en envahissant les cafés et en se saoulant : ils allaient partir en train pour rejoindre Marseille puis l'Algérie. Ma mère disait : « C'est-y pas malheureux de voir tous ces jeunes partir à la guerre... », mais c'était « comme ça », une sorte de fatalité contre laquelle il ne servait à rien de se révolter.

L'idée qui dominait dans de nombreuses familles d'Équeurdreville était celle d'une guerre qui avait déjà fait trop de morts et qu'il faudrait bien un jour arrêter. « N'importe comment, ajoutait-on volontiers, c'est toujours les mêmes qu'on envoie se faire tuer » et l'on ne manquait pas de rappeler au passage les enterrements de soldats du contingent. Ce n'était pas l'avis de nombreux militaires, tout particulièrement chez les gradés, mais la commune avait de vieilles traditions pacifistes [1]. Dans la rue Gambetta, on pouvait voir quelques petites affichettes « Paix en Algérie » que

1. Après la guerre de 14-18, le conseil municipal a fait construire un monument aux morts d'un genre particulier représentant une veuve et ses deux enfants éplorés avec l'inscription : « Que maudite soit la guerre. »

des militants communistes avaient collées sur les poteaux télégraphiques. Mon copain Daniel se faisait un plaisir de les arracher tout en ajoutant contradictoirement : « Il faut aussi comprendre : c'est comme pour nous pendant la guerre, quand on luttait contre les Allemands... »

À quelques kilomètres d'Équeurdreville, en bordure de mer, la commune de Querqueville avait encore son terrain d'aviation militaire qui servait pour je ne sais quel entraînement. Pour accéder à la plage où nous nous rendions avec mes copains entassés dans la camionnette de mes parents, il fallait passer devant les hangars et longer la piste avec ses plaques perforées qui dataient de la guerre. De temps à autre, nous pouvions assister au vol d'un avion remorquant au-dessus de la mer une manche à air pour les exercices de la DCA au fort de Nacqueville qui disposait d'un canon antiaérien. La canonnade faisait hennir et trembler le cheval de la marchande de frites qui s'était installée avec sa carriole sur la plage : « Ce n'est rien, disait-elle, pendant la guerre, il a pris peur sous les bombardements ! »

Un jour, lors d'une sorte de journée portes ouvertes, il fut permis à la population de voir de plus près quelques-uns de ces avions. La foule des enfants était nombreuse et je fus, comme tous les autres, ravi de m'asseoir peu de temps dans le cockpit d'un avion Corsair hors d'état. Je pus ainsi tenir le manche quelques minutes avec l'attention bienveillante d'un militaire chargé du bon déroulement de ces visites éclair. Nous étions tout autant ravis d'observer des hélicoptères débarquer quelques « bérets noirs » qui, avec les « bérets rouges » et les « bérets verts », étaient pour nous des sortes de surhommes et de héros. Autant d'événements que nous observions avec émerveillement au même titre que la vue d'un sous-marin au large s'enfonçant dans la mer.

La modernité, les bons et les méchants

La modernité de la guerre était aussi celle des porte-avions et en voir un de près était une occasion à ne surtout pas manquer. Cette possibilité fut offerte aux habitants du Cotentin quand un porte-avions américain fit escale à Cherbourg. Ce jour-là, une foule avait envahi la digue du Homet de la petite rade où le porte-avions était venu s'amarrer. On y venait en famille admirer ce bâtiment moderne et la puissance qu'il représentait. J'y croisais des curés en soutane qui étaient des professeurs de mon école et je leur disais bonjour comme il se doit. Tout le monde semblait d'accord : « Il n'y a pas à dire, les Américains sont vraiment les plus modernes et les plus forts. »

Dans les films que nous voyions le jeudi après-midi au cinéma du patronage, le monde paraissait simple et rassurant : les civilisés et les sauvages, les bandits et les shérifs, les résistants et les alliés contre les Allemands... Entre les deux, une masse de braves gens moins courageux mais protégés par des justiciers et des héros sortant de l'ordinaire et qui servaient d'exemples positifs à toute la population.

Les Indiens étaient globalement des sauvages aux mœurs arriérées, à quelques exceptions près : les belles squaws, les vieux sages et les éclaireurs qui aidaient les « tuniques bleues ». Les Indiens pouvaient se révolter contre les injustices des « visages pâles », mais en fin de compte les plus sages comprenaient qu'ils n'avaient d'autre choix que de fumer le calumet de la paix. Les cow-boys n'étaient pas toujours du bon côté, parmi eux des voyous, des bandits et des ivrognes qui pouvaient faire peur aux braves gens, mais les personnages au grand cœur l'emportaient à tous les coups. Il en allait de même avec Tarzan qui avait l'avantage de combiner le mythe du bon sauvage et du Blanc civilisé : il avait une intelligence nettement supérieure à celle des autochtones, mais il n'en avait pas moins rejeté la vie moderne. Il n'était pas vraiment un écologiste avant l'heure : il était plutôt le « seigneur de la jungle » qui dominait les animaux.

Les scènes de la vie quotidienne du monde environnant se mêlaient à celles du cinéma fournissant le creuset au sein duquel nous pouvions donner libre cours à notre imagination. Nous rejouions le monde environnant et ce n'était pas là un simple apprentissage adaptatif mais l'occasion d'exercer librement notre imagination d'enfant. Ce monde-là était simple et binaire : il y avait les bons et les méchants, les situations pouvaient être dramatiques, mais à la fin triomphaient les justiciers et les héros. Malgré les injustices, les malheurs et les guerres, la vie finissait toujours par être heureuse, à l'image d'une époque dynamique qui croyait encore au progrès et à une certaine suprématie de l'Occident. Le monde des sacrifices et de la guerre était toujours présent en arrière-fond mais nous vivions dans un monde désormais épris de modernité, pétri de l'idée de croissance et de progrès, tout allait vite et tout changeait. Nous avions déjà la tête ailleurs et l'envie constante de « jouer ».

S'amuser librement

Nos jeux constituaient eux aussi un curieux mélange de tradition ancestrale et de modernité. Les osselets et les billes dont les origines remontaient à l'Antiquité coexistaient avec des objets qui étaient le symbole de la vie moderne. On « jouait aux petites voitures », modèles réduits de celles que nous voyions passer dans la rue : camions et camionnettes de livraison, voitures de tourisme pour les promenades, de pompiers et de gendarmes, et surtout les fameuses voitures de courses des 24 heures du Mans, (Ferrari, Talbot,

Maserati...) de marques Dinky Toys, sans oublier les figurines cyclistes des coureurs du tour de France dont on parlait l'été à la radio. Les soldats de plomb, les cow-boys et les Indiens nous occupaient tout autant. Je ne manquais pas de jouets, mes parents ayant tendance à me gâter dans ce domaine, comme pour compenser le fait que leur travail quotidien absorbait l'essentiel de leur temps. J'en faisais profiter mes copains de la rue qui venaient jouer souvent à la maison.

À cette époque, il était normal et « sain » que les enfants s'amusent à leur façon, du moment qu'ils ne faisaient pas de trop grosses bêtises. Les enfants avaient leur propre monde dans lequel les adultes ne s'immisçaient pas trop. Ces derniers travaillaient beaucoup ou avaient bien d'autres préoccupations en tête que celle de surveiller leurs jeunes enfants. Nos jeux se déroulaient dans des espaces, ceux de la rue et de la maison, qui nous étaient proches et familiers.

À l'intérieur de la maison, nous jouions librement dans le cellier ou le grenier entouré d'objets anciens et familiers qui témoignaient d'un monde en voie de disparition. Les tonneaux de cidre, les dames-jeannes, les lampes à pétrole... meublaient un grand cellier sombre avec une échelle menant à un plancher tout branlant. Comme il nous était interdit d'y monter, nous relevions le défi en marchant sur les planches les plus instables. Le grenier où étaient entassés des filets, des casiers et des nasses à crevettes de mon père constituait pour nous une salle de jeu qui n'en avait pas le nom. Le défi consistait à se laisser enfermer dans le noir le plus longtemps possible dans le grand coffre en bois où mon père rangeait ses filets de pêche, en sachant que les copains risquaient de s'asseoir dessus en se moquant de celui qui, pris de panique, taperait des poings contre le couvercle en suppliant les autres de le laisser sortir. Ce genre d'exercice était parfois répété dans le réduit à charbon sous l'escalier du rez-de-chaussée avec la crainte redoublée que les copains ne s'enfuient après avoir abaissé le loquet de la porte. Au sein de la petite bande, la formule revenait souvent : « T'es pas cap ? », comme une invitation constante à prendre des risques et à « jouer avec le feu » pour éprouver son courage et montrer aux autres que l'on n'avait peur de rien.

Étant le plus léger de la bande, j'avais été choisi pour faire le scaphandrier du haut de la balustrade du grenier qui plongeait à pic au-dessus d'un grand escalier de ciment. Attaché à l'aide de deux filins que tenaient plus ou moins fermement mes deux copains, je fus ainsi doucement descendu dans le vide pour aller pêcher des « éponges » en forme de papier froissé jetées au fond de la mer située à l'étage inférieur. L'un des filins se rompit et tournoyant dans le vide, je fus sauvé grâce au filin de secours que l'on m'avait plus solidement attaché autour de la taille. Fort heureusement, nous possédions quelques connaissances dans le domaine des scaphandriers ayant pu en observer « un vrai » dans le port de Cherbourg, mais aussi dans l'album de Tintin : *Le Trésor de Rackham le Rouge* et au cinéma. C'est ainsi que je fus sauvé de la noyade et remonté à la surface après un moment d'effroi. Cet incident, comme d'autres, avait pour nous le goût d'une aventure « pour de vrai ».

Quand il ne pleuvait pas, beaucoup de nos jeux se déroulaient à l'air libre sur le trottoir de la rue Gambetta. Cela faisait partie de la vie de la rue sous le regard plutôt bienveillant des commerçants et des passants. « Aller jouer sur le trottoir » avec les copains, c'était s'échapper de l'univers clos de la maison pour organiser des courses de trottinettes, des régates dans le ruisseau avec des allumettes et des bateaux en papier, le vainqueur étant celui qui arrivait le premier à la bouche d'égout. Au fil des ans, les voitures et les camions étaient devenus plus nombreux, et leur va-et-vient pouvait aussi servir de prétexte à des jeux que nous inventions : le premier qui avait crié « 3 so » après avoir vu un camion d'essence de la marque « Ɛsso » avait marqué un point ; il en allait de même pour celui qui avait noté sur un petit carnet le plus grand nombre de numéros de plaques d'immatriculation. Parmi les gros camions, il en était un qui attirait plus particulièrement notre attention et que nous appelions l'« auto-caca ». En d'autres termes, il s'agissait du camion de vidange avec ses énormes tuyaux qui entraient dans les maisons, baptisé plus simplement par les adultes « pompe à m… » Après avoir vu dans un film de Tarzan une tribu africaine dansant sauvagement autour d'une sorte de totem, nous avions mimé en rigolant bien cette danse en l'honneur de l'« auto-caca » avec des planches en guise de bouclier et des lances en bois.

En fait, tout pouvait être prétexte à jeu et compétition : le premier qui arriverait au bout de la rue en courant, celui qui marcherait droit en fermant les yeux le plus longtemps (les autres prenant un malin plaisir à le guider vers un mur ou un poteau), celui qui osait demander l'heure au plus grand nombre de passants… Nous avions même inventé un jeu complexe dont nous gardions jalousement le secret parce qu'il nous conférait une sorte de pouvoir magique sur les passants, grâce à des appareils photo et des caméras issues de notre imagination, mais néanmoins capables de « voir à travers les vêtements ». Munis de morceaux de cartons enroulés en forme de longue-vue auxquels nous collions un œil avide, nous filmions les filles de passage qui se prêtaient au jeu sans avoir le moindre soupçon. Nous placions ensuite les appareils dans le four d'une vieille gazinière du grenier pour développer les pellicules et quand celles-ci, après être passées dans cette chambre noire, nous dévoilaient enfin leurs secrets, nous ne manquions pas de les commenter en riant. Cette transgression imaginaire renforçait notre complicité en nous conférant une supériorité secrète sur le commun des mortels. Nos parents intrigués pouvaient bien nous demander pourquoi ce jeu nous procurait tant de plaisirs, nous ne trahirions jamais le secret.

Des plaies et des bosses

La « plaine » constituait pour nous un autre espace de jeu encore plus attirant. C'était un grand terrain vague herbeux situé au bas de la rue Gambetta et débouchant sur les fossés d'une fortification et l'une des entrées de l'arsenal. C'était notre terrain de jeu préféré et un territoire disputé par plusieurs petites bandes de garçons. Nous pouvions nous y ébattre librement, en dehors de tout regard et de toute présence des adultes, en jouant à la « petite guerre », aux cow-boys et aux Indiens. Nous avions de l'espace pour construire des cabanes, tendre des embuscades en nous « planquant » derrière les arbustes et les buissons. Ce terrain était bordé sur l'un de ses côtés par une voie ferrée où circulait de temps à autre un « cheval de fer », une locomotive à vapeur qui crachait sa fumée blanche en traînant quelques wagons. Nous ne nous aventurions pas sur la voie, mais nous ne manquions pas de simuler l'attaque du train comme il se doit en nous mettant dans la peau des bandits, des Indiens, ou des saboteurs d'un convoi allemand. Nous rejouions entre nous les scènes vues dans les westerns, les films de guerre et les bandes dessinées de l'époque, chacun étant amené à choisir son rôle et à suivre les ordres du chef désigné pour l'occasion. En culottes courtes, les genoux écorchés, les mains sales et quelques bosses, nous vivions des aventures hors du commun.

Les filles ne faisaient pas partie de notre petite bande. Il nous arrivait d'être avec elles quand on se déguisait et que l'on mangeait des crêpes à Mardi gras. On pouvait de temps à autre « jouer au papa et à la maman » ; il y avait aussi les petites amoureuses des plus grands. Mais les filles ne jouaient pas à la guerre et ne se battaient pas. Elles avaient leurs jeux bien à elles (les poupées, la marelle, le saut à la corde…) qui ne nous concernaient pas. L'heure n'était pas à l'indistinction des genres et des rôles mais au contraire à une nette séparation mâtinée de machisme dominant.

Il nous arrivait de nous battre entre bandes rivales, la plupart du temps en se lançant des cailloux à bonne distance. L'un de mes petits camarades issu d'une famille pauvre n'avait pas beaucoup de jouets mais il était particulièrement habile pour lancer des projectiles et confectionner de petites armes factices en bois. Avec des branches arrachées aux arbres, il fabriquait des arcs et des flèches au bout desquelles, il fixait – je ne sais plus comment – des pointes en fer. Il s'était également fabriqué une « élingue » (lance-pierre) qu'il maniait avec une dextérité peu commune, atteignant des cibles – dont quelques moineaux – à bonne distance. Les « jouets » de sa fabrication avec leur aspect transgressif avaient plus de valeur à mes yeux que les carabines à flèches, les revolvers à amorces ou à bouchons. Avec lui, j'appris ainsi, tant bien que mal, à « tirer aux cailloux » sur des bouteilles, des boîtes de conserve et à faire des ricochets dans l'eau.

Ces jeux « virils » pouvaient entraîner quelques accidents. Il m'arrivait de revenir à la maison avec des bosses, des écorchures et des bleus, mais je dépassais les normes acceptables lorsque je me retrouvais avec deux genoux déboîtés suite à une mauvaise chute d'un monticule de terre après avoir expérimenté une descente à l'horizontale enroulée dans une couverture. Ma mère me traînait alors chez la « rebouteuse de la commune ». Cette femme forte à la langue bien pendue m'effrayait quelque peu. Elle bénéficiait d'une bonne réputation, tout comme les « sorciers » qui avaient le don de guérir le zona en faisant des signes de croix sur les plaies et en récitant des prières de leur cru. Les gestes et les paroles de la rebouteuse n'avaient pas cette délicatesse. Elle vous replaçait un doigt, une épaule, une jambe ou un bras par un geste brusque et douloureux. Les enfants, même les plus endurcis, avaient du mal à retenir leurs cris. Le résultat n'en était pas moins là : la douleur disparaissait assez vite et au bout de quelques jours vous étiez de nouveau sur pied.

Un autre accident produisit une grande frayeur. Alors que je me baignais, mon « ennemi » me lançait des cailloux depuis la plage sans que je sois en mesure de riposter, essayant d'éviter les projectiles en me déplaçant tant bien que mal dans l'eau. Je reçus un caillou en pleine tête et la plaie sur le cuir chevelu saigna abondamment. Je sortis de l'eau la tête en sang. Ma mère accourut aussitôt, craignant le pire. Je fus accueilli dans une villa où l'on me rassura et où l'on prodigua quelques soins qui arrêtèrent le saignement. On attrapa vite le coupable et on l'amena devant moi en le forçant à se mettre à genoux et à me demander pardon. Je n'aimais pas ce garçon qui était plus grand et plus fort que moi, mais je n'appréciais pas pour autant qu'on l'humilie de cette façon. J'avais l'habitude que les conflits se règlent entre jeunes, en dehors des adultes et d'une tout autre façon. Les plaies et les bosses étaient le prix à payer pour jouer librement.

Chapitre 4

Contes et récits des temps anciens et nouveaux

Quand je remonte le fil des souvenirs de mon enfance, de multiples comptines, de contes et de fables me reviennent spontanément en mémoire. Ils ont enveloppé mon enfance d'une petite musique et d'une myriade de mots dont je ne comprenais pas toujours la signification exacte, mais qui, répétés abondamment, finissaient par s'imprégner dans mon esprit. Je retrouvais ainsi, sans trop le savoir, de vieilles histoires transmises oralement à travers les siècles et les générations. La France avait aussi ses saints et ses héros dont nous apprenions les noms et les exploits à travers des récits et des illustrations. L'histoire semblait suivre son cours comme autrefois.

Dans le même temps, d'autres récits et albums destinés à la jeunesse célébraient les temps nouveaux avec des mots et des images qui dessinaient les traits d'un monde et d'une France moderne. Cette modernité ne signifiait pas seulement progrès et bien-être matériel, mais promesse d'une nouvelle aventure humaine qui rompait avec les traditions et les modes de vie du passé. Cette ambivalence constituait l'un des traits marquant de l'éducation de l'après-guerre qui allait marquer ma génération.

Berceuses et chansons d'autrefois

À l'époque, les mères, les grands-mères ou les grandes sœurs chantaient des berceuses pour endormir les enfants. Pour autant que je m'en souvienne, les plus célèbres *Dodo, l'enfant do, Au clair de la lune, Frère Jacques* avaient des pouvoirs réels d'endormissement. S'y ajoutait *Maman, les p'tits bateaux* qui avait une saveur particulière, étant donné le métier de mon père et la place prépondérante de la mer dans mon environnement. Ces comptines pouvaient être accompagnées par l'annonce de la venue imminente du « marchand de sable » suggérant qu'il fallait s'endormir pour éviter d'avoir les « yeux qui picotent [1] ».

À ces berceuses, s'ajoutaient des chansons enfantines rythmées et stimulantes, associées au plaisir de pouvoir sauter sur les genoux des grandes personnes.

Dans ce domaine, ma grand-mère disposait d'un vaste répertoire qu'elle tenait elle-même de ses parents. J'appréciais tout particulièrement – je ne sais pourquoi –, *La Casquette du père Bugeaud* :

« As-tu vu ? As-tu vu la casquette, la casquette
As-tu vu la casquette du père Bugeaud ? »

1. Ce marchand de sable restera célèbre dans les années 1960 par la série télévisuelle *Bonne nuit les petits* avec un marchand de sable, un gros ours et deux enfants qui s'appelèrent d'abord P'tit Louis et Mirabelle, puis Nicolas et Pimprenelle ; une poignée de sable doré tombait sur les enfants endormis. Cette série avait lieu juste avant le journal télévisé de 20 heures. À l'époque, on tenait à ce que les enfants se couchent tôt après le « souper », en tout cas bien avant les adultes.

Je ne savais pas qui était le fameux « père Bugeaud ». J'apprendrai plus tard qu'il fut un général célèbre pour sa « pacification » sanglante de l'Algérie et qu'il s'agissait d'un chant militaire de l'Armée d'Afrique. Cette chanson des origines demeurait malgré tout l'histoire merveilleuse de quelqu'un qui avait perdu sa casquette et la cherchait partout.

Il est d'autres chansons militaires plus anciennes que parents et premiers instituteurs chantaient et nous faisaient chanter joyeusement :

« Malbrough s'en va t'en guerre
Mironton mironton mirontaine
Malbrough s'en va t'en guerre
Ne sait quand reviendra… »

Mais c'est surtout *Trois Jeunes Tambours* qui, lorsque j'étais à l'école primaire, me plaisait beaucoup :

« Trois jeunes tambours s'en revenaient de guerre
Trois jeunes tambours s'en revenaient de guerre
Et ri, et ran, ran-pa-ta-plan
S'en revenaient de guerre… »

Les raisons de mon plaisir ne tenaient pas seulement au rythme et à la sonorité de cette chanson, mais à la permission donnée par la « maîtresse » de frapper des poings sur nos pupitres d'écolier, lorsque dans chaque couplet revenaient les mots imitant le son du tambour : « Et ri, et ran, ran-pa-ta-plan ». C'était un petit moment de récréation dans la classe très apprécié. Nous tapions de bon cœur sur nos tables en chantant à tue-tête, libérant une énergie trop longtemps contenue des heures durant, assis en classe avec l'obligation de ne pas parler, de ne pas s'agiter et de se tenir bien droit.

Il est d'autres comptines et chansons plus douces qui faisaient partie du patrimoine des petits et des grands : *Il était une bergère, Savez-vous planter des choux, Alouette, gentille alouette, C'est la mère Michel, J'ai du bon tabac, Cadet Roussel* avec son « Ah ! Ah ! Ah ! oui vraiment, Cadet Roussel est bon enfant »... À la maison, comme à la maternelle et à l'école primaire, adultes et enfants les chantaient ensemble.

À ces comptines et à ces chants premiers sont venus s'ajouter les contes populaires traditionnels. Nous les connaissions avant de savoir lire parce qu'à l'école la maîtresse et les maîtres nous en faisaient la lecture à haute voix. Comme les autres enfants, je fus ainsi nourri de contes populaires traditionnels. Aujourd'hui encore, je me souviens pour l'essentiel de leur trame et de leur héros : *Le Petit Chaperon rouge, Le Petit Poucet, Le Chat botté, Cendrillon, La Belle au Bois dormant, Barbe Bleue*... ainsi que les images coloriées qui illustraient les différents albums.

Des contes tristes et édifiants

Deux contes d'Alphonse Daudet lus à l'école sont particulièrement restés gravés dans ma mémoire : *La Chèvre de M. Seguin* et *Le Secret de Maître Cornille*, leur récit étant indissolublement lié aux illustrations des « albums du Père Castor[1] » qui retenaient mon attention autant que le texte du récit.

1. Collection de petit format pour les enfants, publiée par les éditions Flammarion.

L'histoire de la chèvre de M. Seguin est une histoire triste qui contraste avec les comptines et les belles histoires pour les très jeunes enfants. Cette histoire commence comme un joli conte : « Ah ! qu'elle était jolie, la petite chèvre de M. Seguin... » et finit par un drame. Toutes les attentions de son maître ne peuvent rien contre l'attrait de la montagne où l'on peut gambader et profiter de la vie à satiété. M. Seguin a voulu sauver Blanquette malgré elle, mais cela n'a servi à rien. Sa lutte toute la nuit contre le loup est désespérée mais n'en est pas moins belle : « L'une après l'autre, les étoiles s'éteignirent. Blanquette redoubla de coups de cornes, le loup de coups de dents... Une lueur pâle parut dans l'horizon... Le chant d'un coq enroué monta d'une métairie. – Enfin ! dit la pauvre bête, qui n'attendait plus que le jour pour mourir ; et elle s'allongea par terre dans sa belle fourrure blanche toute tachée de sang[1]... »

Ce conte pouvait servir à mettre en garde les enfants contre les dangers de la vie et les appeler à demeurer raisonnables, mais il n'est pas sûr qu'il parvînt à ce but. Le ravissement et le sentiment de toute puissance que peut procurer une liberté qui se veut sans limites (« Pauvrette ! De se voir si haut perchée, elle se croyait au moins aussi grande que le monde[2] ») ont tous les attraits du fruit défendu. Une fois qu'on y a goûté, il semble impossible de revenir en arrière, même si l'on sent que le danger n'est jamais loin. Les appels de M. Seguin n'y peuvent rien changer : « Blanquette eut envie de revenir ; mais se rappelant le pieu, la corde, la haie du clos, elle pensa que maintenant elle ne pourrait plus se faire à cette vie et qu'il valait mieux rester[3]. »

1. Alphonse DAUDET, *La Chèvre de M. Seguin*, images d'André PEC, Albums du Père Castor, Flammarion, 1946.
2. *Ibid.*
3. *Ibid.*

À sa façon, ce conte confrontait les enfants que nous étions à un dilemme : se contenter de vivre tranquillement sous l'autorité et l'attention de nos maîtres ou céder au rêve d'un ailleurs rempli de dangers ; vivre bien dans la sécurité en acceptant des limites ou vouloir être totalement libre avec le risque d'y perdre sa vie. Quelques années plus tard, la révolte adolescente tranchera ce dilemme en oubliant la mésaventure de la chèvre de M. Seguin. Mais, au moins, avions-nous été prévenus : la transgression n'est pas sans risque et il y a toujours un prix à payer. Le plaisir du présent ne peut durer toujours et le loup n'est jamais loin ; il attend que la nuit tombe pour nous attaquer et nous manger tout cru.

Le Secret de Maître Cornille[1] était également une histoire triste même si elle se terminait apparemment bien. L'attitude de ce meunier qui remplit ses sacs de gravats et de terre blanche, les charge sur son âne et fait croire que son moulin fonctionne encore, a beau être humble et digne, elle n'en est pas moins désespérée : « Pauvre moulin ! Pauvre Cornille[2] ! » Seule la solidarité des gens du village qui apporteront de vrais sacs de blé redonne vie temporairement au moulin : « Cornille mort, personne ne prit sa suite. Que voulez-vous, Monsieur !… Tout a une fin en ce monde, et il faut croire que le temps des moulins à vent était passé comme celui des coches sur le Rhône, des parlements et des jaquettes à grandes fleurs[3]. » La venue des Parisiens avec leur minoterie à vapeur a tout gâché ; la modernité a mis fin à l'harmonie de la vie, de la nature et de la prospérité. Un constat et un avertissement qui en pleine période des Trente Glorieuses avaient peu de chance d'être écoutés.

1. Alphonse Daudet, *Le Secret de Maître Cornille*, *op. cit.*, 1946.
2. *Ibid.*
3. *Ibid.*

À l'école primaire, la maîtresse nous lisait les fables de La Fontaine à haute voix, puis elle nous les faisait lire pareillement, en veillant au respect de la ponctuation et du « ton ». Nous devions apprendre quelques-uns de ces vers par cœur pour la récitation du lendemain. Les maximes de ces fables sont des plus réalistes : « La raison du plus fort est toujours la meilleure » (« Le Loup et l'Agneau ») ; « Apprenez que tout flatteur vit aux dépens de celui qui l'écoute » (« Le Corbeau et le Renard ») ; « Rien ne sert de courir, il faut partir à point » (« Le Lièvre et la Tortue ») ; « On hasarde de perdre en voulant trop gagner » (« Le Huron ») ; « Travaillez, prenez de la peine, c'est le fonds qui manque le moins » (« Le Laboureur et ses enfants »)…

La morale de La Fontaine ne ressemble pas aux leçons du catéchisme et ne prône pas le sacrifice et l'héroïsme. Elle est plutôt lucide et réaliste, reconnaissant que la sottise et les vices, comme les vertus et le bon sens, sont propres aux êtres humains qui ne sont ni des héros ni des saints. Les fables invitent à ne pas en rester au plaisir de l'instant, à ne pas sacrifier l'avenir au présent, à mesurer les conséquences de nos actes, à réfléchir avant d'agir bêtement… Elles incitent à la vigilance et à la méfiance dans un monde où les « méchants » peuvent, si l'on n'y prête garde, triompher et écraser les faibles.

Pour importantes qu'elles soient, la plupart de ces maximes n'étaient pas encore très compréhensibles pour les enfants. S'appuyant sur cette réalité, Jean-Jacques Rousseau dans son traité *L'Émile ou De l'éducation* en déduit l'inutilité de leur enseignement : « On fait apprendre les fables de La Fontaine à tous les enfants, et il n'y en a pas un seul qui les entende. Quand ils les entendraient, ce serait encore pis ; car la morale en est tellement mêlée et si disproportionnée à leur âge, qu'elle les porterait plus au vice qu'à la vertu [1]. »

En fait, ces maximes apprises par cœur que l'on tenait à nous mettre à tout prix en mémoire étaient considérées comme des leçons que nous ne pouvions comprendre qu'en étant confrontés à des situations de notre vie de tous les jours qui pouvaient nous y faire penser. Nos parents et nos maîtres d'école ne manquaient pas du reste de nous rappeler ces diverses maximes en fonction de nos comportements. Mais à vrai dire, ces fables nous plaisaient pour d'autres raisons. Les leçons de morale n'étaient pas l'essentiel du plaisir de la lecture et de la récitation. Les vers de La Fontaine décrivaient des personnages, évoquaient des scènes champêtres : « Le long d'un clair ruisseau buvait une colombe » ; « Le héron au long bec emmanché d'un long cou » ; « Maître corbeau sur un arbre perché tenait dans son bec un fromage » ; « Perrette, sur sa tête ayant un pot au lait, bien posé sur son coussinet »... Ces formulations nous faisaient rêver et stimulaient notre imagination.

Il en est d'autres qui, pour un jeune, n'avaient rien de réjouissant :

« Un pauvre bûcheron, tout couvert de ramée,
Sous le faix du fagot aussi bien que des ans
Gémissant et courbé, marchait à pas pesants [...]
Plutôt souffrir que mourir
C'est la devise des hommes. »
(La Mort et le Bûcheron)

1. Jean-Jacques Rousseau, « Livre second », *L'Émile ou De l'éducation*, édition présentée, annotée et commentée par Gilbert Py, Petits Classiques Larousse, 2013, p. 109.

Dans une société en voie de modernisation rapide qui semblait pouvoir triompher de tous les maux, cette devise pouvait-elle avoir encore de l'écho ?

Anciens et nouveaux chevaliers

Cette éducation première faites de comptines, de contes et de fables s'accompagnait de récits de la vie d'hommes et de femmes illustres qui avaient marqué l'histoire de France. Leur vie était souvent associée aux métiers des armes et à la guerre comme les vecteurs et l'épreuve qui permettaient aux chefs et au héros de manifester leur courage et leurs vertus. J'ai retrouvé l'un de ces albums illustrés que j'ai feuilletés dans mon enfance. Il racontait deux belles histoires : la vie du maréchal Lyautey et celle de Jeanne d'Arc. Ces deux grands personnages sont représentés en couverture par des dessins aux couleurs vives, chacun d'eux ayant fière allure sur son cheval blanc[1].

La façon dont cet album présente Jeanne d'Arc s'intégrait dans l'image d'une France campagnarde et verdoyante avec la figure de la gentille bergère et de ses moutons que l'on retrouvait dans des chansons enfantines bien connues : « Il pleut, il pleut bergère/Rentre tes blancs moutons » ; « Il était une bergère/Et ron et ron petit patapon »... Jeanne était cette « jeune bergère qui garde son troupeau blanc sur les bords de la Meuse[2] » ; elle habitait un petit village, « de grosses pierres du pays ont servi à bâtir les murs épais de la petite ferme et,

1. *Lyautey, suivi de Jeanne d'Arc*, « Vie de Hubert Lyautey, Maréchal de France », par Louis-Thomas JURDANT, illustrations de LE RALLIC, suivi de « La Vie héroïque de Jeanne d'Arc », par Paul de TREMBLY, illustrations de Robert RIGOT, éditions SIREC, Liège, Belgique (sans date).

2. *Ibid.*, p. 29.

tout autour des lis fleurissent dans le jardin » ; « il fait doux, il fait quiet à Domremy[1] »…

Le contraste avec la suite de l'histoire était frappant. À dire vrai, Jeanne d'Arc était une bergère d'un genre spécial : elle entendait des voix, elle s'était coupé les cheveux et s'était s'habillée en soldat. La situation de France n'avait rien d'idyllique : « Partout ce n'étaient que guerres et massacres, vols, rapines, larmes et sang. […] Partout, des loups, des brigands ; la peste, la famine, la peur et le désespoir tourmentaient les paysans. Mais ce n'était pas tout. L'étranger avait franchi la mer et était entré en France. […] La France était malheureuse[2]. » Malgré quelques glorieuses batailles contre les Anglais, l'histoire finissait mal : « La douce Jeanne fut enfermée comme une bête féroce, dans une cage de fer, et les chaînes liaient ses mains et ses pieds. Plus tard, on la transféra dans une cellule obscure et humide, mais la maudite chaîne l'empêchait toujours de bouger. […] Jeanne retenait ses larmes mais son cœur était bien gros[3]. » Sa mort sur le bûcher malgré son calme n'avait rien d'apaisant : « Le drame horrible commença. Jeanne monta sur le bûcher et fut attachée à un poteau. Elle était là, toute blanche, toute pâle, dans sa longue robe, sans doute revoyait-elle Domremy et ses moutons, sans doute attendait-elle le retour de ses voix aimées. Soudain, la fumée et les flammes l'entourèrent… » Elle murmura : « Jésus ! Jésus ! » ; « on vit, paraît-il, une colombe s'envoler, traverser la fumée et disparaître » ; « des gens se mirent à pleurer, les Anglais reculèrent, la panique gagna la foule… » Elle était morte dans d'horribles souffrances et la savoir au ciel n'effaçait pas la terrible épreuve qu'elle avait endurée.

---

1. *Ibid.*
2. *Ibid.*, p. 30.
3. *Ibid.*, p. 43.

La mort de Jeanne d'Arc faisait écho à celle des premiers chrétiens dont le récit était tout aussi dramatique. Pour un jeune enfant, c'était une manière de se confronter, par le récit, à des situations cruelles. Les leçons tirées par l'auteur de la vie de l'héroïne n'en étaient pas moins édifiantes et patriotiques : « On sait grâce, à elle, qu'il ne faut jamais désespérer, qu'une lumière peut apparaître dans la nuit la plus noire et que le courage, la gentillesse, l'audace et l'intelligence sont des qualités françaises[1]. »

Au regard de la vie de Jeanne d'Arc où l'aventure guerrière se mêlait à la religion, celle de Lyautey apparaissait plus crédible et exotique. Dans les années 1950, les atlas géographiques mentionnaient les pays coloniaux qui faisaient partie de l'empire français. À l'inverse de la repentance d'aujourd'hui, nos maîtres et de nombreux livres d'images valorisaient les conquêtes coloniales et les apports de la France aux populations lointaines.

Le récit de la vie du Maréchal Lyautey commence par ces mots : « Ce soir, je vais te raconter une histoire plus belle que toutes ces légendes, une histoire qui est une des plus belles pages de l'Histoire de France[2]. » Lyautey est présenté comme un « chevalier des temps modernes » à « l'âme droite comme une épée » qui, dès l'enfance, avait manifesté une « prédilection pour les jeux où il pouvait être le chef[3] ». C'était un « petit gamin haut comme une botte, mais qui devint une sorte de souverain aimé de son peuple, un petit Français qui fut, sans aucun doute le plus grand conquérant des temps modernes[4] ». En Indochine, à Madagascar, en Algérie et au Maroc, Lyautey combattit les brigands, les tribus insoumises,

1. *Ibid.*, p. 47.

2. Louis-Thomas JURDANT, « Vie de Hubert Lyautey, Maréchal de France », *op. cit.*, p. 4.

3. *Ibid.*, p. 5.

4. *Ibid.*, p. 4-5.

les « seigneurs de l'Atlas, ces farouches guerriers » mais « après le baroud commençait le vrai travail », celui qui consistait à organiser le pays, bâtir des villes, construire des routes et des chemins de fer…

Contrairement à ce que croient tant de gens, un conquérant n'est pas « un homme de guerre, traînant sabre ou canon, envahissant des pays et s'en rendant maître en les pillant, en en tuant tous les habitants, à la manière d'un Hitler[1] ». Et l'auteur de ce récit lénifiant de tirer les leçons de la vie héroïque de Lyautey : « Conquérir, ce n'est pas tuer, ravager, saccager, asservir les peuples et se faire haïr. Conquérir, c'est tout autre chose. C'est patiemment se faire aimer des gens, les convaincre qu'on a de bonnes idées et que le mieux qu'ils ont à faire c'est de les appliquer. Conquérir, c'est aimer, avant même de se faire aimer. C'est arriver à se faire considérer par les gens comme un ami, un vrai ami en qui ils peuvent avoir confiance, en qui ils croient comme en leur père[2]. »

Lyautey était un homme de vertu dont les enfants doivent s'inspirer : « Je voudrais que tu comprennes bien qu'il y a une chose que tous les hommes placent au-dessus de tout : c'est la vertu de la justice. Un chef peut être sévère, tout le monde l'aimera s'il est juste[3]. » Et s'il n'est pas donné à tout le monde d'être un chef et un conquérant, chaque écolier et écolière est appelé à suivre son exemple : « Ayons au cœur et dans l'esprit ces deux soucis qui furent les siens dans toute son œuvre : nous faire aimer des autres et travailler avec énergie et courage à notre "boulot" quotidien, qui doit nous préparer à devenir des hommes dans tout ce que ce beau nom contient de grand et de noble[4]. »

---

1. *Ibid.*, p. 5.
2. *Ibid.*, p. 5-6.
3. *Ibid.*, p. 6.
4. *Ibid.*, p. 26.

Les attraits fascinants de la modernité

Ces récits édifiants coexistaient avec d'autres qui dessinaient le monde nouveau. Un album offert par mes parents paraissait reléguer définitivement dans le passé la vie des saints et des héros. Intitulé *Autour du monde*[1], cet album pour enfants de 1955 avait pour lui tous les attraits de la nouveauté. Il mettait en scène la technique triomphante des temps modernes à travers un court récit et des illustrations kaléidoscopiques avec une languette qu'il suffisait de faire glisser sur la circonférence pour voir apparaître des avions, des trains, des voitures de courses… qui semblaient foncer vers vous. C'était un tout autre univers que celui de la chèvre de M. Seguin et de Maître Cornille, des fables de La Fontaine, de Jeanne d'Arc et de Lyautey.

Comme le disait si bien cet album, l'avion était pour nous, enfants, un « mot magique » avec sa part de mystère : « Qu'ils sont heureux ces voyageurs qui traversent les airs, planent au-dessus des nuages comme les oiseaux. Comment voit-on les maisons, les villes, la mer, les montagnes de si haut ? » Le passage d'un avion dans le ciel était chaque fois un événement qui nous faisait mettre le nez en l'air, chercher l'objet volant et le pointer du doigt dans le ciel. Dans mon imagination d'enfant, un « porte-avions » était un gros avion qui, à l'image d'une mère poule, portait sur ses ailes des petits avions, avant que je ne découvre qu'il s'agissait d'un « gros bateau de guerre ». Voler dans les airs relevait du prodige et les « avions à réaction », comme les trains électriques, étaient l'incarnation d'une modernité synonyme de vitesse et de puissance. Nous eûmes l'occasion de nous en apercevoir lorsque le bang d'un avion à réaction volant trop bas

1. *Autour du monde*, texte de Claire Audrix, illustrations de Roger Brard, éditions Bias, 1955, pages non numérotées.

au-dessus de Cherbourg et de ses environs brisa de nombreux carreaux des fenêtres et des vitrines des commerçants.

« Monter dans un train » roulant à grande vitesse était aussi vécu comme une aventure. Pierrot, le jeune héros de l'album, traverse la France à vive allure avec son oncle dans un train tiré par une motrice électrique qui remplace déjà les vieilles locomotives à vapeur : « Cela me fait plaisir de prendre le train, dit l'oncle Jean. Quelle vitesse, quel confort, auprès des chemins de fer d'autrefois ! »

Arrivés à Monaco, Pierrot et son oncle assistent à la fameuse course automobile, goûtant le spectacle des bolides avec leur « grondement », leurs « pétarades », l'« odeur de gaz d'échappement suffocante »... Les voitures « roulent à une vitesse extraordinaire » et le vainqueur avec ses grosses lunettes de course, le visage noir de poussière, est l'un de ces nouveaux héros des temps modernes qui maîtrisent des engins rapides et puissants. L'album n'oublie pas non plus la course de « canots automobiles » : « C'est magnifique aussi de voler à la surface de l'eau et de franchir des obstacles dans des sauts prodigieux. »

Désormais, tout va très vite et Pierrot voit désormais le monde sous un jour nouveau. Quand il sera grand, il aimerait être tout à la fois pilote d'avion, conducteur de locomotive et coureur automobile... « Tout ce qui est vitesse est grisant lui dit son oncle. Tu vois, tu as de la chance, Pierrot, car tu connais une époque où l'on arrive à aller de plus en plus vite aussi bien sur terre, que sur mer et dans les airs. » Et comme une ultime cerise sur le gâteau, l'album se conclut par une illustration kaléidoscopique montrant un homme-grenouille avec son harpon : « Tu as aussi de la chance, Pierrot, car tu connais une époque où l'homme a même trouvé le moyen de se promener sous l'eau. »

La modernité des années 1950 est pleine de bienfaits et de promesses, elle ouvre sur un nouveau monde aussi merveilleux, sinon plus que l'ancien. Elle va permettre aux jeunes générations de parcourir un monde aux couleurs vives et attrayantes avec un ciel toujours bleu : « Quelles excursions pour toi quand tu seras grand ! » ; « Pierrot n'en croit pas ses oreilles. C'est merveilleux ! »

Au pays de Tintin

Parmi les bandes dessinées de l'époque, les albums de Tintin dépassaient tous les autres par la qualité de l'intrigue et du dessin. À la différence des bandes dessinées de petit format des cow-boys et des héros de la dernière guerre, ces albums étaient beaux par la finesse des lignes du dessin et ses couleurs harmonieuses ; les scènes de violence n'étaient pas en noir et blanc et gardaient un côté bon enfant. Leur héros n'était pas un rustique et rude guerrier, il avait tous les traits du jeune homme moderne plein de dynamisme et d'entrain ; les personnages secondaires n'étaient pas effacés et inconsistants, mais ils avaient chacun leur personnalité. Ils composaient une galerie de portraits pittoresques qu'on ne pouvait oublier. Certains nous faisaient rire : le capitaine Haddock et ses jurons incompréhensibles, les Dupond et Dupont et leurs perpétuelles bévues, le professeur Tournesol et sa surdité, la Castafiore et ses vocalises, sans oublier le courtier en assurance, Séraphin Lampion… Il y avait aussi les fourbes et les traîtres, les méchants et leurs hommes de main, le pirate Rackham le Rouge, Rastapopoulos, le lieutenant Allan, Wolff et Jorgen dans la fusée qui s'envole vers la Lune, sans oublier le fakir, le savant fou, la momie Rascar Capac et ses envoûtements…

La fluidité du passage d'une case à l'autre donnait l'impression d'être constamment en mouvement et vous projetait à l'intérieur même du récit. Dès les premières pages de l'histoire, vous étiez emportés dans l'inconnu d'une intrigue qui ne se déployait pas en ligne droite mais passait par de multiples rebondissements, le surgissement de nouveaux personnages, paysages et situations ; l'album entamé, vous ne pouviez plus le lâcher parce que chaque découverte en appelait une autre jusqu'à la fin. Vous pouviez ainsi être entraînés dans des situations dangereuses et dramatiques, prendre peur, frôler la mort de nombreuses fois… mais les multiples pointes d'humour, la confiance en Tintin qui savait résoudre les situations les plus difficiles et l'assurance d'une fin nécessairement heureuse – jusqu'à la prochaine aventure – vous réconfortaient. Vous étiez projeté dans un univers où les dangers étaient bien présents, où vous appreniez au passage qu'existaient des bandits, des escrocs, des espions, des dictatures, des trafics en tous genres… La vie et le monde n'avaient rien d'angélique, mais ils n'en demeuraient pas moins familiers et rassurants. Dans l'univers de Tintin, les héros et les braves gens étaient plus nombreux que les méchants et finissaient toujours par l'emporter.

Le Secret de la Licorne et *Le Trésor de Rackham le Rouge* furent les premiers albums que m'achetèrent mes parents. J'y retrouvais, en plus colorié et plus beau, un monde qui ne m'était pas totalement étranger. Il y avait un port, et l'appel du grand large avec une histoire où se mêlaient le passé de la flibuste, la chasse au trésor et la modernité avec son grand chalutier le *Sirius*, son sous-marin de poche en forme de requin, sans oublier le scaphandrier avec sa pompe à air et ses semelles de plomb. Il en allait de même pour *Coke en stock* avec ses scènes de pleine mer où évoluaient bateaux, sous-marins et avions « de guerre ».

Grâce à Tintin et sous sa protection, je pouvais visiter de multiples pays et continents. J'y faisais de réelles découvertes qui s'imprégnaient en moi sans que j'y fasse trop attention : la façon dont vivaient des peuples lointains, dont ils s'habillaient, leurs croyances, leurs temples et leurs monuments, leurs animaux sauvages et familiers… Cela passait par des détails et des anecdotes que l'on retenait d'autant mieux qu'ils étaient associés à des images de situations comiques ou dramatiques. J'appris ainsi que les lamas avaient la fâcheuse habitude de cracher de l'eau ; je découvris les pyramides, leurs momies et leurs sarcophages, les chameaux et le désert, les temples Incas et leur culte du soleil, mais aussi l'agression du Japon contre la Chine, les rivalités et les conflits du Moyen-Orient… Dans ce Cotentin du bout du monde, bien avant les livres et la télévision, les albums de Tintin m'ont permis de découvrir de multiples pays tout en restant à la maison.

L'album *Tintin au Congo* ne semblait choquer personne. Le paternalisme de Tintin tout comme celui des Pères blancs semblait aller de soi face à des indigènes qui paraissaient toujours bêtes et souriants : « Toi y en a grand sorcier ! Toi y en a devenir roi des m'Hatouvou ! », « Dire qu'en Europe, tous les petits blancs, y en a être comme Tintin… » Le héros pouvait tuer des gazelles, des éléphants et récupérer leur ivoire, faire sauter un rhinocéros à la dynamite… cela n'avait rien de particulièrement choquant : la faune et la flore paraissaient inépuisables à l'heure du productivisme triomphant.

Tintin savait conduire tous les engins modernes, motos, automobiles, locomotives, avions et hydravions, bateaux à voile et à moteur, sous-marins, sans oublier la fusée pour aller sur la Lune avec son « radioguidage » et son « moteur à réaction nucléaire ». En même temps, il disposait d'un point d'attache avec le capitaine Haddock et son château de Moulinsart, qui avait tous les charmes de la campagne et de l'ancien temps. Après chaque aventure, Tintin et ses compagnons étaient heureux de retrouver leur pays. Ce pays, il nous semblait bien le connaître : ses villes, ses rues et ses campagnes environnantes étaient semblables à celles que nous connaissions. Avec Tintin, tout allait vite et pourtant tout paraissait finalement simple et rassurant. On était de plain-pied dans une vie moderne et passionnante qui gardait ses valeurs de vaillance, de loyauté et de gentillesse, avec un héros redresseur de torts imprégné des valeurs du scoutisme qui n'avait peur de rien et savait se battre quand il le fallait.

La lecture des albums de Tintin nous faisait entrer joyeusement dans un monde moderne qui gardait la familiarité de l'ancien, un monde où les héros protecteurs et les justiciers défendaient les faibles et finissaient toujours par triompher. En fin de compte, on pouvait se sentir bien dans les nations de la vieille Europe qui savaient si bien alterner la vie tranquille et l'aventure, le confort bourgeois et la modernité. Cette Europe croyait encore à la supériorité de son art de vivre et de sa civilisation. À sa manière, Tintin en était le digne représentant.

Un imaginaire persistant?

Les premiers contes et récits ancestraux coexistaient désormais avec d'autres formes d'expression qui prenaient acte de la modernité et annonçaient les temps nouveaux. Ces deux aspects ne paraissaient pas alors nécessairement antagonistes. L'appartenance nationale et civilisationnelle constituait encore un fonds commun prédominant; des traditions ancestrales continuaient d'irriguer le présent et l'on s'inscrivait dans une histoire longue avec son héritage séculaire, ses créations et ses héros dont on pouvait être fiers. Le récit national et l'aventure humaine prenaient de nouvelles formes d'expression mais celles-ci ne paraissaient pas pour autant remettre radicalement en question l'héritage culturel. Celui-ci était globalement considéré comme le cadre structurant qui permettait d'intégrer et de donner figure humaine au changement. Ce relatif équilibre de l'après-guerre pouvait-il durer très longtemps ?

Les livres d'images et les tableaux pédagogiques aux couleurs vives accrochés au mur de la classe représentaient une France qui gardait ses aspects artisanaux et campagnards avec ses pâturages, ses montagnes, ses vallées, ses plaines, ses fermes, ses animaux domestiques, sans oublier ses châteaux d'eau dans un paysage verdoyant... Ces caractéristiques d'une France ancestrale contrastaient avec une vie quotidienne qui commençait à prendre un autre visage avec la multiplication des objets techniques et des biens de consommation.

Ma génération a été élevée et éduquée dans cet « entre-deux ». La modernisation de l'après-guerre transformait rapidement le pays, mais nous étions encore nourris de contes populaires et de récits traditionnels qui se transmettaient d'une génération à l'autre depuis des siècles, nous reliant par des fils invisibles à des millions d'êtres humains passés et présents qui avaient partagé et partageaient encore cette culture. Ceux de nos maîtres et de nos maîtresses qui avaient su nous faire aimer ces contes et ces récits n'avaient pas en tête la liste des « objectifs » de la maternelle et du primaire et leurs « indicateurs d'évaluation ». Ils nous racontaient de bon cœur des histoires transmises dans leur enfance. Malgré les années passées, ces histoires continuaient de les enchanter et elles nous enchantaient pareillement. Sans le savoir, nous étions le maillon d'une filiation remontant très loin dans l'histoire en s'insérant dans un imaginaire qui perdurait par-delà les distances et le temps.

Cette « acculturation », comme on le dit aujourd'hui, n'était pas alors considérée comme un « vecteur de la réussite scolaire » pas plus qu'un outil thérapeutique pour calmer les angoisses et les conflits infantiles. Entrer dans cet univers de significations qui nous préexistait, c'était commencer à apprivoiser le monde, nous constituer comme sujet relié aux autres et inscrit dans une histoire. L'apprentissage de la lecture et de l'écriture demeurait en fait inséparable de cet univers de mots et d'images qui englobe le monde environnant et le rend signifiant. La pédagogie moderniste qui l'oublie déshumanise et embête les enfants.

Le rapport à l'héritage culturel n'était pas alors instrumental, mais il était inhérent à l'humanité de l'homme. Ces contes et ces récits formaient un premier bagage de mots, de sensations et d'images qui resterait toute notre vie en arrière-fond. Comme d'autres lectures ultérieures, ils font désormais partie du « trésor des savoirs oubliés [1] ». Qu'en est-il aujourd'hui pour les nouvelles générations ?

---

1. Jacqueline de ROMILLY, *Le Trésor des savoirs oubliés*, éditions de Fallois, 1990.

Chapitre 5

Une éducation chrétienne d'un autre âge

On a du mal à imaginer aujourd'hui le poids et l'influence de l'Église catholique en Normandie après la guerre, tout particulièrement dans ce pays du bout du monde qu'était le Cotentin. Le catholicisme était encore fortement marqué par un traditionalisme issu du XIXe siècle, strict sur les dogmes et marqué par le dolorisme valorisant la souffrance, la pénitence et la dévotion. À la différence de mon père, ma mère était issue d'une famille croyante et dévote. Elle veilla donc à ce que je fusse élevé et éduqué dans la religion catholique. Récitation des prières, participation à la messe et catéchisme obligatoire firent partie intégrante de cette éducation première et mon parcours scolaire de la maternelle à la terminale eut lieu dans des écoles privées qui avaient toutes un saint nom (Sainte-Marie, Saint-Jean et Saint-Paul). À travers cette éducation première et cet enseignement était transmise une conception du monde qui ne peut manquer d'apparaître en décalage avec le monde présent, voire incompréhensible pour les générations nouvelles élevées et éduquées dans un nouveau terreau sociétal largement déchristianisé.

Le catholicisme dans lequel je fus élevé dès mon plus jeune âge formait un curieux mélange de douceur et de sévérité, d'angélisme et de diabolisation produisant des effets ambivalents de réconfort et d'anxiété. Dieu n'était pas seulement un être tout-puissant et abstrait, vivant au ciel, tout là-haut au-dessus des nuages. Il avait envoyé son fils qui, à travers les images et les statues, avait un visage et nous aimait beaucoup. Il y avait aussi les anges et les saints que l'on pouvait se figurer de la même façon. La prière permettait d'entrer dans une sorte d'univers parallèle où ils étaient tous réunis en Dieu. Ils veillaient sur nous et l'on pouvait communiquer régulièrement avec eux par la prière, leur parler personnellement en sachant qu'ils étaient bons et miséricordieux ; ce dialogue intérieur ouvrait sur une dimension invisible que l'on pouvait trouver au fond de soi.

Parmi les figures protectrices, l'« ange gardien » occupait une place particulière : « Non content de veiller toujours sur nous, il [Dieu] nous donne encore un gardien, un Ange, un prince de son Paradis [1]. » Avoir un ange gardien spécialement attaché à votre personne était quelque chose de merveilleux et de réconfortant. Bien que « pur esprit », les images le représentaient avec un visage et un corps d'enfant avec des ailes, à peine plus grand et plus âgé que nous. Lors de nos jeux et dans toutes les situations où nous pouvions tomber et nous faire mal, il était toujours là pour nous protéger. C'était aussi la petite voix de la conscience qui nous disait d'éviter le mal et nous guidait dans le droit chemin. Bien qu'invisible, l'ange gardien se tenait toujours à vos côtés, il ne vous abandonnait jamais ; il aidait à s'endormir et veillait sur vous la nuit.

1. *L'Ange gardien*, Institut missionnaire des Sœurs filles de Saint-Paul, avec la permission de l'Ordinaire, non daté.

C'était comme un grand frère toujours à votre écoute à qui vous pouviez confier vos interrogations et vos soucis quotidiens en ne craignant pas de vous faire gronder. À sa façon, cet « ange gardien » nous donnait une sorte de confiance première dans le monde qui, malgré les vicissitudes et les peines, demeurait essentiellement bon.

Mais ce n'était là qu'un aspect. Il y avait « le Ciel ou paradis, lieu de bonheur parfait[1] » où les anges et les saints voient Dieu, mais il y avait aussi l'Enfer avec ses flammes et ses diables, un « lieu de tourments où les méchants sont pour toujours séparés de Dieu et endurent avec les démons des souffrances qui ne finiront jamais[2] ». Ces démons étaient d'anciens anges qui s'étaient révoltés contre Dieu, avec à leur tête Lucifer qui nous soumettait constamment à la tentation. Jésus était bon et miséricordieux, mais il fallait d'abord être sage et obéissant, pratiquer les commandements et faire attention à ne pas succomber à la tentation si l'on ne voulait pas aller en enfer.

Très tôt, ma mère m'apprit à faire ma prière à sa manière. Le soir, il fallait se mettre à genoux au pied du lit en regardant le crucifix sur le mur, faire son signe de croix, joindre les mains, réciter le « Notre père » et le « Je vous salue Marie » qu'elle répétait avec moi. Il fallait prier en pensant très fort à Dieu et à son « fils bien aimé ». L'Esprit Saint était également invoqué mais je me le représentais beaucoup plus difficilement : sur les images pieuses, Dieu le Père et Dieu Le Fils avaient figure humaine et, de ce fait, cela paraissait plus facile de s'adresser à eux. Ce qui n'était pas le cas du Saint-Esprit qui avait la forme d'une colombe : s'adresser à un oiseau était moins évident. Il fallait aussi prier pour les

1. « Leçon 4. I. Le Ciel », *Catéchisme préparatoire à la communion solennelle*, Diocèse de Coutances, Texte national, Édouard Privat – Éditions Notre-Dame, 1953, p. 10.

2. « Leçon 8. II. L'Enfer », *Catéchisme préparatoire à la communion solennelle*, *op. cit.*, p. 23.

disparus, un frère aîné mort à huit mois, deux ans avant ma naissance dont une photo le montrant souriant dans un landau figurait en bonne place sur la commode, et ma grand-mère que j'avais connue dont le portrait trônait également dans la chambre de mes parents.

Ces prières étaient suivies d'un « examen de conscience » : « Qu'as-tu fait de bien aujourd'hui ? Qu'as-tu fait de mal ? » Dans ce dernier cas, il fallait demander pardon à Dieu. Ce dernier était, comme on me l'avait appris, non seulement un « être infiniment grand, infiniment bon et infiniment aimable », mais il disposait d'un pouvoir extraordinaire : il était présent de toute éternité en tous lieux et en tout temps ; rien ne pouvait lui échapper ; il voyait tout et savait tout, lisait dans nos pensées. Il était donc difficile de lui mentir et de chercher à le tromper, il n'aimait pas du tout cela et pouvait vous punir sous de multiples formes. « L'œil était dans la tombe et regardait Caïn », ce vers de Victor Hugo que j'appris plus tard à l'école symbolisait on ne peut mieux ce Dieu qui tourmentait votre conscience.

Bondieuseries et dévotion

L'univers du catholicisme dans lequel je fus élevé était fortement imprégné d'une tradition saint-sulpicienne. Dans mes souvenirs d'enfance, il est associé à des images pieuses, aux chapelets de ma mère et de ma grand-mère, aux crucifix, aux statues et aux statuettes avec leur couleur bleue, rose et dorée… en même temps qu'aux prières récitées quotidiennement. Bien qu'invisible et mystérieuse, la religion manifestait sa présence de cette façon dans la maison ; elle s'intégrait aux objets familiers et à la vie quotidienne, les objets et les manifestations de dévotion étant comme une sorte de garantie de protection.

Chaque chambre de la maison avait son prie-Dieu [1], son crucifix accroché au-dessus du lit, orné d'un morceau de laurier béni renouvelé chaque année, lors du « dimanche des Rameaux [2] ». S'y ajoutait une statue en plâtre de la « Sainte Vierge » blanc et bleu, posée sur la commode. Au mois de mai, ma mère la fleurissait de quelques brins de muguet dans un vase et sa dévotion s'accompagnait d'une petite cérémonie que je n'appréciais pas trop. Je devais me mettre à genoux devant la commode en regardant la statue et réciter plusieurs « Je vous salue Marie » avant que ma mère ne fredonne et ne me force à chanter :

« C'est le mois de Marie,
C'est le mois le plus beau,
À la Vierge chérie
Disons un chant nouveau. »

Voyant cette scène, mon père bougonnait un peu : « Tu ne peux pas lui ficher la paix ! »

Sur l'un des murs de la chambre, était suspendu un tableau bariolé du « Sacré-Cœur de Jésus » avec son auréole dorée, sa couronne d'épines sur la tête et sa tunique d'une couleur rose mauve quelque peu délavée. Le Christ montrait du doigt son cœur ensanglanté dans lequel était plantée une petite croix. Ce tableau doloriste me fascinait et m'inspirait quelques craintes. Il contrastait avec les petites images pieuses montrant un Jésus bien vivant, en pleine gloire au milieu des enfants. Il fallait bien admettre qu'il n'était pas seulement gentil et doux, mais qu'il était aussi « mort pour

1. Chaise basse sur laquelle on s'agenouille et dont le dossier se termine en accoudoir.

2. Le dimanche des Rameaux qui précède le dimanche de Pâques marque l'entrée solennelle de Jésus à Jérusalem où une foule l'accueillit en agitant des branches sur son chemin en guise de bienvenue.

nous » sur la croix, événement mystérieux qui n'avait rien de réjouissant pour un enfant, même si ce n'était pas le fin mot de l'histoire.

Il n'existait pas de portraits de saints dans la maison, mais ceux-ci n'en avaient pas moins de pouvoirs protecteurs qui tenaient de la tradition. Deux saints étaient fréquemment évoqués pour leur pouvoir supposé : saint Antoine de Padoue et plus encore saint Christophe. Une petite prière ou un cierge devant la statue du premier aidait à retrouver un objet perdu. Ma mère, ayant la fâcheuse habitude de perdre son sac et ses clés, l'invoquait souvent. Le second était le saint patron des voyageurs. Tout parcours un peu long en voiture était précédé par son évocation et quelques mots pour lui demander de n'avoir pas d'accident. Il est une autre tradition que ma mère avait gardée pour les voyages : tout passage devant un calvaire – il n'en manquait pas sur les routes de campagne – s'accompagnait d'un signe de croix.

Bien plus encore, la thaumaturgie avait de nombreux adeptes dans la région. Au mois d'octobre, dans la petite commune de Biville dans la Hague, les pèlerins rendaient hommage au bienheureux Thomas Hélye (né vers 1187) qui aurait fait jaillir une source pour apaiser la soif de son frère. L'eau de cette source était non seulement pure et limpide, mais on lui attribuait un pouvoir de guérison. Les malades y venaient nombreux pour recueillir cette précieuse eau. Comme beaucoup d'autres, ma mère et ma grand-mère avaient participé à ce pèlerinage et, au début des années 1950, une bouteille de ce breuvage était soigneusement rangée dans l'armoire de la chambre. On pouvait également y trouver des cierges de la Chandeleur, fête de la purification de la Sainte Vierge et de la présentation de Jésus au Temple qui avait lieu quarante jours après Noël et donnait lieu à une procession avec des cierges. Les paroissiens pouvaient se procurer ces cierges bénis, qui avaient eux aussi un pouvoir particulier : on les allumait pour éloigner le malheur, la maladie ou la mort dans la maison ; ils nous protégeaient des Ténèbres et de Satan. À vrai dire, pour les enfants, la Chandeleur avait d'autres vertus : c'était le jour où l'on faisait des crêpes à la maison. Il en allait de même le Mardi gras, avant la période de Carême précédant Pâques. Ce jour de l'année était attendu avec une certaine impatience : ce n'était pas seulement le jour des crêpes mais aussi celui des masques et des déguisements.

Cimetière, grand-messe et communion

Dans ma mémoire, cette éducation religieuse familiale est en même temps étroitement associée aux visites régulières du cimetière d'Équeurdreville. À l'époque, nombre de femmes allaient régulièrement au cimetière porter des fleurs et entretenir les tombes familiales. C'était une façon de saluer et de se souvenir des disparus qui, bien que morts, n'en continuaient pas moins d'occuper les esprits des vivants. Ma mère m'y amenait souvent l'après-midi quand il faisait beau. Ce cimetière situé sur une petite colline me paraissait très loin de la maison ; il fallait marcher longtemps et grimper une côte pour y parvenir, ce qui augmentait mes réticences à m'y rendre. Mais ma mère ne me laissait guère le choix : il fallait rendre visite à mon frère mort en bas âge et à ma grand-mère qui venait de mourir et que j'aimais bien. Tous deux reposaient dans la même tombe. « Aller au cimetière », c'était une façon d'« aller leur dire bonjour », même si cela ne me plaisait pas trop. Le rituel était chaque fois le même : ma mère vidait les vases des fleurs fanées, allait chercher de l'eau pour arroser les plantes, puis venaient le signe de croix et le recueillement devant cette tombe grise où reposaient ensemble ma grand-mère et mon frère que je n'avais pas connu. Ma mère avait fait déposer une plaque souvenir sur la dalle avec en médaillon une photo du visage souriant de ce dernier. Cette photo, avec celles de ma grand-mère et de mon grand-père maternels, figurait également dans la chambre de mes parents. Ils étaient tous au ciel et nous pouvions leur parler en silence, au cimetière comme à la maison.

La tombe était située à flanc de la petite colline devant un parapet d'où l'on pouvait voir la campagne du Val l'Abbé. Un jour, tandis que ma mère restait debout silencieuse devant la tombe, je me glissai derrière la stèle et me penchai le long du muret. Je fus surpris d'apercevoir un monsieur qui venait d'égorger un mouton dans l'enclos d'une bâtisse qui faisait office de petit abattoir. Ce mouton égorgé ressemblait à une grande baudruche, ce qui m'intriguait fortement. L'homme avait injecté de l'air sous la peau de l'animal pour en faciliter l'enlèvement, mais ne connaissant pas ce procédé, je ne comprenais pas pourquoi on traitait un mouton de la sorte, ne sachant pas trop s'il était mort ou encore vivant. J'en fus bouleversé. Mais à chaque nouvelle visite, je courais derrière la tombe, m'attendant à revoir cet étrange spectacle et essayer de mieux comprendre ce qui se passait.

À force de fréquenter le cimetière, celui-ci était devenu presque un lieu familier. Il était habité par des morts et j'aurais eu très peur de m'y promener la nuit. Mais le jour, quand le ciel était bleu, son atmosphère pesante se dissipait quelque peu. Je m'habituais à l'odeur fétide de l'eau stagnante dans les vases aux fleurs fanées, aux croix de fer rouillées ou gravées dans la pierre et le granit, aux plaques funéraires plus ou moins usées avec leurs visages effacés… J'échappais à la surveillance de ma mère pour courir « à toute vitesse » dans les allées, dans les étroits passages des tombes accolées, m'arrêtant de temps à autre devant les plus anciennes et les monuments funéraires en forme de petite chapelle et de temples qui suscitaient ma curiosité : pourquoi ces morts avaient-ils droit à un plus grand espace et une petite maison ? De temps à autre, il y avait des drapeaux tricolores sur les tombes de ceux qui étaient « morts pour la France ». C'était le jour du « souvenir français ». Ma mère versait parfois quelques larmes et le temps me paraissait très long. Quand allions-nous rentrer à la maison, retrouver les copains et la rue Gambetta ?

Dès mon plus jeune âge, j'accompagnais également ma mère et ma sœur à la grand-messe du dimanche qui durait longtemps. J'avais du mal à « rester bien sage » pendant plus d'une heure et elles devaient souvent me prendre dans leurs bras. Une petite statue d'un ange à genoux près de l'autel avait fini par attirer mon attention. Au début ou à la fin de la messe, les gens allaient le voir et il les remerciait en inclinant sa tête plusieurs fois. Cette scène m'intriguait fortement. Je finis par comprendre qu'il suffisait de mettre une pièce dans la fente du tronc placé à ses pieds pour qu'un mécanisme lui fasse baisser la tête en guise de remerciement. Je ne manquais pas de demander des pièces à ma mère pour aller voir l'ange bouger la tête plusieurs fois. À chaque messe, j'allais dire bonjour à l'ange de cette façon.

Ma participation à la grand-messe ne lui suffisant pas, ma mère avait voulu m'emmener aux vêpres qui avaient lieu en fin d'après-midi. Retourner à l'église – bien que la durée de cet office soit moindre –, m'était insupportable. Ma mère l'apprit un jour à ses dépens quand je « piquai une crise » au beau milieu des chants en latin. Mes cris résonnèrent si fort dans l'édifice, qu'elle eut honte devant les paroissiens présents. Elle se précipita vers la sortie en me tenant tant bien que mal dans ses bras. C'en était fini pour moi des vêpres du dimanche après-midi.

L'apprentissage du catéchisme commençait très tôt et la préparation à la « première communion » était des plus sérieuses : il fallait non seulement connaître l'essentiel de la vie de Jésus et de son message, mais avoir déjà participé à la messe et connaître les différentes phases de son déroulement. Pour cela, outre les explications des curés du catéchisme, des petits livres étaient fournis aux enfants avec des photos des principaux objets du culte, des gestes du prêtre accompagnés de quelques mots de prière. Le catholicisme comportait beaucoup de mystères et de prodiges qui s'accomplissaient à la messe. On me l'apprit très tôt au catéchisme, la consécration de l'hostie et du vin par le prêtre accomplissait une transformation extraordinaire : le pain de l'hostie devenait le corps de Jésus et le vin son sang. La lumière rouge près de l'autel indiquait que Jésus par le biais des hosties consacrées était présent dans le tabernacle[1]. Cette présence mystérieuse dans la pénombre de l'église imposait le silence et le respect.

Dans ces conditions, communier pour la première fois était un événement très important : c'était « recevoir le corps du Christ » et pouvoir de la sorte entrer en contact directement avec lui. Il fallait précédemment « avoir été à confesse » et être à jeun trois heures avant la messe pour recevoir ce sacrement. Il suffisait de prendre son petit déjeuner tôt le matin et boire de l'eau naturelle n'était pas considéré comme une rupture du jeûne durant les trois heures précédant la messe. On m'avait tellement souligné l'importance de ce moment qu'une fois l'hostie consacrée déposée sur ma langue par le prêtre, je m'attendais à ressentir quelque chose d'extraordinaire. Ce ne fut pas le cas. Bien que déçu qu'il n'arrivât rien de ce que j'avais imaginé, je me recueillais et priais fortement. À la fin de la messe, ma mère et ma sœur me demandèrent si j'étais content d'avoir fait ma première communion. Je l'étais assurément, mais j'avais eu quelques

1. À l'origine, le tabernacle était la tente qui abritait l'Arche d'alliance du temps de Moïse. Dans la liturgie catholique, il désigne la petite armoire au centre de l'autel où sont conservées les hosties consacrées.

difficultés à avaler l'hostie dont le goût n'était pas très bon, ce qui me semblait contradictoire avec la douceur de Jésus et la toute-puissance de Dieu. Cette remarque déconcerta ma sœur et ma mère et les fit rire en même temps.

Catéchisme obligatoire

Avec la préparation à la « communion solennelle », l'apprentissage du catéchisme prenait une tournure plus scolaire et dogmatique. Il fallait apprendre les leçons par cœur et répondre à des interrogations orales et écrites. À relire aujourd'hui mon livre de catéchisme de l'époque[1], je suis étonné par le nombre de thèmes traités portant sur tous les aspects du dogme. Au total, ce livre de deux cent vingt pages comportait cinquante-quatre leçons, chacune d'elle étant composée de questions-réponses (entre cinq et douze). Chaque réponse ne dépassait pas cinq lignes ; celles imprimées en gras étaient les plus importantes et devaient être apprises par cœur. Ce livre de catéchisme se terminait par une « leçon supplémentaire » consacrée à la « journée du chrétien » qui décrivait les bons comportements à adopter du matin jusqu'au soir.

La question-réponse portant sur la définition de Dieu était l'une des premières à apprendre par cœur et ne pouvait s'oublier de sitôt : « Qu'est-ce que Dieu ? Dieu est un esprit, éternel, infiniment parfait, créateur et maître de toutes choses[2]. » Suivait une première question de vérification : « Pourquoi êtes-vous certain qu'il y a un Dieu ? Je suis certain qu'il y a un Dieu parce que toutes les créatures prouvent son

1. *Catéchisme préparatoire à la communion solennelle*, *op. cit.*, 1953.
2. « Leçon 9. Dieu », *ibid.*, p. 24.

existence[1]. » Cela ne suffisait pas pour autant. La leçon suivante : « Comment est Dieu » précisait les choses :

« *Pourquoi dites-vous que Dieu est un esprit ?*

— Je dis que Dieu est un esprit parce qu'il n'a pas de corps et qu'on ne peut ni le voir, ni le toucher.

Pourquoi dites-vous que Dieu est éternel ?

— Je dis que Dieu est éternel parce qu'il a toujours existé et qu'il existera toujours.

Pourquoi dites-vous que Dieu est infiniment parfait ?

— Je dis que Dieu est infiniment parfait parce qu'il a toutes les perfections, et que ces perfections sont sans limites.

Pourquoi dites-vous que Dieu est créateur et maître de toutes choses ?

— Je dis que Dieu est créateur et maître de toutes choses parce qu'il a fait de rien tout ce qui existe, et que tout lui appartient[2]. »

Les anges, le ciel, l'enfer, le purgatoire, le Jugement dernier, le péché, la Rédemption, la Résurrection, les sacrements, les « Mystères de Dieu »... donnaient lieu à un traitement semblable.

La leçon consacrée à la famille insistait sur nos devoirs envers les parents : « Je dois honorer mon père et ma mère, parce qu'ils m'ont donné la vie et qu'ils tiennent auprès de moi la place de Dieu[3]. » Il s'agissait de les « aimer, les respecter, leur obéir et les aider ». L'obéissance était en fait une vertu de référence s'appliquant dans la famille comme dans la société : « Pour bien obéir à mes parents, je dois faire ce qu'ils commandent, rapidement, exactement et sans murmurer[4]. [...] Je dois encore respect et obéissance à mes

1. *Ibid.*, p. 25.
2. « Leçon 10. Comment est Dieu », *ibid.*, p. 26-27.
3. « Leçon 28. Nos parents », *ibid.*, p. 81.
4. *Ibid.*, p. 82.

supérieurs spirituels et temporels[1]. » Le respect et l'obéissance à ses chefs temporels semblaient aller de soi, « sauf en ce qui est contraire à la Loi de Dieu[2] ».

Parmi les dernières leçons du catéchisme figuraient celles concernant le mariage et la pureté, avec au passage les « principaux moyens pour éviter l'impureté » : « la mortification, la prière, la confession, la communion fréquente, la dévotion à la Sainte Vierge et la fuite des occasions dangereuses[3] ».

Dans les premières années du secondaire, l'« éducation religieuse » succédait au catéchisme et se déroulait de la même façon. Un prêtre en soutane faisait les cent pas dans la classe en nous dictant rapidement la leçon ; le cours suivant commençait par une interrogation écrite suivie d'une nouvelle leçon exposée de la même façon. L'un des prêtres que nous surnommions « gros Cat » (gros Chat) passait et repassait devant nos pupitres et ne sentait pas très bon. Comme j'avais une très bonne mémoire, j'étais le plus souvent le premier en catéchisme. Savoir ce que nous pensions au juste du contenu de cet enseignement n'entrait pas en ligne de compte, l'important était d'ingurgiter les leçons.

Pour faire sa communion solennelle, il fallait passer un examen préliminaire : le prêtre posait des questions puisées dans les différentes leçons du livre de catéchisme et nous demandait de réciter des prières. Il fallait également avoir été régulièrement à la messe, ce qui n'était pas toujours le cas. Par excès de zèle, ma mère avait demandé que l'école rétablisse une carte de présence aux offices du dimanche. Ce qui fut fait. À chaque fin de messe, il fallait se rendre dans la sacristie demander au curé d'attester de notre présence en apposant sa signature dans la case du dimanche correspondant. Avec un copain de l'époque, nous avions trouvé un

1. « Leçon 29. Les communautés humaines », *ibid.*, p. 85.
2. *Ibid.*, p. 84.
3. « Leçon 51. La pureté », *ibid.*, p. 175.

moyen de détourner cette obligation : nous partions à vélo à la grand-messe, mais au lieu de nous diriger vers l'église, nous allions nous promener dans les environs en nous arrangeant pour nous glisser dans l'église à la fin de l'office avant de rejoindre la sacristie pour obtenir la signature de Monsieur le curé. Ce contrôle n'a jamais bien fonctionné : certains curés signaient en rechignant, d'autres ne le faisaient pas, préférant l'esprit à la lettre. Dans tous les cas, cela n'avait pas beaucoup d'importance : on pouvait imiter une signature que personne n'allait vérifier. Cette transgression s'effectuait malgré tout avec le sentiment de commettre une faute, mais c'était le prix à payer pour ne pas s'ennuyer à la messe et profiter d'une promenade à bicyclette.

Confesser ses péchés

Mes premières confessions eurent lieu à l'église dans la pénombre d'un confessionnal à deux places où l'on attendait qu'une petite trappe s'ouvre devant nous, laissant apparaître le visage du prêtre séparé par une petite grille en bois. La confession terminée, il fallait retourner se mettre à genoux dans l'église pour réciter des prières indiquées par le prêtre, leur nombre étant variable selon la gravité des péchés.

Lorsque j'entrai à l'école Saint-Paul de Cherbourg, l'une des premières exigences en début d'année fut de choisir un « directeur de conscience » parmi les prêtres enseignants. La confession était obligatoire et chaque mois un prêtre venait dans la classe ramasser nos « billets de confession » indiquant le nom du prêtre que nous avions choisi. La confession avait lieu dans la chambre de ce dernier et à l'heure dite nous nous retrouvions plusieurs élèves à attendre notre tour sur le palier. Nous avouions nos péchés en chuchotant, mains jointes, à genoux sur un prie-Dieu tout près du prêtre avec son étole[1] par-dessus sa soutane. Nous avions obligation de ne rien omettre, mais avions-nous tellement le choix puisque Dieu « voyait tout », « le passé, le présent, l'avenir, tout ce que je fais et tout ce que je pense[2] » ?

Mon livre de préparation à la communion solennelle comportait un modèle type d'« examen de conscience pour les petits » détaillant les mauvais comportements. Ces derniers étaient tous exposés à la première personne : « Je n'ai pas parlé au Bon Dieu ; je ne lui ai pas parlé avec mon cœur. Je n'ai pas cherché à lui faire plaisir. [...] Je ne me suis pas bien tenu à l'église. [...] J'ai mal répondu à mes parents, ou à mes grands-parents. Je n'ai pas voulu leur obéir. [...] Je n'ai pas respecté mes maîtres. Je n'ai pas voulu leur obéir[3]... » À ces manques « Envers Dieu... », « Envers mes parents... » et « À l'école... », s'ajoutait une liste de « Mes défauts... » : « Je me suis vanté. J'ai voulu paraître plus que les autres. J'ai voulu commander aux autres. Je me suis mis en colère. J'ai été jaloux. J'ai boudé. J'ai trop pensé aux gourmandises. J'ai menti pour me tirer d'affaire, ou pour me vanter. J'ai copié sur mes camarades. Je n'ai pas voulu travailler à l'école ou à la maison. J'ai été capricieux. J'ai regardé de vilaines images ; j'ai fait de vilaines choses. J'ai appris ou gardé ce qui ne m'appartenait pas[4]. » Au total, cet « examen de conscience pour les petits » ne comportait pas moins de vingt-cinq mauvais comportements. Celui pour les plus grands en contenait le double.

Le péché consistait à « désobéir, en le sachant et en le voulant, à un commandement de Dieu ou de l'Église » et si la tentation n'était pas un péché, on n'en pouvait pas moins commettre le péché de diverses manières : « par pensées, par

---

1. Longue écharpe ornée d'une croix que le prêtre porte dans les fonctions d'ordre sacré.

2. « Leçon 10. Comment est Dieu », *ibid.*, p. 28.

3. *Ibid.*, p. 219.

4. *Ibid.*, p. 220.

paroles, par actions et par omissions». Nous avions également appris les différences entre les «péchés mortels» (ceux qui menaient en enfer si l'on mourait sans s'en être confessé) et les «péchés véniels» (beaucoup moins graves) qui méritaient des peines temporaires qu'il fallait subir dans ce monde ou dans l'autre (au purgatoire en attendant d'aller au ciel).

À relire aujourd'hui ce catéchisme d'un autre âge, on ne peut manquer d'y voir une incroyable volonté de mainmise sur les esprits, une focalisation sur le péché et l'aveu de ses fautes qui ont des allures d'inquisition. Cette volonté existait bien chez certains curés qui se prenaient tout bonnement pour les représentants de Dieu sur Terre et savaient jouer de ce statut pour «sonder les reins et les cœurs» et s'immiscer dans les secrets d'alcôve. D'autres étaient plus humbles et discrets.

Comme beaucoup d'autres enfants, j'avais vite appris à «en prendre et en laisser». En confession, je m'arrangeais pour choisir et avouer toujours les mêmes péchés pas très graves en espérant que le prêtre me ficherait la paix: j'étais paresseux, il m'arrivait de désobéir à mes parents, je me battais avec mes petits camarades... Mais cela ne suffisait pas. Comme c'était toujours un peu la même chose à chaque confession, le curé me relançait: «Es-tu sûr de n'avoir rien oublié?» J'ajoutais que j'étais dissipé en classe et à la messe ou que j'avais mangé de la viande le vendredi... Cela ne satisfaisait pas encore «Monsieur l'abbé», il fallait qu'il y ait toujours quelques grosses fautes pour «faire vrai». Alors je me lançais dans de nouveaux aveux plus consistants: j'avais menti, j'étais jaloux, j'avais cherché à me venger, j'avais manqué la messe... Tous ces péchés n'étaient pas des péchés mortels mais leur accumulation permettait peut-être de s'en rapprocher. En fin de compte, l'abbé finissait toujours par poser la question: «As-tu eu de mauvaises pensées? As-tu regardé avec plaisir de vilaines choses?»

En d'autres termes, le « vilain péché » était lié à la sexualité naissante et à la masturbation. Certains curés avaient les mains baladeuses – c'est du moins ce qui se disait parmi les élèves – mais, bien que m'étant confessé à l'un d'eux, je n'ai jamais eu affaire à ce genre d'attouchement. L'abbé se contentait de me prendre la main ou de mettre la sienne sur ma joue de temps à autre comme un signe d'affection. Cela me gênait un peu, d'autant plus que je trouvais qu'il « puait la Gauloise » (marque de cigarette brune très connue à l'époque) et que sa soutane ne sentait pas bon.

Le prêtre pratiquait ensuite l'absolution en faisant un signe de croix devant mon visage et en disant en latin qu'au nom de Dieu, du Fils et du Saint-Esprit mes péchés étaient pardonnés. S'y ajoutaient des pénitences sous la forme d'une récitation obligatoire d'un nombre variable d'« Acte de contrition », de « Notre Père » ou de « Je vous salue Marie », accompagnés parfois de résolutions de ne plus commettre les mêmes péchés. Ce qui ne nous empêchait pas à nouveau de « succomber à la tentation »… en attendant la prochaine confession. Ce genre de pratique peut apparaître aujourd'hui étrange, mais à force d'habitude, on finissait par ne plus y faire trop attention.

Chemin de croix et mortification

Pour le catholicisme de l'époque, la souffrance était non seulement partie intégrante et incontournable de notre condition, mais elle avait une valeur rédemptrice. Jésus-Christ avait souffert une cruelle agonie et était mort sur la croix pour racheter tous les hommes. Il importait de bien se rendre compte de toutes les souffrances qu'il avait endurées pour mieux mesurer l'importance de son sacrifice à notre égard.

Lors du carême, le curé nous amenait en procession dans l'église en s'arrêtant devant les tableaux des quatorze stations du chemin de croix. Il voulait nous faire comprendre combien Jésus avait souffert pour racheter nos péchés, mais cette idée répétée à satiété demeurait un mystère. Il avait beau y mettre les formes en veillant à ne pas heurter notre sensibilité d'enfant, la croix, le dépouillement de ses vêtements, les clous plantés dans les mains… retenaient avant tout notre attention. Cette petite procession dans l'église avait des allures de pénitence ; les statues recouvertes d'un drap violet suscitaient une interrogation craintive. Dieu et son fils avaient des aspects sombres et inquiétants, même si l'on nous apprenait que cette histoire sainte se terminait bien.

J'ai retrouvé dans l'un de mes livres de prière des années 1950 [1], un mode d'emploi détaillé « pour mieux t'unir aux souffrances de Notre Seigneur » et faire son chemin de croix avec ses quatorze stations. À chacune d'entre elles, la posture à adopter, les mots à dire à Jésus en forme d'une petite prière sont accompagnés de descriptions détaillées de sa souffrance. À les lire, on mesure le fossé qui nous sépare de cette éducation religieuse d'un autre temps : « Regarde bien : deux bourreaux viennent de faire tomber brutalement sur Notre Seigneur la lourde croix. Comme elle est pesante !… Il trébuche sous le choc… Son épaule est tout endolorie, mais ses bourreaux n'ont aucune pitié pour Lui [2]. […] C'est effrayant ! Lui qui était si beau. Le voici tout défiguré. Il a tellement reçu de coups que son visage est tuméfié, tout boursouflé. Il a les yeux remplis du sang qui coule sur sa couronne d'épines. [3]. […] Les bourreaux se jettent sur Jésus,

1. Abbé Gaston COURTOIS des Fils de la charité, *Mon livre de prière. Missel dominical pour les enfants d'aujourd'hui*, collection « Prière et Joie », n° 3, éditions Fleurus, Imprimatur : Paris, le 15 septembre 1955.

2. « II. Jésus est chargé de sa croix », *ibid.*, p. 322.

3. « IV. Jésus rencontre sa maman », *ibid.*, p. 323.

et, pressés d'en finir, lui arrachent brutalement les vêtements qui collaient à ses plaies. Jésus les laisse faire : il accepte ce dépouillement douloureux pour te mériter le "dépouillement de tous tes défauts[1]. [...] Un bourreau a saisi le bras droit de Jésus, et à grands coups de marteau enfonce un long clou dans son poignet. Un frémissement de douleur secoue le corps tout entier... Après, ce sera le tour de la main gauche, puis celui des pieds[2]... »

La dernière station du calvaire finissait par rassurer. La mort n'avait pas triomphé, la fin était glorieuse : « Vainqueur de la mort, Il ressuscitera glorieux le troisième jour, au matin de Pâques. [...] Et maintenant, il règne glorieux dans les cieux[3]. » Mais on n'oubliait pas pour autant les souffrances : Jésus les avait acceptées pour nous sauver et cela appelait en retour des sacrifices et des devoirs pour chacun d'entre nous. La conclusion s'imposait bien que le mystère restât entier : « Seigneur Jésus, merci d'avoir tant souffert pour me sauver. Je veux à mon tour Vous aider à sauver le monde. Seigneur Jésus, comptez sur moi[4]. »

L'éducation religieuse à l'école passait aussi par les visites des lieux symboliques de quelques grandes figures catholiques du Cotentin. Je me souviens encore d'une sortie à Barfleur – ou peut-être était-ce dans un autre endroit – pour rendre hommage à sainte Marie-Madeleine Postel (1756-1846), fondatrice de la congrégation des Sœurs des écoles chrétiennes : nous nous agenouillions devant l'ossuaire et nous pouvions regarder de près son corset muni de pointes, ses livres et ses habits. Son portrait était des plus austères et sa statue présente dans les églises de la région s'accompagnait de

1. « X. Jésus est dépouillé de ses vêtements », *ibid.*, p. 327.
2. « XI. Jésus est cloué sur la croix », *ibid.*, p. 328.
3. « XIV. Jésus est mis trois jours au tombeau », *ibid.*, p. 330.
4. *Ibid.*, p. 331.

ce précepte congréganiste gravé sur une croix: « Obéissance jusqu'à la mort ».

Une autre fois, nous nous rendîmes dans la petite église de Biville: par petits groupes agenouillés devant un cercueil de verre, nous devions nous recueillir devant les reliques du bienheureux Thomas Hélye exposés sur un coussin de drap d'or, ainsi que sa chasuble et un calice que lui aurait donné Saint-Louis. Ce bienheureux portait aussi un cilice autour des reins et « se donnait la discipline » avec des verges au cours de la nuit. La promenade et les jeux dans les dunes en bordure de mer qui suivirent cette visite mortuaire dissipèrent vite cette étrange dévotion. À vrai dire, ces sorties – qui, pour autant que je m'en souvienne, se déroulaient, dans le cadre de la retraite précédant la communion solennelle – avaient surtout pour nous l'avantage de quitter le cadre contraignant et routinier de l'école, de faire une promenade « en car » dans la région dans une ambiance des plus dissipées que les prêtes qui nous encadraient contenaient difficilement.

L'impossible soumission

On peut s'étonner aujourd'hui de cette éducation chrétienne du siècle dernier, la trouver pesante, voire insupportable et mortifère. Il y a de bonnes raisons pour la juger de la sorte. Mais on ne saurait pour autant en conclure à une mainmise totale sur les esprits. Chacun était amené à « en prendre et à en laisser », à s'arranger pour contourner ou transgresser les aspects les plus moralistes et dogmatiques. À vrai dire, les curés n'étaient pas dupes. Entre l'enseignement du catéchisme et la croyance, les pratiques effectives, il existait des écarts importants. Cela ne signifiait pas pour autant que l'apprentissage des dogmes n'avait servi à rien: il permettait aux jeunes de connaître les bases du catholicisme telles qu'elles étaient enseignées à l'époque. Pour l'Église, il importait de les inculquer avant l'adolescence, période délicate de révolte et de rejet ; les principaux sacrements avaient été donnés, le « bon grain » avait été semé avec l'espérance qu'il puisse pleinement porter ses fruits le moment venu.

Les curés tenaient certes à leur magistère, à la bonne moralité de leurs paroissiens ; certains se voulaient des « directeurs de conscience » et prenaient un malin plaisir à traquer le moindre de vos péchés ; d'autres avaient simplement des allures tristes, voire sinistres, vivant dans un monde clos et rabougri. Rares étaient ceux qui respiraient la joie de vivre et nous la faisaient partager. Mais tous savaient, ne serait-ce que par leur propre expérience, qu'il était pour le moins difficile de résister à une tentation manifestant une pulsion de vie dans laquelle le mal pouvait se mêler au bien. Leurs aspects les plus intransigeants et sévères, leur condamnation, voire leur hantise du péché, laissaient toujours une porte entrouverte pour le pardon. Mais encore y avait-il un prix à payer : il fallait accepter de se soumettre, de rentrer dans leur jeu, de les légitimer dans leur vocation et leur désir de sonder et guider les âmes sans qu'on l'ait demandé. Chacun était amené, plus ou moins consciemment, à choisir s'il acceptait ou non d'entrer dans cette dépendance et cette duplicité. Cette éducation religieuse d'un autre temps était, pour le moins, ambivalente : elle enseignait les dogmes essentiels du catholicisme, transmettait à sa manière une culture chrétienne, partie essentielle de notre héritage, en même temps qu'elle nous apprenait en contrepoint à ruser et à maintenir notre « quant à soi ».

L'enseignement du catéchisme s'effectuait sans qu'on nous ait demandé notre avis. À l'époque, cela n'avait rien d'anormal, nous étions des enfants et non des adultes avant l'heure ; il fallait être obéissant et apprendre à « faire avec ». Là aussi, il ne servait à rien de se plaindre ; nous n'avions pas le choix.

Mais nous n'étions pas pour autant tous des enfants sages et des « pâtes à modeler », tout au moins gardions-nous des points de résistance et de colère rentrée qui s'exprimeraient plus tard à l'adolescence.

« Ainsi, soit-il » était vite devenu une formule routinière synonyme d'acceptation résignée de la vie comme elle va, de la souffrance et du malheur ici-bas. La vie qu'on nous offrait ressemblait à cette « vallée de larmes » à laquelle faisait allusion le *Salve Regina*[1] avec comme consolation un possible réconfort dans l'au-delà. L'obéissance et le respect qu'on exigeait de nous envers nos « supérieurs spirituels » sont restés associés dans ma mémoire à la visite en grande pompe de « Monseigneur l'évêque » avec sa mitre et sa crosse. Le jour de la confirmation avait donné lieu à une rencontre en dehors de la cérémonie : nous attendions en rang notre tour pour nous agenouiller devant lui et baiser la bague qu'il portait à son doigt tandis qu'il nous donnait sa bénédiction.

Nous grandissions vite et la naïveté s'érodait. À l'époque, la « transparence » n'était pas de mise. On pouvait avoir la foi, y croire à moitié ou faire semblant, mais il n'était pas question de livrer aux curés ce à quoi l'on croyait vraiment, et encore moins de leur dire ce que nous pensions de leurs leçons de morale et de leurs sermons. Ce n'était pas seulement par crainte de leurs réactions, mais il existait une part de nous-mêmes qui ne leur appartenait pas, à laquelle nous tenions et que nous défendions contre toute intrusion. Malgré nos apparences d'enfant et d'élève obéissant, nous gardions un rapport à nous-mêmes qu'ils ne pouvaient maîtriser. Cette liberté intérieure était un secret bien gardé qui était partagé seulement avec quelques amis qui nous ressemblaient comme des frères. Quelles que soient les contraintes, la sévérité de la discipline et des punitions,

1. Prière chantée en latin dédiée à la Vierge Marie.

nous n'étions pas, malgré les apparences, des enfants soumis et serviles.

Les interminables grands-messes où, comme le disait Bernanos, on ne « saurait rien partager avec Dieu que l'ennui », permettaient de rêver et de voyager dans un autre monde plus joyeux et plus coloré, tout en donnant le change de l'apparence de la docilité et de la piété par des paroles et des gestes convenus. Le silence et l'ennui stimulaient l'imagination. C'était pour nous une manière d'exister, d'échapper au carcan, d'affirmer notre souveraineté face à un moralisme insupportable. S'y sont ajoutés au fil des ans une colère et un souverain mépris pour les clercs et les curés qui se croyaient supérieurs au commun des mortels et jugeaient les hommes et le monde au nom de Dieu. La première page de mon livre de messe outre mon nom et mon adresse comportait un court texte de « profession catholique » : « Je déclare appartenir à la Religion catholique. En cas d'accident grave ou de transfert à l'hôpital, je réclame auprès de moi le PRÊTRE catholique. Si je meurs, je désire les prières de l'Église catholique. C'est ma volonté formelle », suivi de la mention : « À..., le... 195... Signature ». En relisant cette page aujourd'hui, je m'aperçois que j'avais bien écrit mon nom et mon adresse ainsi que le nom de mon école, mais que je n'ai jamais signé ce texte comme on me le demandait. J'entrais dans l'« âge ingrat » et dans l'adolescence, avec l'envie de quitter à tout prix ce monde-là aux relents mortifères. La révolte faisait elle aussi partie de notre condition.

Questions religieuses/Questions existentielles

Cette éducation catholique insérée dans le terreau éducatif, au moins dans la région, ne peut manquer d'apparaître aujourd'hui obsolète. J'ai pu mieux mesurer l'ampleur de la déchristianisation lors des enterrements des membres de ma famille. La crise des vocations, l'absence de curés dans beaucoup d'anciennes paroisses peuvent amener à des cérémonies mortuaires d'un nouveau genre : un employé des pompes funèbres de la région me confia avoir assisté à la bénédiction de plusieurs cercueils regroupés dans une seule église, le prêtre ne pouvant être partout à la fois. Le curé de la paroisse où ma mère a été enterrée me décrivit la situation du catholicisme en ces termes : « Nous semons sur du ciment, en espérant que quelques moineaux viennent cueillir les graines. »

On ne reviendra pas à la chrétienté d'antan, mais on peut s'interroger sur les effets d'une telle déchristianisation et ce qui tend à la remplacer aujourd'hui. Ce n'est pas une simple question de croyance et de foi, comme le croient les traditionalistes qui rêvent du retour d'un « bon vieux temps » supposé, mais c'est toute une conception du monde et de la condition humaine qui s'est trouvée bouleversée.

Le moins que l'on puisse dire est que l'éducation catholique du siècle dernier n'évacuait pas la souffrance et la mort de notre horizon. On ne manquait pas de ne nous le rappeler de diverses manières. Tous les ans, le « mercredi des Cendres », le prêtre nous déposait des cendres sur le front en signe de croix : « Souviens-toi que tu es poussière et que tu retourneras en poussière. » Il ne fallait pas craindre la mort, nous disait-on, pourvu qu'elle ne survienne pas en état de péché mortel. Ces avertissements ne changeaient pas grand-chose à notre appétit de vivre. Au fil des ans, la crainte du péché mortel et de l'enfer s'éroda, mais la conscience de la finitude n'avait pas pour autant disparu. Le chemin de croix était, à sa manière, comme une première initiation et confrontation à la méchanceté et à la cruauté humaine par le récit de la « Passion » ; la souffrance et la mort faisaient partie intégrante de notre condition en sachant que celles-ci n'avaient pas forcément le dernier mot.

Aujourd'hui, les enfants échappent difficilement au choc de photos et d'images d'actualité, de jeux vidéo, de séries et de films où la violence et la cruauté s'étalent sans retenue sur des écrans plats. Ce n'est plus un récit raconté qui met à distance et ouvre à la compréhension de la condition humaine comme le faisait à sa manière le christianisme, c'est un chaos d'images et de sons qui étale le déchaînement de la pulsion et la noirceur du monde. En contrepoint, l'univers des « Bisounours », les leçons de « moraline » et de bienveillance peuvent apparaître comme un sirop pour tenter de faire dormir des enfants agités et leur éviter des cauchemars. Comment calmer l'anxiété et le désarroi liés à des pulsions et des affects qui ne trouvent plus les canaux de leur expression langagière et signifiante ?

La prière allait de pair avec un dialogue intérieur qui n'était pas complaisance sentimentale et narcissique mais supposait un autre que soi à l'intérieur de soi. Le rituel de la prière du soir ouvrait à ce dialogue sous le mode de l'évidence de l'existence de Dieu. Quand j'eus l'âge de raison, ma mère, qui avait beaucoup d'autres soucis en tête, finit par me rappeler sommairement mon devoir religieux : « N'oublie pas de faire ta prière avant de dormir ! » Ces paroles avaient de moins en moins d'effet. Dieu et la morale tatillonne s'estompaient. Je n'en avais pas moins acquis une habitude : celle de me remémorer ce qui s'était passé dans la journée en cherchant à mieux comprendre la signification de faits et gestes auxquels sur le moment je n'avais pas prêté attention, ce qui pouvait m'aider à mieux comprendre le monde environnant. Qu'en est-il aujourd'hui de ce recul réflexif et critique sur soi-même et sur l'affairement du quotidien ? L'intériorisation du modèle de la « performance sans faille » et du perpétuel gagnant qui colle aux affects rend, pour le moins, difficile un pareil décentrement.

La première partie de mon livre de catéchisme s'ouvrait sur des questions métaphysiques : « Où allons-nous ? D'où venons-nous ? Pourquoi sommes-nous sur terre ? », en rappelant notre condition d'êtres mortels.

L'interrogation métaphysique n'était pas secondaire, un « plus » ou un luxe par rapport aux mécanismes de fonctionnement ordinaires de la vie individuelle et collective. Elle était au fondement de notre condition, ce qui nous spécifiait dans l'ordre de la création[1] : notre différence avec l'animal ne tenait pas au degré de complexité de l'intelligence et de la sensibilité, mais à notre capacité de se déprendre de la servilité naturelle, non seulement par l'intelligence et notre raison, mais en s'ouvrant à l'interrogation sur la finalité de notre vie sur terre, court séjour entre la naissance et la mort. Une telle interrogation constituait une sorte de propédeutique primaire pour la littérature, les arts et la philosophie. L'activisme de la vie quotidienne dans laquelle les enfants sont plongés dès leur plus jeune âge, la recherche éperdue de la performance à l'école et dans tous les domaines de la vie sociale laissent-elles encore une place significative à cette interrogation ?

Aujourd'hui, les questions économiques et sociales, les progrès dans l'ordre des connaissances scientifiques et techniques, la fascination exercée par les nouvelles technologies de l'information et de la communication sont devenues hégémoniques. De nouvelles générations se croient débarrassées de toute croyance religieuse considérée comme la marque d'un temps préhistorique au regard du triomphe d'un individualisme postmoderne désaffilié[2]. Sans même

1. « Chacun se pose cette question, s'il ne vit pas comme une bête », « Première partie. Où allons-nous ? D'où venons-nous ? Qui sommes-nous ? Pourquoi sommes-nous sur terre ? Jésus nous l'apprend », *Ibid.*, p. 1.

2. Cf. « Chap. I. Un individualisme de type nouveau » in *Malaise dans la démocratie*, Stock, 2016.

s'en rendre compte, elles versent dans de nouvelles formes de religiosité diffuse qui retrouvent nombre de traits du paganisme ancien sous des formes festives, thérapeutiques et écologistes [1].

J'ai pris brutalement conscience de l'importance du fossé entre générations dans le domaine religieux et culturel lors d'une visite dans la maison de mes parents dans les années 1980. Le plus jeune de mes fils apercevant le crucifix accroché au mur de la chambre le montra du doigt en s'exclamant : « C'est Goldorak ! » (robot d'une série télévisée japonaise). Je savais que la rupture de la transmission était une réalité mais elle restait jusqu'alors une idée sur laquelle on pouvait gentiment disserter. Tout d'un coup, elle prenait consistance par les paroles de mon fils. Je lui expliquai alors tant bien que mal qu'il s'agissait de Jésus-Christ qui avait été cloué sur la croix. Cette culture chrétienne qui faisait partie de mon éducation première était devenue incompréhensible pour lui. Les années avaient passé et je ne m'étais rendu compte de rien ; une part essentielle de notre héritage avait été mise de côté et dans le vide laissé par cette rupture pouvaient s'engouffrer les mythologies exotiques dégradées en feuilleton ou en dessin animé. À partir de ce jour, j'essayai tant bien mal de rattraper le retard accumulé : j'achetai des livres pour enfants racontant la Bible et les Évangiles et je fis la lecture du soir. Cela pouvait sembler dérisoire mais au moins mon fils aura-t-il pris connaissance de quelques bases du judaïsme et du christianisme. L'heure n'était plus à une révolte qui a pu sembler salutaire en son temps, mais il s'agissait cette fois de renouer le fil pour empêcher que l'inculture triomphe.

1. Cf. « Chap. V. De nouvelles formes de spiritualité diffuses », *ibid.*

DEUXIÈME PARTIE

L'ADOLESCENCE ENTRE DEUX MONDES

Chapitre 1

La grande transformation

Au tournant des années 1950-1960, tout est allé très vite et tout a changé. De nombreuses familles vivaient encore dans des logements et des maisons insalubres ; dans les campagnes, des hameaux et des fermes isolés n'avaient pas encore l'eau courante ni l'électricité, mais la modernité s'annonçait sous les plus beaux jours de la croissance indéfinie et du progrès. L'heure n'était pas alors à la nostalgie pour un bon vieux temps supposé revu à l'aune des « désillusions du progrès ». La modernisation était considérée par la majorité comme une sorte d'évidence pour en finir avec la pauvreté. En une dizaine d'années, de grands travaux allaient transformer la physionomie des communes et la vie de leurs habitants. Dans la Hague, une « usine atomique » s'installait dans cette terre enclavée du « bout du monde ». Toutes ces transformations bousculaient les habitudes et les traditions, mais pour la majorité de la population c'était le prix transitoire à payer pour entrer de plain-pied dans un nouveau monde plus heureux. Rien ne sera plus comme avant. Le pays natal, lieu premier d'enracinement et de familiarité avec le monde, était bouleversé.

Une politique de grands travaux

Dans la rue Gambetta, le changement le plus notoire concernait la circulation et le bruit. Les mobylettes remplaçaient progressivement les vélos ; le flux des voitures et des camions augmentait au fil des ans. Il fallait faire attention pour traverser la rue qui était encore la voie de passage pour se rendre dans la Hague : l'un des chiens que m'avaient acheté mes parents et que j'aimais beaucoup s'échappa de la maison et fut écrasé par un camion…

À la fin des années 1950, les rues prirent des allures de chantier : assainissement et pose de nouvelles canalisations, amélioration de la voirie… La commune tout entière se transformait[1]. On inaugura une nouvelle usine à gaz délivrant un combustible à base de pétrole (et non plus de houille), moins cher, plus propre et plus énergétique. Les écoles existantes furent agrandies, quatre nouveaux groupes scolaires construits. Immeubles de logements et cités de maisons individuelles sortirent de terre empiétant sur les champs et les « caches[2] ». En quelques années, la vieille école Sainte-Marie près de l'église fut entourée de maisons neuves et d'immeubles ; au Hameau Guerry un nouveau groupe scolaire et des lotissements allaient voir le jour. La maison et le jardin de ma grand-mère, comme les autres maisons et jardins attenants, allaient être rasés pour laisser place à un complexe sportif, avec gymnase, terrain de sport et courts de

1. Sur l'histoire d'Équeurdreville et ses transformations, voir Dominique Gros, *Équeurdreville-Hainneville dans le vent du siècle*, éditions Isoète, 2000.

2. Chemins creux bordés de haies.

tennis, pour répondre aux besoins des nouveaux habitants. Le « Val l'Abbé » deviendra bientôt une cité avec l'ancien lavoir au milieu des pavillons.

La commune perdait ses aspects campagnards en même temps qu'elle s'élargissait. En 1965, Équeurdreville fusionna avec la commune attenante d'Hainneville, ce qui permit à cette dernière, qui disposait d'un budget modeste, d'effectuer les travaux d'assainissement et d'équipement[1]. À la fin des années 1950, la route que j'empruntais pour aller à Urville à bicyclette était encore bordée de champs. Quelques années plus tard, alors que j'effectuais le même parcours en mobylette, on avait abattu les arbres et les vieux murs en pierres. Des pavillons individuels étaient en construction au milieu des champs.

À Cherbourg où j'allais souvent « faire des courses en ville » avec ma mère, les travaux étaient encore plus impressionnants. « Trouver une place pour se garer » prenait de plus en plus de temps. Dans le centre-ville, la démolition du dernier grand quartier populaire, rebaptisé pour l'occasion « îlot n° 1 », était en cours. Ce quartier de 88 000 m^2 où vivaient 1 300 habitants était composé de vieilles bâtisses sans confort mais aussi d'entrepôts, de commerces, d'écoles, d'un cinéma et d'un temple protestant édifié en 1834. Cette démolition n'obéissait pas seulement à la nécessité de proposer un plus grand nombre de logements modernes mais visait à faciliter la circulation automobile en créant de grands axes longs et rectilignes. Face à l'augmentation du nombre de voitures, la ville manquait également de places de stationnement. En 1962, l'ingénieur municipal chargé du dossier avait proposé tout bonnement de détruire les îlots d'habitation en ne gardant que les façades pour laisser la place à

1. En 1968, le nombre d'habitants de deux communes rassemblées approchait 13 000.

des parkings : « Il faut conserver la frange mais enlever tout à l'intérieur [1]. » Cette proposition restera sans suite et l'on donna la priorité à la construction de nouveaux immeubles. Nombre d'habitants rechignèrent à abandonner ce vieux quartier pour aller habiter dans des HLM. Mais ils n'eurent guère d'autre choix. Ils seront relogés en dehors du centre-ville dans des immeubles dont ils finiront par apprécier le confort et la luminosité. La place Divette, célèbre pour son marché à bestiaux et son emplacement pour les cirques, allait disparaître pour laisser la place à un ensemble d'immeubles et un vaste parking. D'autres démolitions marquent aussi la fin de toute une époque : le blockhaus de la plage Napoléon construit par les Allemands pendant l'occupation est détruit, celui de la place Divette est dynamité en 1965 et les derniers baraquements de la reconstruction d'après guerre finiront par disparaître l'année suivante.

La découverte d'un monde entièrement neuf est associée dans ma mémoire à la ville du Havre où ma sœur et mon beau-frère s'étaient installés. Nous allions de temps à autre leur rendre visite. À cette époque j'avais onze ans, et se rendre en voiture au Havre représentait un grand voyage. La construction du pont de Tancarville n'étant pas encore achevée, il fallait passer par Pont-l'évêque et Elbeuf où nous prenions le bac permettant d'accéder à l'autre rive de la Seine. Après avoir croisé les raffineries, nous entrions dans une ville qui apparaissait comme l'une des plus modernes de l'époque. Après sa destruction à 80 % par les bombardements alliés en 1944, le centre-ville avait été reconstruit par l'architecte Auguste Perret avec des techniques totalement nouvelles d'utilisation du béton. Grands axes routiers se coupant à angle droit, îlots d'immeubles modernes agrémentés

1. « Sur la route », *Nos années 60, La Presse de la Manche hors-série*, 2010, p. 132.

de tours, de grandes places et de squares…, je découvrais ébahi une ville qui ressemblait à celle du futur représentée dans mes livres d'enfant et aux grandes villes américaines entrevues au cinéma. Nous nous rendîmes en famille dans un grand café moderne où l'on pouvait s'installer à l'étage dans une salle avec un balcon intérieur et des fauteuils en skaï. Nous avions l'impression d'être comme dans les magazines et les films. Je découvrais en même temps un « appareil à sous » des plus modernes, le *flipper*, avec lequel j'allais par la suite jouer abondamment. Ce centre-ville tout neuf symbolisait, on ne peut mieux, la rupture radicale avec l'ancien monde dont il ne restait plus de traces ; il avait été détruit par les bombes, à sa place s'élevait un monde rutilant.

Sans égaler Le Havre, Cherbourg se modernisait également. La ville s'adaptait à la voiture : la côte des Rouges Terres qui descend vers Cherbourg est réaménagée, les pavés des quais sont enlevés, des rues sont mises en sens unique et des voies sont prévues pour rendre la circulation plus fluide. De nouvelles constructions paraissaient à la pointe de la modernité. Près de l'avant-port, sur l'ancien site du casino détruit par les Allemands pendant la guerre, la construction de deux immeubles de trois étages et de deux tours de quatorze étages avec ascenseur suscitait l'étonnement : on n'avait jamais vu de telles tours culminant à quarante-cinq mètres. En comparaison avec la hauteur des maisons traditionnelles, elles avaient des allures de « gratte-ciel ». Il en allait de même avec trois autres tours de onze étages qui allaient former la « cité Chantereyne » sur d'anciens terrains militaires, tandis que le vieux hangar à hydravions abandonné où il m'était arrivé d'entrer subrepticement avec un copain était transformé en caserne de marins-pompiers. D'autres réalisations annonçaient les nouveaux temps. L'ouverture de l'hôtel Sofitel et de ses quatre-vingt-trois chambres sur la jetée du port de Cherbourg, suivie par celle d'une piscine près de la plage Napoléon… marquaient l'importance désormais accordée au tourisme et au loisir.

La campagne à l'heure du changement

Ces grands travaux concernaient d'abord Cherbourg et ses communes limitrophes où la population s'accroissait et se diversifiait. Il n'en allait pas de même dans les campagnes. Dans les années 1960, le Cotentin, comme le reste de la Manche, demeurait un pays agricole où les petites exploitations étaient encore nombreuses[1]. Les concours du comice agricole, les marchés, les foires aux bovins, aux moutons, aux chevaux… continuaient de rassembler beaucoup de monde. Mais ces rassemblements d'une population agricole ne pouvaient masquer une autre réalité : l'exode rural et la diminution du nombre d'exploitations[2]. Beaucoup de jeunes qui suivaient désormais des études n'entendaient pas rester « au cul des vaches » et travailler toute leur vie à la campagne sans bénéficier du confort moderne, des loisirs et d'un salaire assuré.

Au début des années 1960, la situation des communes rurales demeurait contrastée et EDF menait des campagnes pour promouvoir la « fée électricité ». En témoignait cette conférence organisée en avril 1962, dans la salle des fêtes d'une petite commune de la Hague, dont rendait compte la presse locale. Un ingénieur d'EDF y exposait les « différents aspects de l'électricité à la maison et à la ferme », les « facilités incomparables que l'énergie électrique apporte à

1. En 1962, le département de la Manche est le premier département de France en nombre de bovins. En 1966, les 400 000 vaches du département produisent 10,8 millions de litres de lait. Cf. *Nos années 60*, *op. cit.*, p. 108.

2. Entre 1962 et 1967, le département de la Manche a perdu près de 7 000 fermes (de 48 000 exploitations à 40 880), *ibid.*

la femme moderne[1] », les « économies de temps et d'argent » pour les usagers... On projetait également deux courts-métrages : « *Revanche de Cendrillon* retraçant la revanche de la femme d'intérieur qui possède une cuisine tout électrique et *À vous de jouer* illustrant la vie dans une ferme qu'a envahie le courant électrique de la maison au hangar en passant par l'étable[2]. » Et l'article de conclure : « Ainsi les habitants d'Omonville ont pu se rendre compte de l'intérêt qu'il y avait à avoir une cuisinière électrique et l'eau chaude grâce au chauffe-eau électrique. L'électrification de la France est en retard après des débuts prometteurs. Puissent donc les habitants d'Omonville donner l'exemple au reste de la France[3]. »

Depuis la fin de la guerre, l'activité agricole n'en avait pas moins changé. Les tracteurs[4], les faucheuses, les moissonneuses, les machines à planter, l'emploi d'engrais industriels... amélioraient la productivité et changeaient les conditions de travail, en même temps qu'ils réduisaient le nombre d'emplois. Et si la traite à la main dans les champs continuait d'être largement pratiquée, elle finira par être remplacée par la traite automatisée. Dans les cantons, les petites laiteries vont progressivement fermer leurs portes au profit de quelques grands établissements qui ramassent le lait sur des kilomètres à la ronde et traitent des volumes impressionnants. Le développement de la mécanisation et de l'industrialisation de l'agriculture entraînait une part grandissante de la technique et de la gestion dans l'activité ; à la valorisation du temps long et des valeurs d'équilibres se substituait l'idée

1. « La fée électricité arrive en campagne », *La Presse de la Manche*, 28 avril 1962 in *Nos années 60*, *op. cit.*, p. 120.

2. *Ibid.*

3. *Ibid.*

4. Entre 1961 et 1967, le nombre de tracteurs du département de la Manche a doublé, passant de 9000 à 18000. Cf. *Nos années 60*, *op. cit.*, p. 114.

d'un changement de plus en plus rapide. Habits et danses traditionnelles devenaient folkloriques, maintenus par des associations qui produisaient leurs petits spectacles dans les fêtes et les foires de la région. On assistait à « la fin des paysans[1] » au profit des « agriculteurs » dont l'activité et le mode de vie ne ressemblaient plus à ceux de leurs parents et de leurs grands-parents. À la même époque, Edgar Morin étudiait la métamorphose d'une petite commune bretonne dans un « pays qui n'est plus à l'heure de ses clochers, mais où les clochers se mettent à l'heure de la France[2] ». Tout en gardant certains traits qui leur étaient propres, les agriculteurs et les ruraux vont progressivement adopter les nouvelles normes et les nouveaux comportements issus de la ville.

La Hague à l'heure atomique

Il était encore un coin de terre qui jusqu'alors semblait avoir fait exception : la Hague située à la pointe du Cotentin. Cette étroite bande de terre bordée des trois côtés par la mer et balayée par le vent demeurait encore isolée et sauvage. Terre de mythes, de contes et de légendes ancestrales, la Hague a une longue histoire : à la présence celte a succédé l'occupation romaine ; les noms de certaines localités sont d'origine scandinave et elle est considérée, à tort ou à raison, comme une terre viking par excellence. La côte est très découpée, formée de falaises abruptes couvertes de fougères, de bruyère et d'ajoncs, entrecoupées de grandes baies, de criques, de plages de galets et de sable fin. Au tournant des années 1960, la population y était encore composée de pêcheurs côtiers et majoritairement de paysans, l'élevage des

1. Henri Mendras, *La Fin des paysans*, SÉDIS, 1967.
2. Edgar Morin, *La Métamorphose de Plozenet. Commune en France*, Fayard, 1967 ; Le Livre de Poche, 1984, p. 115.

vaches et des moutons, la production laitière constituant les principales activités. Les paysans y étaient connus pour leur traditionalisme, leur rudesse et leur attachement à la terre ; ils avaient la réputation d'être austères et méfiants à l'égard des horsains (étrangers). L'influence de la religion et des notables locaux pesait encore de tout son poids. Les foires et les fêtes paroissiales y demeuraient vivaces ; l'habitat et les traditions avaient peu changé.

Il existait un milieu ouvrier à Diélette, petite commune en bordure de mer, connue pour ses carrières de granit et sa mine de fer. Les galeries s'enfonçaient dans la mer à plusieurs centaines de mètres du rivage et étaient soumises à de constantes infiltrations d'eau ; le minerai était acheminé par un système de bennes aériennes accrochées à de longs câbles jusqu'à un appontement installé en pleine mer où les cargos pouvaient accoster. Cette mine et ses infrastructures s'intégraient dans le paysage comme une curiosité régionale. De la plage de Siouville où nous allions le dimanche nous baigner, on pouvait voir au loin cette sorte de téléphérique en pleine mer et les petits cargos venus chercher leur cargaison de minerai de fer : « La mine, écrivait un reporter célèbre dans la région, malgré le contraste qu'elle offre avec la campagne environnante, fait partie de notre univers. Malgré les puits, les treuils, les camions, Diélette appartient au Cotentin, et la mer qui se brise sur les rochers au pied de l'usine, la mer qui s'infiltre dans les galeries et qu'il faut sans cesse pomper et rejeter, la mer qui décide de l'accostage des navires au wharf ou les renvoie à Cherbourg, la mer qui recouvre la mine et encercle ses installations de surface, introduit dans ce monde de la machine et de la mécanique quelque chose d'extraordinaire et de très normand[1]. »

1. Jean Mabire, journaliste à *La Presse de la Manche* qui effectua un reportage avec les mineurs de Diélette, cité in Michel Giard, *Diélette, une mine sous la mer*, éditions Alain Sutton, 2007, p. 61-62.

Cette mine, qui dans les années 1950 employait environ 200 personnes, n'était pas suffisamment rentable et n'allait pas tarder à fermer. En 1960, dans le bulletin paroissial, le curé de la commune s'interrogeait sur les effets d'une évolution dans des termes qui ne paraissent pas si différents de ceux d'aujourd'hui : « La modernisation ne va pas sans mécanisation. Le minerai français ne trouvera pas preneur s'il coûte plus cher que le minerai canadien vendu en France. La concurrence internationale impose des prix concurrentiels. [...] Ce qui est certain, de plus en plus de nos jours, c'est que la vie c'est le mouvement. Moins que jamais il ne faut rester les deux pieds dans le même sabot [1]. » La même année, on annonçait qu'une usine de traitement de combustibles irradiés [2] allait être édifiée entre Beaumont-Hague et Jobourg. En 1962, la mine de Diélette cessait définitivement son activité [3]. Beaucoup de mineurs purent retrouver du travail sur le vaste chantier de construction de l'usine de retraitement.

Pour le Commissariat à l'énergie atomique (CEA), la Hague constituait un site idéal : la géologique de granit est stable, les vents et les courants marins violents permettent de disperser plus facilement les effluents radioactifs liquides et gazeux, issus des procédés de traitement des combustibles usés, dans l'atmosphère et dans la mer. Les travaux à effectuer étaient sans précédent : 300 000 m^3 de terre à bouger, 120 000 m^3 de béton à couler, construction d'un barrage pour stocker 400 000 m^3 d'eau, d'une cheminée de 100 mètres de haut, créations de nouvelles routes... Celles qui mènent à la Hague dont celle d'Équeurdreville vont

1. Cité par Michel GIARD, *Diélette, une mine sous la mer*, *op. cit.*, p. 59.

2. Le retraitement des déchets radioactifs réduit le volume des déchets de combustion des centrales nucléaires, récupère l'uranium lors du retraitement et fournit le plutonium.

3. Quinze ans plus tard, en 1977, on fit sauter les dernières installations de la mine dans les falaises pour y construire une centrale nucléaire.

connaître un va-et-vient de camions qui abîmait la chaussée. Elles seront refaites et élargies pour faciliter le passage des « convois exceptionnels ». Pour nourrir et loger la main-d'œuvre du chantier on construisit au plus vite une « cité du Petit Parc ». Le bourg rural de Beaumont-Hague, comme d'autres communes, entama sa transformation. On inaugura une cité baptisée « Coriallo » – nom d'une cité antique qui aurait été construite dans la Hague –, pour y loger majoritairement des salariés de l'usine. D'autres lotissements, déviations et grandes routes allaient suivre, tandis que des cafés changeaient de nom : « Atomic Bar » faisait plus moderne qu'« Au bon coin ».

Des « dieux celtes » au « dieu atome »

Au départ, les paysans s'inquiétaient pour l'avenir de l'élevage et la production de lait, craignant que cette usine capte leurs sources et que les radiations polluent la nature et les eaux. Le CEA déploya les grands moyens pour rassurer les populations : expositions et conférences, projections de films et de diapos dans les communes, visites des élus locaux à Marcoule, voyage à Saclay pour les journalistes... En janvier 1961, un journaliste de *La Presse de la Manche* ayant participé à ce dernier voyage écrivait : « Nous avons dit comment Saclay est délicieusement niché dans la verdure et les fleurs, comment les laboratoires sont tous égayés de plantes vertes. La délégation des maires de la Hague qui a visité Marcoule tout récemment a pu se rendre compte que la vigne poussait fort bien jusqu'aux pieds même de l'usine et que le vin de Chuchen n'était pas désagréable [1]. » Le journal titrait en gros caractères à la une : « À la place des vieilles landes incultes,

1. *La Presse de la Manche*, 26 janvier 1961.

UNE ÉTONNANTE PRODUCTION DE L'ESPRIT HUMAIN SE DRESSE SUR LA HAGUE[1]. »

Les curés des communes rurales jouèrent un rôle pour dissiper l'appréhension et la méfiance des paysans, non seulement vis-à-vis de l'atome mais aussi du milieu ouvrier : « Peu à peu nous nous sommes familiarisés avec ce projet d'usine atomique [...]. Cela ne veut pas dire que nous n'ayons plus au fond du cœur quelques appréhensions. [...] Des équipes d'ouvriers sont arrivées et arriveront dans les mois prochains. Ils ne s'intégreront pas définitivement au pays. Mais il est bon de nous poser la question : la plupart de ces ouvriers ne pensent pas comme nous. Ils connaissent d'autres difficultés que les nôtres. Leur travail et leurs relations habituelles leur donnent une mentalité différente de la nôtre. Soyons persuadés d'avance que tout n'est pas mauvais, qu'il y a de profondes qualités dans le milieu ouvrier, même si son style de vie paraît étranger au nôtre[2]. » Dans les campagnes l'exode rural se développait, le chantier et l'usine allaient attirer du monde et créer des emplois, il fallait nourrir et loger tous ces gens. Cette usine était bonne pour l'emploi et le commerce, comment alors refuser dans ces conditions ce qui apparaissait comme une chance ? Les agriculteurs créèrent une association de défense pour négocier la vente de leurs terres au meilleur prix possible.

À l'époque, l'usine de la Hague dépendait du Commissariat à l'énergie atomique, elle fabriquait du plutonium pour la Force de frappe et le personnel travaillant sur le site disposait d'un niveau de formation technique, de salaires et d'un statut social qui le plaçait à part de la population. Une partie des notables de Cherbourg pouvait fréquenter les cadres du CEA, mais ceux-ci étaient considérés par une bonne partie

1. *Ibid.*
2. *Revue des paroissiens de Beaumont-Hague*, mars 1962.

de la population comme de « beaux messieurs qui font du chiqué ». Pour les nouveaux venus, habiter dans la Hague dans des communes balayées l'hiver par la pluie et le vent n'allait pas de soi ; des pavillons ou des appartements neufs leur étaient réservés à Cherbourg et dans ses environs.

L'« atome » apparaissait alors comme le symbole de l'ère moderne. *La Presse de la Manche* s'ébahissait devant la construction de cette usine, chantant les louanges d'un progrès qui renversait les vieux mythes : « Le dieu atome naît à la place des vieilles légendes sur la lande de Jobourg et nous assistons à cette naissance. Les hommes, une fois de plus, érigent des monuments à la gloire d'un nouveau dieu, et cette nouvelle cathédrale symbolise à merveille leur foi toujours recommencée et leur incommensurable maîtrise de la matière. Le chantier tout entier vibre comme un hymne au progrès et à l'avenir en marche[1]. »

Restait la crainte de la dégradation des sites et des paysages, mais là aussi tout était fait pour rassurer : la Hague allait rester – on ne savait pas trop comment – fidèle à son passé et à son « merveilleux paysage ». Il est vrai qu'à l'époque l'usine ne s'était pas encore agrandie et n'avait pas les allures d'un camp militaire entouré de barbelés. Une brochure touristique célébrait alors la beauté des bâtiments modernes : « Loin de s'identifier à ces établissements industriels qui salissent et enfument le nord et l'est de la France, cette forteresse de béton, avec ses arcs-boutants et passerelles, ses poutrelles d'acier, ses longs couloirs souterrains, évoque davantage une moderne cathédrale. » La grande cheminée de cent mètres qui rejette dans l'air les effluents gazeux radioactifs qui se dispersent au vent entrait, elle aussi, dans ce beau tableau de l'architecture moderne : « La haute et

1. *La Presse de la Manche*, 21 janvier 1964, cité dans *Nos années 60*, *op. cit.*, p. 88.

claire cheminée s'harmonise avec les lignes étirées, pures et modernes, des bâtiments d'exploitation, que des espaces verts viendront sans doute et utilement habiller dans quelques années[1]. » Les grandes routes tracées dans les landes avaient également leurs vertus : elles permettaient de mieux admirer la beauté des paysages. « Cette gigantesque entreprise humaine attirera plus sûrement les touristes que ne l'avait fait jusqu'ici la nature vierge. La Hague ne restera plus ignorée. Qu'on se souvienne des protestations qui ont entouré la construction de la Tour Eiffel, ce monstre de fer qui allait défigurer Paris, et qui fait aujourd'hui l'orgueil des Parisiens et la joie des touristes ! Laissons le Dieu Atome lier connaissance avec les vieux Dieux Celtes sur la lande de Jobourg[2]. »

La nostalgie n'est plus ce qu'elle était

Dans les années 1960, les brochures touristiques décrivaient encore une Hague bucolique qui paraissait immuable : « De-ci de-là, devant une ferme, au milieu des églantiers et des hortensias, comme depuis toujours, vous entendez les cocoricos, les coin-coin dans la mare, les glouglous des dindons ; vous rencontrerez, au risque de les écraser si vous êtes en voiture, des chiens, des chats, des poules qui rôdent le long des chemins, une chèvre qui broute la haie, une "triolette" [jeune fille qui trayait les vaches] sur son "quêton" [âne], un de ces doux "quêtons" du Cotentin qui semblent vous dire, en vous regardant du coin de l'œil : "j'vais pas si vite que l'zotos, bî sûr, mais j'fais moins d'poussîre"[3]. »

1. Claude Pithois, *La Hague, « le pays sculpté par le vent »*, brochure, imprimerie La Dépêche, Cherbourg, 1966, p. 22.
2. *Ibid.*
3. « Je ne vais pas si vite que les automobiles, mais je fais moins de poussière. » Claude Pithois, *La Hague, « le pays sculpté par le vent »*, *op. cit.*, p. 25.

Mais cette vision idyllique n'empêchait pas en même temps d'épouser les temps nouveaux, sans nostalgie pour un passé définitivement révolu : « Au siècle de l'atome, on ne se sert plus de chandelles ; la diligence est passée depuis longtemps ; et des nombreux moulins à vent qui tournaient jadis dans la Hague, il ne reste plus que le vent[1]... »

Alors qu'à l'époque la passion de la modernité semblait balayer les dernières craintes et les résistances, il n'en ira plus de même dans les années 1970. La grève des travailleurs de l'usine, les Assises du nucléaire organisées à Cherbourg à l'initiative de la CFDT, le mouvement écologiste naissant qui organisera une marche nationale contre la « poubelle atomique », l'implantation d'une centrale nucléaire à Flamanville, le changement de statut et l'agrandissement de l'usine de la Hague... vont changer la perception du nucléaire, même si cette filière occupe une place prépondérante dans l'économie du Cotentin[2], ce qui rend toujours problématique sa mise en question.

Quarante ans après l'implantation de l'usine atomique, le passé peut être revu à l'aune d'une nouvelle sensibilité écologique empreinte de nostalgie. Le temps d'avant l'implantation de l'« usine atomique » apparaît alors comme un « bon vieux temps » où le paysan gardait le sens de la mesure dans une nature demeurée vierge des éléments les plus criants de la modernité. Le documentaire *Paul dans sa vie*, qui montre superbement la vie quotidienne d'un paysan de la Hague qui ne s'est jamais laissé séduire par le modernisme de l'époque, me paraît être un exemple frappant de cette relecture du passé.

Ayant revu ce documentaire récemment, j'ai été de nouveau sensible à sa dimension esthétique et anthropologique

1. *Ibid.*, p. 24.

2. Cf. « La filière nucléaire dans le Cotentin », janvier 2014, *e-cotentin votre info économique en ligne*.

qui fait de lui un document hors pair sur les derniers survivants d'une époque révolue, qui continuent de vivre encore comme par le passé. Paul est un agriculteur qui n'est pas comme les autres qui ont su s'adapter à la modernité. L'usine de la Hague est à quelques kilomètres et on la voit de temps en temps à l'horizon. Paul lui règle son sort en quelques mots : « La Hague a été massacrée » avant d'ajouter : « Enfin, bon, c'est le progrès qui veut ça. Il y a du monde qu'est venu et on a vendu nos produits, sinon tout était mort. » Il ne se voyait pas esclave d'un travail à heures fixes dans un lieu fermé. Pour lui, c'est « l'heure du soleil » qui continue de compter. Il n'en veut pas à ceux qui ont pris une autre voie pour bénéficier d'un bon salaire et d'une bonne retraite. Paul a choisi de vivre en dehors de ce monde-là. Lui n'a pas rompu le fil de la transmission. Dans le documentaire, il se livre à une confidence qui l'a profondément marqué : un jour, le père qui tenait la charrue n'en pouvait plus, alors « ce sont mes mains qui ont remplacé les siennes » et Paul a poursuivi la tradition, s'achetant un tracteur pour soulager sa peine sans pour autant entrer dans la course au rendement. À le voir semer à la main dans les champs, on pense aux vers de Victor Hugo autrefois appris par cœur à l'école :

« Pendant que, déployant ses voiles,
L'ombre, où se mêle une rumeur,
Semble élargir jusqu'aux étoiles
Le geste auguste du semeur[1]. »

Dans ce documentaire au rythme lent, le temps semble s'être arrêté dans les années d'avant le grand bouleversement. Le vieux tracteur et les machines agricoles datent de cette

1. Victor Hugo, « Saisons des semailles. Le soir », recueil *Les Chansons des rues et des bois* (1866).

époque, voire de bien avant. On trait encore les vaches à la main, on continue de faire la crème et le beurre comme autrefois. La vie se déroule au fil des jours et des saisons sans que rien ne semble venir troubler ce temps cyclique marqué par la répétition infinie du travail des champs et des multiples activités domestiques dans un environnement naturel d'une grande beauté.

Ce documentaire a fait resurgir en moi des souvenirs et des émotions enfouis. J'y ai retrouvé cette beauté sauvage de la pointe de la Hague à nulle autre pareille, ses couleurs et ses lumières qui changent au gré des saisons et des jours, ses murs de pierres qui délimitent les champs, la brume sur la mer, dans les « caches » et dans les « clos ». J'y ai revu des personnages, paysans à casquettes et femmes aux visages qu'on n'oublie pas. C'est eux que l'on croisait sur les routes et les chemins quand nous « allions faire un tour dans la Hague » avec mes parents. Le monde des paysans n'était pas le nôtre, mais c'était des silhouettes familières et ils avaient quelques ressemblances avec mes grands-parents. La maison de Paul en pierres du pays, la cour de ferme boueuse, l'intérieur avec ses meubles et sa cuisinière au bois… me rappelait le Hameau Guerry de ma grand-mère. La « boîte à malices » où Paul consignait sur ses carnets ses activités quotidiennes et le temps qu'il fait me rappelait le cahier où mon grand-père notait les amers permettant de repérer les zones où il pêchait telle ou telle sorte de poisson et de crustacés… Comment rester insensible à une telle réminiscence du passé ?

Les illusions d'un paradis perdu

Ce documentaire suscite en même temps un malaise : cette vision de la Hague a les traits d'un paradis perdu face à une modernité tout entière placée sous le signe des « illusions du progrès » et de l'aliénation. Le lien premier de l'homme et de la nature que *Paul dans sa vie* semble avoir gardé apparaît comme la marque d'une simplicité et d'une authenticité à qui l'on confère d'emblée sagesse et vertus. Renversant la perspective de l'apologie du progrès et de la dévalorisation de la mentalité campagnarde des années 1960, ce documentaire met précisément en valeur des aspects de la vie paysanne, qui un demi-siècle auparavant pouvaient apparaître arriérés et contraignants dans une société en pleine mutation. La traite des vaches à la main dans les champs et par tous les temps, les charges portées sur les épaules et sur le dos, le travail qui ne s'arrête jamais sauf le dimanche où l'on va à la messe, la vie de « vieux garçon » dans une ferme d'un autre âge avec deux sœurs célibataires elles aussi… n'avaient rien de réjouissant, tout particulièrement pour les jeunes générations qui entendaient « se faciliter la vie » en entrant de plain-pied dans la modernité. La beauté des images du cap de la Hague ne saurait faire oublier ces réalités, sinon au risque de ne rien comprendre à ce qui s'est passé.

Paul a été enfant de chœur à sept ans, il est devenu sacristain et bedeau, il a commencé à traire à dix ans… Sa vie semble s'être écoulée en ligne droite et toujours au même endroit. « Paul n'est pressé de rien », même s'il possède un vieux tracteur, une vieille mobylette, une voiture et la télévision qu'il regarde à table en mangeant avec ses deux sœurs. On comprend que le départ de ses dernières vaches qu'il a élevées et qui chacune porte un petit nom soit un déchirement. « Que fera-t-il quand il n'aura plus de vaches ? », telle est un moment la question. Il mettra quelques mois à s'en remettre, mais la vie reprendra son cours, pas tout à fait comme avant, mais presque. Paul marche tout courbé sous le poids du travail et des ans, et je ne peux m'empêcher de penser à la chanson de Georges Brassens « Pauvre Martin » :

> *« Avec une bêche à l'épaule [...]*
> *Avec, à l'âme, un grand courage*
> *Il s'en allait trimer aux champs*
> *Pauvre Martin, pauvre misère*
> *Creuse la terre, creuse le temps. »*

Le documentaire a fini par me sembler répétitif et long, suscitant une sorte d'ennui qui me rappelait celui que j'avais connu du temps de ma jeunesse, quand je commençais à avoir envie de quitter ce monde clos. Ces préoccupations besogneuses, ces remarques sur la météo, ces sentences définitives sur le monde relevant d'un bon sens déconcertant... m'étaient familières. Mais loin de les considérer comme la marque d'une authenticité et d'une profondeur sans égales, j'avais tendance à les trouver amusantes en même temps qu'insignifiantes et « barbantes » à force de répétition. En fin de compte, *Paul dans sa vie* venait me confirmer que, décidément, je n'étais pas fait pour vivre à la campagne, malgré la beauté des paysages.

« Vous pouvez venir, quand vous voulez, dit Paul à un moment, vous n'aurez pas de mal à me trouver. Je suis toujours là, je ne bouge pas. » C'est précisément cet enracinement et ce genre de vie que beaucoup de jeunes de ma génération considéraient comme étouffants et proprement insupportables. Et telle n'est pas ma surprise de voir quelques-uns de mes amis de l'époque se replonger avec délice dans ce temps-là, en oubliant ce qui fut notre révolte, qui, malgré ses côtés injustes et adolescents, ne manquait pas cependant de raisons.

Aujourd'hui, la passion du patrimoine semble l'emporter sur celle de la modernisation, tout au moins pour une partie de la population qui profite des bienfaits de la nouvelle société. Le documentaire *Paul dans sa vie* a connu un grand succès et a été couronné de nombreux prix, auxquels les auteurs et les protagonistes ne s'attendaient pas. Paul a accompagné les nombreuses diffusions du documentaire et reçu la médaille du mérite agricole. Des centaines de lettres lui sont parvenues de toute la France pour le remercier de son témoignage ; de nombreux visiteurs ont frappé à sa porte et sont entrés dans sa maison, émus de rencontrer en chair et en os les témoins d'un autre temps que tous n'ont pas connu mais qui leur apparaît comme un temps béni au regard d'un présent désenchanté marqué par une perpétuelle fuite en avant.

La vie de Paul n'est pas du folklore, mais ce dernier est devenu aux yeux de beaucoup comme l'archétype du paysan conservateur, écolo avant l'heure, témoin et héros d'un temps jadis idéalisé comme l'enfance que l'on continue de porter en soi et dont on a du mal à s'arracher. Le renversement de perspective est frappant : alors qu'à l'époque ceux qui résistaient à la modernité étaient plutôt considérés comme des agriculteurs à la traîne et sans avenir, ils sont célébrés aujourd'hui comme des modèles et une sorte de sagesse pour les nouvelles générations sensibilisées à l'écologie, les touristes et les heideggériens postmodernes des week-ends et des vacances. Est-on alors encore capable de comprendre cette passion de la modernisation des années 1950-1960 qui fut partagée par de nombreux paysans et leurs représentants syndicaux, comme par la grande majorité de la population ?

La modernité sous le signe du progrès

Les élites modernisatrices de l'après-guerre n'entendaient nullement « revenir à la terre ». Cette formule, elles l'avaient entendue sous Pétain qui vantait les mérites des valeurs paysannes (« La terre seule ne ment pas »). Dans *L'Étrange Défaite*, l'historien et résistant Marc Bloch décrit ainsi la propagande de Vichy : « J'entends chaque jour, prêcher par la radio, le "retour à la terre". À notre peuple mutilé et désemparé, on dit : "Tu t'es laissé leurrer par les attraits d'une civilisation trop mécanisée ; en acceptant ses lois et ses commodités, tu t'es détourné des valeurs anciennes, qui faisaient ton originalité ; foin de la grande ville, de l'usine, voire de l'école ! Ce qu'il te faut, c'est le village ou le bourg rural d'autrefois, avec leurs labeurs aux formes archaïques, et leurs petites sociétés fermées que gouvernaient les notables ; là tu retremperas ta force et tu redeviendras toi-même" [1]. » Les élites de l'après-guerre ont tiré à leur façon les leçons de la défaite de juin 1940 : la France se devait d'« épouser son siècle » en se donnant les moyens de son développement. Pour le gaullisme, la modernisation était l'instrument par lequel la France séculaire peut rester égale à elle-même en jouant de nouveau un rôle historique dans le monde [2].

Avec l'usine de retraitement de la Hague, la construction de sous-marins nucléaires, l'installation de l'École atomique qui forme les officiers et les techniciens, Cherbourg et le Nord-Cotentin sont entrés dans la modernité de l'après-guerre sous le signe de ce qui apparaissait à l'époque comme le nec le plus ultra de la science et de la technique. Mais, par-delà cet aspect célébré comme une nouvelle preuve de la capacité de l'homme à connaître et maîtriser les lois de la nature, c'est tout l'ancien monde encore marqué par des mentalités et des traditions campagnardes qui s'est trouvé bousculé. Cherbourg et les communes agricoles ont fait face

---

1. Marc Bloch, *L'Étrange Défaite* (1940), Gallimard, Folio histoire, 1990, p. 180.
2. Edgard Pisani, « De Gaulle et la modernisation de la France », *Cahiers de Politique Autrement*, octobre 1998.

à l'arrivée de populations venant d'autres régions de France ; s'est amorcée une recomposition sociologique au profit d'ouvriers, d'ingénieurs, de techniciens et de cadres. L'influence des notables traditionnels et le poids des mentalités campagnardes demeurait mais le nouveau monde qui s'annonçait allait les éroder. Plus fondamentalement, c'est toute une culture ancestrale et un environnement campagnard qui se sont trouvés percutés de plein fouet.

Comment comprendre à l'aune de la sensibilité écologique d'aujourd'hui que la grande majorité de la population de l'époque ait pu accepter un tel bouleversement ? N'y voir que de nouvelles formes de contraintes et de pressions du lobby du nucléaire et des pouvoirs en place, c'est faire fi de l'attrait pour une modernité qui demeurait encore synonyme de progrès scientifique et technique, économique et social. L'heure n'était pas alors à la nostalgie pour un bon vieux temps supposé qui oublie la dureté des conditions de vie et de travail de l'époque pour se projeter dans un monde idéalisé, revu à l'aune des « désillusions du progrès ».

Entre Cherbourg et Octeville, la municipalité entama la construction d'une ZUP (Zone à urbaniser en priorité) comprenant un vaste ensemble de 4 000 logements, capable d'accueillir 15 000 habitants dans des barres d'immeubles et une zone pavillonnaire auxquels s'adjoindront un petit centre commercial, une église et des écoles. Dans les années 1960, tout près de ce vaste chantier, on pouvait encore apercevoir des vaches dans l'une des dernières grandes fermes d'Octeville devenue un lieu d'attraction incongru où les enfants des écoles pouvaient se rendre en visite pédagogique. Les locataires des premiers immeubles connurent quelques désagréments : les appartements étaient spacieux et lumineux par rapport aux vieilles habitations, mais le chauffage et l'eau chaude ne fonctionnaient pas toujours très bien ; dans l'un des immeubles on ne pouvait écouter correctement la radio qu'en s'approchant d'une fenêtre parce que le ferraillage était trop important.

Ce chantier était vaste et bruyant avec ses marteaux-piqueurs, ses bétonnières, ses grues et ses va-et-vient incessants de camions. Mais comme le disait si bien *La Presse de la Manche* de l'époque : « Certes, ce bouleversement entraîne quelques incommodités. Mais si l'usager tempête derrière les lourds camions qui se hissent vers les chantiers, et se lamente face aux tranchées et aux déviations qui perturbent la circulation, il sait aussi s'extasier devant les nouvelles chaussées qui s'ouvrent au trafic, brillantes d'un asphalte frais, ou l'étonnant squelette des charpentes métalliques dessinant à l'horizon la silhouette encore imprécise des futurs ensembles. C'est le visage d'une agglomération en pleine transformation, qui, dans le souci de son avenir, se forge au jour le jour. Au seuil de l'année 1967, n'est-ce pas une image rassurante [1] ? »

En septembre 1967, le paquebot *Queen Mary* effectuait sa dernière escale à la gare maritime. Un groupe de Cherbourgeois vint lui dire un dernier adieu. Il sera suivi un an plus tard par le *Queen Elisabeth.* Leurs sirènes ne retentiront plus dans la rade et « Cherbourg n'est plus tout à fait Cherbourg [2] ». Depuis 1964, les car-ferries assurant la liaison quotidienne Cherbourg-Southampton avaient pris d'une autre manière le relais. Le trafic était florissant et pour s'adapter au déversement chaque jour du flot de voitures, d'importants travaux de modernisation de la gare maritime avaient été entrepris.

Sur le port qui disposait désormais d'une nouvelle criée moderne, les tonnages de pêches sont allés grandissants, l'école d'apprentissage maritime (EAM) s'installa au quai de l'entrepôt. Les carnets des entreprises de construction

1. *La Presse de la Manche*, 12 janvier 1967, in *Nos années 60*, *op. cit.*, p. 136.
2. *La Presse de la Manche*, 28 septembre 1967.

navale étaient bien remplis. L'arsenal construisit le premier sous-marin à propulsion nucléaire qui fut lancé en grande pompe en présence du général de Gaulle en mars 1967. Son arrivée a été saluée par 101 coups de canon tirés de la batterie du Fort du Homet. La presse locale titre à la « une » : « Hier à Cherbourg en appuyant sur un bouton : le général de Gaulle a lancé le *Redoutable*[1]. » On n'arrêtait pas le progrès.

Le « compromis entre la vieille société rurale et l'industrialisation » propre à la Troisième République était rompu. Dans la région comme dans le reste de la France, s'amorçait une « seconde révolution » pour reprendre les termes du sociologue Henri Mendras[2], marquée par le bouleversement des structures de la société française issue du XIXe siècle. C'est précisément dans ce moment de basculement que ma génération a grandi et l'on ne comprend rien aux « soixante-huitards » si l'on ne prend pas en compte ce que fut l'adolescence dans cette période nouvelle de l'histoire : « Récemment les aînés pouvaient encore dire : "Vous savez, j'ai été jeune, mais *vous*, vous n'avez jamais été vieux." Aujourd'hui, les jeunes gens peuvent répondre : "Vous n'avez jamais été jeunes dans le monde où, moi, je suis jeune, et vous ne le serez jamais"[3]. »

---

1. *La Presse de la Manche*, 30 mars 1967.

2. Henri MENDRAS, *La Seconde Révolution française*, 1965-1984, Gallimard, 1986.

3. Margaret MEAD, *Le Fossé des générations. Les années 70*, Denoël/Gonthier, Paris, 1971-1979, p. 78.

Chapitre 2

Les nouvelles « lumières de la ville »

Après avoir connu les années de guerre et les privations, mes parents accueillirent positivement ce nouveau monde en espérant bien en profiter. Les sociétés développées avaient vaincu le paupérisme ; il restait encore des îlots de misère et de pauvreté, mais ceux-ci apparaissaient de plus en plus scandaleux et injustes au vu de l'accroissement global du bien-être. Si l'inégalité dans l'accès aux bienfaits de la nouvelle société était manifeste, les plus démunis pouvaient espérer y parvenir un jour ou s'endetter sans plus attendre pour acquérir ces biens qui faisaient rêver. Les différences de classe et les inégalités sociales étaient toujours bien réelles, mais la croissance et le progrès n'allaient-ils pas bientôt les réduire, voire les effacer ?

Au fil des ans, les revenus de mes parents augmentaient. Le bien-être matériel et le confort s'installaient dans la maison, de nouveaux biens qui auparavant faisaient rêver devenaient accessibles. Le progrès semblait enfin remplir ses promesses : il n'était plus reporté dans un avenir radieux impliquant encore sacrifices et efforts pour y parvenir, mais il se concrétisait dans le présent par l'accès à des biens de consommation et des modes de vie qui changeaient la vie quotidienne. Le passé semblait devenir obsolète.

La fin d'un monde

Je ne me souviens plus quand mes parents ont décidé de refaire la boutique, mais c'était comme si tout l'univers de la prime enfance avait soudain basculé. La vieille façade en bois fut remplacée par une devanture en matériau plastifié, les murs de la maison en pierres du pays furent recouverts d'un jetis gris foncé et les vieilles dalles en « pierre bleue » disparurent. Mes parents épousaient comme beaucoup d'autres le nouveau monde et rien ne serait plus comme avant.

La camionnette d'avant guerre et la moto « Motobécane » (avec moi à cheval sur le réservoir) laissèrent place à une camionnette neuve pour le travail et une « Simca grand large » pour les promenades du dimanche. Le chauffage central permit de se passer de la bassinoire puis des couvertures chauffantes, la machine à laver succéda aux lessiveuses et au lavoir en ciment, et si, pour les toilettes, il fallait encore aller dans la cour, le chauffe-eau et la baignoire sabot constituèrent une incontestable amélioration, l'hygiène n'ayant pas été jusqu'alors le souci premier. La lampe à suspension de la cuisine où l'on accrochait un papier gluant pour attraper les mouches fut remplacée par un tube à néon avec sa lumière blanche. « On y voyait mieux », mais il fallait faire attention : si le tube se brisait, on ouvrait la fenêtre pour ne pas respirer le gaz toxique qu'il contenait. L'ancienne cuisinière au bois et au charbon céda la place à une « cuisinière à gaz » dont on veillait soigneusement à fermer les brûleurs et le robinet d'alimentation. L'arrivée du chauffe-eau permettait de faire la vaisselle et se laver avec de l'eau chaude, mais on devait prendre garde à ce que la veilleuse ne s'éteigne pas, sinon le gaz s'échappait dans la pièce. À la maison, « ça sent le gaz » était devenu une expression courante prononcée avec quelque appréhension.

Le réfrigérateur remplaça le vieux garde-manger accroché au mur dans la cour pour que les souris n'y pénètrent pas, puis vint plus tard le congélateur qui prit la place du bac en ciment rempli de glaces pour conserver le poisson au frais. Le moulin à café électrique succéda au vieux moulin à main en fonte avec sa manivelle et son petit engrenage qui me fascinaient lorsque j'étais enfant. Le moteur électrique faisait un bruit d'enfer et il fallait tenir solidement le couvercle si l'on ne voulait pas que les grains de café s'envolent dans la cuisine.

Parmi tous ces nouveaux appareils ménagers, l'arrivée de la machine à laver fut un événement, non seulement parce qu'elle libérait ma mère et ma sœur des « corvées de linge », mais parce que cette « machine qui lave le linge toute seule » apparaissait comme une invention technique de premier plan. J'étais alors encore enfant et le premier jour de son fonctionnement, assis sur un petit tabouret, je regardais, fasciné, la rotation du linge et de l'eau savonneuse à travers le hublot.

Les anciens objets familiers de la vie quotidienne paraissaient soudain démodés. Quelques vieux meubles que les magasins reprenaient à bas prix furent échangés pour des tables et des chaises en formica pour la cuisine, pour une table et un buffet reluisant pour la salle à manger. Ma mère n'en restait pas moins attachée au passé en fréquentant assidûment la salle des ventes de Cherbourg pour y acheter à bas prix des objets et des meubles divers de l'ancien temps que l'on y trouvait alors à foison.

Imperceptiblement, la rue Gambetta commençait à changer. Elle demeurait commerçante et vivante mais le cordonnier, le tailleur puis le boucher fermèrent boutique. Ce dernier fut embauché dans la boutique d'alimentation du trottoir d'en face pour tenir un rayon de viande réfrigéré. Les anciens commerces s'adaptaient aux nouveaux produits et aux modes de consommation. On pouvait désormais y trouver de nombreux objets courants fabriqués avec de nouveaux matériaux : le plastique pour les jouets, les emballages, les cordages, les tuyaux et toutes sortes de récipients, le nylon pour les jupons, les bas, les chemises, les édredons, les couvertures…

À Cherbourg, les rues commerçantes du centre-ville gardaient encore leur charme d'antan. Les jours de marché, les places et rues étaient remplies de monde. La « halle aux grains », construite au début du XIXe siècle, n'avait pas complètement disparu ; restaient encore des salles et des couloirs voûtés qui grouillaient de volailles et de lapins vendus par les paysans. Sur la place centrale, les quatre pavillons des halles étaient occupés par des poissonniers, des bouchers, des marchands de fruits et légumes[1].

La ville avait aussi ses grands magasins copiés sur ceux de Paris. Le magasin Ratti, construit dans les années 1920 dans un style Art déco, était l'un des premiers à s'être doté d'un ascenseur. C'était l'une des marques de la modernité technique et pour les enfants une sorte de manège des plus plaisants. L'escalier roulant allait vite lui succéder. Le premier fut mis en service en 1957 au magasin Jean-Bart et ce fut un petit événement. Le jour de l'inauguration,

1. En 1962, deux pavillons furent démolis.

les familles étaient nombreuses à tenir debout sur ces marches escamotables recouvertes de caoutchouc. Je m'amusais à l'utiliser de nombreuses fois, au grand dam de ma mère et de ma sœur qui craignaient de tomber à l'arrivée quand les marches s'aplatissaient. Elles pouvaient être rassurées : un employé veillait à ce que personne ne trébuchât.

De nouvelles habitudes de consommation commençaient à voir le jour, suscitant curiosité et engouement. La devanture du premier centre d'alimentation Leclerc qui ouvrit ses portes à Cherbourg en 1960 ressemblait encore aux vieilles boutiques, mais sa vente directe à des prix de gros attirait de nombreux clients. Le magasin Jean-Bart, quant à lui, réaménageait son premier étage (alimentation et entretien) en libre-service, et le jour de son inauguration une petite foule se pressait autour des rayons. Les Magasins réunis suivirent le mouvement en créant trois ans plus tard un espace d'alimentation en libre-service. En 1963, les Cherbourgeois découvraient le premier supermarché Égé dont la taille était encore modeste. Le contraste avec les anciens commerces était frappant : paniers et premiers Caddies étaient à disposition, les clients déambulaient librement dans le magasin au milieu d'un étalage de marchandises qu'ils pouvaient toucher et soupeser, et le paiement s'effectuait auprès de caisses enregistreuses avec leur petit tapis roulant.

Les grands magasins développaient les promotions, l'achat à crédit (« Faites-vous plaisir, vous paierez ensuite ») et offraient de multiples petits cadeaux. Certains avaient quelque rapport avec les produits achetés : « Un sac sport gratuit pour l'achat d'un survêtement », des « plats cuisinés offerts au public » lors des démonstrations des cuisinières à gaz…, d'autres non : « Pour tout achat de 5 kilos de peinture

Valentine, il sera offert un joli jeu de dames »[1]… Tout était bon pour attirer le client.

Dans les salles des fêtes et les cinémas des communes, les entreprises et les marques organisaient des réunions pour présenter leurs nouveaux produits. EDF-GDF lançait de grandes campagnes avec un curieux professeur aux allures de scientifique : « Démonstration de cuisine à l'électricité avec le concours du professeur Vidu[2] », « Démonstration de cuisine au gaz. Le professeur Vidu vous présentera ses meilleures recettes[3] »…

Tout semblait désormais simple et facile : « On ouvre un robinet, et hop on a de l'eau chaude, finies les bassines, les casseroles et les bouilloires qui traînent sur le feu[4]. » « Racorama », le « papier peint sans raccord », se posait sans difficulté, les rideaux en tergal n'avaient pas besoin de repassage, le « casque séchoir » permettait de faire une mise en pli à domicile et la moquette était « à portée de tous »[5]… Dans la principale région laitière du pays ayant l'habitude de la cuisine au beurre, la conservation de cet aliment précieux ne pouvait manquer d'échapper au progrès des appareils réfrigérés : « Le CONTRÔLE-BEURRE dans la contre-vitrine des Frimatic 2000 est un compartiment à température spéciale où le beurre reste bien frais mais facile à tartiner. Le CONTRÔLE-BEURRE vous permet de beurrer rapidement quantité de tartines… et surtout les fragiles biscottes que vous ne risquez plus de briser[6]. »

La « réclame » commençait à céder le pas à la publicité. Les marques et les vendeurs remplissaient les colonnes de la

1. Publicités, parues dans *La Presse de la Manche* in *Nos années 60*, *op. cit.*, p. 60, 122 et 123.

2. *Ibid.*, p. 122.

3. *Ibid.*, p. 123.

4. *Ibid.*

5. *Ibid.*, p. 122-123.

6. *Ibid.*, p. 122.

presse locale, vantant les mérites du frigidaire, du chauffe-eau et, un peu plus tard, des premiers lave-vaisselle.

Certains slogans ne dédaignaient pas les rimes grossières :

« Fidèle comme un chien
L'inimitable radiateur PAIN
Vous assurera c'est certain
Le meilleur chauffage quotidien[1]. »

Dans cette région fortement marquée par la religion, une marque célèbre de l'époque singeait le livre de la Genèse pour mettre en valeur ses produits, sous la forme d'une petite bande dessinée. Chaque jour de la semaine, la marque Singer représentée par un peintre avec sa palette était censée créer de nouveaux appareils ménagers (machine à coudre électrique, machine à tricoter, aspirateur, machine à laver...), tandis qu'une petite femme s'ébahissait devant ces miracles de la création. Du premier au sixième jour, la formule était la même : « Et la ménagère vit que c'était bon » ; le septième jour marquait l'apothéose : « La ménagère comprit son bonheur... elle commença à vivre[2]. »

Des « miss » et des ménagères

Les campagnes publicitaires « ciblaient » particulièrement les femmes et les ménagères en leur faisant miroiter les bienfaits du nouveau monde de la consommation. Désormais à la « fête des mères », les moulins à café, les batteurs ou les aspirateurs mis en valeur par les marques et les commerçants pouvaient remplacer les bouquets de fleurs, tout au moins

1. *Ibid.*, p. 122.
2. *Ibid.*, p. 78 à 80.

pour ceux qui en avaient les moyens. Ces appareils ménagers constituaient sans nul doute un progrès qui facilitait le travail domestique tout en maintenant les femmes dans leur statut de ménagère et de femme au foyer.

Dans ce domaine, la machine à laver la vaisselle, qui arriva tardivement, était présentée comme un instrument de libération particulièrement performant :

> *« Madame, vous travaillez et vous avez des enfants ?*
> *Libérez-vous d'une CORVÉE journalière*
> *Consacrez plus de temps à votre famille*
> *VOUS NE TRAVAILLEZ PAS ET VOUS N'AVEZ PAS D'ENFANTS ?*
> *Alors chaque jour prenez une heure de vacances.*
> *DANS TOUS LES CAS*
> *SERVANTE FIDÈLE*
> *ZOPPAZ LAVE-VAISSELLE automatique*
> *Travaillera pour VOUS*[1]. »

Selon un « micro-trottoir » réalisé par la presse locale, les ménagères semblaient être unanimes pour saluer l'utilité de cette dernière nouveauté, sauf l'une d'entre elles qui regrettait le lavage à la main : celui-ci procurait un moment d'échange avec le mari devant l'évier de la cuisine quand celui-ci essuyait gentiment la vaisselle[2].

Le Concours interdépartemental de la meilleure ménagère rurale intégrait désormais les nouveaux appareils ménagers, mais les épreuves traditionnelles n'avaient pas fondamentalement changé, même si dans certains domaines, comme celui du lavage, elles introduisaient, à leur façon, des éléments de modernité : « Comment lavez-vous un édredon en nylon[3] ? »

---

1. *Ibid.*, p. 77.
2. *Ibid.*, p. 121.
3. *Ibid.*, p. 77.

À Cherbourg, le Centre d'enseignement ménager réservé aux jeunes filles proposait des cours de confection et de cuisine. Pour les « jeunes filles rurales », à la cuisine et à la couture s'ajoutaient l'entretien de la basse-cour, l'alimentation du bétail… dont on pouvait apprendre les rudiments dans les « maisons familiales ». En 1962, un article de la presse locale relatait l'enseignement donné dans un centre social en ces termes : « On garde vos enfants pendant que vous apprenez à devenir une fée du logis. Le rôle de la femme est de transformer son foyer en royaume du bonheur et de la gaieté. Il lui faut, pour cela, beaucoup de bonne volonté, beaucoup de bonne humeur et des doigts de fée[1]. » À l'époque, il y avait encore beaucoup des familles nombreuses dans le milieu ouvrier et dans les campagnes ; les plus importantes étaient mises à l'honneur en recevant la « médaille de la famille française » décernée chaque année aux « familles méritantes[2] ».

Si les filles commençaient à rompre avec les traditions de leur mère, l'heure de la libération de la femme n'avait pas encore sonné. De jeunes filles s'employaient à ressembler aux stars féminines ; des magasins vantaient les nouveaux « produits de beauté » avec les conseils de spécialistes attitrés : « Crème de jour hydratante à l'avocat. Une esthéticienne vous donnera gratuitement soins et conseils. Prenez rendez-vous dès aujourd'hui[3]. » Dans les grands magasins de Cherbourg, les mannequins de mode présentaient des chemisiers, des tailleurs, des robes, des jupes… qui ne ressemblaient plus aux vêtements uniformes du passé. Commentant une collection printemps-été d'une boutique cherbourgeoise, un

1. *Ibid.*

2. Dans les années 1960, *La Presse de la Manche* photographiait les familles ayant reçu la médaille de la Famille française. Le nombre de cinq enfants était le minimum pour y avoir droit, les familles les plus « méritantes » comportaient de dix à douze enfants. Cf. *ibid.*, p. 75.

3. *Ibid.*, p. 76.

chroniqueur de presse s'exclamait : « Follement jeune, follement gaie, follement pleine d'imprévus, de trouvailles et de charme[1]. » Les concours traditionnels de « reines » ou de « miss » étaient encore très nombreux dans la région. Dans les années 1960, les jupes se firent plus courtes et pour finir de nombreux concours de miss eurent lieu en maillot de bain. Mais de la « miss » à la femme au foyer, le chemin semblait encore tout tracé.

Avant 1965, la femme n'avait pas le droit d'ouvrir un compte sans l'accord de son mari et l'on pouvait lire dans *La Presse de la Manche* des publicités bancaires du genre : « Dites-le-lui... avec un carnet de chèques. Votre femme est moderne. Elle appréciera que vous lui ouvriez un compte personnel. Elle y trouvera un gain de temps, la sécurité, du standing. Elle sera heureuse d'avoir sa comptabilité tenue par sa Banque. Elle appréciera l'accueil qui lui sera réservé à la Banque...[2] »

Voiture et télévision

Dans la hiérarchie des nouveaux biens de consommation, la télévision et la « voiture de tourisme » occupaient une place à part. Elles n'entraient pas dans la catégorie utilitaire des biens de consommation ordinaires et des appareils ménagers, mais dans celui du loisir et du divertissement. Alors qu'ils étaient jusqu'alors considérés comme un luxe réservé aux gens fortunés, – et comme tels inaccessibles pour la majorité de la population –, ils étaient désormais présentés comme des éléments essentiels pour profiter pleinement du temps hors travail, des week-ends et des vacances.

1. *Ibid.*, p. 84.
2. *Ibid.*, p. 77.

« Pousser une petite pointe de vitesse » faisait partie de la promenade en automobile. On croisait de plus en plus de monde sur les routes du Cotentin et nombre de hérissons, de lapins, de chats, de chiens… en firent les frais. Disposer d'une radio dans la voiture était un luxe, mais on pouvait apporter le « poste transistor » plutôt volumineux qu'on pouvait entendre plus ou moins bien dans la voiture, grâce à une antenne fixée au-dessus de la portière. Les week-ends à la belle saison, ma famille n'était pas la seule à se rendre sur les plages avec le poste à la main ou délicatement posé sur une serviette ou une petite table de camping sous un parasol. Les plages étaient grandes mais il y avait de plus en plus de monde. À marée haute, il fallait chercher une place pour se mettre à l'abri non seulement du vent mais de la cacophonie des transistors des voisins de plage.

Dans les conversations, les qualités et les défauts des différentes marques de voitures prenaient de plus en plus de place. Ce n'était pas seulement un moyen de transport pour la promenade, mais un signe extérieur de richesse et un facteur de distinction. Les jeunes hommes rêvaient de voiture de sport et de cabriolets, non seulement à cause de la vitesse, mais parce que c'était un moyen qui se voulait irrésistible pour draguer.

Posséder un poste de télévision en noir et blanc à la maison était encore considéré comme « avoir le cinéma à domicile », mais la « télé » avait en fait bien d'autres attraits : elle permettait d'assister en direct à des sortes de radiocrochets et d'écouter les vedettes de la chanson (*Trente-six chandelles* avec Jean Nohain), de voir le meilleur spectacle de cirque (*La Piste aux étoiles*), les combats de catch et les grands événements sportifs… S'y ajoutaient des feuilletons à heures fixes auxquels il était difficile de résister, avec pour les enfants une préférence très nette pour *Thierry la Fronde*, *Ivanhoé*,

Rintintin ou *Zorro*… Ces feuilletons concurrençaient l'envie d'aller jouer dans la rue et les terrains vagues avec une bande de copains. Pour les mères de familles nombreuses, ces programmes présentaient un avantage : « Vous comprenez, j'ai huit enfants de quatorze à un an et demi, et depuis que nous l'avons [la télévision] je ne suis plus obligée de courir après eux, ils restent à la maison. En rentrant de l'école et après avoir goûté, ils ont le temps de faire leurs devoirs jusqu'à l'heure du feuilleton qu'ils ne voudraient manquer sous aucun prétexte[1]. »

Avec le développement de l'achat des postes de télévision, les émissions vues la veille étaient dans toutes les conversations du lendemain chez les enfants comme chez les adultes : « Je n'ai pas de récepteur chez moi, déclarait en 1962 un directeur d'école dans la presse locale, mais je connais chaque jour parfaitement le programme de la veille : lorsqu'il y a du catch, j'ai 150 catcheurs dans la cour de l'école à la récréation. Après un western, c'est 300 cow-boys qui se battent, affublés de revolvers, de lassos… Dans l'ensemble, les enfants en profitent et sont beaucoup plus documentés qu'autrefois sur les questions géographiques ou scientifiques par exemple. Malheureusement, beaucoup de parents n'ont pas l'autorité suffisante pour les envoyer se coucher à 8 h 30 ou 9 heures. Les enfants, en sortant de l'école, s'installent devant le poste et n'en bougent plus avant la fin du programme[2]. » Mes parents se levaient tôt, vers cinq heures du matin, pour aller travailler, ils ne regardaient pas la télévision tard le soir et comme beaucoup d'autres, ils avaient du mal à me « décoller » du « petit écran ».

---

1. Une mère de famille (milieu ouvrier), *La Presse de la Manche*, éditions des 20, 21 et 27 décembre 1962, *ibid.*, p. 104.

2. Un directeur d'école, *La Presse de la Manche*, édition du 20, 21 et 27 décembre 1962, *ibid.*, p. 104.

Mon père appréciait fortement les bienfaits du confort et du développement de la consommation après les années de privation qu'il avait connues dans sa jeunesse, mais il se fichait des nouveaux credo de la mode et de la consommation. Le monde du port et de la pêche où il passait l'essentiel de son temps demeurait encore sa référence première, son refuge et son point de fuite face aux conversations domestiques et aux gens qui voulaient être à tout prix « à la page » et « faire du chiqué ». Ma mère et ma sœur étaient plus sensibles aux sirènes de la mode et du conformisme.

Des journaux féminins relataient la vie de luxe des milliardaires et des vedettes de cinéma faisaient rêver beaucoup de monde, sans parler des palaces de la Côte d'Azur qu'on découvrait au cinéma. Le magazine *Cinémonde* mettait en exergue les déboires amoureux des « stars » ; des magazines comme *Confidences, Intimité* ou *Bonne soirée* que ma sœur achetait volontiers jouaient sur ce même créneau avec en plus des romans photos « à l'eau de rose » où de jolies jeunes femmes d'origine modeste tombaient amoureuses d'un jeune et beau garçon en complet-veston, médecin ou chirurgien de préférence.

Ma sœur finit elle aussi par trouver son prince charmant après des fiançailles qui tournèrent court avec un patron de chalutier. C'était l'un des fils d'une famille de commerçants de Cherbourg dont les deux autres frères étaient devenus des notables connus. La rencontre entre les deux familles se fit sans trop de difficultés, chacun n'en gardant pas moins sa distance et son rang. Mes parents étaient en fait fortement « complexés » et n'éprouvaient pas de réelle sympathie envers ces gens « distingués », fiers de leurs biens et de leur statut. Celle-ci n'avait pas du reste manqué d'informer mes parents d'une petite inconvenance de ma part lors du repas de mariage : j'avais bu un verre d'un seul trait…

Celui qui devint mon beau-frère avait eu une enfance difficile et s'efforça par un travail acharné et des économies drastiques de parvenir au même niveau social que ses deux frères. Dans ce domaine, la concurrence était vive et, après des années de labeur, il finit par acquérir lui aussi une maison de campagne. Bien des années plus tard, je fus invité à « prendre l'apéritif » chez l'un de ses frères et fus surpris de constater que la décoration et le mobilier étaient à ce point semblables qu'on se serait cru dans la même maison.

Le rapport de mes parents à la richesse était ambivalent. Leurs discussions tournaient souvent autour des familles qui possédaient des biens immobiliers ou des terres, de belles maisons, de belles voitures, de belles villas en bordure de mer… sans oublier les banquets, les repas copieux. Ils en parlaient avec ironie et dédain, mais ils en parlaient souvent. L'envie d'« en être » se mêlait à l'idée que les riches et les puissants méprisaient les « petites gens ». Ils désiraient accéder à un nouveau statut social qui les rapprocherait des « gens riches » tout en sachant qu'ils ne pourraient jamais être comme eux, ne serait-ce que par leur différence de niveau d'éducation et de distinction, leur ignorance des « bonnes manières » et des codes propres à ce milieu.

Ce qui me frappait le plus était la façon dont mes parents essayaient, de temps à autre, d'imiter les riches lorsqu'ils invitaient des gens à la maison. La « bonne » que mes parents étaient allés chercher au sein d'une famille pauvre et nombreuse de paysans avait beaucoup pleuré quand elle avait dû quitter sa famille et sa campagne, mais elle s'était intégrée très vite, partageant nos repas à la même table et souvent nos promenades en voiture. Ma mère avait cru bon de la transformer en soubrette pour servir les invités à table. Je trouvais cela grotesque et choquant et je sentais bien que mon père était du même avis que moi.

L'argent, les nouveaux biens de consommation, les voitures et la télévision, les manifestations ostentatoires de la richesse et de la distinction… occupaient une part de plus en plus importante dans les conversations de table. J'appris ainsi, grâce aux dires de la belle-famille, qu'il existait des placements rentables, non seulement dans la construction de garages, mais dans les wagons de marchandises. Mes parents étaient loin d'avoir les ressources financières pour ce genre de placement et je m'en fichais éperdument.

Posséder une maison en bordure de mer, comme beaucoup de notables cherbourgeois, pour y passer ses week-ends et ses vacances était hors de portée des ressources financières de mes parents. Mais un de leurs copains qui était mareyeur s'était fait « construire pour pas cher » une maison à Urville, petite station balnéaire réputée avec ses belles villas longeant la plage. À vrai dire, cette maison avait des allures de cabane en bois. C'était l'une de ces petites maisons que les Américains avaient installées à Cherbourg et dans ses environs à la Libération. Avec les grands travaux, ces maisons allaient disparaître, mais un entrepreneur avait eu la bonne idée d'en récupérer les murs et les charpentes en bois pour les revendre. Composées de quatre panneaux que l'on posait sur des fondations et qui s'ajustaient comme un Lego, ces maisons préfabriquées en bois étaient d'un prix relativement modeste. C'est au « clos carré », terrain en bordure de mer, à l'écart des « villas des docteurs », que mes parents devinrent ainsi propriétaires d'une maison de plage plutôt bon marché. On y disposait de l'eau courante et de l'électricité, mais le confort était des plus sommaires : ni chauffage, ni w.-c., ni cabinet de toilette, un robinet d'eau froide dans la cuisine… Mais cette petite maison qui donnait directement sur la plage avait de quoi séduire. Pour mes parents, elle représentait la concrétisation d'un rêve et la marque d'une promotion sociale : « avoir une maison à Urville » était devenu possible, même si la maison en question n'avait rien d'une villa.

Des loisirs aliénants ?

Ce relatif enrichissement de mes parents ne reflétait pas la situation de la majorité de la population. Le département de la Manche et la région Basse-Normandie étaient loin d'être à la pointe de la « société de consommation » [1]. Les nouvelles habitudes de consommation concernaient d'abord les citadins des villes.

La télévision était encore un luxe et le demeurera encore pendant quelques années [2], mais elle n'en prenait pas moins de plus en plus d'importance dans la vie quotidienne. En témoignait un micro-trottoir réalisé par le journal local dans les rues de Cherbourg en décembre 1962. Les différents avis recueillis dressent un tableau des avantages et des inconvénients de ce nouveau média qui semble ne rien avoir perdu de son acuité. Une femme d'officier de marine y voit déjà une « fenêtre ouverte sur le monde » et un « incomparable moyen de culture » qu'elle ne trouve pas dans cette presqu'île

1. En 1968, on estime que près de 40 % de la population du département de La Manche est mal, pas ou peu desservie en eau courante. À la fin des années 1960, l'INSEE classe la Basse-Normandie au dernier rang des régions françaises pour l'équipement des familles en machines à laver, et à l'avant-dernier rang pour les réfrigérateurs. Cf. *Nos années 60, op. cit.*, p. 120.

2. Au début de l'année 1961, on recense 9 433 postes de télévision dans le département de la Manche, ce qui correspond à environ 2 % des ménages. À la fin des années 1960, 45 % des ménages de la région Basse-Normandie n'ont pas de poste de télévision. Cf. *Nos années 60, op. cit.*, p. 104.

du bout du monde : « Ce que nous demandons à la télévision, c'est ce qu'il n'est pas possible de trouver à Cherbourg[1]. » Un père de famille (« milieu bourgeois » précise le journal) considère la télévision comme un danger non seulement pour les enfants qui risquent de perdre l'habitude de lire, de ne plus faire leurs devoirs et de se coucher tard, mais aussi pour les adultes : « Je suis également contre la télévision pour ma femme et moi-même. Après dix ans de mariage, nous n'avons pas épuisé tous les sujets de conversation, et nous pouvons attendre notre journal du lendemain pour avoir des nouvelles du monde. Et puis il y a trop de livres à lire, trop de films à voir, trop d'amis à rencontrer pour se laisser accaparer par la télévision[2]. »

Un « éducateur chrétien » va dans le même sens en soulignant le danger moral de certaines émissions pour les enfants et les illusions de la société de consommation : « Peu de gens ont la volonté de choisir un programme et d'éteindre ensuite. Cela présente de gros inconvénients : les devoirs ne sont pas faits, et ce qui, à mon avis, est plus sérieux, la télé donne un semblant d'érudition très superficiel. Mais d'un autre côté, elle permet à certaines couches de la société de voir des émissions théâtrales par exemple. J'estime aussi que certaines émissions sont mal placées : le dimanche après-midi, il y a souvent des films qui mettent en scène des situations comme le trio traditionnel du mari, sa femme et sa maîtresse, qui ne sont pas souhaitables pour les enfants. Je déplore qu'actuellement des gens qui ne possèdent que le minimum vital s'engagent, grâce aux facilités actuelles de crédit, dans des dépenses dépassant de loin leurs moyens. Ceci est valable

1. Une femme d'officier de marine, *La Presse de la Manche*, éditions des 20, 21 et 27 décembre 1962, *ibid.*, p. 104.

2. Un père de famille (milieu bourgeois), *La Presse de la Manche*, éditions des 20, 21 et 27 décembre 1962, *ibid.*, p. 104.

pour le frigidaire, la machine à laver, comme pour la télévision[1]. »

À Cherbourg comme ailleurs, le consumériste heurtait une mentalité économe et soucieuse des bonnes mœurs. Ce qu'on appelait les « mass media » (télévision, radio, cinéma...) occupait une part grandissante du « temps libre » et cette nouvelle situation ne pouvait manquer d'inquiéter ceux qui étaient attachés à une conception traditionnelle de la culture.

Il est un autre phénomène qui heurtait la morale traditionnelle : le développement des jeux de hasard et d'argent, avec en premier lieu les paris sur les courses de chevaux. Le samedi soir ou le dimanche matin les cafés de la rue Gambetta étaient remplis de gens « prenant l'apéro » et jouant au tiercé. On les voyait discuter des chances de tel ou tel cheval, en fonction de son aptitude au « terrain lourd » ou sec, du poids ou de la qualité du jockey... cherchant dans les journaux les conseils des chroniqueurs et des spécialistes attitrés. Mon oncle était un joueur invétéré, dépensant beaucoup d'argent en rêvant de devenir millionnaire. Mes parents ne jouaient pas au tiercé, mais ma mère ne dédaignait pas de miser quelques sous en demandant à mon oncle de le placer sur les chevaux de son choix. Le miracle se produisit une fois : mon oncle et, par la même occasion, ma mère avaient gagné une somme importante (1 500 francs à l'époque). Ma mère partagea sa part avec moi en m'achetant un petit coffre en acier qui fermait à clé : je ne devais pas y puiser de l'argent avant d'être un peu plus grand. Mon oncle tout excité d'avoir gagné ne manqua pas au contraire de fêter l'événement en s'offrant un « bon gueuleton » et en se saoulant avec ses copains. Ces beuveries se répétant, il ne lui resta plus rien. Ce qui scandalisa mes parents : « C'est honteux de

1. Un éducateur chrétien, Un père de famille (milieu bourgeois), *La Presse de la Manche*, éditions des 20, 21 et 27 décembre 1962, *ibid.*, p. 104.

jeter l'argent comme ça par les fenêtres ! C'est toujours lui qui régale et c'est les copains qu'en profitent... » Cela n'empêcha pas mon oncle de continuer à jouer de nouveau au tiercé les dimanches suivants, en espérant une nouvelle fois devenir millionnaire...

« *Vers la civilisation des loisirs*[1] » ?

Dans cette nouvelle société, on continuait de travailler beaucoup, mais les loisirs prenaient une place de plus en plus importante ; ils devenaient un pôle de référence central de la vie individuelle où chacun pouvait se sentir libre des contraintes professionnelles et sociales en faisant ce qui lui plaisait. Cette nouvelle situation historique inquiétait les moralistes et les éducateurs : les divertissements et les loisirs de la vie moderne accentuaient la tentation de céder au plaisir immédiat, au détriment des devoirs envers les autres, de l'éducation et de l'engagement citoyen.

À gauche, la question ne pouvait manquer de se poser : « Le loisir serait-il le nouvel opium du peuple[2] ? » Depuis la fin de la Seconde Guerre mondiale, ciné-clubs, bibliothèques, instituts de formation ouvrière avaient été créés par les comités d'entreprise et les syndicats. Mais force était désormais de constater que les loisirs modernes échappaient à ce cadre, au profit des jeux de hasard et des paris sur les courses (PMU[3]), du tourisme et des divertissements nou-

1. Joffre DUMAZEDIER, *Vers la civilisation des loisirs*, éditions du Seuil, 1962.

2. Joffre DUMAZEDIER, « Réalités du loisir et idéologies », « Le Loisir », *Esprit*, juin 1959.

3. En 1949, indique Joffre Dumazedier, le Pari mutuel urbain a enregistré plus de 28 milliards d'enjeux, soit quatre fois la somme dont disposait cette année-là la Direction générale de la jeunesse et des sports pour l'ensemble de son action. « Réalités du loisir et idéologies », « Le Loisir », *op. cit.*

veaux liés à la multiplication des magazines, au développement de la radio et du cinéma...

Les loisirs modernes sortent des cadres sociaux et moraux traditionnels ; ils développent un nouveau rapport à la vie en société marqué par le divertissement, le jeu, l'imagination... Il est une différence anthropologique essentielle qui marque la rupture avec les conceptions antérieures : le loisir, produit de l'histoire, est « vécu comme une valeur extérieure à l'histoire » : « L'Homme de loisir tend à être ingrat à l'égard du passé, et indifférent à l'égard de l'avenir[1]. » Les premiers villages de vacances du Club Méditerranée qui s'ouvrent à cette époque concrétisent l'utopie d'une société de loisir hors du temps, espace clos avec son mode de vie propre où aucune autorité n'est censée s'exercer, où les contraintes sont relâchées et les barrières sociales s'effacent, une société fondée sur le jeu où l'individu est « dégagé de toute appréhension à l'égard de ses gestes[2] ». Le rapport entre le travail et les loisirs paraît presque inversé : « La fille qui me dit en partant "maintenant je vais travailler onze mois pour revenir ici" m'explique qu'elle travaille parce qu'elle vient ici et non qu'elle vient ici parce qu'elle travaille[3]. » Cette nouvelle mentalité ne manque pas de susciter le doute et la perplexité : « Le citoyen des sociétés industrielles s'impose les contraintes exténuantes du travail mécanisé et reporte sur le loisir son vœu de liberté ; mais peut-on être ainsi pour partie esclave et pour partie homme libre ? [...] Est-ce possible de cumuler ainsi les qualités les plus contraires ? Est-il possible de substituer selon les heures, une personnalité à l'autre[4] ? »

1. Joffre DUMAZEDIER, « Réalités du loisir et idéologies », « Le Loisir », *op. cit.*
2. Henri RAYMOND, « Hommes et dieux à Palinuro », *Esprit*, juin 1959.
3. *Ibid.*
4. Jean-Marie DOMENACH, « Loisir et travail », *Esprit*, juin 1959.

Avec l'« action individualisante » de ce qu'on appelle alors les « mass media », c'est une nouvelle « culture de masse » transversale aux différentes catégories sociales qui voit le jour [1]. La société américaine peut alors être considérée comme l'exemple à ne pas suivre, même si on reconnaît, plus ou moins explicitement, que les évolutions en cours pourraient bien lui ressembler [2]. Les critiques du capitalisme continuent de considérer les loisirs et la « culture de masse » sous l'angle du conditionnement et de l'aliénation, mais ils ne peuvent rien contre cette réalité : dans la nouvelle société de l'après-guerre, les individus se détachent de leur communauté première d'appartenance et veulent de plus en plus profiter de la vie en dehors de tout encadrement qui leur dicterait à leur place ce qui est bien pour eux. Les pourfendeurs de loisirs modernes se trouvent pris dans leurs propres contradictions : « Tout compte fait, nous avons grand tort de nous retourner contre la culture de masse et de la charger de tous les péchés de notre civilisation. Certes, elle a de multiples défauts. Mais finalement elle ne nous renvoie que l'image déformée, caricaturale peut-être mais quand même reconnaissable, de nos propres valeurs. Et si tant de gens de mérite s'en indignent, c'est qu'au fond ils ne peuvent supporter les conséquences de leurs propres faiblesses et de leurs propres contradictions [3]. »

Les loisirs modernes font apparaître une « nouvelle morale du bonheur » marquée du sceau de l'ambiguïté [4] dont personne ne peut alors prédire les effets à long terme. Le décalage commence à se manifester entre une nouvelle mentalité hédoniste et le courant humaniste modernisateur

1. Alain Touraine, « Travail, loisirs et société », *Esprit*, juin 1959.
2. Aline Ripert, « Quelques problèmes américains », *Esprit*, juin 1959.
3. Michel Crozier, « Employés et petits fonctionnaires parisiens », *Esprit*, juin 1959.
4. Joffre Dumazedier, « Réalités du loisir et idéologies », *op. cit.*

de l'après-guerre qui entendait concilier culture classique et moderne, identité séculaire de la France et modernisation. L'« univers semi-sérieux, semi-ludique, semi-réel, semi-imaginaire[1] » des loisirs modernes fait écho à l'insouciance de la jeunesse et accompagne la formation du « peuple adolescent[2] ».

En décembre 1965, dans une interview à la télévision entre les deux tours de l'élection présidentielle, le général de Gaulle décrit à sa manière l'équilibre entre l'ordre et le changement dans cette nouvelle modernité : « Il y a pour ce qui est de la France, ce qui se passe dans une maison. La maîtresse de maison, la ménagère veut avoir un aspirateur, un frigidaire, elle veut avoir une machine à laver et même, si c'est possible, une auto. Ça, c'est le mouvement. Et, en même temps, elle ne veut pas que son mari aille bambocher de toutes parts, que les garçons mettent les pieds sur la table et que les filles ne rentrent pas la nuit. Ça, c'est l'ordre. Et la ménagère veut le progrès, mais elle ne veut pas la pagaille. Eh bien, c'est vrai aussi pour la France. Il faut le progrès, il ne faut pas la pagaille[3] ! » C'est précisément cet équilibre qui se trouve mal en point et que la jeunesse va faire basculer.

1. *Ibid.*

2. Formulation empruntée au sociologue Paul Yonnet dans « Rock, pop, punk. Masques et vertiges du peuple adolescent », *Le Débat*, n° 25, mai 1983, repris dans *Jeux, modes et masses 1944-1985*, Gallimard, Bibliothèque des sciences humaines, 1985.

3. Charles de Gaulle interviewé par Michel Droit à la télévision, le 15 décembre 1965.

Chapitre 3

Les portes de l'adolescence

« Dans la vie, me répétaient mes parents, on ne fait pas toujours ce que l'on veut. » Ce précepte de bon sens m'apparaissait d'autant plus étrange que je n'avais pas à « gagner ma vie » et qu'avec le développement de la consommation et du loisir, le bonheur semblait à portée de main. Je grandissais dans le nouveau monde et l'ancien m'apparaissait triste et ennuyeux. Il ressemblait à l'intérieur des maisons d'une autre époque avec leurs tentures, leurs buffets Henri IV, leurs pots de fleurs et les arums dans un vase posé sur un guéridon. Les maisons basses et grises d'Équeurdreville, le silence des dimanches, la vie calme et réglée d'une ville de province... avaient perdu leur charme et leur poésie d'antan. J'avais l'impression d'étouffer dans un monde clos alors que la modernité faisait signe de toutes parts vers de nouveaux horizons.

J'entrais dans cet âge de l'entre-deux qu'est l'adolescence, quittant l'enfance sans pour autant avoir vraiment l'envie de devenir adulte. Le modèle de vie à suivre me paraissait trop encombré de préoccupations besogneuses et vitales, n'offrant d'autre idéal que la richesse pourvu qu'on se conformât à un chemin tout tracé. Comme j'étais « bon à l'école », mes parents étaient prêts à me payer des études pour « avoir une bonne situation », mais encore fallait-il que je fasse preuve de bonne volonté en me montrant digne de leurs propres ambitions. Ils projetaient sur moi leur rêve de richesse et de statut social qu'ils ne pouvaient réaliser. Ils finirent assez vite par déchanter. J'avais déjà la tête ailleurs et l'envie constante de « déconner » ; je me sentais de plus en plus étranger au monde des adultes que je trouvais durs et insensibles et n'avais nulle envie de m'y conformer.

La souffrance des bêtes

J'avais, disait-on, le cœur sensible et j'aimais beaucoup mon chien et mon chat. « Qui n'aime pas les bêtes, n'aime pas les hommes », se plaisait-on alors à répéter souvent. Ce dicton ne s'appliquait à vrai dire qu'aux animaux domestiques, mais même dans ce cas, cela ne me paraissait pas tout à fait vrai. La grande majorité des chiens des cours de ferme qui aboyaient à la moindre occasion et hurlaient souvent « à la mort » étaient enchaînés près de leur niche en bois et pour parvenir à les faire taire, il fallait parfois leur lancer des cailloux. Chiens de garde ou chiens de chasse, on les appréciait et on s'y attachait surtout pour leurs services, tout comme les chats qui étaient plus ou moins « bons pour les souris ». En ville, bien qu'ils puissent rendre les mêmes services, leur situation était différente, ils étaient plutôt considérés comme des « animaux de compagnie » pour lesquels on se prenait d'affection. Mais que faire quand ils étaient trop malades ou trop vieux ?

À la campagne, on pouvait s'en débarrasser d'un coup de fusil, mais à la ville c'était plus délicat. Pour les portées de petits chats, il était courant qu'on les tuât en leur claquant la tête contre un mur ou en les noyant dans la cuvette des w.-c. Et si on avait le cœur trop sensible envers les « petits chatons », on demandait à un voisin d'exécuter la tâche. Quant à son vieux chien ou son vieux chat, tout le monde n'entendait pas dépenser de l'argent pour les faire piquer chez le vétérinaire. Dans ce cas, on se débrouillait comme on pouvait pour les tuer. Le vieil Alfred, un vague cousin de la famille que j'aimais beaucoup, s'était un jour confié à moi : il avait mis son chien très malade encore vivant dans une « pouque » (sac en toile de jute) avec des gros cailloux et l'avait jeté dans les douves près des vieux remparts de l'arsenal. Ces remparts étaient situés près de la « Plaine » où nous jouions et l'on pouvait y voir des cadavres de chiens, le ventre gonflé et les pattes en l'air, flottant dans une eau saumâtre au milieu de déchets de toute sorte. Ces fossés étaient l'un des lieux où l'on venait noyer son chien. Alfred en avait pleuré et avait mis du temps à s'en remettre. Tous n'avaient pas ses états d'âme. Il arrivait qu'un chien soit maltraité et parfois battu à mort par quelques sadiques et ivrognes, sans que quiconque s'autorise d'intervenir. Dans le rapport à l'animal, malgré la Société protectrice des animaux, l'homme continuait d'avoir pratiquement tous les droits.

Tuer les poules et les lapins était un acte banal que j'avais vu pratiquer par ma grand-mère dans le jardin. Elle enfonçait le couteau dans le bec et la poule mourait à bout de sang. Le coup du lapin (coup violent porté sur la nuque avec ou sans bâton) permettait d'assommer ce dernier, mais pourquoi fallait-il que ma grand-mère lui arrache l'œil pour le faire saigner[1] ? Pour les canards et les oies dans les campagnes, il arrivait qu'on leur coupe la tête sur un billot, ce qui allait

1. Cette pratique permet en fait de récupérer le sang sans que celui-ci soit souillé par la fourrure.

plus vite et pouvait parfois donner lieu à une étrange scène, celle d'un canard sans tête faisant quelques pas avant de s'écrouler.

Dans l'ancien halle au grain de Cherbourg, on pouvait assister en passant au saignement de nombreux lapins. Lors de mes promenades le jour du marché avec un copain, nous observions la scène, étonnés que les lapins attendent leur tour sans tenter de s'échapper. Ces expériences d'enfance m'avaient marqué sans pour autant trop me traumatiser : cela faisait partie des us et coutumes dans un univers familier qui demeurait rassurant. Il n'en a pas été de même vers onze et douze ans quand je découvris comment on pouvait tuer les animaux de boucherie.

C'était un soir où nous allions nous mettre à table quand, soudain, nous vîmes passer étonnés une vache qui gambadait dans la rue Gambetta. À peine étions-nous sortis sur le trottoir pour voir ce qui se passait, une camionnette s'arrêta près du petit groupe de curieux dont je faisais partie. La porte latérale s'entrouvrait : « Montez ! La vache s'est échappée de l'abattoir, on va la rattraper ! » Je me retrouvais dans la camionnette au milieu de trois ou quatre jeunes de seize, dix-sept ans avec leur tablier de boucher ensanglanté et de grands couteaux à la main. Le conducteur plus âgé était un équarrisseur qui avait apporté son fusil de chasse. Tout ce petit monde était fort excité et j'avais l'impression qu'on rejouait une scène du film *Hatari !*[1] avec John Wayne que je venais de voir au cinéma. Nous poursuivîmes la vache sur la route pavée longeant les fortifications de l'arsenal jusqu'à ce qu'elle fût épuisée et s'arrêtât sur un talus. Tout le monde mit pied à terre, la vache nous faisait face à une cinquantaine de mètres. L'équarrisseur visa sa tête avec son fusil de chasse

1. Film qui met en scène un groupe d'aventuriers qui capturent des animaux sauvages pour les revendre à des zoos.

à deux coups. À chaque volée de plombs, la vache sursautait, redressait la tête en beuglant mais ne s'effondrait pas. Une décharge atteignait les yeux, des filets de sang coulaient sur sa tête et son échine; ses beuglements s'affaiblissaient à peine... L'homme rechargeait calmement son fusil et tirait à nouveau...

Je ne pus supporter plus longtemps de voir souffrir la bête de cette façon. Je rentrai à pied à la maison, maudissant dans mon for intérieur ce monde de brutes et d'imbéciles: «Je ne suis pas comme eux et ne le serai jamais!»

Les abattoirs et leurs mares de sang

Je n'avais encore rien vu. Mon beau-frère qui était charcutier et mes parents s'étaient un moment mis en tête que je pourrais devenir vétérinaire, en me faisant miroiter tous les avantages financiers qui pourraient en résulter dans cette région d'élevage. Un jour mon beau-frère m'emmena avec lui dans les abattoirs, considérant sans doute que c'était un parcours obligé de mon éducation qu'il trouvait trop gâtée et douillette, en comparaison de ce qu'il avait enduré dans sa jeunesse. Je découvris un univers dantesque que je n'aurais jamais pu croire possible auparavant.

Les abattoirs de Cherbourg étaient situés près des quais du grand bassin, à côté de l'usine de charbon et du lycée technique. Les bâtiments étaient vétustes et visiblement inadaptés à la quantité d'animaux à abattre. Il fallait passer devant ces bœufs, ces vaches, ces moutons, ces cochons... qui ne comprenaient pas ce qui allait leur arriver, malgré les cris, les bêlements, les beuglements de ceux qu'on abattait un peu plus loin. Devant de petits box, vaches et veaux attendaient leur tour, indifférents au sort de leurs congénères accrochés la tête en l'air. Nous pataugions littéralement dans le sang malgré les coups de jets d'eau sur le ciment. Je passais devant des moutons, suspendus par les pattes de derrière à des sortes de grilles, qu'on venait d'égorger et dont le sang coulait à flots. Le coin des cochons avait de quoi surprendre : les bêtes allaient et venaient librement sur la dalle de ciment, apparemment indifférentes, avant qu'on les saisisse, leur donne un coup sur la tête et leur rentrent un couteau dans la gorge. Pourquoi les moutons n'avaient-il pas droit, comme les cochons, au coup sur la tête ? Le responsable me dit que les cochons n'avaient pas le temps de se rendre compte de ce qui leur arrivait. Le seul problème c'était surtout avec les jeunes débutant dans le métier : avec eux les bêtes mettaient beaucoup trop de temps à mourir. Je me souviens d'un jeune impressionnant avec ses couteaux à la ceinture et son tablier taché de sang, il me souriait d'un air ironique comme pour me dire que j'étais resté un gamin.

Mon beau-frère m'emmena une autre fois aux abattoirs du Havre où ma sœur et lui habitèrent quelques années. Il était venu avec un grand bidon récupérer du sang. Ce jour-là il me montra son savoir-faire en tuant un veau devant moi : il le suspendit et s'employa à lui trancher la tête avec un grand couteau puis approcha le bidon juste en dessous. Et comme cela ne suffisait pas, il prit un bol qui se trouvait là et but une gorgée de sang tout chaud. C'était, paraît-il, bon pour la santé et comme j'étais du genre « mauviette » j'en avais sûrement besoin.

Une vache affolée passa tout près de nous, elle s'était détachée et courait partout, elle « avait dû sentir le sang », telle était du moins l'explication qu'on me donna. Mais le pire fut pour moi de voir cette vache égorgée, attachée et couchée par terre et qui n'en finissait pas de beugler au milieu d'un petit attroupement : sa viande devait être « casher » et elle fut égorgée comme il se doit. Le temps qu'elle mit à mourir en se vidant de son sang me parut très long.

Pour finir cette visite éducative, mon beau-frère voulut me montrer la dureté des conditions de travail des jeunes qui n'avaient pas la chance d'être gâtés comme moi – c'était devenu chez lui comme une obsession et une sorte de règlement de comptes jaloux envers une insouciance de la jeunesse qu'il n'avait pas connue. Nous entrâmes dans un petit local sale et puant. J'entraperçus dans la pénombre une jeune fille assise sur un tabouret qui vidait des boyaux. Elle pinçait les tripes pour en faire sortir les excréments presque machinalement. Son visage était triste et doux. Elle devait avoir seize ans, j'en avais douze et, malgré cette différence d'âge, je ne pus m'empêcher de penser : pourquoi elle et pas moi ? Quand je découvris plus tard les toiles de Rembrandt me revint en mémoire le clair-obcur de cet atelier, ce visage clair, impassible et beau face à la mort et au chaos.

Sur le chemin du retour, mon beau-frère me dit comme à son habitude : « Maintenant, t'as vu ce que c'est, tu n'as pas à te plaindre, tu devrais être content d'avoir la chance de faire des études pour avoir une belle situation… » J'étais sous le choc de ce que je venais de voir et je ne répondis pas à cette ultime provocation. Fallait-il passer par une telle épreuve pour devenir grand ? Qu'avais-je en commun avec ce monde des adultes insensibles et méchants ? On aurait voulu me faire détester le monde des adultes, que l'on ne s'y serait pas pris autrement.

La force explosive du « yé-yé »

L'entrée dans l'adolescence ne fut pas seulement marquée par cette épreuve initiatique d'un autre temps mais aussi par la découverte concomitante d'un univers opposé, dynamique et insouciant. Il est un jour dont je me souviens particulièrement parce que pour la première fois j'entendais un rythme qui intensifiait l'instant présent, faisant exploser la banalité de la vie quotidienne et l'ennui, le temps d'une chanson : je découvrais ébahi « Kili Watch » chanté par Johnny Hallyday grâce au petit électrophone Teppaz de mes parents. Le son de la guitare électrique allié aux onomatopées produisit sur moi un plaisir immédiat. Ce fut comme une révélation, celle de l'existence d'un univers insouciant et fou qui faisait écho aux pulsions naissantes et chaotiques de l'adolescence. Pour les adultes, cette musique ne ressemblait à rien et n'avait pas de sens.

Auparavant, je n'avais entendu que les chansons que mes parents écoutaient à la radio et les quelques disques que ma mère avait achetés. Aux chansons des années 1940 et 1950 reprises par Jean Lumière avec sa voix doucereuse, s'ajoutaient celles de Line Renaud, Luis Mariano, Bourvil et, suprême audace, Charles Aznavour dont la chanson *Après l'amour* avec ses aspects « sulfureux », ou du moins considérés comme tels dans les milieux catholiques. Ma mère m'interdisait de l'écouter, ce qui évidemment entraîna l'effet inverse.

La chanson était déjà devenue « le plus quotidien des objets de consommation [1] » grâce au tourne-disque et au transistor, sans pour autant rompre fondamentalement avec le passé. Lors de la fête des mères, la chanson *Maman, la plus belle du monde* chantée par Luis Mariano pouvait avoir droit de cité dans la maison et la vieille tante de mon père s'était mise à pleurer en l'écoutant : elle était triste parce que l'une de ses filles ne lui adressait plus la parole. Ma sœur écoutait plus volontiers Piaf, Dalida ou encore Patachou, sans oublier la musique du mambo et du cha-cha-cha, danses au rythme syncopé dont elle esquivait quelques pas dans la cuisine en faisant la vaisselle et en écoutant la radio. Cette

1. Edgar Morin, « On ne connaît pas la chanson », *Communications*, n° 6, 1965.

danse décontractée et joyeuse rompait déjà avec les codes de la musique et les danses d'autrefois.

Quant à Gilbert Bécaud, il avait déjà chanté, à sa manière, la nouvelle génération dont les comportements intriguaient les adultes :

« Elle s'habille comme lui
D'un pantalon
D'un blouson
Quand on les rencontre la nuit
On dirait deux garçons
[...]
C'est le temps des n'importe quoi
Âge tendre et tête de bois[1]. »

On appelait Bécaud « Monsieur 100 000 volts » et il arrivait à ses fans de casser quelques fauteuils.

Mais le « yé-yé », qui francisait à sa façon le rock venu de l'autre côté de l'Atlantique, était bien autre chose : il portait en lui un « ferment dionysiaque, panique, une force explosive[2] » intimement lié à la montée en puissance de l'adolescence comme « nouvelle classe d'âge », plaque sensible révélatrice des temps nouveaux. Adieu les gentilles chansons à texte (« Salade de fruits, jolie, jolie, jolie/[...] Un jour ou l'autre il faudra bien/ Qu'on nous marie[3] »), les paroles n'avaient plus grande importance, on ne les mettait plus en musique, elles n'étaient là que pour accompagner un rythme endiablé. Le son primait sur le sens, et tant pis si cela débouchait sur le n'importe quoi :

« Kili kili kili kili watch watch watch watch
Keom ken ken aba.

1. « Âge tendre et tête de bois ».
2. Edgar MORIN, « On ne connaît pas la chanson », *op. cit.*
3. « Salade de fruits ».

Depuis deux jours je ne fais que répéter.
Ce petit air qui commence à m'énerver[1]. »

Je suis devenu, à douze ans, un « fan » de Johnny Hallyday (que mes parents comme d'autres prononçaient Holliday), mais aussi des Chaussettes noires et d'Eddy Mitchell dont la voix chaude enveloppait des paroles des plus frivoles. Leurs apparitions à la télévision chantant « Dactylo Rock », « Be-Bop-A-Lula », « Daniela » me ravissaient...

Quant à Dick Rivers et les Chats sauvages, ils restent pour moi associés à une transgression première que je n'ai pas oubliée. J'étais alors avec une petite bande de copains d'Équeurdreville dans un café-tabac, nous étions venus acheter je ne sais quoi et pendant que l'un de mes copains parlait au patron, les autres s'empressaient de voler discrètement des bandes dessinées. On me l'avait dit et répété : « Qui vole un œuf vole un bœuf » et ce larcin suscitait en moi le désarroi. Le jukebox diffusait la chanson « C'est pas sérieux » avec le son métallique des guitares et des paroles qui me fascinaient :

« *C'est pas sérieux*
Mais c'est bon mon amour
Quand ta bouche affamée
Se promène sur mon cou... »

La transgression avait un goût étrange dont le plaisir n'était pas absent. J'avais déjà pu le remarquer au cinéma lorsque j'étais plus jeune : nombre de garçons et de filles s'embrassaient goulûment dans l'obscurité. Ils étaient plus

1. « Kili Watch ». À l'origine, « Kili Watch » est une chanson d'un groupe belge dénommé *The Cousins*.

âgés que nous et nous les regardions avec une curiosité mêlée d'envie en sachant que notre tour viendrait.

J'écoutais l'émission *Salut les copains* (titre repris d'une chanson de Gilbert Bécaud) sur Europe n° 1 ; je m'achetais le magazine du même nom avec ses reportages sur les « idoles » et leurs grandes photos en couleur ; je regardais à la télévision *Âge tendre et tête de bois* (« La première émission de variété destinée à un public jeune »). À l'école, alors que j'étais en cinquième, j'affichais ostensiblement à la récréation mes préférences avec une chaînette et un pendentif de Johnny, ce qui ne manquait pas de choquer quelques curés qui préféraient les petites croix. À la fin d'un spectacle dans l'établissement, on demanda si quelqu'un voulait monter sur scène – ce qui était une permission nouvelle pour l'époque. Avec un copain, tout aussi fan que moi des « yé-yé », nous profitâmes de l'occasion et dansâmes quelques pas de twist en chantant quelques paroles des Chaussettes noires avec Maurice Chevalier : « Bonjour monsieur-eur Chevalier [...]/ Tout l'monde en piste / On va faire ça comme des artistes [...] / Mais savez-vous danser le twist [1] ? » Les enseignants et les curés présents n'apprécièrent pas du tout. Nous eûmes droit à une critique publique devant les élèves pour un tel comportement déplacé devant des jeunes qui pouvaient en être choqués (en fait, ils avaient bien rigolé).

L'« archange noir du rock »

Ceux qu'on dénommait les « yé-yé » n'appartenaient pas au seul genre du rock et du twist, d'autres chansons étaient beaucoup plus lentes et fleur bleue. Dans le versant

1. « Twist du canotier ».

romantique, Françoise Hardy et Adamo dominaient pour moi tous les autres, exprimant d'une autre manière le malaise de l'adolescence. Quant à Sheila, la « petite fille de Français moyens », elle était un peu trop gentille à mon goût avec ses couettes et ses trémoussements ; elle avait encore des aspects d'écolière (« L'école est finie... L'heure de la sortie, c'est l'meilleur moment de la journée[1] ») et sa « première surprise-partie » était du genre permissif (« Mes parents m'ont enfin permis d'inviter des amis chez moi[2] »). Elle n'en osait pas moins quelques remises en cause :

« Papa, papa, papa, t'es plus dans l'coup, papa,
Tu m'avais dit dès ma plus tendre enfance
"Bien mal acquis ne profite jamais"
En grandissant, au fil de l'existence, j'ai vu que ce n'était pas toujours vrai [...] [3]. »

Parmi les « idoles » de l'époque, il en est une qui me paraissait contraster avec tous les autres et retenait mon attention parce qu'il apparaissait comme un vrai voyou. Certes, Johnny Hallyday jouait sur ce registre :

« Si vous cherchez la bagarre
Vous êtes tombé à la bonne place...
J'avoue que la bagarre
Je n'suis pas contre [...] [4]. »

Mais, dans le genre, il ne valait pas Vince Taylor.

C'était un rocker anglais ayant vécu aux États-Unis, ce qui lui donnait l'avantage de parler naturellement la

1. « L'école est finie ».
2. « Première surprise-partie »
3. « Papa t'es plus dans l'coup ».
4. « La Bagarre ».

langue d'origine, les essais des yé-yé français dans ce domaine étant plutôt calamiteux. Il avait des allures à la fois d'Elvis Presley et de Gene Vincent que les chanteurs français essayaient d'imiter, tandis qu'il y parvenait sans mal en y ajoutant une énergie sans pareille. Les paroles servies par une voix chaude et sensuelle faisaient corps avec la musique sur un rythme endiablé. Au regard de sa composition « Brand New Cadillac » et ses interprétations sauvages des standards du rock[1], les rockers français faisaient pâle figure ; son petit groupe (Les Players) me semblait dépasser les autres, avec son batteur hors pair, Bobbie Clark. Aujourd'hui encore, son interprétation de « Shakin' All Over » me paraît inégalée. C'est grâce à lui que je pris connaissance du rock des origines qui avait une autre allure que ses versions francisées.

Vince Taylor était tout de cuir et de noir vêtu, une chaîne autour du cou avec le médaillon de Jeanne d'Arc (on ne savait pas trop pourquoi), il portait des gants noirs (cela allait de soi) et brandissait de temps à autre une grosse chaîne qui lui donnait encore plus l'air d'un bagarreur des rues. Ses spectacles étaient régulièrement le lieu de violences ; ses déhanchements et ses jeux de jambes étaient époustouflants. Il traînait derrière lui une réputation sulfureuse en cette période d'optimisme et d'insouciance. C'est peut-être cela qui l'a empêché de connaître une célébrité semblable aux yé-yé français plus fleur bleue et pacifiques, malgré leurs apparences. Celui que l'on surnommait l'« archange noir du rock » dévoilait plus que tout autre la rage et la face sombre de cette musique, préfigurant, jusque dans la déchéance qui

1. Pour s'en rendre compte, il suffit de regarder sur YouTube les interprétations filmées à l'époque de « Brand New Cadillac », « Shakin' All Over », « Twenty Fligh Rock » ou encore « What'd I Say » que l'on pourra comparer à la version française de Dick Rivers et des Chats sauvages : « Est-ce que tu le sais ? »

succéda à son succès éphémère, le destin sinistre de nombre de chanteurs des années 1970. En ce sens, Vince Taylor portait déjà jusqu'aux extrêmes l'intensité et la rage de cette nouvelle musique du « peuple adolescent ».

« Si vous cherchez la bagarre... »

À l'époque, il était difficile d'échapper à la bagarre, y compris avec les plus grands que vous. J'avais déjà pu mesurer mes limites en ce domaine dans un petit établissement de jeux pour les jeunes (flippers, jukebox, baby-foot...) où traînaient quelques « mauvais garçons ». Cet établissement s'était installé rue Gambetta à deux pas de la maison et je ne résistais pas à la tentation. Le jukebox comportait tous les « tubes » des « idoles » de l'époque dont la célèbre chanson de Sylvie Vartan : « La Plus Belle pour aller danser » qui passait en boucle. Un jour, alors que je m'initiais au flipper, un adulte visiblement ivre me demanda de le laisser jouer. Je le rabrouai bêtement et je le vis aussitôt bondir sur moi avant que ses comparses éméchés parviennent à le ceinturer. J'eus très peur et je m'enfuis en courant. J'appris un peu plus tard que c'était un ancien légionnaire qui n'était plus très bien dans sa tête et qui était tout le temps saoul. À la suite de quoi mon copain Daniel me donna quelques leçons de judo pour me réconforter et j'achetai un petit livre de la collection de poche Marabout Flash (« L'encyclopédie permanente de la vie quotidienne ») : *Je connais le judo et les techniques de la « self-défense »*[1].

Ce petit livre savait attirer de jeunes candides comme moi tout prêts à croire aux outils miracles : « Il est ceinture

1. *Je connais le judo et les techniques de la « self-défense »*, Marabout Flash, Éditions Gérard et Co., Verviers, 1962.

noire! On le regarde avec respect. On le craint. Elle est ceinture verte et capable d'assommer un gorille (avec le sourire). Désirez-vous devenir calme, souple et maître de vous? Faites du judo et apprenez les techniques de combat qui vous permettront de parer à toute attaque! Nous avons réuni pour vous des entraînements progressifs qui vous conduiront irrésistiblement vers les plus hauts grades [1]. » Ce mode d'emploi du judo s'avéra vite décevant malgré tous les efforts pour essayer d'imiter les figures dessinées reproduisant les « techniques de combat », en n'oubliant pas de disposer de quelques matelas et couvertures sur le parquet. Quant à l'efficacité de cet « entraînement », elle laissait plutôt à désirer: tant qu'on n'a pas vaincu la peur de recevoir des coups, il vaut mieux éviter la bagarre. C'est du moins ce que j'ai fini par apprendre après plusieurs expériences malheureuses.

Ceux qu'on appelait les « blousons noirs » avaient le coup de poing facile. À Cherbourg et dans ses environs, ils n'étaient pas très nombreux mais on les croisait parfois en ville et dans les fêtes foraines. Ces fêtes d'un genre particulier attiraient beaucoup les adolescents et les bagarres n'y étaient pas rares.

« Aller à la fête foraine » avec un copain, sans la famille, était pour moi l'une des marques d'entrée dans un nouvel âge qui nous faisait quitter l'enfance, sans en avoir forcément aboli tous les traits. « Faire des tours d'autos-tamponneuses », de « chenilles », tirer à la carabine, découvrir la femme sans corps dont évidemment on ne voyait que la tête (survivante de la bombe atomique et nourrie à l'aide de piqûres), le monstre des mers (une grosse otarie dans un bassin), sans oublier les stands où des costauds affichaient leurs muscles (« Avec qui voulez-vous lutter? ») dans une ambiance saturée

1. Quatrième de couverture, *Je connais le judo et les techniques de la « self-défense »*, *Ibid.*

de musique yé-yé, de rock américain et anglais… Tout cela nous plaisait beaucoup.

Le seul problème était d'éviter les mauvaises rencontres avec ceux qui vous provoquaient et vous « cherchaient des crosses » pour pas grand-chose : un regard jugé insistant (« Qu'est-ce qu'elle a ma gueule, elle t'plaît pas ? »), un rire déplacé (« Qu'est-ce que t'as à rigoler, tu te fous de ma gueule ? ») ou un comportement trop guindé (« T'as vu ce gamin avec sa démarche ! »). Étant plus jeunes de quelques années que les blousons noirs en question, n'ayant pas été « élevés à la dure » comme la plupart d'entre eux et peu aptes à nous défendre, nous étions pour eux des proies faciles. Il nous arrivait de quitter précipitamment des fêtes foraines pour éviter de « se faire casser la gueule ».

Quelques années plus tard, nous croisâmes un chef de bande dans une rue de Cherbourg qui n'apprécia pas le regard moqueur d'un de mes copains à l'allure d'« intello ». Il le menaça de lui casser la figure en se vantant d'avoir fait trois ans de boxe. La réplique vint aussitôt : « Six ans d'échec ! » Sur quoi, il reçut une série de coups de poing en pleine face faisant voler ses lunettes. « Bats-toi si t'es un homme ! »… ce que se garda bien de faire mon copain qui ne faisait pas le poids, même avec ses « six ans d'échec »…

Karaté et « minettes »

Ces expériences répétées m'ont finalement amené à m'inscrire avec un copain aux cours de karaté dispensés à la Maison des jeunes de Cherbourg qui venait d'ouvrir ses portes.

À Cherbourg, le judo avait déjà ses adeptes et son club ; le karaté était quant à lui moins connu et avait la réputation d'être plus violent. Il s'apparentait, disait-on, à la boxe à laquelle s'ajoutaient les frappes portées avec la tranche de la main et des coups de pied cinglants… Viendra ensuite l'aïkido qui s'installera dans un autre endroit. Ces « sports de combats » avaient pour eux l'attrait de la nouveauté et de l'exotisme, à la différence de la boxe, de la lutte ou de l'escrime marqués du signe d'un autre temps. Les pratiques de l'Orient exerçaient déjà leur fascination sur nos jeunes esprits avec leurs aspects ésotériques donnant accès à l'on ne sait quelle mystérieuse énergie et force de l'esprit qui nous plaçaient au-dessus du commun des mortels. Je découvrais des techniques japonaises avec leurs dénominations ésotériques : « yokogeri », « uke », « kata », « shodan », « taikyoku ».… Quant à casser des planches avec le tranchant de la main, c'était devenu un jeu que je pratiquais à domicile avec mon copain.

La pratique du karaté n'était pas seulement un moyen de se défendre et d'acquérir une confiance en soi qui nous faisait défaut, c'était aussi une marque de distinction. Le responsable du club nous avait donné un petit insigne doré avec le sigle japonais du karaté que nous portions à la boutonnière. Ce petit insigne était comme un message envoyé aux autres jeunes pour qu'ils ne nous embêtent pas trop, en même temps qu'il nous plaçait au-dessus d'eux. Il avait bien plus de valeur à nos yeux que les tee-shirts et autres produits dérivés de *Salut les copains*, mais il ne nous protégeait pas pour autant : les « blousons noirs » cherchaient à se mesurer à ceux qui pratiquaient ce genre de sport.

Le karaté permettait de libérer et de domestiquer (relativement) une énergie et une agressivité juvénile. Il m'a appris à faire face et ne pas avoir trop peur face à un adversaire, fût-il d'un autre poids, mais lors des « combats », comme il était interdit de porter les coups, cela ne changeait pas forcément grand-chose. Quelque temps plus tard, j'eus l'occasion de m'apercevoir des limites de cet apprentissage lors de quelques bagarres bien réelles avec des jeunes plus grands et plus costauds qui (sans judo et sans karaté) portaient les coups sans problème.

Le moment le plus intense de cet apprentissage eut lieu lors d'une démonstration de karaté sur la place centrale de Cherbourg. J'exécutai mal un coup de poing en avançant, ma tête heurta les genoux de mon vis-à-vis, et mon arcade sourcilière se mit à saigner abondamment. J'avais quinze ans, mes parents s'inquiétèrent en me voyant revenir avec un pansement et des traces de sang. Avec cette arcade sourcilière ouverte, j'avais visiblement franchi une limite et j'eus beaucoup de mal à les convaincre de me laisser continuer à pratiquer ce sport aux aspects initiatiques.

Le karaté impliquait une discipline et un entraînement contraignants et j'avais en même temps d'autres préoccupations en tête qui m'entraînaient vers des horizons plus pacifiques et plaisants. Avec mes nouveaux copains, je traînais au bar de la piscine, qui ressemblait quelque peu à ceux que l'on pouvait voir au cinéma, et dans les cafés de Cherbourg qui gardaient leur charme ancien. La grande brasserie Le Central à côté du cinéma avait encore sa salle de billards ; on continuait à jouer aux cartes dans les cafés populaires comme au bon vieux temps. Mais la plupart des « bars » étaient désormais équipés de flippers, d'un baby-foot d'un jukebox auxquels s'ajoutait parfois un scopitone[1]. Ces cafés, à l'époque plus nombreux qu'aujourd'hui, constituaient autant de points de rendez-vous pour partager notre vague à l'âme et notre ennui. La « drague » et le « flirt » occupaient nos esprits. Les filles étaient mignonnes mais, à Cherbourg où le milieu intellectuel était plutôt restreint, elles semblaient davantage attirées par les « minets » avec voiture et permis

1. Jukebox diffusant de petits films musicaux correspondant à la chanson sélectionnée et à son interprète.

de conduire, genre Frank Alamo ou Richard Anthony. Dans ce genre, le Café du théâtre sur la grand-place était un lieu de rendez-vous prisé et, malgré nos critiques sur la mode et les « minettes », il était difficile de résister à leurs charmes et de ne pas se rendre dans ce lieu distingué. En attendant de pouvoir profiter des voitures de copains plus âgés, il fallait se contenter de quelques boums un peu tristes avec slows et flirts rêvassants.

Adolescence et frustration

Sous les apparences d'insouciance et de gaieté, rien n'était simple dans les rapports entre les garçons et les filles au temps des yé-yé. À croire l'une ses plus célèbres chansons, Françoise Hardy allait « seule dans les rues l'âme en peine » et personne ne murmurait je t'aime à son oreille[1]. Quant à Richard Anthony qui faisait un peu plus âgé, il avait l'avantage d'être associé à une voiture décapotable anglaise très en vogue à l'époque[2] – ce qui était un net avantage, disait-on, pour « draguer les minettes » –, mais il avait un petit air triste d'amoureux perpétuellement déçu ; ses chansons parlaient souvent de ruptures amoureuses (« À présent tu peux t'en aller ») et n'avaient rien de particulièrement gai (« J'entends siffler le train »). Christophe criait « Aline » pour qu'elle revienne, Adamo criait son désespoir dans « Tombe la neige » et pour Hervé Vilard, Capri c'était fini. Quant à Hugues Aufray, bien qu'un peu plus âgé, il s'interrogeait : « Le bonheur n'est-il pas fait pour moi ? » avant de s'apitoyer sur le sort de la pauvre « Céline » qui n'avait pas encore « trouvé à se marier »...

1. « Tous les garçons et les filles ».
2. La chanson « Nouvelle vague » (reprise de « Three Cool Cats » du groupe américain The Coasters) décrit une scène de drague de trois garçons dans une MG.

Les premières surprises-parties donnaient une place aussi importante au slow qu'au rock'n roll ou au twist, mais, malgré les apparences décontractées, les rapports entre garçons et filles étaient plutôt compliqués. Nombre de chansons « yé-yé » clamaient l'irrésistible attraction, le plaisir de l'état amoureux, la montée du désir... sans pour autant que tout cela aboutît, loin de là, à « coucher ensemble ». À l'invitation de Dick Rivers et des Chats sauvages :

« Alors viens donc chez moi
Viens chez moi viens chez moi[1]*... »*

Françoise Hardy répondait comme en écho :

« J'suis d'accord pour le cinéma
Pour le rock, le twist ou le cha-cha
J'suis d'accord pour tout c'que tu voudras
Mais ne compte pas sur moi pour aller chez toi[2]*. »*

France Gall résumait le mieux la situation des amours adolescentes de l'époque dans une chanson écrite par son papa :

« Soyons sages
Soyons sages
[...]
Si nos bouches s'affolent
Restons calmes tous deux [...][3]*. »*

À seize ans, j'avais déjà rompu avec ma période « yé-yé » et j'écoutais le blues et la pop music anglaise qui me paraissaient d'un tout autre niveau. Mes parents avaient accepté

1. « C'est pas sérieux ».
2. « J'suis d'accord ».
3. « Soyons sages ».

que j'aille en Angleterre avec un copain de classe dans le cadre d'une association qui organisait des stages de langue dans des familles à la bonne réputation. Mon copain de voyage et moi avions fini par les convaincre que ce voyage ne pouvait n'être que bénéfique pour l'apprentissage de la langue. À vrai dire, nous avions bien d'autres préoccupations en tête : rencontrer des petites Anglaises au pays des Beatles et des Rolling Stones où la libération des mœurs était plus avancée que dans la Normandie profonde.

La découverte du pays s'avéra moins aventureuse que prévu. Je fus reçu dans une famille catholique irlandaise qui, dans le domaine des coutumes et des mœurs, n'avait rien de particulièrement « progressiste ». Je l'accompagnais à la messe, tenant le dernier-né dans les bras pendant que le reste de la famille allait communier ; je découvrais le jeu de loto pratiqué dans une grande salle avec plusieurs de dizaine de participants ; je fis quelques visites éducatives dont celle d'une vieille manufacture anglaise qui fabriquait du chocolat (*Cadbury's factory in a garden*)... Sous l'apparente vie de famille catholique bien tranquille, je m'aperçus un jour que leurs deux filles, qui devaient avoir douze ou treize ans, n'étaient pas si sages qu'il y paraissait : alors que les parents étaient absents, elles fumaient cigarette sur cigarette et étaient passablement éméchées en écoutant le hit-parade de la pop music à la radio.

Mon copain avait eu la chance d'être logé dans une famille dans le quartier ouvrier de Birmingham avec des « jeunes prolos » aux allures de rockers, qui préféraient les Rolling Stones aux Beatles et savaient draguer vertement les filles à la piscine. Le comportement de ces dernières était des plus décontracté et contrastait avec le sérieux et l'air coincé de nos copines normandes. Leurs cris hystériques à la vue des Beatles lors de la projection du film *Help!* au cinéma, tandis que mon copain échangeait quelques attouchements avec sa voisine, me confirmèrent dans cette idée. Je n'avais pas la même audace que mon copain et, malheureusement pour moi, la famille irlandaise limitait mes sorties en veillant à ce que je ne rentre pas tard le soir. Avant de repartir, je pus assister à une course de *stock-cars* mais, plus que les carambolages, c'est une chanson pleine de rage sortant des haut-parleurs qui retint mon attention :

« I'm down
I'm really down
How can you laugh when you know I'm down
Woah ooh[1] *! »*

Je me sentais frustré et déçu de ce voyage si prometteur. J'avais encore en tête une scène entraperçue dans une boutique de disques quelque temps auparavant : une jeune fille cheveux longs et minijupe, ressemblant à Marianne Faithfull se balançait superbement en écoutant « Satisfaction[2] ». Ce fut comme l'apparition soudaine d'un au-delà merveilleux mais encore inaccessible : « *I can't get no... satisfaction.* »

Des soixante-huitards avant l'heure ?

Comme pour les millions de jeunes qui ont grandi dans cette époque, le rock'n roll puis la pop music ont beaucoup compté pour moi. Cette musique a accompagné la rupture avec l'ancien monde en même temps que l'entrée dans l'adolescence en instituant cette dernière en catégorie sociale à part entière avec ses comportements et sa culture propres ; elle fut un élément structurant de l'émergence et

1. « I'm Down ».
2. « (I Can't Get No) Satisfaction ».

de la formation du « peuple adolescent ». Dans les relectures contemporaines de Mai 68, on ne manque pas de souligner l'importance de cette nouvelle musique, allant parfois jusqu'à considérer les chanteurs et les groupes de l'époque comme des sortes de soixante-huitards avant l'heure, au risque de l'anachronisme et de la confusion.

Après les épreuves de la guerre qu'ont connues les adultes, la jeunesse est incitée à profiter pleinement de sa jeunesse. Ce « jeunisme » va se développer avec l'entrée d'une classe d'âge nombreuse dans l'adolescence ; il accompagne la grande transformation et accentue la rupture avec le vieux monde en valorisant ses aspects hédonistes face aux « vieux croulants ». En 1956, Charles Aznavour appelait à vivre intensément ce moment de la vie : « Il faut boire jusqu'à l'ivresse sa jeunesse[1]. » Six ans plus tard, dans le film *Les Parisiennes* l'actrice Dany Saval avec les Chaussettes noires se lance dans une danse frénétique et sensuelle en chantant sur un air de rock :

« Oui oui je prends la vie comme elle vient
C'est bien mieux comme ça
Je prends mes joies à pleines mains, c'est bien mieux comme ça
Car ma jeunesse est mon seul bien[2]*. »*

Darry Cowl qui joue dans le film et dévore des yeux cette scène déclare face au patron de la boîte de nuit qui n'apprécie guère ce genre de prestation : « C'est ma cousine, elle a beaucoup de cran… »

Le rock dans sa version yé-yé exprimait une nouvelle insouciance ludique qui rompait avec l'ancien monde du tragique de l'histoire et de l'engagement ; il est concomitant

1. Charles Aznavour, « Sa jeunesse ».
2. « C'est bien mieux comme ça ».

des dernières années de la guerre d'Algérie, participe de la dynamique des Trente Glorieuses. La vague yé-yé et ses principaux représentants n'avaient rien de particulièrement révolutionnaire par rapport à la société de consommation et des loisirs. On peut considérer, au contraire, qu'ils en sont l'une des émanations.

Les yé-yé se sont trouvés intégrés dans de grands médias (magazines, disques, radio et télévision...) et, parmi les plus connus, certains participaient à la promotion de marques de chaussettes, de chemises, d'eau de toilette, de voitures... Malgré quelques réticences, ils l'acceptaient parce que leur promotion était à ce prix. Les chanteurs de rock français – comme beaucoup de leurs fans qui se trémoussent – portaient encore la cravate et suivaient la mode de près ; des « idoles » se mariaient en blanc et à l'église comme Johnny Hallyday et Sylvie Vartan ; ils n'étaient pas particulièrement critiques contre l'armée, même s'ils n'aimaient pas trop les contraintes du service militaire. Quant aux filles qui étaient « dans le vent », elles paraissaient encore bien sages. Le magazine *Mademoiselle Âge tendre*, qui accompagnait *Salut les copains*, comportait outre des photos des idoles et des chansons, des recettes de cuisine, de la couture, des conseils de beauté et de maquillage... Des « idoles » étaient même photographiées en train d'accomplir des tâches ménagères [1]. On n'y trouvait pas trace de la critique de la société de consommation et de l'aliénation.

S'il fallait trouver à tout prix des prémices soixante-huitard parmi le phénomène yé-yé, les chemises à fleurs du chanteur Antoine qui s'opposait à l'époque à Johnny Hallyday, les chansons provocantes de Polnareff, l'humour

1. « *Salut les copains* et *Mademoiselle Âge tendre* », Jean-Pierre Pascalini, *Les Yé-yé*, Hors collection éditions, p. 41.

décapant de Jacques Dutronc interprétant les chansons écrites par Jacques Lanzmann… nous paraîtraient les mieux placés, quelle que soit l'appréciation que ces chanteurs aient pu porter sur l'événement.

Des blousons noirs et des « grands ensembles »

Ceux qu'on appelait les « blousons noirs » (à cause de la couleur de leur blouson en cuir ou en simili) constituaient l'autre face du rock et du « yé-yé », mais ils ne sauraient pareillement être considérés comme des soixante-huitards avant l'heure. Leur comportement provocateur et agressif fascinait une partie des jeunes désœuvrés des classes moyennes et aisées[1] ; on en verra quelques-uns à l'Odéon et lors des affrontements durant les nuits des barricades en Mai 68 ; les situationnistes, et plus tard les maoïstes, les considéreront comme des révolutionnaires en puissance pourvu que leur violence soit orientée dans le sens du renversement de la société capitaliste, spectaculaire et marchande. Mais les « blousons noirs » ne se réclamaient d'aucune idéologie et filiation ; ils étaient nés avec le rock et se voulaient des révoltés sans cause aimant la violence pour elle-même et non comme un moyen de mettre à bas un capitalisme dont ils étaient les enfants pauvres et frustrés.

À l'origine, c'était des jeunes issus essentiellement des couches populaires : jeunes ouvriers et employés, apprentis, élèves d'écoles professionnelles… élevés dans la nouvelle société sans en être les « enfants gâtés ». Ils formaient des bandes dans les quartiers populaires ou les nouvelles cités HLM, se faisaient connaître par des incivilités et des

1. Dans le film *Les Tricheurs* de Marcel Carné (1958), le personnage sombre d'Alain joué par Laurent Terzieff porte un blouson noir et se déplace à moto.

violences dont la presse ne manquait pas de parler : ivresse, provocations, vols et dégradations, bagarres dans les cafés et dans les bals, viols, affrontements entre bandes…

À l'époque, cette délinquance juvénile demeurait minoritaire, voire infime au sein de la jeunesse ; elle n'atteignait pas la violence des bandes de jeunes aux États-Unis, mais elle progressait depuis la fin de la guerre[1]. Les adultes découvraient cette violence qui les scandalisait sans trop savoir comment la traiter. En 1959, un des pères d'un de ces délinquants écrivait dans *Le Monde* : « Ces enfants (dont mon fils) sont ignorants de la notion de bien ou de mal. Intellectuellement et moralement ils ne sont pas armés pour faire un bénéfique retour sur eux-mêmes. Ce sont des infirmes à qui il faut réapprendre le mécanisme de la pensée morale. […] La prison ne leur inspire aucune crainte, et à la sortie, l'un de ces garçons a déclaré qu'il irait le soir au bal. Il irait auréolé de son prestige de détenu… Hier, ces gosses n'étaient pas des durs. Mais aujourd'hui[2]… »

Les pouvoirs en place, les sociologues, les militants cherchaient à comprendre les causes de cette montée de la délinquance juvénile. Des films américains avaient déjà abordé ce thème[3] et le jeune révolté « sans cause » était devenu une sorte de nouveau héros à travers les figures mythiques de

1. En 1957, pour 6 millions de moins de 18 ans, 14 778 mineurs sont jugés, 31 884 bénéficient de mesures de protection contre des parents abusifs. De 1951 à 1955, le nombre de mineurs en danger, judiciairement protégés passe de 24 499 à 30 087. Le pourcentage de la délinquance juvénile par rapport à la délinquance générale est passé de 5 % en 1955 à 9,4 % en 1959. Cf. Émile Copfermann, *La Génération des blousons noirs, problèmes de la jeunesse française*, François Maspero, Cahiers libres, n° 30, 1962, p. 35-36 et p. 172.

2. *Le Monde*, 3 septembre 1959, cité in Émile Copfermann, *La Génération des blousons noirs, problèmes de la jeunesse française*, *op. cit.*, p. 27.

3. *Graine de violence* (Titre original : *The Blackboard Jungle*) de Richard Brooks, 1955.

Marlon Brando et de James Dean[1]. Les « blousons noirs » français reproduisaient ce modèle avec plus ou moins de bonheur. Les grosses mobylettes orange de l'époque avaient beau ressembler un peu à des motos, elles ne valaient pas la grosse cylindrée de Marlo Brando dans *L'Équipée sauvage*. Quant aux courses de voitures à la James Dean, les blousons noirs n'avaient pas tous l'âge de conduire et encore moins les moyens financiers d'acheter une auto.

On s'interrogeait dès cette époque sur les nouvelles conditions de vie dans ce qu'on appelait alors les « grands ensembles » où n'existaient pas encore des infrastructures pour les loisirs des enfants et les adolescents[2] : « On les voit le jeudi, le samedi ou le soir assis en rond au bord des trottoirs ou traînant autour de la porte des immeubles : il suffit de visiter maints "grands ensembles" à ces heures et à ces jours-là pour le constater. Comment ce désœuvrement, cette frustration, ce regroupement n'amèneraient-ils pas la constitution de "bandes", si ce n'est pire[3]. »

Le haut-commissaire à la Jeunesse et aux Sports entendait bien y remédier par une série de mesures : « Extension des maisons des jeunes, des foyers de jeunes travailleurs, des foyers Léo-Lagrange, des clubs de quartier, développement des sports dans les milieux déclarés vulnérables, équipement socioculturel des groupes d'habitation modernes, recherches de métiers saisonniers pour la période des vacances[4]. » La gauche s'inquiétait de la dépolitisation de la jeunesse et de son absence d'intérêt pour le syndicalisme, insistait déjà sur

1. Dans *L'Équipée sauvage* et *La Fureur de vivre*.

2. Le film *Terrain vague* traite du malaise des jeunes des cités de banlieue ; *Les Cœurs verts* est consacré aux « blousons noirs ».

3. Claude Bourdet, « Préface », Émile Copfermann, *La génération des blousons noirs, problèmes de la jeunesse française*, *op. cit.*, p. 16.

4. Maurice Herzog, haut-commissaire à la Jeunesse et aux Sports, *Le Monde*, 9 septembre 1959, cité par Émile Copfermann, *La Génération des blousons noirs, problèmes de la jeunesse française*, *op. cit.*, p. 30.

le rôle des éducateurs, de la « pédagogie active », de l'« activité culturelle et éducative », le « droit aux loisirs, à la formation professionnelle, à l'enseignement », « une sorte de sécurité sociale » de l'éducation, reconnue d'utilité publique et préventive, « sans oublier l'autogestion »[1]. Les modèles d'autorité dans la famille et dans l'école étaient jugés dépassés : « Les vertus exemplaires de la famille à l'école restent semblables à ce qu'elles étaient voici cinquante ans, bien qu'elles s'inscrivent face à la réalité quotidienne comme autant de délirantes anomalies[2]. » Plus d'un demi-siècle après, les incivilités et les violences des jeunes se sont développées sans que la gauche n'ait fondamentalement changé ce cadre d'analyse.

Restait à l'époque une réalité dérangeante qu'on ne pouvait ignorer : le « besoin d'immédiateté », la « volonté effrénée de satisfaire tout désir dès l'instant où il est ressenti » : « Le "tout, tout de suite" que les jeunes manifestent dans des vols parfois insolites, dans des actes souvent fous, exclut le recul d'une réflexion. Il exprime l'appétit qu'on leur a créé[3]. » Qu'en est-il aujourd'hui avec la crise économique, le chômage et les familles dites « monoparentales » ou recomposées ? L'appétit est toujours là dans une situation de crise et de déstructuration où les incivilités, les passages à l'acte d'adolescents et d'« adulescents » se multiplient sans qu'on sache trop comment y faire face pour les prévenir et les empêcher.

Malaise dans la consommation

Dans les années 1960, l'optimisme et le bonheur annoncé de la société de consommation et des loisirs se heurtaient

1. *Ibid.*, p 189 à 192.
2. Claude BOURDET, « Préface », Émile COPFERMANN, *La Génération des blousons noirs, problèmes de la jeunesse française*, *op. cit.*, p. 12.
3. Émile COPFERMANN, *ibid.*, p. 169.

à la montée de ces nouvelles formes d'incivilités et de violences au grand désarroi des adultes. Le 22 juin 1963, le grand concert gratuit sur la place de la Nation annoncé par Europe n° 1 attira plusieurs dizaines de milliers de jeunes et donna lieu à des scènes de violence et de vandalisme. *Paris-Soir* titrait : « Salut les voyous » et l'écrivain François Nourissier écrivait dans *Les Nouvelles littéraires* : « Mais voici que se lève, immense, bien nourrie, ignorante en Histoire, opulente, réaliste, la cohorte dépolitisée et dédramatisée des Français de moins de vingt ans [1]. » Le constat n'était pas faux en regard des générations précédentes mais ne permettait pas de comprendre ce phénomène nouveau. Dans *Le Monde*, Edgar Morin lui répondait en écho : « Certes, je suis de ceux qui voudraient que les extases aient un sens, qu'elles s'inscrivent dans un mouvement de réalisation de fraternité humaine, du progrès de l'espèce. Mais je suis aussi de ceux qui préfèrent aux ferveurs trompées et corrompues des décades 1930 à 1950, une ferveur pour ainsi dire à vide, et inoffensive [2]. »

En Angleterre, les affrontements violents entre les *Mods* et les *Rockers* dans la station balnéaire de Brighton en 1964 avaient fait les gros titres de la presse populaire anglaise et suscité l'indignation de la population. Les *Mods* fréquentaient le centre le Londres et les magasins de vêtements dernier cri ; ils avaient des allures de dandy avec leurs costumes raffinés et leurs scooters italiens. Les *Rockers* avec les blousons de cuir noirs et des motos voulaient ressembler à des « durs » à la Marlo Brando. Les uns écoutaient des groupes pop comme les Kinks et les Who. Les autres d'origine plus populaire continuaient de se référer au rock des origines avec de chanteurs comme Eddy Cochran, Gene Vincent

1. François Nourissier, « Née en 1944, le temps des "Zidoles" », *Les Nouvelles littéraires*, 22 juin 1963.
2. Edgar Morin, « Salut les copains », *Le Monde*, 6-7 juillet 1963.

ou Elvis Presley. Ces affrontements faisaient apparaître des différences au sein de la culture jeune entre le rock et la culture pop émergeante qui allait l'emporter. Mais la provocation, l'envie de se battre et de tout casser n'en constituaient pas moins des traits communs, les rencontres entre bandes rivales étant l'occasion de les mettre en pratique. Ces affrontements, pour violents qu'ils eussent été, avaient lieu dans une station balnéaire. Ce qui apparaissait alors comme une contre-culture était traversé par une ambivalence : elle était anticonformiste dans sa révolte et sa rupture avec les valeurs, les mentalités et les comportements de l'ancien monde ; en même temps elle était partie intégrante de la naissance du nouveau qui sécrétait un conformisme de masse. Les comportements des adolescents des années 1960 reflétaient cette contradiction, oscillant entre l'insouciance du consumérisme et des loisirs et le refus de s'y confondre totalement.

Au début des années 1960, Edgar Morin avait déjà saisi une dimension essentielle de la nouvelle révolte adolescente lorsqu'il écrivait : « L'adolescence actuelle est profondément démoralisée par l'ennui bureaucratique qui suinte de la société adulte et plus encore peut-être par l'inconsistance et l'hypocrisie des valeurs établies ; elle ressent de façon extrêmement vive la grande question du sens de l'existence humaine ; elle est peut-être très profondément marquée par ce sentiment d'anéantissement-suicide possible de l'humanité qu'a fait naître la bombe atomique. Elle trouve toutefois dans la culture de masse un style esthético-ludique qui s'adapte à son nihilisme, une affirmation des valeurs privées qui correspond à son individualisme, et l'aventure imaginaire qui entretient sans l'assouvir son besoin d'aventure[1]. »

1. Edgar Morin, *L'Esprit du temps* (1962), Armand Colin et INA, 2008, p. 165.

Les adultes eux-mêmes avaient encore en référence les valeurs de l'ancien monde, sans vraiment savoir où le nouveau pouvait mener. Cette situation accentuait le désarroi et l'angoisse de cette période transitoire entre l'enfance et l'âge adulte qu'est l'adolescence en même temps qu'elle faisait de cette dernière la plaque sensible de ce bouleversement.

Les lycéens du secondaire et les étudiants de l'époque formés encore aux humanités, imbus de littérature, d'histoire et de philosophie dans une nouvelle société qui paraît s'en éloigner, étaient particulièrement représentatifs de ce mal-être adolescent dans cette période de bouleversement. Ils seront l'un des ferments essentiels de Mai 68.

Chapitre 4

Lectures vagabondes

Mes études secondaires allaient me faire découvrir la littérature française dont la richesse m'était encore inconnue. J'abandonnai vite les bandes dessinées et entrai dans un univers bien différent de celui de la modernité ambiante et de ses affairements. La lecture n'était pas simplement une échappatoire à la banalité de la vie quotidienne et de l'ennui, mais elle allait vite devenir la nourriture essentielle d'un dialogue intérieur et d'un imaginaire adolescent en proie aux interrogations et aux désirs les plus contradictoires. La littérature ne mettait pas seulement « des mots sur les maux » comme une approche thérapeutique se plaît à le dire aujourd'hui, elle n'avait pas seulement un effet miroir ; elle me donnait accès et m'entraînait dans un monde ayant sa propre consistance qui, en même temps et en retour, éclairait la vie d'un jour nouveau. Elle conférait au monde une épaisseur et une densité que je sentais jusqu'alors confusément mais que l'expression littéraire dévoilait et instituait comme un monde plus vrai et passionnant que celui auquel j'avais de plus en plus de mal à m'adapter. Au risque d'une fuite dans l'imaginaire et d'une révolte sans fond.

Changement de situation

Avec mon entrée à l'institut Saint-Paul où je fis mes études secondaires, mes relations avec mes deux meilleurs copains d'Équeurdreville avec qui j'avais passé mon enfance s'espacèrent : Alain qui était d'une famille pauvre devint apprenti avant de faire son service militaire où il put passer un permis de conduire poids lourds, ce qui lui permettra d'être chauffeur routier. Daniel travailla en usine avant de s'engager dans l'armée où il obtint un diplôme d'ingénieur et devint officier. Ils étaient entrés dans le monde du travail et avaient « fait l'armée », suivant ainsi le parcours traditionnel de la jeunesse vers l'âge adulte. Leur adolescence n'avait pas duré bien longtemps, il n'en allait pas être de même pour moi. Mon chemin prenait une autre direction : j'étais devenu un élève de l'école catholique de Cherbourg à la bonne réputation ; je passerai le « bac philo », continuerai des « études supérieures » à Caen et mon adolescence allait durer longtemps.

À la fin des années 1950, lorsque je fus admis à l'institut Saint-Paul, celui-ci avait abandonné la tenue de l'uniforme pour les élèves, mais il avait encore la réputation de pratiquer une discipline sévère et de viser l'excellence en matière d'enseignement ; beaucoup d'élèves étaient les enfants de notables, d'officiers de marine, de gros commerçants, de paysans riches du Cotentin…

Au début, ce changement fut difficile : je me sentais issu d'un autre milieu social et mes parents avaient divorcé, ce qui était mal vu dans cette école catholique qui faisait encore valoir son image traditionnelle. Après tout ce qu'on m'avait dit sur l'« institut Saint-Paul », j'étais de plus quelque peu angoissé par le niveau exigé. Mes craintes se dissipèrent vite : mes nouveaux camarades me traitaient comme les autres ; j'étais parmi les premiers de la classe (jusqu'à l'adolescence), ce qui facilita mon intégration. Je pus cependant me rendre compte assez vite de quelques différences : je ne disposais pas des mêmes facilités de langage et n'avais pas l'aspect policé des élèves éduqués dans des familles « bourgeoises ».

À la maison, on jurait souvent, le vocabulaire normand et le patois continuaient d'être présents dans les échanges, s'y ajoutaient des mots que ma mère déformait à sa façon : aux « garottes » et aux « gourgettes » (carottes et courgettes) s'ajoutèrent des noms plus modernes comme la « Citron » (voiture de marque Citroën), le « parquinge » (parking), les « passages choutés » (passages cloutés), le « spychologue » ou le « spychiatre »... Je reprenais à mon compte ces mots sans y faire trop attention jusqu'au jour où, dans le primaire, je fus la risée de la classe pour en avoir prononcé quelques-uns de cette façon. J'en tirai vite les leçons.

Le niveau de formation de mes parents contrastait avec celui des familles de la plupart de mes nouveaux camarades. À la maison, les journaux et les magazines constituaient l'essentiel des lectures. À *La Presse de la Manche*, s'ajoutaient *Le Marin* pour mon père, les magazines féminins pour ma mère et ma sœur, et, de temps à autre, le quotidien *France-Soir*, les magazines à sensation *France Dimanche*, *Ici-Paris* et *Détective* qui faisaient leurs choux gras de la vie des célébrités, des scandales, avec des dessins humoristiques et grossiers, des crimes sordides et des faits divers. On pouvait aussi trouver dans la maison quelques numéros du *Chasseur français* et de *L'Almanach Vermot* et, en remontant plus loin dans l'histoire, une collection de *L'Illustration* de l'entre-deux-guerres laissée à l'abandon dans un coin du grenier et que je feuilletais volontiers en y piochant des lambeaux d'histoire. Quant aux livres, mis à part un vieux dictionnaire médical et des livres pieux dont ma mère se régalait, il s'agissait surtout des volumes reliés en cuir achetés à la salle des ventes pour meubler quelques étagères et « faire joli ».

Je commençai à lire des livres « en entier » vers l'âge de treize ans. Cette première rencontre avec le livre n'avait rien de littéraire. J'étais devenu curieux de tout et sacrifiais mon premier argent de poche à acheter des exemplaires de Marabout Flash. « L'encyclopédie permanente de la vie quotidienne [1] ». Ces petits livres envahirent le marché au début des années 1960 au rythme de plusieurs nouveautés par mois. Leur format se voulait « ultramoderne » : il était petit et carré (11 cm de côté) et pouvait se glisser facilement dans la poche. Marabout Flash était censé permettre à chacun d'« être à la page » sur les thèmes les plus variés et s'inscrivait pleinement dans la nouvelle société : « Le monde actuel, qu'il s'agisse de technique, de science, de vie tout court, est perpétuellement à la recherche, à la poursuite même, de modes d'emploi en tout genre. Au moment où les conseils de bonnes femmes et l'empirisme semblent dépassés, où les techniques menacent de nous changer bientôt en robots impersonnels et passifs, il fallait créer un moyen d'expression et de diffusion durable et permanent qui refuse cette alternative [2]. » Ces petits livres entendaient promouvoir une « science amusante et sans prétention » avec des accents dignes de Bouvard et Pécuchet.

1. La collection Marabout Flash était éditée par les Éditions Gérard et C° (Belgique). Le premier numéro de cette collection a été publié en 1959.

2. « Faisons le point. M. et Mme Flash vous parlent », texte de présentation de la collection in *Je connais le judo et les techniques de « self-défense », op. cit.*

Tout savoir sur tout

J'avais une soif de connaissances dans tous les domaines et ces petits livres savaient habilement jouer sur la candeur du néophyte qui ne sait pas trop ce qu'il cherche et ce qui l'intéresse vraiment. Je passais ainsi successivement de la connaissance des navires de guerre et marchands[1], à celle des activités de sports et de loisirs (*Je connais le judo et les techniques de la « self défense »*[2], *Le Tennis de table*[3], *Les Vacances sur l'eau*[4]...), avant d'aborder *Le Jazz*[5], *Le Yoga*[6], *L'Hypnose*[7], *La Graphologie*[8]... Ces derniers thèmes m'intéressaient particulièrement. J'avais l'impression d'explorer des continents nouveaux qui me « dépaysaient », m'ouvrant à un tout autre univers que celui de la banalité de la vie quotidienne que je ressentais de plus en plus vivement.

Grâce à Marabout Flash, je tentais quelques diagnostics graphologiques sur ma propre écriture et celle de mes proches qui me semblèrent pertinents. L'hypnose avait des pouvoirs plus mystérieux. Chez la « personne normale », pouvait-on lire, « les parties consciente et inconsciente du cerveau se trouvent en état d'entente harmonieuse[9] » ; « le somnambule [j'en étais] vit une sorte de drame enfoui dans son inconscient[10] », et un timide pouvait être un

1. *Les Navires de guerre. Tome I*, Marabout Flash, n° 145 ; *Les Navires de guerre. Tome II*, Marabout Flash, n° 146 ; *La marine marchande*, Marabout Flash, n° 174.
2. *Je connais le judo et les techniques de la « self défense »*, *op. cit.*
3. *Le Tennis de table*, Marabout Flash, n° 84.
4. *Les Vacances sur l'eau*, Marabout Flash, n° 103.
5. *Le Jazz*, Marabout Flash, n° 19.
6. *Le Yoga*, Marabout Flash, n° 107.
7. *L'Hypnose*, Marabout Flash, n° 56.
8. *La Graphologie*, Marabout Flash, n° 25.
9. *Ibid.*, p. 88.
10. *L'Hypnose*, *op. cit.*, p. 62.

« somnambule en tout petit [1] ». Je n'en étais pas effrayé pour autant : l'hypnose avait tous les traits d'un outil miracle pour guérir des gens comme moi… Le yoga avait quant à lui le charme exotique de l'Orient mystérieux mettant en question les modes de pensée et de vie des sociétés modernes : « Le Yoga n'est pas qu'une gymnastique, bien qu'il propose des "exercices". Le Yoga est, avant tout, un "état d'esprit". Nous vivons dans une société tellement organisée et découpée en morceaux, que chacun de nos gestes risque d'être pris dans un réseau d'habitudes étiquetées par cette société. Notre siècle possède une sorte d'esprit collectif de caserne. Le Yoga, c'est tout le contraire. Le Yoga se trouve aux antipodes de l'homme-machine. Le Yoga est une école d'individualité et d'extension de la personnalité. Il permet donc d'échapper à la tension permanente imposée par la vie moderne… et à toutes les conséquences physiques et mentales que cela suppose [2]. »

« Patience », « calme », « maîtrise de soi », « concentration », « attention »…, le yoga commençait alors à être promu comme une sorte d'« outil de développement personnel » permettant sérénité d'esprit et bonne santé, pouvant « vous aider à éliminer la cellulite, aussi bien qu'à pratiquer les hautes méditations [3] ».

À l'époque, on prenait quand même soin de préciser qu'il était inséparable d'une culture et d'une religion qui n'étaient pas les nôtres : « Un Hindou peut accomplir ses âsanas de méditation dans une rue de Bénarès, parce que c'est normal là-bas. Mais si vous prenez la position du Lotus en pleine place de l'Étoile, vous passerez pour un doux loufoque et vous ne l'aurez pas volé [4]. » Il s'agit alors d'adapter le yoga à

1. *Ibid.*, p. 78.
2. *Le Yoga*, *op. cit.*, p. 8.
3. *Ibid.*, p. 9.
4. *Ibid.*

notre culture et non l'inverse, en sachant que nous appartenons à une civilisation occidentale qu'il n'est pas encore d'usage de remettre radicalement en question : « Nous n'avons pas les mêmes conditions de vie que les Hindous. Donc, nous n'avons pas le même Yoga. Ensuite, nous n'avons pas la même religion (ou le même climat religieux). Le Yoga n'est pas une religion, loin de là ; mais les croyances hindoues "colorent" certains exercices (de respiration par exemple) alors qu'elles n'ont pour l'Occidental aucun sens profond[1]. » Qu'en est-il aujourd'hui, à l'heure de l'universalisme éthéré et des nouvelles formes de spiritualité diffuse[2] ? La « position du Lotus en pleine place de l'Étoile » peut-elle encore choquer ?

Romans en poche

À partir de la première découverte des textes littéraires à l'école, je me mis à lire des romans « en entier » vers l'âge de quatorze ans et ce mouvement est allé en s'amplifiant, devenant une seconde habitude qui ne me quittera plus. La diffusion massive des livres de poche me permettait d'avoir accès à une pléthore de romans anciens et modernes pour une somme modique. J'y consacrais, avec les disques 45 tours de pop anglaise et de jazz, la majeure partie de mon argent de poche.

On pouvait emprunter des livres à l'école, mais je préférais les acheter afin de pouvoir les lire un crayon à la main, notant la signification des mots que je ne comprenais pas, soulignant les phrases qui retenaient mon attention, recopiant des extraits sur un petit carnet à spirale… J'acquis

1. *Ibid.*

2. Cf. « V. De nouvelles formes de religiosité diffuse : développement personnel, néobouddhisme et écologie », in *Malaise dans la démocratie*, *op. cit.*

ainsi sans trop d'effort un vocabulaire qui jusqu'alors me faisait défaut et me constituai une réserve de citations en lien avec mes pensées du moment… Pour aller plus vite dans ce domaine, je finis par acheter un « Dictionnaire des citations du monde entier[1] » où se mêlaient les auteurs classiques et modernes, ainsi que quelques extraits de sagesse antique, de l'Ancien et du Nouveau Testament. J'y puisais quelques trésors que je recopiais aussitôt dans mon petit carnet.

Je choisissais les livres sans plan bien précis, en fonction de certains extraits de textes lus en cours de français à l'école ou plus généralement au gré des rencontres des livres de poche sur les rayons des librairies que je fréquentais désormais régulièrement.

Mon premier achat eut lieu chez la « marchande de journaux » de la rue Gambetta qui vendait des livres de poche. Je choisis au hasard sur le présentoir un livre à la couverture brune avec un dessin noir de visage de jeune homme tourmenté. Peut-être l'étrangeté du titre m'avait-elle attiré : *Préséances*[2]. Je ne connaissais pas la signification de ce mot, mais j'avais sans doute entendu parler de son auteur : François Mauriac, dont le titre honorifique « de l'Académie française » figurait sur la couverture.

Cette première lecture d'un livre « en entier » fut fastidieuse. Le milieu de la « bourgeoisie du bouchon » à Bordeaux m'était totalement étranger ; les mariages arrangés et les relations adultères me paraissaient sans grand intérêt. Peut-être y trouvais-je une vague ressemblance avec le milieu des notables cherbourgeois, mais ceux de Bordeaux me paraissaient plus distingués et « tordus ». Je me forçai à lire jusqu'au bout ce roman au goût amer. Malgré tout, il m'avait entraîné sur des terres étrangères et

1. Karl Petit, *Le Dictionnaire des citations du monde entier*, Marabout Service, Éditions Gérard et Co., Verviers, 1960.

2. François Mauriac, *Préséances*, Éditions J'ai lu, 1962.

le mot « préséances » était désormais associé pour moi au « snobisme » et à l'hypocrisie.

À la suite de cette initiation quelque peu malheureuse, je me tournai vers les romans d'aventure et de guerre que je lisais sans effort et avec délectation. Le premier d'entre eux était *Le Salaire de la peur*[1] avec ce slogan en couverture : « Mieux qu'un roman. Mieux qu'un film. De la dynamite. » Je lus ce livre d'un trait. J'y ajoutais un récit de voyage sur un voilier : *Kurun autour du monde, 1949-1959*[2] qui eut sur moi moins d'effet. À l'époque, je m'étais inscrit à l'école de voile mais, malgré mes efforts d'imagination, il était difficile de lier ce récit avec mon apprentissage de la voile sur un dériveur dans le port et la petite rade de Cherbourg où je « dessalais » souvent.

J'achetais les livres à la va-vite au gré de mes envies du moment. Malgré les plaisirs du nouveau monde, la guerre continuait d'être présente à travers la publication de nombreux témoignages et romans qui attirèrent aussitôt mon attention parce qu'ils parlaient de la guerre vue de l'autre côté : *Ernst Udet, pilote du diable*[3], *La Fin de Hitler*[4], *La Légion des damnés*[5]... Ces livres aux aspects lugubres ne valaient pas à mes yeux ceux de Jean Lartéguy sur la guerre d'Algérie et d'Indochine : *Les Centurions*[6] et *Le Mal jaune*[7] où l'aventure était moins sombre, marquée par le soleil, la passion amoureuse et la nostalgie du soldat perdu. S'y

1. Georges Arnaud, *Le Salaire de la peur*, Le Livre de Poche, 1963.
2. Jean-Yves Le Toumelin, *Kurun autour du monde, 1949-1952*, Éditions J'ai lu, 1962.
3. Hans Herlin, *Ernst Udet pilote du diable*, Éditions France Empire, 1959.
4. Gerhard Boldt, *La Fin de Hitler*, Éditions J'ai lu, 1963.
5. Sven Hassel, *La Légion des damnés*, Presses Pocket, 1964.
6. Jean Lartéguy, *Les Centurions*, Presses Pocket, 1963.
7. Jean Lartéguy, *Le Mal jaune*, Presses Pocket, 1965.

ajoutaient quelques romans d'espionnage d'OSS 117[1] avec des passages qui, à l'époque, pouvaient paraître scabreux.

En dehors des sentiers balisés

Les livres recommandés par les enseignants suivaient le programme de français mais concernaient également des auteurs divers. L'index des livres interdits par l'Église catholique avait été aboli après Vatican II, et les curés étaient bien en mal de contrôler les lectures de leurs élèves avec la publication et la diffusion massive des livres de poche qui ne se préoccupaient guère de morale et de bonnes mœurs. Certains nous conseillaient des auteurs comme Michel de Saint Pierre, Daniel-Rops, Graham Greene, A. J. Cronin... D'autres, plus modernes, préféraient Gilbert Cesbron, Anne Philipe et les poèmes d'amour d'Aragon.

Je lus la plupart de ces ouvrages avec un intérêt inégal. *Mort, où est ta victoire ?*[2] avait sans doute quelques rapports avec la psychologie complexe des catholiques de l'époque, mais ce méli-mélo entre une volonté de liberté, la tentation de la chair, le péché et le repentir... me parut fort ennuyeux. Je me demande aujourd'hui comment j'ai pu, à l'âge de quinze ans, lire un tel livre jusqu'au bout.

Les romans d'Hervé Bazin connaissaient un grand succès. Même s'ils n'en appréciaient guère le contenu, la plupart des enseignants catholiques ne pouvaient s'empêcher d'y reconnaître une œuvre littéraire écrite dans un français exemplaire dont la lecture pouvait être utile pour les élèves

1. OSS 117, de son vrai nom Hubert Bonisseur de La Bath, est le héros d'une série de romans d'espionnage écrits par Jean Bruce qui connurent un grand succès.

2. Daniel-Rops, *Mort, où est ta victoire ?*, Le Livre de Poche, 1964.

du secondaire. Ses romans les plus célèbres comme *Vipère au poing*[1] et *La Mort du petit cheval*[2] avaient de quoi satisfaire les adolescents en révolte contre leur famille en décrivant l'enfer d'un milieu où Folcoche, mère cruelle, règne en maître, tandis que le père souvent absent paraît gentil mais inconsistant. On y découvrait une tout autre image que celle de la mère aimante et tendre avec ses enfants. Le ton cinglant et les formulations scandaleuses pour l'époque avaient de quoi satisfaire des élèves révoltés, rejetant l'autorité sous toutes ses formes et voyant dans la famille un lieu d'oppression. Je notai une formulation qui m'avait intrigué : « Cette haine qui ressemble à l'amour. »

La Tête contre les murs[3] prolongeait à sa manière cette vision noire en décrivant les conditions de l'internement psychiatrique de l'époque avec une interrogation sur la folie qui troublait mon esprit déjà bien embrouillé. Je gardais confusément en tête ces phrases de *Vipère au poing* comme une provocation contre l'autorité sous toutes ses formes et l'affirmation d'un moi souverain : « Je suis, je vis, j'attaque, je détruis. Je pense donc je contredis. [...] Je dois dire non à toute cette éducation, à tout ce qui m'a engagé sur une voie choisie par d'autres que moi et dont je ne puis que détester le sens, puisque je déteste les guides[4]. » Le paradoxe était frappant : je cherchais confusément dans la littérature ce qui aidait à vivre, les écrivains étaient pour moi des modèles et des maîtres, mais la plupart d'entre eux semblaient me dire que la vie décidément n'était pas drôle et qu'il ne fallait compter que sur soi.

Parmi les livres plus ou moins recommandés à l'école, figurait *Les Aristocrates* de Michel de Saint Pierre. Ce

1. Hervé Bazin, *Vipère au poing*, Le Livre de Poche, 1963.
2. Hervé Bazin, *La Mort du petit cheval*, Le Livre de Poche, 1965.
3. Hervé Bazin, *La Tête contre les murs*, Le Livre de Poche, 1965.
4. Hervé Bazin, *Vipère au poing*, *op. cit.*, p. 252 et 253.

roman décrivant le huis clos d'une famille d'aristocrates confrontée au monde moderne[5] m'apparut comme les restes d'un autre temps, mais la question était posée : la vague de la modernité allait-elle tout emporter sur son passage ? Un autre livre du même auteur consacré à la solitude et aux interrogations d'un écrivain[6] qui se sent incompris retint plus mon attention. Mais ces deux romans ne valaient pas à mes yeux *La Mer à boire*[7] qui sortait du huis clos étouffant d'aristocrates sur le déclin ou d'un écrivain dubitatif et esseulé, pour me projeter dans un monde où les « paresses inoubliables de la mer » s'alliaient à la révolte individuelle contre un destin tout tracé. Le héros qui choisit d'abandonner ses études, qui se sent libre de toute contrainte pour s'engager dans une aventure avec une mentalité de « tout ou rien » n'était pas pour me déplaire. J'avais l'impression de comprendre pleinement cette mentalité de jeune aristocrate quelque peu méprisant envers ceux qui vivent tranquillement sans se poser trop de questions : « Un avoué dans une grosse étude, une épouse méritante, une parenté solide et nombreuse. Pas mal. Ces gens-là vivaient à l'aise dans un grand nombre de certitudes qu'ils n'avaient pas vérifiées : ils croyaient à la société capitaliste, à la patrie, à la famille, au progrès ; à leur journal du matin ; à la puissance de l'argent (qui ne fait pas le bonheur) ; à l'amour, à la reproduction[8]. » Face à ce monde de conformistes s'élevait une révolte sans but précis, autre que celle de choisir par soi-même ce qu'on entend faire de sa propre vie. J'y adhérai spontanément.

5. Michel de Saint Pierre, *Les Aristocrates*, Le Livre de Poche, 1965.
6. Michel de Saint Pierre, *Les Écrivains*, Le Livre de Poche, 1964.
7. Michel de Saint Pierre, *La Mer à boire*, Le Livre de Poche, 1965.
8. *Ibid.*, p. 41.

Éducation sentimentale et huis clos

Mon éducation sentimentale passait aussi par des romans. J'avais acheté *Les lions sont lâchés*[1] et *Le Repos du guerrier*[2] (prix de la Nouvelle Vague 1958) qui avaient été adaptés au cinéma et avaient des parfums de scandale. Je fus pour le moins déçu par ces deux livres : les amours volages plus ou moins tourmentés dans un milieu parisien et snob d'un côté, le coup de foudre d'une jeune fille pour un homme blasé, alcoolique et beau parleur de l'autre m'ennuyèrent profondément. Curieusement, ce sont les romans sentimentaux du XIXe siècle et de l'entre-deux-guerres qui retinrent le plus mon attention. J'achetais au hasard *Washington Square*[3] d'Henry James et *Précoce automne*[4] de Louis Bromfield. La couverture de ce dernier livre représentait le portrait d'une femme au regard doux et grave et cela avait sans doute pesé dans mon choix alors que je ne connaissais ni l'auteur ni le sujet. Malgré la qualité littéraire de ces deux romans, je les lus sans grand plaisir et n'en retins pas grand-chose, sauf, peut-être, l'hypocrisie de la « bonne société » et du puritanisme. La fin de *Précoce automne* exprimait ce que je voulais fuir à tout prix : « Tout était consommé maintenant, et la vie s'écoulerait inchangée, et toujours de la même façon, avec ses petites complications, ses ruses et le même sentiment d'ennui, agréable pourtant malgré tout [...]. Non, rien n'avait changé et cette existence continuerait toujours... indéfiniment[5]. »

Parmi ces premières lectures sentimentales, c'est surtout le roman *Climats*[6] d'André Maurois qui m'intéressa le plus.

1. Nicole, *Les lions sont lâchés*, Le Livre de Poche, 1964.
2. Christiane Rochefort, *Le Repos du guerrier*, Le livre de Poche, 1964.
3. Henry James, *Washington Square* (1880), Le Livre de Poche, 1962.
4. Louis Bromfield, *Précoce automne* (1926), Le Livre de Poche, 1965.
5. *Ibid.*, p. 432 et p. 433.
6. André Maurois, *Climats* (1928), Le Livre de Poche, 1965.

J'y trouvai une atmosphère mélancolique où la poursuite d'un amour absolu paraissait hors d'atteinte. Le bonheur ne semblait être qu'un « répit dans l'inquiétude [1] » ; un « tendre et invincible ennui » enveloppait les relations entre les êtres. Il importait de vivre avant tout l'intensité du présent sans illusions : « Les moments très beaux sont toujours mélancoliques, on sent qu'ils sont fugitifs, on voudrait les fixer, on ne peut pas [2]. » En matière sentimentale, tout me semblait bien compliqué et la plupart de mes lectures venaient me le confirmer.

L'Araigne [3] d'Henri Troyat constituait un modèle du genre. Malgré une situation sociale bien différente de la mienne, il me semblait, là aussi, comprendre de l'intérieur ce qu'éprouvait le héros. Je soulignais nombre de passages du livre où je retrouvais une sorte d'orgueil et de volonté de pureté qui se voulait en marge de toutes les passions avec un rapport des plus tordus au plaisir sensuel. L'attraction et l'amour ne pouvaient se faire qu'entre « deux êtres d'élite » dans une « harmonie mystérieuse des appétits animaux et des plus hautes aspirations du cœur [4] ». Une telle harmonie n'allait pas de soi à mon âge et aujourd'hui encore je doute qu'il en aille tout à fait ainsi. Dans cet amour idéal pouvait se nicher des passions où l'« appétit animal » était présent, même s'il ne s'avouait pas comme tel. Le roman avait un effet de miroir en même temps que de mise en garde : allais-je devenir semblable à ce jeune homme « barbu, malingre, suant de fièvre [5] » pour qui « seuls importaient la vie intérieure, l'enrichissement égoïste de la lecture, la réflexion, l'étude [6] » ? L'image de ce jeune intellectuel solitaire qui « ne sait pas causer avec les

1. *Ibid.*, p. 177.
2. *Ibid.*, p. 238.
3. Henri Troyat, *L'Araigne* (1938), Le Livre de Poche, 1965.
4. *Ibid.*, p. 45.
5. *Ibid.*, p. 10.
6. *Ibid.*, p. 25.

gens simples[1] », jaloux et manipulateur, capable de simuler un faux suicide pour demeurer le centre de l'amour de ses proches, m'avait profondément marqué. J'admirais la façon dont en quelques phrases, l'auteur savait dépeindre un lieu et une atmosphère qui ne m'étaient pas tout à fait étrangers : « Il s'arrêta, interdit, sur le seuil de la chambre, où les volets mi-clos maintenaient une pénombre chaude, fumeuse. Aux murs étaient fixés des rayons bourrés de livres. Des papiers s'étalaient sur la table, autour d'un crâne en plâtre qui servait d'encrier. L'air sentait la transpiration aiguë et les médicaments[2]. » Il fallait à tout prix ouvrir les fenêtres et sortir du huis clos morbide dans lequel je pouvais m'installer.

Changement de climat

Les Innocents[3] de Francis Carco et *L'Humeur vagabonde*[4] d'Antoine Blondin me remirent un peu les pieds sur terre. Mais c'est surtout *Les Élans du cœur*[5] de Félicien Marceau qui me permit de respirer un peu. J'appréciais l'ironie douce-amère avec laquelle l'auteur décrivait l'attrait irrésistible d'un père de famille antiquaire pour une « Denise » aux gros seins et au sourire gentil et niais.

La lecture des *Croix de bois*[6] et du *Cabaret de la belle femme*[7] de Roland Dorgelès mêlait les horreurs de la guerre de 14-18 et la fraternité des combattants. Ce besoin d'aventure romanesque me conduisit à lire Joseph Kessel,

1. *Ibid.*, p. 128.
2. *Ibid.*, p. 9.
3. Francis Carco, *Les Innocents*, Le Livre de Poche, 1960.
4. Antoine Blondin, *L'Humeur vagabonde*, Le Livre de Poche, 1965.
5. Félicien Marceau, *Les Élans du cœur*, Le Livre de Poche, 1963.
6. Roland Dorgelès, *Les Croix de bois*, Le Livre de Poche, 1959.
7. Roland Dorgelès, *Le Cabaret de la belle femme*, Le Livre de Poche, 1965.

Saint-Exupéry, Ernest Hemingway, Malraux… qui étaient d'une autre tenue. Je préférais *Vol de nuit*[1], *Pilote de guerre*[2], *Terre des hommes*[3]… au *Petit Prince*[4] que les curés aimaient beaucoup ; je trouvais dans les romans d'Hemingway un goût de l'excès et du danger qui me fascinait, tout comme les héros de Malraux, types d'hommes hors du commun, alliant l'action, la réflexion et la conscience du tragique de la vie sans trop d'effusions et de déclarations éthérées, en comparaison de celles de Saint-Exupéry.

En feuilletant aujourd'hui *Les Conquérants* dans le livre de l'époque que j'ai conservé, je suis surpris de redécouvrir certains passages soulignés au stylo-bille qui prennent un sens étrange au regard de mon engagement militant après Mai 68 : « Ce sont des gens en qui les sentiments révolutionnaires tiennent la place que le goût de l'armée tient chez les légionnaires, des gens qui n'ont jamais pu accepter la vie sociale, qui ont beaucoup demandé à l'existence, qui auraient voulu donner un sens à leur vie, et qui, maintenant, revenus de tout cela, *servent.* […] Si la technique et le goût de l'insurrection, chez les bolcheviks, le séduisaient, le vocabulaire doctrinal et surtout le dogmatisme qui les chargeaient l'exaspéraient. À la vérité, il était de ceux pour qui l'esprit révolutionnaire ne peut naître que de la révolution qui commence, de ceux pour qui la révolution est, avant tout, un état de choses[5]. »

Les lectures recommandées par les enseignants de français étaient plus réjouissantes. Pagnol me faisait littéralement « changé d'air » avec l'humour, la tendresse et le soleil du

---

1. Antoine de SAINT-EXUPÉRY, *Vol de nuit*, Le Livre de Poche, 1965.
2. Antoine de SAINT-EXUPÉRY, *Pilote de guerre*, Le Livre de Poche, 1965.
3. Antoine de SAINT-EXUPÉRY, *Terre des hommes*, Le Livre de Poche, 1966.
4. Antoine de SAINT-EXUPÉRY, *Le Petit Prince*, Gallimard, 1961.
5. André MALRAUX, *Les Conquérants*, Le Livre de Poche, 1963, p. 21 et p. 64

midi. Je lus coup sur coup *Topaze*[1], *La Gloire de mon père*[2], la trilogie: *Marius*[3], *Fanny*[4], *César*[5], découvrant un type d'humanité qui me semblait délicat et chaleureux en comparaison des « taiseux » et de la dureté de certains Normands. L'aspiration aux plaisirs de la vie et au bonheur n'avait rien de honteux contrairement à ce que pouvaient laisser croire certains curés aux visages pâles toujours prêts à vous faire la morale à la moindre occasion. Les romans *Arsène Lupin* me firent oublier mon humeur ténébreuse tout comme *Cyrano de Bergerac*[6].

La lecture d'*Antigone*[7] de Jean Anouilh exprimait ce qui était jusqu'alors ressenti comme une révolte incommunicable, éprouvée dans la solitude ou partagée chaotiquement avec quelques amis. L'antagonisme entre Créon le réaliste avec sa « cuisine » politicienne et Antigone la rebelle exprimait un désir de pureté allant jusqu'à remettre en cause l'idée même de bonheur humain: « Nous sommes de ceux qui posent les questions jusqu'au bout. [...] Ah! Vos têtes, vos pauvres têtes de candidats au bonheur! C'est vous qui êtes laids, même les plus beaux. Vous avez tous quelque chose de laid au coin de l'œil ou de la bouche. Tu l'as bien dit tout à l'heure, Créon, la cuisine. Vous avez des têtes de cuisiniers[8]! » Le refus d'accepter de vivre dans la limite et le compromis n'offrait d'autre choix qu'une fuite dans l'imaginaire d'un monde hors des contraintes de la vie en société et des lois de la cité. Cette fuite avait le caractère

1. Marcel PAGNOL, *Topaze*, Le Livre de Poche, 1965.
2. Marcel PAGNOL, *La Gloire de mon père*, Le Livre de Poche, 1964.
3. Marcel PAGNOL, *Marius*, Le Livre de Poche, 1965.
4. Marcel PAGNOL, *Fanny*, Le Livre de Poche, 1965.
5. Marcel PAGNOL, *César*, Le Livre de Poche, 1965.
6. Edmond ROSTAND, *Cyrano de Bergerac*, Le Livre de Poche, 1965.
7. Jean ANOUILH, *Antigone*, La Table Ronde, 1965.
8. *Ibid.*, p. 102 et 103.

d'un retour impossible au monde de l'enfance que nous ne voulions pas quitter : « Vous me dégoûtez tous avec votre bonheur ! Avec votre vie qu'il faut aimer coûte que coûte. On dirait des chiens qui lèchent tout ce qu'ils trouvent. Et cette petite chance pour tous les jours, si on n'est pas trop exigeant. Moi, je veux tout, tout de suite – et que ce soit entier – ou alors je refuse ! Je ne veux pas être modeste, moi, et me contenter d'un petit morceau si j'ai été bien sage. Je veux être sûre de tout aujourd'hui et que cela soit aussi beau que quand j'étais petite – ou mourir [1]. »

Ces paroles d'Antigone expriment, on ne peut mieux, une révolte adolescente qui n'était pas seulement la mienne et qui allait grandissant. Dans la pièce de Jean Anouilh, cette exigence du « tout, tout de suite » débouchait sur la mort. Passant outre au tragique, la jeunesse révoltée des années 1960 allait en faire son programme de vie et d'action dans les conditions nouvelles de la société de consommation et des loisirs.

Poésie

Dans mes lectures, la poésie tenait une place aussi importante que les romans. Je découvrais au fil du programme de français de multiples poètes dont certains retinrent plus particulièrement mon attention : François Villon, Marot, Du Bellay, Ronsard, Chénier, Lamartine, Baudelaire, Verlaine et Rimbaud… Je recopiais minutieusement certains de leurs poèmes sur un cahier d'écolier, retenant les vers qui me semblaient le mieux refléter mes états d'âme et les transfiguraient en une étrange beauté.

1. *Ibid.*, p. 101-102.

Je fus sensible, comme d'autres, aux poèmes de Du Bellay et de Ronsard qui exprimaient le souvenir du pays natal comme un monde de l'enfance que l'on ne reverra plus :

« Quand reverrai-je, hélas ! de mon petit village
Fumer la cheminée, et en quelle saison
Reverrai-je le clos de ma pauvre maison
Qui m'est une province, et beaucoup davantage[1] ? »

L'épicurisme de Ronsard résonnait comme un appel à profiter pleinement de la jeunesse, moment central de la vie à l'aune de laquelle l'âge adulte signifiait déjà la vieillesse :

« Vivez, si m'en croyez, n'attendez à demain :
Cueillez dès aujourd'hui les roses de la vie[2] »

« Cueillez, cueillez votre jeunesse :
Comme à cette fleur la vieillesse
Fera ternir votre beauté[3]. »

À ces vers de Ronsard, j'ajoutais ceux de Lamartine qui accentuaient la fatalité et l'inquiétude d'un amour qui passe et ne revient plus :

« Aimons donc, aimons donc ! de l'heure fugitive
Hâtons-nous, jouissons !

1. Du Bellay, « Heureux qui comme Ulysse… » in André Lagarde, Laurent Michard, *XVIe siècle. Les grands auteurs français du programme II*, Bordas, collection Textes et Littérature, 1963, p. 113.

2. Ronsard, « Quand vous serez bien vieille », *ibid.*, p. 145.

3. Ronsard, « Mignonne, allons voir si la rose… », *ibid.*, p. 139.

L'homme n'a point de port, le temps n'a point de rive ;
Il coule, et nous passons[1] *!»*

Mon environnement familial et social ignorait la poésie, la considérant comme une sorte de « sensiblerie » et d'« enfantillage ». La vraie vie était ailleurs : dans le travail quotidien pour « gagner de l'argent » et « avoir une bonne situation », dans le loisir et le paraître avec toujours les autres comme point de comparaison. Dans ce monde-là, l'expression des états d'âme n'avait pas son utilité et l'on pouvait vite être catalogué comme un « efféminé ». De par mon statut d'élève du secondaire de « sensibilité littéraire », j'avais rompu le fil de la tradition du travail manuel de ma famille. Celle-ci était fière de mon parcours scolaire, mais je demeurais malgré tout « gauche et empoté », quelqu'un qui « ne savait pas quoi faire de ses dix doigts ».

Dans ces conditions, les vers de « L'Albatros » de Baudelaire où des hommes d'équipage se moquent de ce grand oiseau maladroit sur le pont d'un navire dont les « ailes de géant l'empêchent de marcher » avaient quelques résonances avec mon état d'esprit orgueilleux et blessé. Par contraste, « L'Invitation au voyage » m'entraînait dans un ailleurs indéfinissable délicieux où les cœurs et la beauté du monde se mêlaient :

« Mon enfant, ma sœur
Songe à la douceur
D'aller là-bas vivre ensemble !
Aimer à loisir,
Aimer à mourir
Au pays qui te ressemble !
[...]

1. LAMARTINE, « Le Lac » in André LAGARDE, Laurent MICHARD, *XIXe siècle. Les grands auteurs français du programme V*, Bordas, collection Textes et Littérature, 1964, p. 89.

Là, tout n'est qu'ordre et beauté,
Luxe, calme et volupté[1]. »

La fenêtre de ma chambre donnait sur les toits environnants, avec le ciel gris et le « crachin » de Normandie qui « pesaient comme un couvercle » sur un esprit d'adolescent tourmenté. Les vers de Verlaine, plus encore que ceux de Rimbaud, renforçaient les tourments et la mélancolie dans laquelle on peut se complaire comme un doux bercement :

« *Il pleure dans mon cœur*
Comme il pleut sur la ville ;
Quelle est cette langueur
Qui pénètre mon cœur ?

Ô bruit doux de la pluie
Par terre et sur les toits !
Pour un cœur qui s'ennuie,
Ô le chant de la pluie[2] *!* »

Ces poèmes étaient l'envers de mon environnement et du monde des adultes qui m'apparaissaient sous un jour de plus en plus trivial et grossier. Mes rêveries m'entraînaient dans un ciel éthéré, purifié de toutes les laideurs du monde où les autres n'existaient plus vraiment :

« *Le ciel est, par-dessus le toit,*
Si bleu, si calme !
Un arbre, par-dessus le toit,
Berce sa palme[3]. »

---

1. BAUDELAIRE, « L'Invitation au voyage », *ibid*, p. 441.
2. VERLAINE, « Il pleut dans mon cœur », *ibid.*, p. 509.
3. VERLAINE, « Le ciel est par-dessus le toit... », *ibid.*, p. 516.

Le divorce s'accentuait avec les contraintes de la vie quotidienne et des parents qui avaient bien d'autres choses à faire que de s'occuper des rêveries et du malaise d'un adolescent. Mes nouveaux amis du secondaire étaient comme moi sensibles à la littérature et à la poésie. C'est avec eux que je partagerais désormais mes sentiments et mes questionnements.

Un avant-goût philosophique

Aux écrits des romanciers et des poètes sont venus s'ajouter des textes d'un autre genre sur la condition humaine. Ceux-ci tempéraient fortement les rêveries adolescentes et apprenaient à se décentrer pour comprendre le monde en dehors de ses propres sentiments. Dans ce domaine, Montaigne et Pascal eurent une place prépondérante.

J'admirais, comme beaucoup d'autres, les pages de Montaigne après la mort de son ami La Boétie : « Si on me presse de dire pourquoi je l'aimais, je sens que cela ne peut s'exprimer qu'en répondant : "Parce que c'était lui, parce que c'était moi." [...] Nous nous cherchions avant que de nous être vus [...]. Et à notre première rencontre, qui fut par hasard en une grande fête et compagnie de ville, nous nous trouvâmes si pris, si connus, si obligés entre nous, que rien dès lors ne nous fut si proche que l'un à l'autre [1]... »

Je trouvais chez Montaigne l'exigence d'une réflexion et d'une maîtrise de soi qui me faisait cruellement défaut, mais j'appréciais surtout cette façon de se détacher des préoccupations habituelles de la vie en menant une réflexion qui s'adressait à chacun. Notre grand et glorieux chef-d'œuvre,

1. MONTAIGNE, « Qu'un ami est une douce chose ! » in André LAGARDE, Laurent MICHARD, *XVIe siècle. Les grands auteurs français du programme II, op. cit.*, p. 200-201.

c'est de vivre comme il faut. Toutes les autres occupations, régner, gagner de l'argent, bâtir des propriétés, ne sont tout au plus que des accessoires et des auxiliaires de cette occupation-là[1]. » Ces réflexions avaient traversé les siècles en gardant toute leur pertinence dans la vie moderne.

Montaigne osait mettre en question les coutumes et les lois de son époque et considérait la liberté de pensée comme un bien des plus précieux, mais dans l'ordre de l'action, il demeurait un conservateur[2]. La lucidité et la sagesse de l'homme d'expérience ne siéent pas à l'adolescence ; mon tempérament, exalté à cet âge, cherchait confusément des passions tumultueuses.

Les *Pensées* de Pascal parues en livre de poche[3] me firent plus forte impression. Leur lecture en solitaire fut plus ardue que je ne me l'étais imaginé. Je passais rapidement sur le fameux « pari pascalien », pour m'arrêter sur les pages traitant de la condition de l'homme mortel dans l'univers et ses tentatives pour y échapper. À sa façon, Pascal montrait que l'homme était un « chaos de contradictions » et une « énigme pour lui-même »[4], ce que l'adolescence exprimait au plus haut point.

Les *Pensées* de Pascal avaient traversé les siècles sans rien perdre de leur pouvoir d'interpellation. Il me semblait que le « divertissement » pascalien éclairait la plupart des comportements de la vie moderne : « Rien n'est si insupportable à l'homme que d'être en plein repos, sans passions, sans affaire, sans divertissement, sans application. Il sent alors son néant, son abandon, son insuffisance, sa dépendance,

1. MONTAIGNE, *Les Essais*, Nouveaux classiques illustrés, Hachette, p. 73.

2. « Les plus belles vies sont, pour moi, celles qui se conforment au modèle commun et humain, avec ordre, mais sans miracle et sans extravagance », MONTAIGNE, *Les Essais*, *op. cit.*, p. 133-135.

3. PASCAL, *Pensées*, Le Livre de Poche, 1963.

4. Jean GUITTON, « Préface », in PASCAL, *Pensées*, *op. cit.*

son impuissance, son vide. Incontinent il sortira du fond de son âme l'ennui, la noirceur, la tristesse, le chagrin, le dépit, le désespoir [1]. » De telles réflexions n'avaient rien de bien réjouissant, mais elles m'amenaient à prendre un recul réflexif et il me semblait que mon regard sur le monde en sortait plus pénétrant et acéré, ce qui ne manquait pas de présomption de ma part, mais à seize ans, on ne fait pas dans la demi-mesure et l'humilité.

Je recopiais des passages entiers des *Pensées* concernant l'« esprit de finesse » et de « géométrie », les « deux infinis », le « roseau pensant »... dont nous apprenions des extraits par cœur à l'école. Ils me semblent aujourd'hui n'avoir rien perdu de leur pertinence à l'heure du triomphe de la pensée écologiste : « L'homme n'est qu'un roseau, le plus faible de la nature ; mais c'est un roseau pensant. Il ne faut pas que l'univers entier s'arme pour l'écraser : une vapeur, une goutte d'eau, suffit pour le tuer. Mais, quand l'univers l'écraserait, l'homme serait encore plus noble que ce qui le tue, puisqu'il sait qu'il meurt, et l'avantage que l'univers a sur lui, l'univers n'en sait rien [2]. » Ces *Pensées* m'entraînaient vers de nouveaux horizons que mon professeur de philosophie en terminale allait me faire découvrir avec passion.

Les humanités des « Lagarde et Michard »

Toutes ces lectures n'auraient jamais existé sans la découverte première de la littérature à travers les différents volumes des livres de Lagarde et Michard. Ces manuels de français accompagnaient les élèves du secondaire avec un choix d'extraits de grandes œuvres du Moyen Âge jusqu'au XXe siècle.

1. Pascal, *ibid.*, p. 100.
2. *Ibid.*, p. 130.

C'est d'abord à travers ces manuels que j'ai découvert la littérature française et que le goût des livres m'est venu.

À la différence d'autres élèves, je n'ai pas suivi des études de latin et de grec. J'avais pourtant commencé le latin en sixième mais, trouvant son étude trop contraignante, je m'en étais plaint à mes parents qui, ne voyant pas l'utilité d'un tel enseignement, m'avaient fait passer dans une classe « moderne » contre l'avis de mes professeurs. Ce que je regrette aujourd'hui. Restait l'étude des classiques de la littérature française à travers les Lagarde et Michard, ce qui n'était pas rien.

Les extraits de textes choisis étaient précédés d'une brève biographie de l'auteur, d'une présentation de son œuvre et souvent de son portrait peint ainsi que de tableaux de l'époque que l'on ne pouvait oublier. Priorité était donnée à l'« explication de texte » avec de nombreuses notes explicitant certains mots et incitant surtout l'élève à comprendre la signification : « Expliquer ce terme », « cette attitude », « cette image » ; « Commenter ce mot », « ce changement de ton », « cette répétition » ; « Apprécier l'image », l'« effet de contraste », le « sentiment » ; « Que nous révèle cette réplique ? », « Que traduisent ces larmes ? », « Quelle est cette idée ? », « Préciser le sens », « Expliquer pourquoi », « Discuter cette formule »... La lecture des textes, l'apprentissage « par cœur », la récitation, l'analyse et le commentaire avec des devoirs en classe et à la maison permettaient l'imprégnation d'une culture commune aux élèves du secondaire qui allaient jusqu'au bac, culture qu'ils n'oublieraient pas de sitôt.

Chaque volume s'ouvrait sur une introduction resituant les œuvres et les courants littéraires dans le champ global d'une civilisation et d'une histoire française. La littérature, les arts et la philosophie étaient considérés comme parties intégrantes et constitutives d'une culture à nulle autre pareille. Le dialogue avec les autres cultures ne consistait pas à se situer au-dessus de chacune d'entre elles dans une position de surplomb, avec en arrière-fond l'idée de l'appartenance à une seule et même « civilisation humaine » entremêlant les histoires et les cultures dans un vaste méli-mélo dissolvant. L'« ouverture culturelle » n'était pas comme un récipient vide, mais s'effectuait à partir d'une consistance propre. La littérature française était reliée aux grands mouvements des idées, que l'on pouvait retrouver dans d'autres pays européens, en y occupant une place prédominante. La visée vers l'universel s'effectuait à partir de cette inhérence première dont on pouvait se distancier et qu'on pouvait mettre en question – ce qui était précisément un trait essentiel de notre culture – mais qu'on ne pouvait dénier. C'est de cette manière que l'enseignement des humanités insérait les jeunes lettrés dans une longue histoire dont ils étaient les héritiers.

En même temps, l'école continuait de nous enseigner une histoire chronologique avec ses grands hommes, ses grands événements, ses épopées guerrières, ses révoltes, ses révolutions… Cette histoire n'avait rien d'un cheminement bien tranquille. Elle demeurait tragique mais, par-delà ses contradictions et ses drames, par-delà les méandres et la diversité des situations, existait une sorte de fil rouge qui reliait entre eux les différentes périodes : l'histoire apparaissait comme mue par une volonté de constituer la France comme un pays souverain et puissant, rayonnant à travers le monde, non seulement par sa puissance et son faste mais aussi par son art de vivre, sa littérature et ses arts, parties constitutives de son identité.

Les mystères de la transmission

Dans les années 1950-1960, l'enseignement des humanités a continué dans des conditions historiques démographiques et sociales nouvelles, coexistant tant bien que mal – mais à l'époque encore plutôt mieux que mal – avec une société de consommation et une culture de masse. Celles-ci vont permettre une démocratisation de l'accès aux œuvres, en même temps qu'elles vont banaliser et noyer ces dernières dans une diffusion marchande et récréative dans laquelle elles finiront par apparaître comme une offre parmi d'autres. Les critiques conservatrices concernant le livre de poche et les reproductions des œuvres d'art ont à leur manière souligné ce problème, mais en négligeant une dimension démocratique qui n'est pas synonyme de dégradation : en rendant les œuvres accessibles à un public large par les nouveaux moyens d'impression et de la communication moderne, cette démocratisation a rendu possible une rencontre avec ceux qui en étaient privés ou les ignoraient de par leur situation sociale et culturelle. Cette diffusion massive a suscité intérêt et vocation chez une minorité. En ce sens, je me sens redevable à la société des années 1960 de m'avoir permis d'accéder à la littérature et à l'art sous la double modalité des livres de poche et des reproductions d'œuvres d'art.

Quels que soient les aléas et les difficultés de l'enseignement des humanités dans cette nouvelle période de l'histoire, la transmission des classiques de la littérature française a été un élément premier de ma formation intellectuelle en même temps que mes lectures vagabondes des romans et de la poésie française. Dans ma période gauchiste de l'après-Mai 68, cet héritage sera soumis à rude épreuve mais il continuera malgré tout d'exister en arrière-fond. Peut-être faut-il y voir avec l'éducation chrétienne et philosophique que j'ai reçue, l'un des facteurs qui m'a empêché, comme d'autres lettrés devenus des révolutionnaires, de sombrer totalement dans le nihilisme, et de pouvoir rebondir après une période de crise et de désillusion.

Depuis ses origines, l'enseignement des humanités impliquait un rapport d'autorité de la tradition et des maîtres, développait un rapport privilégié avec des élèves en petit nombre, considérés comme les futures élites du pays ; il maintenait une hiérarchie et une distinction claires entre ce qui ce qui est de l'ordre de l'esprit et ce qui est du domaine de l'utilité sociale[1] ; il établissait un espace spécifique de l'enseignement séparé de la société, de ses influences et de ses modes.

Avec le développement des effectifs du secondaire, l'introduction de la « linguistique structurale » et la pédagogie moderniste, cet enseignement des humanités est devenu, pour le moins, problématique. L'effacement des Lagarde et Michard dès les années 1970, la relecture de l'histoire française à l'aune de la mondialisation constituent une nouvelle donne éducative qui entraîne un autre rapport au monde et à l'histoire. L'adaptation au monde actuel peut devenir la finalité essentielle, voire exclusive, de l'enseignement ; l'exigence d'adaptation peut s'accompagner de la perte d'une culture humaniste et critique. À la limite, la littérature, les arts, la philosophie sont considérés comme un supplément d'âme, sans grand effet ni d'importance autres que ceux de la pédanterie savante et de la distinction dans un monde du look et de la communication.

C'est une conception de l'humanité de l'homme inséparable des œuvres de culture comme nourritures essentielles d'un rapport à soi, aux autres et au monde qui se trouve en question. « Il n'est pas de plus pernicieux despotisme que celui qui fait violence au langage, écrivait Albert Béguin au début des années 1950. Car le plus profond besoin spirituel des hommes n'est ni la justice ni l'ordre, mais la

1. Robert Kopp, « À quoi servent les humanités ?, » *Cahiers de Politique Autrement*, septembre 2017.

signification. Chaque personne a besoin que sa vie "signifie", et non seulement par son insertion dans quelque vouloir ou dans quelque entreprise collective[1]. » Si ce besoin n'a pas disparu, qu'est-il devenu dans une société qui semble avant tout préoccupée des mécanismes de son fonctionnement ? Qu'en est-il du souci de la « signification » à l'heure de la communication, de l'image et du paraître ? L'inculture est propice à l'emprise et à l'expression débridée des affects et des pulsions qui ne trouvent plus les canaux de leur expression symbolique. Au risque de la désagrégation, d'une barbarie nouvelle qui rend le monde insignifiant et vain.

1. Albert Béguin, « Notes sur les paradoxes de la civilisation », *Esprit*, janvier 1953.

Chapitre 5

Désordres, musiques et soleils couchants

Dans la société des années 1960, humanités et lectures littéraires coexistaient avec les sollicitations nouvelles de la société de consommation et des loisirs, auxquelles était particulièrement sensible le « peuple adolescent ». Le nouveau monde suscitait son imaginaire, l'entraînant dans un univers où tout paraissait possible, où les frontières entre le rêve et la réalité semblaient s'effacer. Les comportements qui en résultaient relevaient encore d'une sorte de jeu et d'expérimentation sous le regard globalement bienveillant des adultes qui n'envisageaient pas pour autant que ce nouveau style de vie puisse être un modèle de la vie individuelle et collective. Les adolescents en révolte pouvaient toujours rêver mais, entre leurs rêves, leur imagination et la réalité de leur vie quotidienne, les contraintes sociales et les mentalités dominantes de l'époque, existait toujours un fossé. Le fameux slogan situationniste de Mai 68 : « Je prends mes désirs pour des réalités car je crois à la réalité de mes désirs » n'était pas encore entré dans les mœurs. Mais le roman, la poésie, le jazz et la musique pop se mêlaient aux premiers plaisirs de la transgression, nourrissant une « rage de vivre » qui allait s'affirmer au fil des ans contre un ancien monde qui paraissait sclérosé.

Discipline et ennui

Dans mon école au début des années 1960, l'encadrement était encore très strict. Le « calendrier du premier trimestre de l'année scolaire 1962-1963 » en donne un petit aperçu : outre les heures et les dates des retours des internes et des externes, sont indiquées pour chaque mois les permissions de sortie, les dates de remise des notes avec « sortie méritée » ou non (selon les résultats), les différentes messes programmées pour les élèves du primaire et du secondaire. Les internes pouvaient être privés de sortie en cas d'indiscipline ; les punitions et les « colles » étaient encore monnaie courante, avec des gifles de temps en temps. Je me souviens de ce petit curé en soutane et coiffé d'un béret qui avait l'œil pour repérer dans les rangs le moindre signe d'indiscipline. Je le vois encore prenant brusquement par la manche un élève de sixième pour lui flanquer violemment une paire de gifles. La leçon s'adressait à tout le monde : après le son de la cloche, le silence était de mise dans les rangs.

La réputation de ce petit curé n'était plus à faire et il fut vite affublé d'un surnom énigmatique pour les non-initiés que l'on gravait au couteau sur le bois des pupitres : PEUC. Cet acronyme se traduisait aisément : P… (nom de famille du curé en question) Est Un Con. Il coexistait sur les tables avec d'autres inscriptions provocatrices, telles que des croix gammées, « *Deutschland über alles* » ou quelques noms de groupe de pop : The Beatles, The Kinks, Them, The Rolling Stones… Sur l'un des pupitres, un élève avait réussi à graver discrètement quelques paroles d'une chanson des Beatles :

« Help me if you can I'm feeling down
And I do appreciate you being' round[1]. »

Pions et enseignants se plaignaient de problèmes de discipline avec certains élèves particulièrement turbulents. Je n'étais pas le pire en la matière, mais j'avais souvent des remarques pour mon regard moqueur et insolent. D'autres allaient plus loin : profitant de la récréation, ils avaient jeté des œufs sur le portrait de Blaise Pascal accroché dans une salle de classe. En découvrant ce forfait, le petit abbé enseignant en avait été très choqué, n'arrivant plus à trouver ses mots pour exprimer son indignation. Ce qui avait bien amusé les coupables qui rejouaient la scène en rigolant.

Mes résultats scolaires commencèrent à chuter en seconde et en première. Je délaissais les mathématiques, les sciences physiques, la géographie... pour ne plus m'intéresser qu'au français et à l'histoire. La pratique des « antisèches » fonctionnait bien ; dans les cours, on pouvait souvent compter sur ses voisins pour s'entraider et, le soir à l'étude, existait un système d'entraide et de triche pour les devoirs selon les compétences propres à chacun. C'est ainsi que je sous-traitais de nombreux devoirs en mathématiques et en sciences, tandis qu'en contrepartie je rédigeais quelques devoirs de français. Les deux heures d'étude le soir apparaissaient comme une corvée à régler au plus vite, pour écouter *Salut les copains* ou Radio Caroline, célèbre radio pirate anglaise que l'on pouvait capter plus ou moins bien. La miniaturisation des transistors permettait

1. « Aide-moi si tu peux, j'ai le cafard/Et j'apprécie vraiment ta présence », *Help !*.

de le faire discrètement grâce à un écouteur sortant de la manche : il suffisait de mettre sa main sur son oreille en faisant semblant d'être plongé dans la lecture d'un manuel, tandis que le « pion » circulait dans les allées pour nous surveiller. Il avait habituellement du mal à obtenir le silence, mais à partir d'une certaine heure, celle de la diffusion des émissions, il l'obtenait facilement.

En fait, je m'ennuyais de plus en plus dans les cours dont les matières ne m'intéressaient pas vraiment ; je faisais acte de présence sans trop faire attention aux paroles du professeur estimant que la lecture du manuel me suffirait amplement. Il faut dire que quelques enseignants se contentaient de lire le manuel sans trop de commentaires avec parfois un ton affligeant.

À l'époque, j'écoutais beaucoup les chansons de Jacques Brel et l'une d'elles me semblait particulièrement adaptée à mon état d'esprit de l'époque :

« C'est le tango des bons pères
Qui surveillent l'œil sévère
Les Jules et les Prosper
Qui seront la France de demain [1]. »

Pignol's blues

La petite maison de plage que mes parents avaient fait construire à Urville allait vite devenir un haut lieu de mon adolescence avec ses découvertes et ses transgressions. Je trouvais de nouveaux copains dans les alentours avec qui je parcourais les chemins de campagne, volant au passage des pommes et des figues dans les jardins, entrant discrètement dans les granges pour se livrer à des batailles de bottes de

1. Jacques Brel, « Rosa ».

foin. Les paysans nous surprenaient de temps à autre; cela faisait partie du jeu et nous courions plus vite qu'eux. Je commençais à abandonner les grandes leçons de morale et de catéchisme apprises à l'école. Elles ne pouvaient pas grand-chose face à la découverte des nouveaux plaisirs de la transgression.

Mes parents venaient dormir seulement le week-end dans la maison d'Urville et, pendant les vacances, celle-ci devint un lieu de rendez-vous pour la petite bande de garçons et de filles qui s'était constituée je ne sais plus trop comment. Cette bande formait un curieux mélange: on y trouvait des copains d'école, des filles et des fils de notables habitant les grandes villas, de jeunes Parisiens et des Parisiennes qui venaient passer leurs vacances d'été à Urville, un ami du lycée professionnel Cachin qui avait son permis de conduire, et un jeune plus âgé et plus déluré qui se disait mécanicien dans la marine marchande et avait toujours quelques projets un peu fous.

Nos transgressions demeuraient encore « raisonnables », mêlant la farce et quelques actes plus audacieux. Nous aimions pratiquer, entre autres, des canulars téléphoniques inspirés de ceux de Francis Blanche à la radio, en y ajoutant des blagues absurdes que n'appréciaient pas du tout les standardistes des PTT. À chaque numéro demandé nous associons une lettre quelconque de l'alphabet (« Je voudrais le 50 33 à Cherbourg avec un T comme Théophile »...), ce qui finissait toujours par mettre en rage la standardiste. Il s'ensuivit un courrier officiel des PTT exigeant de cesser ces pratiques. Un ami porté sur la pataphysique[1] décida de

1. Inventée par Alfred Jarry au XIXe siècle, cette « science » consiste en la « connaissance et l'application des solutions imaginaires » où l'absurde s'expose dans un langage scientifique. Dans ce cadre, Boris Vian a écrit un *Mémoire concernant le calcul numérique de Dieu par des méthodes simples et fausses*. Au sein du collège de pataphysique, Boris Vian obtiendra le grade de « Satrape » puis de « Promoteur Insigne de l'ordre de la grande Gidouille ».

dénommer notre petit groupe « Les Chmeux » avec carte de visite à l'appui. Nous faisions des paris stupides, comme celui d'un ami, qui tenta d'entrer au dancing du casino de Cherbourg en caleçon, son pantalon sous le bras tandis que nous l'entourions pour que le caissier ne le remarque pas.

Les enfants de bonne famille n'étaient pas tous en rupture de ban, mais quelques-uns d'entre eux, plus âgés que nous, étaient connus pour leurs exploits : « emprunts » de mobylettes, bagarres, conduite en état d'ébriété avancée… Sans compter pour certains des actes sacrilèges envers la statue du Christ Roi de la maison de retraite de la Bucaille recouverte, de temps à autre, de goudron et de plumes. D'autres, m'avait-on dit, avaient osé inscrire les lettres OAS sur la stèle du mémorial des martyrs de la résistance place de la République comme une extrême provocation… Ceux-là avaient sombré dans une révolte nihiliste qui m'effrayait.

Mes fréquentations étaient un peu plus convenables bien que tumultueuses. À seize ans, je fus convoqué avec quelques copains au commissariat de Cherbourg suite à une plainte liée à un tapage nocturne ou à une dégradation (je ne m'en souviens plus très bien) : nous avions eu la malchance de traîner en bande dans les environs et il n'y eut pas de suite à notre endroit. Les plus voyous de mes copains se livraient à quelques forfaitures qu'ils trouvaient drôles comme celle consistant à « emprunter » un vieux fauteuil à trois roues d'un infirme avec un volant qu'on actionnait comme une pompe, pour faire un tour dans les rues de Cherbourg. L'un d'eux ayant remonté un sens interdit, il se retrouva au commissariat… Ils avaient, comme on dit aujourd'hui, des « conduites à risque » : un jour de mauvais temps, après avoir beaucoup bu, ils empruntèrent le petit bateau que mon père avait acheté pour le loisir, et ils chavirèrent assez loin de la plage. Par bonheur, un voisin les repéra par hasard à la jumelle et les ramena : ils n'avaient ni gilet ni bouée de sauvetage.

Dans le film *Les Quatre Cents Coups* (1959), François Truffaut mettait en scène la figure d'Antoine Doinel qui incarne on ne peut mieux la révolte d'un préadolescent dans une famille et une société incapables de l'écouter et de le comprendre. Ce film, qui conjugue révolte à fleur de peau et romantisme, avec le travelling de fin où Antoine Doinel court sur la plage et se retourne vers la caméra, mettait sublimement en images, en musique et en mots une sensibilité et une révolte qui, malgré les différences de situation, reflétaient ce que je pouvais ressentir confusément, comme beaucoup d'autres jeunes de ma génération.

Pour mon père qui n'aimait pas mes nouvelles fréquentations, cette petite maison de plage – que nous avions baptisée ironiquement du doux nom de « La Pignole » (masturbation masculine) – était une « maison de ratire » (endroit mal famé). Il exagérait sans doute un peu, mais il est vrai qu'il y avait parfois beaucoup de monde dans la maison et le terrain donnant sur la mer ; les repas bien arrosés et la musique pop ne plaisaient pas aux braves retraités des pompes funèbres qui habitaient la petite maison d'à côté. Ils ne cessaient de se plaindre, le plus souvent à juste titre, de l'agitation et du bruit.

Pendant la période des vacances, les boums en soirée se succédaient presque quotidiennement. Les groupes de la pop music anglaise nous enchantaient par leur ton faussement décontracté et provocant. Le son et le rythme saccadé de certaines chansons donnaient l'envie immédiate de bouger et si nous ne comprenions pas toutes les paroles, nous en saisissions quelques bribes. Parmi les chansons célèbres des Kinks, « A Well Respected Man » avec la voix nasillarde du chanteur brocardait alors allégrement les vies d'adultes trop bien rangées :

« Cause he gets up in the morning
And he goes to work at nine

And he comes back home at five-thirty,
Gets the same train every time.
Cause his world is built 'round punctuality
It never fails.
And he's oh, so good,
And he's oh, so fine,
And he's oh, so healthy,
In his body and his mind.
He's a well respected man about town
Doing the best things so conservatively[1]. »

L'âge mûr et la vieillesse étaient synonymes d'un monde triste et rétréci, comme dans la fameuse chanson des Rolling Stones « Mother's Little Helper » qui décrit avec cynisme et dérision la vie quotidienne monotone d'une mère de famille qui n'a pas vu les années passer et prend des calmants qui l'aident à tenir le coup. C'était une évidence : « *What a drag it is getting old* » (Quelle corvée de vieillir). En contre-point, la jeunesse pouvait sembler un âge d'or pourvu qu'on puisse la vivre à sa guise. Elle devait être un perpétuel été, comme dans la chanson « Summer Nigths » de Marianne Faithfull.

À la même époque, François Deguelt chantait ce qui sera le tube français de l'été 1965 : « Il y a le ciel, le soleil et la mer[2]... » qui semblait dire un peu la même chose, mais cette

1. « Parce qu'il se lève le matin/Et qu'il part au travail à neuf heures/Et rentre chez lui à cinq heures et demie/Prend toujours le même train/Parce que son monde est fait de ponctualité/Il n'y a jamais d'erreurs/Et il est si bon/Et il est si raffiné/Et il est si sain/De corps et d'esprit/C'est un homme bien considéré dans la ville/Qui fait les choses de façon si traditionnelle. » The Kinks, « A Well Respected Man ».

2. « Le Ciel, le Soleil et la Mer ». Treize ans plus tard, Serge Gainsbourg reprendra un triptyque semblable adapté au nouvel état des mœurs : « Sea, Sex and Sun ».

chanson nous paraissait guimauve et endormante en comparaison de celles des groupes anglais. Le rythme et la langue que nous ne comprenions pas toujours avaient les charmes d'un son nouveau qui nous accrochait aussitôt, exprimant notre révolte adolescente contre l'ancien monde et le refus de se fondre dans le nouveau. La vie en société nous paraissait morne et banale, refoulant le désir et la part sauvage qui désormais nous portaient.

Jazz et flirt dominant

À cette passion pour la pop anglaise, s'ajoutait celle du jazz. En quelques années, j'étais remonté aux sources, passant du yé-yé au rock américain, puis à la pop anglaise, et finalement au jazz et au blues, musiques qui n'allaient plus me quitter. Un copain m'avait recommandé de lire *La Rage de vivre*[1] de Mezz Mezzrow, clarinettiste et saxophoniste américain. Celui-ci avait connu la misère, la drogue et la prison ; les rencontres fraternelles et sa passion pour le jazz lui avaient permis de rebondir ; son parcours de vie était une leçon hors du commun. Le solo de batterie « Crazy Hamp » de Lionel Hampton nous donnait un bon aperçu de cette « rage de vivre » que le jazz sublimait.

Parmi les slows de l'époque, outre la chanson allemande ténébreuse « Sag Warum », « Petite fleur » de Sidney Bechet (version live du concert à l'Olympia de 1954) avait nos préférences. Les slows alternaient avec d'autres morceaux qui suscitaient l'envie irrésistible de bouger avec une montée progressive vers une sorte d'orgasme simulé par quelques cris du chanteur qui nous ravissaient. Il en allait ainsi de

1. Mezz Mezzrow, *La Rage de vivre*, préface de Henri Miller, Le Livre de Poche, 1964.

« What'd I Say » de Ray Charles qui nous saisissait dès les premières mesures et entraînait l'envie de balancer sa tête puis son corps tout entier, faisant fi de toutes les postures convenues. Cet oubli de soi dans une pulsation rythmique irrésistible intensifiait l'instant présent et c'est précisément ce que nous recherchions. Cette expérience partagée nous mettait à part des communs des mortels « coincés » qui refoulaient cette part sauvage. Les références sexuelles de « What'd I Say » étaient explicites : « *See the girl with the diamond ring/She knows how to shake that thing* », tout comme dans le fameux morceau « Shake it Baby » de John Lee Hooker au rythme obsédant qui montait aux extrêmes avec quelques hurlements.

En contrepoint, le jazz cool de Miles Davis improvisant sur les images du film *Ascenseur pour l'échafaud* nous transportait dans un univers intimiste où la sensualité faisait corps avec la douceur des sonorités. La musique de Miles Davis était celle qui convenait le mieux à nos rêveries tristes et solitaires avec en arrière fond l'espoir de la rencontre avec l'âme sœur qui transformerait magiquement notre mal de vivre en un bonheur incandescent.

À l'époque, l'idéalisation, les fantasmes et les jeux de la séduction dominaient encore largement chez les adolescents. Nos amours pouvaient rester platoniques et s'en trouver d'autant plus beaux et déchirants. C'est ainsi que je me pris à rêver de cette lycéenne qui ressemblait un peu à France Gall et à Chantal Goya réunies et que j'apercevais par la fenêtre de l'établissement passer chaque jour lors de la récréation du midi. Je lisais alors *Le Grand Meaulnes* [1], les poèmes de Baudelaire et de Verlaine. Je cherchais la rencontre furtive d'un regard comme un éclair qui aurait soudain transfiguré le désœuvrement et

1. Alain FOURNIER, *Le Grand Meaulnes*, Le Livre de Poche, 1965.

l'ennui, me transportant dans un autre monde au goût de paradis perdu :

« [...] Fugitive beauté
Dont le regard m'a fait soudainement renaître,
Ne te verrai-je plus que dans l'éternité[1] ? »

Pour un peu, comme le dira une chanson de Maxime Le Forestier, j'aurais pu être « amoureux de tout un pensionnat[2] ».

Le retour sur terre s'avérait délicat. Dans les boums et les soirées, le flirt était de rigueur. Dans la maison d'Urville, bien que disposant de conditions plus favorables, « coucher ensemble » n'allait pas de soi et les flirts un peu « poussés » ne faisaient que renforcer la frustration.

Dans les années 1960, la crainte de tomber enceinte était présente chez les filles, mais n'expliquait pas tout[3] ; l'éducation reçue comptait beaucoup. Dans les écoles, garçons et filles étaient séparés ; à l'institut Saint-Paul où je suivais mes études secondaires ce n'est qu'en terminale que les classes étaient mixtes. L'éducation puritaine de l'époque n'arrangeait pas les choses. Les films bénéficiaient encore d'avis affichés dans les églises et les journaux catholiques : « visibles par tous », « pour adultes », « pour adultes avertis », « à déconseiller »... Quand j'avais cinq ou six ans, il m'était arrivé de voir le dimanche des films interdits aux moins de seize ans : mes parents parvenaient facilement à convaincre l'employé chargé de détacher les billets d'entrée, en lui disant

1. BAUDELAIRE, « À une passante », in *Les Fleurs du mal* (1857), Le Livre de Poche, 1962, p. 223.

2. « Fontenay-aux-Roses ».

3. La loi Neuwirt de novembre 1967 autorise la commercialisation de la pilule contraceptive, en vente dans les pharmacies sur ordonnance médicale et réservée avant tout aux femmes mariées.

simplement : « À son âge, il ne peut pas comprendre… » Quelques années plus tard, il ne fut plus possible de négocier avec l'ouvreur. C'est ainsi que mes parents furent privés de voir le film *La Loi* avec Gina Lollobrigida tiré du roman de Roger Vaillant, qui apparaît aujourd'hui bien anodin par rapport au déchaînement de violence et de sexualité qu'on trouve dans de nombreux films simplement interdits aux moins de douze ans [1]. L'heure n'était pas encore venue de la pilule contraceptive et de la « libération sexuelle » qui fera sauter les dernières inhibitions et connaîtra sa phase de remise en cause radicale et de chaos.

Ferré, Brel et Brassens

À seize ans, bien qu'il nous arrivât de chanter des chansons paillardes comme une marque de libération, nous aimions surtout les chansons de Georges Brassens, Léo Ferré et Jacques Brel qui traitaient de ces questions avec délicatesse tout en remettant en cause la morale puritaine et les conventions sociales de l'époque. Léo Ferré avec son côté bohème s'en prenait aux curés et aux bourgeois (« Graine d'ananar », « Ni Dieu ni Maître », « La Marseillaise »…), et à la société moderne (« La Vie moderne », « Le Temps du plastique », « La Complainte de la télé »…). Il avait un côté « écorché vif » et romantique et certaines de ses chansons d'amour nous impressionnaient (« Si tu t'en vas… », « L'Amour », « Ça t'va »…). Mais plus encore, c'est la chanson « Comme à Ostende » que nous aimions, parce qu'elle avait sans doute quelque rapport avec nos virées nocturnes dans les rues du port de Cherbourg et ses environs.

1. Comme *Scarface*, devenu un film culte des adolescents.

Ferré avait un autre avantage : il avait mis en musique nombre de poèmes et si le résultat était fort inégal, c'est grâce à lui que je découvris pour la première fois la poésie d'Aragon[1]. À l'époque, « L'Affiche rouge » avait moins retenu mon attention que deux autres poèmes mis en chanson : « Tu n'en reviendras pas » et « Est-ce ainsi que les hommes vivent ? ». Ils parlaient d'une tout autre époque que nous n'avions pas connue, mais nous ne pouvions nous empêcher d'y trouver quelques points communs avec nos interrogations et nos états d'âme :

« Est-ce ainsi que les hommes vivent ?
Et leurs baisers au loin les suivent
Comme des soleils révolus[2]*. »*

Dans son interprétation des poèmes de Verlaine et de Rimbaud[3], je trouvais également quelques joyaux. La façon dont il avait mis en musique et chantait « Les Assis » et « Les Corbeaux »... vibraient d'une sourde colère et la « Chanson de la plus haute tour » me ravissait :

« Oisive jeunesse
À tout asservie
Par délicatesse
J'ai perdu ma vie
Ah ! Que le temps vienne
Où les cœurs s'éprennent ! »

Des trois chanteurs, Jacques Brel occupait une place à part dans notre esprit. Les paroles et la musique du « Plat pays »

1. *Les Chansons d'Aragon chantées par Léo Ferré.*
2. « Est-ce ainsi que les hommes vivent ».
3. *Léo Ferré chante Verlaine et Rimbaud.*

nous subjuguaient par leur force d'évocation d'une mélancolie sans pareille. Brel avait gardé les traits d'un adolescent rejetant un monde d'adultes ayant perdu le goût du rêve et de l'aventure. Son parcours de vie était là pour en témoigner. Issu d'un milieu bourgeois et catholique, il avait refusé un destin tout tracé consistant à reprendre la direction de l'entreprise de cartonnerie de son père. À sa façon, il avait choisi de « réussir sa vie », avec les risques que cela comporte, plutôt que de « réussir dans la vie » en cherchant les honneurs et les places, distinction qui était encore courante à l'époque. Dans ses chansons, il mettait volontiers en avant la sincérité du cœur contre tous les faux-semblants, s'en prenait aux bourgeois, aux curés et aux bigotes, manifestait un appétit de vivre sans limites que seule la mort pouvait arrêter... autant de thèmes auxquels nous adhérions spontanément.

Les thèmes de l'enfance perdue et d'un monde désenchanté étaient fortement présents dans ses chansons. Il regrettait le far west de son enfance auquel la société moderne ne donnait plus de place : « Quand j'étais petit, confiait-il dans une interview, on a oublié de m'avertir que le far west et l'amour n'étaient que des farces. Aujourd'hui les enfants ont tellement "mal au far west" qu'ils s'habillent tous plus ou moins en cow-boys. Mais il n'y a plus de far west. Il n'y a plus que des cours d'usine, des feux rouges, des flics et la pension. J'aurais voulu avoir un vrai far west, mais ce n'est pas possible. Et c'est sans doute pour cela que de temps à autre, j'ai des grands coups de pompe [1]. »

Ses chansons exprimaient souvent des amours déçus, échecs répétés après l'éblouissement de la passion. Le « prochain amour » était toujours celui de la « prochaine défaite », mais « On a beau faire, on a beau dire/Qu'un homme averti

1. « Quelques questions posées à Jacques Brel par Jean Clouzet » in Jean Clouzet, *Jacques Brel*, éditions Seghers, collection Poètes d'aujourd'hui, 1964, p. 49.

en vaut deux/On a beau faire, on a beau dire/Ça fait du bien d'être amoureux[1] ». Nous étions de jeunes amoureux maladroits craignant les défaites, mais on avait beau dire, on avait beau faire…

La perspective de « fonder une famille » était hors de nos préoccupations et à écouter Brel, comme beaucoup d'autres à l'époque, cette perspective n'avait rien de réjouissant : « Je ne vois pas bien l'intérêt pour des enfants de voir revenir à la maison, chaque soir, un monsieur qui ne leur dira rien de passionnant parce qu'il est quotidien, qui va s'asseoir, mettre ses pantoufles, roter à la fin du repas, s'installer enfin devant la télévision en criant : "Allez, les enfants, au lit, il est l'heure !"[2] », sans parler des « parents qui se disputent d'un bout à l'autre de l'année, mais qui restent ensemble par habitude ou par paresse[3] ». Dans ces conditions, il valait mieux sortir tous les soirs et aller boire avec des copains, avec le risque de terminer comme « Jef » et « Les Paumés du petit matin » traînant dans les bars leur déception et leur mélancolie. Ce qui nous arrivait quelquefois.

À la différence de Léo Ferré et Jacques Brel, Georges Brassens ne versait pas dans le sentimentalisme facile et n'en rajoutait pas. C'était le plus anar-individualiste des trois et il avait gardé un trait essentiel de l'ancien monde : la pudeur des sentiments. Ses chansons étaient les mieux écrites, n'ayant pas leur pareille dans la façon de manier les mots, l'humour et l'ironie ; il les chantait modestement, contenant une émotion bien présente que l'on ressentait en l'écoutant. Ses chansons et sa tenue dépassaient l'expression des sentiments, l'identification trop facile et les blessures

1. « Le Prochain Amour ».
2. « Quelques questions posées à Jacques Brel par Jean Clouzet » in Jean Clouzet, *Jacques Brel*, éditions Seghers, collection Poètes d'aujourd'hui, 1964, p. 50.
3. *Ibid.*

d'adolescents, procurant un plaisir esthétique lié à la qualité intrinsèque de ses compositions.

La Hague, terre nourricière

Mes nouveaux amis d'Urville aimaient comme moi la littérature et la musique. Nous avions en commun les mêmes références poétiques et littéraires qui s'intégraient à la beauté des paysages de la Hague et nous liaient à elle comme à une terre première, nourricière et sauvage. Les vers de Victor Hugo : « Demain, dès l'aube, à l'heure où blanchit la campagne,/Je partirai. Vois-tu, je sais que tu m'attends[1]… » avaient les saveurs de nos promenades dans les chemins des collines d'où l'on voyait la mer. Les couchers de soleil que nous admirions sur la plage faisaient écho à ceux de Verlaine : « Et d'étranges rêves,/Comme des soleils/Couchants sur les grèves[2] »…

Un soir de soleil couchant je découvris les *Nocturnes* de Chopin, qu'un copain avait eu la bonne idée de me faire écouter, la fenêtre ouverte face à la mer. Un autre jour, j'allai avec lui à Landemer sur le chemin des douaniers ; seuls au monde, assis au-dessus d'un blockhaus, nous pouvions admirer le soleil se fondre doucement dans la mer. Les sorties en dériveurs, vers la crique de Gruchy et le petit port d'Omonville-la-Rogue, nous faisaient découvrir la beauté des falaises vues de la mer. Je me souviens d'un soir où le vent s'était arrêté, la mer était d'huile, nous nous laissions porter par le courant. Le soleil délivrait une couleur orangée

1. Victor HUGO, « Demain, dès l'aube… » in André LAGARDE, Laurent MICHARD, *XIXe siècle. Les grands auteurs français du programme V*, Bordas, collection Textes et Littérature, 1964, p. 178.

2. VERLAINE, « Soleils couchants », *ibid.*, p. 506.

sur les falaises de Gréville. Les vers célèbres de Lamartine devenaient réalité :

« O temps, suspend ton vol ! et vous, heures propices,
Suspendez votre cours !
Laissez-nous savourer les rapides délices
Des plus beaux de nos jours[1] *!»*

Les moments de fête bruyants et bien arrosés (essentiellement à la bière et parfois au calva) alternaient avec des temps plus reposants de promenades dans les chemins de campagne qui « sentaient bon la noisette » et le foin. La petite route de Sainte-Croix, la route du Hameau Nicolle, celle de Landemer avec son manoir de Dur Écu habité par un membre de la famille d'Hervé Bazin… faisaient partie de nos balades par temps gris. Elles avaient les allures de « rêveries du promeneur solitaire », alternant nos anecdotes d'adolescents avec des réflexions plus ou moins claires sur la vie et le monde. C'était le temps des affinités électives et nos entretiens étaient souvent métaphysiques[2].

Le chemin des douaniers et l'hôtel-bar-restaurant de Landemer faisaient aussi partie de nos lieux de prédilection. Le restaurant était bien connu dans la Hague. Avant-guerre, les familles venaient volontiers manger le dimanche comme en témoigne une vieille photo de famille avec mes grands-parents. Avec ses murs épais et son toit de schiste, ce restaurant s'intégrait au paysage et sa salle de restaurant donnait sur la mer ; son bar avait le charme des intérieurs des hôtels d'autrefois. La patronne de l'époque avait la réputation de « prendre son petit déjeuner en trempant son croissant dans du Ricard » et nous étions heureux de l'écouter évoquer les

1. Lamartine, « Le Lac », *ibid.*, p. 89.
2. Verlaine, « Âme te souvient-il ? », in *Amours*, 1888.

souvenirs de la maison du temps où Édith Piaf et Marcel Cerdan y avaient séjourné comme d'autres célébrités de l'époque.

À seize ans, je découvrais *L'Étranger*[1] de Camus en ayant en tête les grandes plages de la Hague. Ce récit raconté à la première personne dépourvu de pathos n'entendait pas expliquer le monde et encore moins l'évaluer à l'aune de la morale et de la « justice sociale ». Meursault, le personnage du roman, ne ressemblait à aucun autre, vivant dans un présent hors de l'histoire, au plus près de ses sensations, comme ébloui par la beauté du monde qui l'enfermait dans une solitude à l'écart des autres et de la cité. L'impasse de cet abandon à l'« indifférence du monde » m'importait peu. Pour moi et mes amis d'Urville, *L'Étranger* résonnait comme un appel à goûter le présent, la mer et le soleil, en se débarrassant de l'idée de péché et de mauvaise conscience. La confrontation avec l'aumônier de la prison où Meursault attend d'être exécuté représentait pour nous un règlement de comptes bienfaisant : « Je l'avais pris par le collet de sa soutane. Je déversais sur lui tout le fond de mon cœur avec des bondissements mêlés de joie et de colère. Il avait l'air si certain, n'est-ce pas ? Pourtant aucune de ses certitudes ne valait un cheveu de femme. Il n'était même pas sûr d'être en vie puisqu'il vivait comme un mort[2]. »

À travers le prisme des romans de Camus, je ne regardais plus les plages et la mer de la même façon. Elles n'étaient plus un lieu de loisir mais leur présence me procurait apaisement et bienfait, non pas en me « vidant la tête » comme on le dit aujourd'hui, mais en la remplissant des saveurs et des images récoltées dans ces romans. La beauté rocailleuse et

1. Albert Camus, *L'Étranger* (1942), Le Livre de Poche, 1965.
2. *Ibid.*, p. 175-176.

sauvage de la Hague se mêlait désormais à la sensualité et à la douceur des paysages ensoleillés de Camus.

Le soleil de Camus

Le livre *Noces suivi de L'Été*[1] fut pour moi comme une révélation surpassant tous les autres livres par sa puissance d'évocation de ce « grand libertinage de la nature et de la mer », de ce « mariage des ruines et du printemps[2] ». Je lisais et relisais *Noces à Tipasa*, soulignant les phrases qui me transportaient dans un temps arrêté, me faisant découvrir un bonheur sensuel que jusqu'alors mon éducation avait ignoré ou refoulé : « Il n'y a pas de honte à être heureux. Mais aujourd'hui l'imbécile est roi, et j'appelle imbécile celui qui a peur de jouir[3]. » Cette phrase allait devenir pour moi comme un principe premier contre le moralisme et les précepteurs de conscience, sans bien savoir où il pourrait m'emmener.

Le lyrisme de *Noces à Tipasa* m'éblouissait. Je découvrais alors l'existence d'un univers qui accueillait sans fausse honte les plaisirs de la vie dans un rapport au monde marqué par la beauté. Ce lien quasi fusionnel avec la nature me paraissait d'une autre véracité que le ciel éthéré des valeurs. Il avait pour lui l'avantage de retrouver une sorte d'innocence première qu'on avait oubliée, comme un monde merveilleux de l'enfance renouvelé. Les liens amoureux s'intégraient pleinement dans ce sentiment d'être au monde (« Étreindre un corps de femme, c'est aussi retenir contre soi cette joie étrange qui descend du ciel vers la mer[4] »), redoublant son intensité, procurant une « joie des sens » qui faisait éclater

1. Albert Camus, *Noces, suivi de L'Été*, Le Livre de Poche, 1967.
2. Albert Camus, « Noces à Tipasa » in *Noces, suivi de L'Été*, *ibid.*, p. 15.
3. *Ibid.*, p. 19.
4. *Ibid.*, p. 17.

tous les cadres convenus pour entrer dans un domaine sans autres repères que l'intensité et le bonheur de l'instant.

Cette perspective allait constituer le creuset culturel des rapports amoureux dans lequel viendront se greffer d'autres apports, ceux de Boris Vian et du surréalisme, avec cette même recherche du merveilleux comme les restes émiettés d'une religion. Le rapport extatique à la nature et l'« amour fou » supplantaient un christianisme moraliste ; la beauté de la nature et la passion amoureuse devenaient un nouveau sacré dans un monde moderne désenchanté.

Les longues promenades sur la plage déserte d'Urville, et plus tard sur celles de la baie d'Ecalgrain, de l'anse de Vauville avaient des réminiscences de celle de *L'Étranger*, les ruines de la ferme de la Cotentine le long du littoral près d'Éculleville, évoquaient les ruines de Tipasa... Il fallait avoir de l'imagination pour opérer de tels rapprochements. Les jours de tempête, la Hague ressemblait plutôt aux *Hauts de Hurlevent*[1]. L'été, les plages étaient rarement « vibrantes de soleil », le sable ne chauffait pas les pieds, le ciel et la mer avaient le plus souvent des tons gris et le vent soufflait régulièrement. Il valait mieux se couvrir d'une « petite laine », voire d'un bon pull-over, se munir d'un ciré pour la promenade, mais dans les éclaircies et les journées chaudes de l'été, nous avions de quoi satisfaire notre imagination.

La lecture de *La Peste*[2] l'entretint d'une autre manière. La ville et ses « grands cris des bateaux invisibles, la rumeur qui montait de la mer et de la foule qui s'écoulait[3] », « le soleil incessant, ces heures au goût de sommeil et de vacances »

1. Emily Brontë, *Les Hauts de Hurlevent* (1847), Le Livre de Poche, 1962.

2. Albert Camus, *La Peste*, Le Livre de Poche (1947), Le Livre de Poche, 1966.

3. *Ibid.*, p. 49.

invitant aux « fêtes de l'eau et de la chair »[1] m'entraînaient vers des rivages méditerranéens inconnus et attirants. Ce livre s'interrogeait en même temps sur le sens de l'existence, comme nous le faisions à notre âge en craignant la vie d'adulte : « Il en est ainsi pour tout le monde : on se marie, on aime encore un peu, on travaille. On travaille tant qu'on en oublie d'aimer[2]. »

À travers le personnage du vieux jésuite Paneloux, Camus donnait une image des hommes d'Église que j'avais l'impression de connaître. Ses sermons filandreux sur la souffrance et le malheur comme des fautes à payer pour s'être compromis avec le mal, cette volonté d'expliquer tout (de trouver même des raisons à la mort d'un enfant), cette humiliation consentante (« Il fallait la vouloir parce que Dieu la voulait[3] ») qu'on peut trouver schématiques, n'étaient pas sans ressemblance avec le moralisme et le dolorisme catholique existant dans la région. En contrepoint, il me plaisait de lire qu'en temps ordinaire « le dimanche matin, par exemple, les bains de mer font une concurrence sérieuse à la messe[4] ».

La Peste mettait en scène un personnage qui n'avait rien d'un héros épris d'intégrité et de pureté, partisan des grandes causes et prompt à donner des leçons au monde entier. Le héros de *La Peste* était humble et effacé, observant et comprenant les autres sans les juger d'emblée ou se croire obligé de leur faire une leçon de morale alors qu'ils n'avaient rien demandé. L'« essentiel était de bien faire son métier » et l'« exigence généreuse du bonheur » était première : « J'en ai assez des gens qui meurent pour une idée. Je ne crois pas à l'héroïsme, je sais que c'est facile et j'ai appris que c'était meurtrier. Ce qui m'intéresse, c'est qu'on vive et qu'on

1. *Ibid.*, p. 91.
2. *Ibid.*, p. 66-67.
3. *Ibid.*, p. 180.
4. *Ibid.*, p. 75.

meure de ce qu'on aime[1]. » Dans « ce qu'on aime », il y avait les femmes et l'amitié mais aussi cette part essentielle de la beauté du monde que le militantisme sacrificiel pouvait brocarder comme un signe de faiblesse sentimentale, infantile et déplacé.

« On ne meurt pas toujours les armes à la main. Il y a l'histoire et il y a autre chose, le simple bonheur, la passion des êtres, la beauté naturelle. Ce sont là aussi des racines, que l'histoire ignore, et l'Europe, parce qu'elle les a perdues, est aujourd'hui un désert[2]. » Ces lignes écrites en 1948 mettaient en cause un type d'engagement dans l'histoire avec le communisme comme pôle d'attraction. Après Mai 68, les gauchistes dont je fus ont pu croire à une relance du messianisme révolutionnaire en oubliant Camus. Ses écrits n'en avaient pas moins marqué mon adolescence et sont restés ancrés dans un coin de mon esprit, avant qu'ils ne resurgissent plus tard comme l'une des ressources qui me permirent de rebondir quand je quittai le militantisme pour d'autres horizons où l'amitié et la beauté retrouvèrent une place qu'elles n'auraient jamais dû quitter.

« Curés rouges » et « chrétiens progressistes »

J'allais lire des romans d'une autre nature quand, en seconde, l'enseignant de français qui était un prêtre me fit découvrir Gilbert Cesbron, romancier catholique et prolixe qui connaissait alors un grand succès[3]. Ses livres s'ancraient dans les problèmes contemporains, comportaient beaucoup de dialogues et se lisaient vite et bien. *Notre prison est un*

1. *Ibid.*, p. 131-132.
2. Albert CAMUS, « Deux réponses à Emmanuel d'Astier de La Vigerie » (1948) in *Actuelles. Écrits politiques*, Gallimard, Folio essais, p. 167.
3. Certains de ses livres dépassaient les 1 000 000 d'exemplaires.

royaume[1] décrivait précisément le monde de l'adolescence dans l'univers clos d'un lycée qui avait des traits de ressemblance avec mon école. L'histoire bien racontée avait de quoi me plaire. Mais l'école n'était pas pour moi un « royaume », comme elle peut l'être pour des adultes vieillissants qui ont tendance à idéaliser leur scolarité passée en oubliant ses aspects durs et contraignants.

Je lus plus facilement *Entre chiens et loups*[2] qui portait sur les dilemmes de l'action et de la violence lors de la guerre d'Algérie, sans doute parce que ce livre avait les aspects d'un roman d'aventure ancré dans le présent. Les gendarmes n'avaient pas le beau rôle, quelles que soient leurs origines : « Nés pauvres, [ils] sont cependant les ennemis des pauvres comme le chien de garde l'est au chien errant[3] » et en dehors de la politique l'option pour la non-violence avait de grandes ambitions : « C'est l'homme qu'il faut transformer. Et seule, la non-violence[4]… » Le héros avait enfin trouvé la voie du salut : « Il a acquis des yeux de pauvre et voit enfin la vérité[5]. »

Dans les romans de Cesbron, on trouvait toujours, au détour des phrases, des messages édifiants à base de morale et de bons sentiments. Certaines me rappelaient trop les sermons des curés et je n'y prêtais pas attention. D'autres formulations faciles faisaient mouche parce qu'elles paraissaient rejoindre ma révolte adolescente contre le monde des « hypocrites » et des « bourgeois » : « Époux fidèle, père indulgent, ami dévoué, et chrétien le dimanche : c'est un homme de devoir – sauf en ce qui concerne le devoir d'être un homme[6]. »

---

1. Gilbert CESBRON, *Notre prison est un royaume* (1952), Le Livre de Poche, 1965.
2. Gilbert CESBRON, *Entre chiens et loups* (1962), Le Livre de Poche, 1965.
3. *Ibid.*, p. 496.
4. *Ibid.*, p. 506.
5. *Ibid.*, p. 346.
6. Gilbert CESBRON, *Avoir été* (1960), Le Livre de Poche, 1965, p. 128.

Le roman *Les saints vont en enfer*[1] décrivait le monde ouvrier sous ses aspects les plus sombres et mettait en scène ceux qu'on appelait les « curés rouges » qui travaillaient en usine et voulaient faire découvrir Dieu aux couches les plus défavorisées. J'ignorais alors les contradictions qui traversaient l'Église sur ce sujet. J'en retins surtout une vision noire des banlieues ouvrières et du milieu minier qui devenait sous la plume de l'écrivain un nouveau royaume qui n'avait rien de réjouissant : « Pierre regarda, par la vitre, ce ciel vide, ce paysage désolant. Allons, c'était bien le Royaume du Pire ! Partout ailleurs en France, le soleil devait briller une heure, l'herbe aveugle pousser entre deux pierres, l'oiseau triste chanter – partout ailleurs[2] ! »

Les romans de Cesbron étaient ancrés dans les années de l'immédiat après-guerre et de la guerre d'Algérie ; la société avait rapidement changé, mais ce passé encore récent n'en continuait pas moins de peser comme la mauvaise conscience de la société de consommation. Relisant Cesbron, je ne peux m'empêcher de penser non seulement aux chrétiens de gauche qui interprétaient les problèmes sociaux avec un mélange de Marx et d'Évangile, mais aussi aux jeunes « curés rouges » que furent – d'une autre manière et avec de tout autres référents – les maoïstes qui allaient prêcher la bonne parole dans les usines et les banlieues. Ils voyaient la classe ouvrière et les couches populaires à travers leur vision misérabiliste et populiste et adhéraient à une idéologie folle avec la mauvaise conscience du petit-bourgeois. C'est dans les années de l'après-Mai 68 que j'allais devenir l'un d'entre eux,

1. Gilbert Cesbron, *Les saints vont en enfer* (1952), Le Livre de Poche, 1966. Ce livre a connu dès sa parution un grand succès, vendu à plus de 200 000 exemplaires. Il fut mal accueilli par des prêtres ouvriers qui l'ont considéré comme une « insulte à leur mission et la classe ouvrière ». Cf. *À la gauche du Christ. Les chrétiens de gauche en France de 1945 à nos jours*, sous la direction de Denis Pelletier et Jean-Louis Schlegel, Seuil, 2012, p. 129.

2. Gilbert Cesbron, *Les saints vont en enfer*, *op. cit.*, p. 272-273.

passant d'une éducation chrétienne au marxisme-léninisme comme un nouveau converti.

Pour la majorité des adolescents des années 1960, la société de consommation et des loisirs n'avait plus les couleurs du XIXe siècle. Même s'il existait encore des bidonvilles et de la misère en milieu ouvrier, les sacrifices ne semblaient plus de saison. Mais, à sa manière, Cesbron nous amenait à penser que nous étions vraiment des égoïstes et des privilégiés. Le message était clair : il ne fallait pas oublier les pauvres non pas seulement pour les comprendre, mais pour les considérer comme les porteurs de vertus premières, les ferments d'un nouveau monde de justice à venir que l'Évangile avait annoncé. Les romans de Cesbron avaient ainsi un aspect prêcheur qui se mêlait à la trame du récit et aux dialogues, de telle sorte que le message pouvait passer plus facilement. L'auteur avait l'art de décrire des personnages toujours soumis à quelques tourments et cas de conscience qui finissaient par aboutir à une forme de rédemption avec l'Évangile et le visage de Jésus-Christ. À sa manière, il appelait à compatir à la souffrance de tous les affligés qui représentaient l'humanité authentique contre les riches, les égoïstes et les puissants. Aujourd'hui, en parcourant ses romans j'y trouve les prémices d'un sentimentalisme victimaire et compassionnel qui a fait florès chez les chrétiens de gauche et au-delà.

Chapitre 6

Catholicisme sentimental et méli-mélo

Dans les années 1960, après Vatican II, le catholicisme entreprit lui aussi sa modernisation. Dans la « Normandie profonde », une partie du clergé, les curés âgés et éduqués à l'ancienne étaient attachés à la tradition et n'entendaient pas trop se mettre en question. Dans l'institut d'enseignement catholique de Cherbourg, anciens et modernes coexistaient tant bien que mal. En fin de compte, la direction de l'établissement sut s'adapter aux nouvelles orientations de l'Église en ménageant la susceptibilité des réfractaires. En quelques années, l'ensemble des prêtres enseignants abandonnèrent la soutane pour l'habit de clergyman. Certains d'entre eux entendaient résolument adapter le christianisme au monde moderne et ramener ainsi les adolescents ayant perdu la foi dans le sillage de l'Église. Se mettre à l'écoute des jeunes et de leurs problèmes, organiser des débats en groupes et en sous-groupes, animer les messes en y introduisant de la musique profane et des poèmes divers au milieu des lectures de textes de l'Évangile..., telles étaient quelques-unes des pratiques des prêtres modernisateurs.

Cette modernisation provoqua des effets ambivalents : remettant en cause les rigidités et les scléroses de l'institution, elle entraîna en même temps le catholicisme vers un sentimentalisme adolescent sans pour autant réussir à canaliser une révolte d'une partie de la jeunesse qui allait grandissant. De l'apprentissage du catéchisme en primaire aux nouveaux cours d'enseignement religieux dans le secondaire, en moins de dix ans l'adaptation en question avait toutes les allures d'une révolution culturelle avant l'heure.

Messes rêveuses et « recollections » chaotiques

Après la communion solennelle, nous n'en avions pas fini avec la religion. Si les « bulletins de confession » disparurent, les cours d'« enseignement religieux » étaient obligatoires ainsi qu'une messe par semaine ou par mois. Pour moi, comme pour beaucoup de mes camarades, cela faisait partie des rituels auxquels il fallait donner le change pour avoir la paix. Dans la chapelle de l'établissement, mon esprit s'était habitué à rêvasser en regardant les grands tableaux muraux au bleu d'azur relatant la vie de saint Paul, avec une préférence pour ceux représentant son illumination sur le chemin de Damas et sa mort par décapitation [1].

Au fil des ans, le nombre de ceux qui communiaient à la messe diminuait fortement. En terminale, il n'en restait plus beaucoup. Je faisais partie de ceux qui les observaient avec une certaine ironie, considérant que leur comportement était le signe d'un attachement infantile à une religion réconfortante et aux autorités de l'établissement. Nous ne leur en

1. Les dix tableaux relatant la vie de saint Paul dans la chapelle de l'institut du même nom sont l'œuvre de Michel Adrien Servant (1885-1949), peintre décorateur qui réalisa plusieurs fresques et toiles à Cherbourg et dans le Cotentin.

voulions pas pour autant, chacun était libre de ses croyances, mais ne pas communier était comme un signe de reconnaissance de ceux qui n'entendaient plus s'en laisser conter.

En plus des messes, avaient lieu des « récollections » obligatoires (retraites religieuses avec prédication) pour les élèves du secondaire. Celles-ci se déroulaient en dehors de l'établissement et c'est lors de l'une d'elles que je découvris la « Trappe de Bricquebec », monastère cistercien situé dans la campagne normande sur la commune du même nom. Jusqu'alors, la « Trappe » m'évoquait un fromage qui, après le camembert, était l'un des plus répandus dans le Cotentin[1].

Cette petite retraite collective programmée par l'établissement constituait une sortie différente des autres puisque nous dormions sur place dans de petites chambres au confort sommaire. Je découvris avec mes camarades de classe des pères trappistes qui avaient décidé de se retirer du monde pour se consacrer à la « vie contemplative », se livrant à la prière commune sept fois par jour, à la « lecture sainte » (lecture priée) des textes de la Bible ou d'auteurs catholiques… Ce qui me frappa le plus, c'était le silence des moines. On pouvait leur parler, ils souriaient mais ne répondaient pas, seul le responsable qui nous faisait faire la visite était habilité à répondre à nos questions. L'attitude d'un moine croisé dans un couloir m'avait particulièrement intrigué : il était à quatre pattes en train de laver le parquet, mais il ne bougeait pas du tout, restant figé comme un arrêt sur image. On m'expliqua qu'il était sûrement en train de prier. Pendant les repas, le silence était de rigueur et le ton monocorde avec lequel l'un des moines lisait un passage de la Bible avant ou après la lecture des nouvelles du jour était une autre étrangeté. Cette vie hors du commun des mortels me paraissait anormale

1. Ce fromage a été créé en 1824 par les moines qui disposaient d'une ferme attenante à l'abbaye. La fabrication fut abandonnée par les moines en 1961 et confiée à la laiterie coopérative de Valognes.

en même temps qu'elle m'intriguait ; les chants grégoriens étaient impressionnants et beaux.

Avec l'un de mes amis proches, j'avais envie de discuter avec un moine pour essayer de mieux comprendre comment il avait pu en arriver là. Nous nous adressâmes au prêtre de l'école qui encadrait cette retraite. Celui-ci avait l'air abattu et ne cachait pas son amertume : aucun élève n'avait daigné jusqu'alors venir lui parler ou lui demander quoi que ce soit. Nous étions donc les premiers et je le vois encore tout content de pouvoir enfin dialoguer avec des jeunes. Il changea vite de mine quand nous lui fîmes comprendre qu'il y avait un léger malentendu : ce n'était pas avec lui que nous voulions discuter. Il se rabroua et nous dit qu'il allait arranger une rencontre. Nous eûmes ainsi le privilège de discuter avec un moine « en chair et en os » qui nous parlait librement. Celui-ci avait été pilote pendant la guerre de 14-18 et avait abattu des avions allemands, et puis un jour, la foi lui était arrivée d'un seul coup. C'était, nous disait-il, comme un « grand soleil » qui illuminait sa vie et il avait trouvé sa vocation. À la différence des prêtres habituels, ce moine avait vécu intensément avant de se retirer dans les ordres. À le voir et à l'écouter, il avait l'air vraiment heureux, ce qui ne manquait pas de nous surprendre parce qu'il vivait enfermé. Il termina la conversation en nous souhaitant nous aussi d'être un jour illuminés par la foi. Cet entretien nous plut : nous avions l'impression d'avoir quelqu'un de clair et de « carré » en face de nous, ce qui nous changeait des prêtres aux aspects sombres et au regard fuyant de notre établissement.

Celui qui encadrait cette retraite entendait « se mettre à l'écoute » et s'attendait à des rencontres « authentiques » avec des élèves qui se seraient confiés à lui comme à un père bienveillant. Malheureusement pour lui, c'est tout l'inverse qui s'est produit. Comme les moines, ce pauvre prêtre avait mal dormi : boules puantes et poudre à éternuer avaient été répandues dans les chambres et les cellules des moines ; les élèves avaient chahuté tard dans la nuit. Quand on sait que les moines se lèvent à quatre heures du matin pour aller prier, on devine leur désarroi. Ils firent savoir à l'institution qu'ils ne désiraient plus que de pareilles retraites spirituelles se renouvellent. Le prêtre de l'institut était visiblement dépassé et abattu. Son autorité avait été terriblement mise à mal. Il en aurait presque pleuré et nous ne tenions pas à l'accabler. Il ne comprenait plus rien à ces adolescents qui détournaient à leur façon cette retraite spirituelle pour en faire un moment de liberté en dehors des contraintes scolaires et familiales.

La nuit précédente, nous étions quelques-uns à avoir « fait le mur » pour nous retrouver au bar de l'hôtel du Donjon à Bricquebec. Quelques années plus tard, je retournerai à la Trappe avec quelques amis pour étudier et discuter entre nous de philosophie. Nous avions grandi, nous nous faisions discrets et respections les moines et leur mode de vie. Ce qui ne nous avait pas empêchés d'apporter nourriture et boissons alcoolisées pour stimuler discrètement nos échanges intellectuels et le soir venu, nous n'avions pu résister à la tentation : nous avons « refait le mur » pour aller boire quelques bonnes bières au bar du Donjon.

Prêtes chantants et mal d'amour

Un de mes premiers souvenirs du changement dans l'« enseignement religieux » fut celui d'un cours où un jeune prêtre vint avec sa guitare nous chanter quelques chansons de sa composition. Il s'inspirait, avec plus ou moins de bonheur, de religieux de l'époque qui avaient connu un succès certain en enregistrant des disques. Il en allait ainsi du père Duval, jésuite, compositeur et chanteur, qui, dans les années 1950, rassemblait les foules (avant tout catholiques) dans les nombreux concerts en France et dans d'autres pays. Surnommé « le Bécaud de la foi » ou « le Brassens en soutane[1] », il semblait venir d'un autre âge à l'heure des Yé-yé et de la pop anglaise. La jeune sœur Sourire, dominicaine et chanteuse, avait connu le succès avec une célèbre chanson enjouée dont on retenait facilement l'air et les premières paroles du refrain : « Dominique, nique, nique/S'en allait tout simplement... » Je n'étais pas le seul parmi les élèves à considérer cette chanson mièvre comme l'un des sommets d'expression des « culs-bénis »...

Le jeune prêtre de l'enseignement religieux avec sa guitare voulait visiblement les imiter. Malgré ses oreilles décollées et son grand nez, il avait une vague ressemblance avec le père Duval ; son air ahuri ne plaidait pas en sa faveur auprès d'un public de jeunes élèves portés vers le chahut à la moindre occasion. Entendre jouer de la guitare et des chansons en classe était un événement et, malgré quelques fous rires contenus, nous l'écoutions sans faire de bruit. L'une de ses compositions lui tenait particulièrement à cœur. La chanson lui avait été inspirée, lors d'un séjour à Paris, par la vue dans le métro d'un clochard ou d'un Noir (je ne me souviens plus très bien) perdu au milieu d'une foule qui passait à côté de lui sans le regarder. Les paroles évoquaient un « frère » qui ressemblait à Jésus-Christ avec ses bras en croix. Le prêtre chanteur, bien qu'assez laid, avait l'air tellement gentil qu'on n'avait nulle envie de le contrarier. Il avait trouvé un public et semblait satisfait.

Lors d'un autre cours d'« enseignement religieux », on nous distribua un texte : « Le mal d'amour est une maladie. Le

1. Georges Brassens l'a salué à sa façon dans sa chanson « Les Trompettes de la renommée » (1962) : « Le ciel en soit loué, je vis en bonne entente/Avec le père Duval, la calotte chantante/Lui, le catéchumène, et moi, l'énergumène/Il me laisse dire "merde", je lui laisse dire "Amen". »

médecin ne peut pas la guérir[1] », illustré d'un dessin d'un très jeune couple se tenant par la main, avec un petit oiseau à ses côtés portant dans son bec une fleur. Ce texte ronéoté concernait les deux sexes et commençait par une série de questions détaillées : « Pour toi, l'amour, est-ce aimer un garçon (ou une fille), aimer ses parents, vouloir être aimé(e), aimer Dieu ? Les jeunes qui flirtent autour de toi sont-ils heureux ? Où rencontres-tu des garçons (des filles) ? Pourquoi aimes-tu les rencontrer ? Les grandes personnes parlent-elles de l'amour ? Que disent-elles ? Peuvent-elles t'aider à comprendre ce qu'est l'amour ? Comment ? À quoi reconnais-tu que tes parents t'aiment ? L'amitié est-elle possible entre des garçons et des filles ? Un garçon et une fille[2] ? »

Deux paragraphes suivaient qui étaient censés expliquer l'amour avec pour recommandation la lecture du texte de la naissance de la fleur dans *Le Petit Prince* de Saint-Exupéry : « Sur la planète du "petit prince", une graine a germé qui n'était pas une graine de baobab... » La « naissance de l'amour » était relatée dans des termes doucereux qui prétendaient rendre compte de nos émois en la matière : « Nous devenons sauvages et timides. Toutes ces "princesses lointaines", peuvent-elles rester de simples camarades de jeu » Le texte n'en finissait pas de « tourner autour du pot » : « Puis naît l'instinct qu'on appelle charnel. Il naît de notre corps qui devient adulte et s'y fixe ? Il est là et il appelle parfois violemment. Qu'allons-nous en faire ?[3] » En relisant ce texte, je me demande aujourd'hui si toutes ces questions embarrassées ne concernaient pas aussi les prêtres mal à l'aise dans leurs rapports avec les femmes et leur propre sexualité.

1. « Le mal d'amour est une maladie. Le médecin y peut pas la guérir », document ronéoté en possession de l'auteur.

2. *Ibid.*

3. *Ibid.*

Cette dernière demeurait un sujet tabou que parents et éducateurs abordaient peu ou pas du tout. Garçons et filles pouvaient en parler librement mais chacun de leur côté. Pour le reste, il fallait aller s'informer dans les dictionnaires médicaux qui pouvaient traîner dans la maison. À l'école, la connaissance des mécanismes de la sexualité était réservée aux classes terminales et passait par l'enseignement des sciences naturelles et la dissection des souris. Des enseignants et des curés « progressistes » se risquaient à aborder le sujet sans trop entrer dans les détails, enveloppant cette question de grandes considérations.

Je me souviens encore d'un cours en classe de seconde. Le supérieur de l'établissement était venu nous parler des relations entre garçons et filles auxquelles nous allions être confrontés en classes terminales (les seules classes mixtes) en leur donnant un tour quasi métaphysique : « L'amitié est-elle possible entre garçons et filles ? », telle était toujours la question. Il voulait nous convaincre que cette amitié était non seulement possible mais très belle. Peut-être lui-même en avait-il fait l'expérience, mais nous en doutions fortement en entendant ses propos gênés et au vu de son teint rougissant. On en riait sous cape. Ce thème de l'amitié nous paraissait pour le moins déplacé. La question était plus simple : allions-nous réussir à séduire et à flirter avec celle sur laquelle nous projetions nos rêves d'adolescents ?

Ouverture équivoque

Vers la fin du secondaire, le contenu de l'« enseignement religieux » s'accompagnait de la fourniture de fiches pédagogiques commentées par le prêtre avec un questionnaire à l'appui. Certaines d'entre elles étaient destinées à nous faire connaître les autres religions et mieux saisir, par comparaison, la spécificité du christianisme et sa valeur première. Ces « fiches de culture religieuse » permettaient une première connaissance de l'histoire et du contenu doctrinal des autres religions et se terminaient par une appréciation globale suivie de quelques recommandations. Les prêtres entendaient ainsi ouvrir nos jeunes esprits tout en veillant à ce que nous restions orientés vers le droit chemin.

J'ai toujours en ma possession les fiches consacrées au bouddhisme et à l'islam. Je ne les avais pas relues depuis plus d'un demi-siècle et je suis surpris d'y découvrir aujourd'hui un type d'ouverture angélique qui depuis lors s'est largement développé.

Cela me paraît particulièrement net concernant le rapport de l'Église catholique avec l'islam. Après avoir exposé les thèmes principaux de cette religion, le texte énumérait les « richesses communes » avec le christianisme : la « foi en Dieu » ; la « croyance en une révélation » ; la « vénération de Marie » ; l'« effort moral et spirituel ». Ces points communs devaient inciter le chrétien à faire preuve de modestie et à reconnaître tout ce que l'islam peut apporter : « Si le Chrétien, sûr de l'immense amour du Père, risque parfois la désinvolture familière, le Musulman lui rappelle qu'il faut traiter Dieu en Dieu, garder le sens du Sacré, se pénétrer de la Majesté de Dieu. N'est-ce pas ce que nous redisent sans cesse l'Écriture et la Liturgie (par exemple : Préface de la Messe)[1] ? » Autre « richesse commune » : l'islam, comme le christianisme, se réfère à l'Ancien Testament et « dans les Livres Saints et les offices religieux des Chrétiens et des Musulmans reviennent sans cesse les mêmes souvenirs et les mêmes grands noms d'Abraham et des patriarches, de Moïse et des prophètes[2] ». « Toutefois » poursuivait le texte, l'islam

1. « 8. Islam et christianisme », 2e Série Religions et christianisme, *Fiches de culture religieuse, Lycées 2e cycle*, Ensemble.

2. *Ibid.*

considère Jésus comme l'« apôtre d'Allah » ; la référence à la Vierge Marie présente également des différences mais « des Musulmans pieux pourraient dire le "Je vous salue Marie", en supprimant l'expression : "Mère de Dieu" ». Dans la pratique de l'hospitalité et « sans doute aussi » dans l'exercice de l'ascèse avec le Ramadan, « bien des Musulmans pourraient donner des leçons aux chrétiens [1] ».

Après cette explicitation, le texte précisait quand même que le « ritualisme » et la « résignation » de l'islam n'étaient pas comparables à la « sainteté Chrétienne, toute centrée sur l'amour de Dieu et le service des autres ». En fin de compte, les recommandations allaient dans le sens d'un « dialogue renforcé » en espérant peut-être quelques conversions : « Quand il t'arrive de rencontrer des Musulmans, sais-tu être envers eux non seulement respectueux, mais accueillant et serviable, connais-tu, épaules-tu les efforts (Dieu merci de plus en plus nombreux !) de présentation authentique du Christianisme au monde de l'Islam. Regardes-tu les masses musulmanes avec sympathie et réflexe de prière [2] ? »

À l'époque, l'Église catholique se prévalait encore ouvertement d'une supériorité spirituelle et d'une longue histoire en France et en Europe ; les musulmans représentaient une minorité dont on entendait peu parler et l'on continuait d'apprendre à l'école que Charles Martel avait arrêté les « Arabes » à Poitiers. Dans ces conditions, l'ouverture et le dialogue avec les autres religions représentaient pour beaucoup de fidèles une ouverture salutaire. Mais à relire cette « fiche de culture religieuse », je la trouve anticipatrice des confusions et d'un angélisme qui perdurent aujourd'hui. Ce texte évitait d'aborder les différences essentielles portant sur l'absence dans l'islam de la notion d'alliance, sur la conception de la foi et

1. *Ibid.*
2. *Ibid.*

de l'histoire[1]. Si le texte soulignait les références communes à Abraham, à Marie et à Jésus dans le Coran, ces derniers n'y ayant pas le même statut et n'étant pas situés dans la même histoire, la question aurait mérité d'être posée : s'agit-il du même Dieu[2] ?

À l'époque, j'étais loin de poser ce genre de question. Comme d'autres, je parcourais ces « fiches de culture religieuse » avec peu d'intérêt, estimant que c'était une opération grossière de récupération dans un curieux mélange d'ouverture et de reste de langue de bois. Je me souviens seulement d'être intervenu pour protester contre la présentation du bouddhisme qui était traité plus sévèrement que l'islam. Ayant lu quelques livres sur la question et eu des discussions avec un surveillant adepte du bouddhisme, j'estimais tout bonnement que le prêtre et ce texte méconnaissaient le sujet et qu'ils faisaient preuve de trop de partis pris. Je ne pus m'empêcher de lever la main pour prendre la parole et faire part de mon point de vue. Mon intervention ne plut pas du tout au prêtre qui me mit aussitôt à la porte de la classe, estimant que mes propos faisaient preuve d'orgueil et d'arrogance, sans compter mon regard insolent et moqueur. Je me retrouvai dans le bureau du « préfet de discipline » (un chrétien laïc) qui m'écouta et se montra bienveillant à mon égard. J'apprenais la leçon : on nous incitait désormais à poser les questions que nous voulions, à parler librement, mais dès que l'on sortait du cadre imposé, on se faisait promptement rabrouer. J'allais désormais me méfier de ces drôles de pédagogues qui ne jouent pas franc-jeu.

---

1. Sur ce point, voir l'examen critique des positions de Vatican II par Alain Besançon, « Vatican II a-t-il compris l'islam ? » in *Problèmes religieux contemporains*, éditions de Fallois, 2015. Voir aussi « La tentation de l'islam » in Alain Besançon, *Trois tentations dans l'Église*, Perrin, 2002.

2. *Ibid.*

En première et en terminale, un nouveau prêtre, fervent partisan des nouvelles orientations de Vatican II, devint notre professeur d'« enseignement religieux ». Il avait connu quelques déboires dans un lycée privé du diocèse pour des discours et des pratiques d'enseignement qui suscitaient encore des oppositions parmi la hiérarchie catholique. À Cherbourg, ses propos et ses méthodes provoquèrent quelques remous, mais il sut passer outre et finit par s'imposer.

Ce prêtre moderne ne ressemblait en rien aux anciens curés rigides en soutane et n'avait pas l'air trop compassé. Il aimait beaucoup Gilbert Cesbron et les poèmes d'Aragon chantés par Léo Ferré qu'il nous faisait écouter sur un tourne-disque. La façon dont il écoutait « Il n'y a pas d'amour heureux » chanté par Georges Brassens et « Les Yeux d'Elsa » par Léo Ferré pouvaient laisser supposer qu'il avait connu dans le passé un amour déchirant. De temps à autre, il nous faisait part de quelques épisodes de sa vie et de souvenirs de son service militaire en Algérie.

Sa façon de nous écouter et de poser des questions contrastait avec l'autoritarisme et les cours ennuyeux. Il prônait le travail en groupe et en sous-groupes, le dialogue et la participation autour de thèmes et de textes choisis que nous devions commenter, de temps à autre il utilisait un magnétophone en classe pour enregistrer nos propos... Dans un premier temps, ce prêtre moderne avait réussi à m'attirer dans ses filets. J'aimais discuter avec lui de littérature, des romans de Cesbron, de Camus, des *Pensées* de Pascal... Je lui confiais mes interrogations et mes doutes sur la religion et d'autres sujets. Mais le charme fut rompu quand je rencontrai le professeur de philosophie de l'établissement qui était d'une tout autre stature et avec lequel s'établit très vite une complicité intellectuelle. Celui-ci n'était pas du genre à confondre les idées et les sentiments et n'avait aucun goût pour les nouvelles méthodes pédagogiques participatives.

Dans le cours d'enseignement religieux, les textes distribués étaient structurés selon un même schéma. Le thème global traité se présentait le plus souvent de façon interrogative et profane ; suivaient des extraits de textes les plus divers, le dernier étant toujours un écrit religieux qui était supposé remettre les idées en place ; pour finir, une série de questions nous était posée, auxquelles nous étions censés répondre. Le thème « À quoi rêve l'homme d'aujourd'hui ? », par exemple, s'accompagnait des extraits des livres *Le Temps d'un soupir*[1] d'Anne Philipe (référence clé de l'amour conjugal pour les catholiques de l'époque), *Le Chant du monde*[2] de Giono, *Je ne suis pas un homme libre*[3] de Pierre Abraham, *Souvenirs sur Igor Stravinsky*[4] de Ramuz… Sur une page intitulée : « Le rêve se réalisera-t-il ? » figurait sur deux colonnes le poème d'Aragon « J'entends, j'entends » d'un côté, et de l'autre des extraits de l'*Apocalypse*. Ces deux textes étaient suivis de petites questions pour guider notre réflexion : « Solitude et échec ? » (en dessous du poème d'Aragon), « Une famille sous le regard du Père dans un monde renouvelé : l'Église ? » (en dessous du texte de l'*Apocalypse*)[5].

Mieux encore, pour nous aider à réfléchir à l'interrogation : « Pour les hommes d'aujourd'hui, désireux de vivre pleinement, qu'est-ce que l'Église ? » étaient fournis des

1. Anne Philipe, *Le Temps d'un soupir*, Julliard, 1963. Dans ce livre, la femme du comédien Gérard Philipe témoigne de son amour après le décès de celui-ci et développe une méditation sur l'amour, le bonheur et la mort.

2. Jean Giono, *Le Chant du monde*, Le Livre de Poche, 1963.

3. Pierre Abraham, *Je ne suis pas un homme libre*, Casterman, 1957.

4. Ramuz, *Souvenirs sur Igor Stravinsky* in *Œuvres complètes*, t. 14, éditions Mermod, Lausanne, 1946.

5. Documents en possession de l'auteur.

extraits du roman *La Fille du Saxo-Bar*[1] de Thérèse Collas, d'une lettre d'un étudiant communiste à Jean Lacroix[2] lui expliquant les raisons de son adhésion au parti, de Francis Jeanson[3], « existentialiste athée », et pour finir un commentaire du discours de Paul VI à l'ouverture de la deuxième session de Concile et des textes de bons pères[4]...

Cette avalanche de textes, censés nous guider (à travers quelques méandres) dans la bonne direction, était loin de produire les effets escomptés. Ils n'intéressaient pas une bonne partie des élèves de terminale dont je faisais partie, estimant que la philosophie était plus consistante et rigoureuse. Il renforçait le sentiment de « ras-le-bol » et le désir accentué qu'« on nous fiche la paix ». Nous étions quelques-uns à trouver les méthodes de ce prêtre manipulatrices et refusions d'entrer dans son jeu.

Ce dernier avait voulu rendre plus attrayants les offices et les assemblées à la chapelle de l'établissement avec des chansons enregistrées et des textes lus par des élèves. J'ai retrouvé dans mes archives un texte de novembre 1966 annonçant l'une des cérémonies en question :

« Jeudi 17 novembre 10 h 45
AVEC Jules LAFORGUE :
"Complainte pour l'oubli des morts"
Pierre SELOS : "Le petit James"
JOB : "Mon espoir, c'est d'monter le néant"
JEAN l'Évangéliste : "Et Jésus pleura"

1. Thérèse Collas, *La Fille du Saxo-Bar*, Les éditions ouvrières, 1965.

2. Jean Lacroix, personnaliste chrétien, fondateur avec Emmanuel Mounier de la revue *Esprit*.

3. Francis Jeanson, proche de Jean-Paul Sartre, fut directeur de la revue *Les Temps modernes* de 1951 à 1956 et créateur d'un réseau de soutien au FLN pendant la guerre d'Algérie.

4. Documents en possession de l'auteur.

Les Compagnons de la Chanson : "C'était mon copain"
(Gilbert Bécaud)
TEILHARD DE CHARDIN : "La Messe sur le monde"
MARTIN LUTHER KING : "Le Voyageur de minuit"
ET Louis ARMSTRONG : "Let my people go"

AVEC la participation du COMITÉ DES ANCIENS ÉLÈVES, dans

le souvenir des Morts,
– et de nous qui mourrons

ASSEMBLÉE CHRÉTIENNE DE LOUANGES

Autour du SEIGNEUR JÉSUS-CHRIST
À l'orgue : Yves B…
À l'animation : une équipe de Terminales. »

Cette mise en scène nous semblait grotesque et nous n'étions pas loin de considérer les jeunes qui s'y prêtaient comme des « collabos ». Cette annonce sur le panneau d'affichage était complétée par nos soins avec quelques slogans provocateurs : « Avec Jésus-Christ à la guitare électrique et saint Paul à la batterie », en y ajoutant le nom du prêtre animateur en question qui dirigeait cette cérémonie en sous-main.

« Promesses » catholiques du nouveau monde

Ce prêtre, qui était en même temps professeur de français, nous recommanda de nous abonner à la revue *Promesses*[5], qui

5. Cette revue éditée a été lancée après la guerre par le père Henri Engelmann qui fut l'un des responsables des aumôniers de lycée. En 1965, la

s'adressait aux jeunes dans une optique résolument moderne. Je fus d'abord surpris d'y découvrir des propos qui ne ressemblaient pas aux sermons des curés de mon enfance. Des articles de réflexion philosophique alternaient avec d'autres portant sur les problèmes économiques, sociaux, politiques, scientifiques..., n'hésitant pas à aborder des questions comme celles de la drogue, de la sexualité des jeunes, de la politique, de la guerre du Vietnam, de la situation des pays communistes... Plusieurs articles consacrés à la situation des femmes [1] étaient totalement novateurs pour l'époque, exprimant avant l'heure un féminisme solidement argumenté, bien différent du règlement de comptes et du chaos gauchiste des années 1970. Ces articles avaient suscité des remous au sein de la revue et dans les milieux catholiques, mais la direction de *Promesses* avait décidé de les publier, en invitant ses lecteurs à faire part de leurs réactions. De longs articles étaient également consacrés à exposer la vie et la pensée d'auteurs choisis parmi lesquels Teilhard de Chardin [2],

---

revue, éditée par les éditions Bayard, change de format et de mise en page et est diffusée dans les collèges et les aumôneries de lycée.

1. Anne Fournival, « Aujourd'hui les femmes », *Promesses*, n° 13, avril 1966 ; « Aujourd'hui les femmes. II. Leur vie quotidienne », *Promesses*, n° 14, mai 1966 ; « Aujourd'hui les femmes. III. Personne humaine ou "repos du guerrier" ? », *Promesses*, n° 15, juin 1966.

2. Émile Rideau, « Teilhard de Chardin », « I. L'inconnu et le méconnu », *Promesses*, n° 7, octobre 1965 ; « II. Passionnante et douloureuse : une existence d'homme », *Promesses*, n° 8, novembre 1965, « III. Histoire du monde, histoire divine », *Promesses*, n° 9, décembre 1965 ; « IV. Ultime chapitre de l'Histoire : le point Oméga », *Promesses*, n° 10 janvier 1966 ; « V. Le Christ cosmique », *Promesses*, n° 11, février 1966 ; « VI. Comment faire exister l'homme ? », *Promesses*, n° 12, mars 1966 ; « VII. Ce feu qui nous enveloppe », *Promesses*, n° 13, avril 1966 ; « VIII. Dialogue avec Teilhard de Chardin », *Promesses*, n° 14, mai 1966 ; « IX., Les problèmes religieux », *Promesses*, n° 15, juin 1966.

Emmanuel Mounier[1], Péguy[2] et Nietzsche[3] considérés comme des prophètes des temps modernes.

Tout en s'adressant aux jeunes croyants, cette revue avait un côté évangélisation de la jeunesse ou plus exactement, les prêtres qui la dirigeaient veillaient à leur manière à ce que les jeunes élevés dans la religion catholique ne s'en éloignent pas trop à l'âge de l'adolescence dans une époque moderne aux nombreuses tentations.

Beaucoup d'articles ne se voulaient pas directement religieux mais existentiels et métaphysiques. Malgré de louables efforts, ils ne parvenaient pas cependant à se défaire du style sermon. La question était moins celle de savoir « Pourquoi y a-t-il quelque chose plutôt que rien ? », mais bien plutôt « Que faisons-nous sur terre[4] ? ». Il ne fallait pas être grand clerc pour deviner la réponse qui était en fin de compte toujours la même et donnait l'impression que Dieu était partout. Ainsi, malgré ses aspects d'ouverture dans tous les domaines, *Promesses* finissait toujours par ramener, peu ou prou, tous les sujets traités à l'Évangile et à Jésus-Christ.

Le Christ chez les yé-yé

Les tables rondes et les dîners-débats commençaient à être à la mode et les aumôniers en organisaient volontiers avec les

1. Émile Rideau, « Une destinée héroïque, Emmanuel Mounier », *Promesses*, n° 20, février 1967 ; « Mounier : avant tout une manière d'être », *Promesses*, n° 21, mars 1967 ; « Mounier ou la vérité de l'homme », *Promesses*, n° 22, avril 1967.

2. Jean Onimus, « Les prophètes du monde moderne : Péguy », *Promesses*, n° 10, janvier 1966.

3. Jean Onimus, « Le temps des prophètes : Nietzsche », *Promesses*, n° 4, février 1965.

4. André Tunc, « S'asseoir dans un coin… où vivre », *Promesses*, n° 20, février 1967.

jeunes sur des thèmes qui pouvaient les accrocher. Avec le cinéma, la musique et la chanson étaient de ceux-là.

Chez les curés modernes, Jacques Brel – surnommé au début de sa carrière le « curé chantant » – avait la cote avec sa chanson « Quand on n'a que l'amour ». Mes copains et moi qui connaissions quasiment tout son répertoire préférions évidemment « Le Plat Pays », « Amsterdam » sans parler des « Bigotes » et des « Bourgeois » que nous chantions volontiers. « La Chanson pour l'Auvergnat » et « La Prière » de Georges Brassens étaient également très prisées par les prêtres et pouvaient désormais être entendues à la messe pour aider à prier. Nous aimions bien ces chansons en dehors de tout cadre religieux, mais « La Mauvaise Réputation », « La Mauvaise Herbe », sans oublier « Le Gorille », avaient pour nous d'autres attraits…

Dans des tables rondes autour des chansons d'amour des yé-yé, les aumôniers modernes ne craignaient pas de verser dans le grotesque en voulant mettre à tout prix du sens spirituel sur des paroles gentillettes, voire insignifiantes. Les chansons d'amour de Richard Anthony ou d'Adamo ne pouvaient évidemment pas être utilisées pour la messe. Mais les curés modernes n'hésitaient pas à se livrer à d'étranges comparaisons entre les paroles des chansons et des passages de l'Évangile. Dans une « table ronde » organisée avec des élèves de première dont rendait compte la revue *Promesses*, ils insistaient fortement pour montrer les liens cachés entre ces deux types de texte. Les paroles d'une chanson de Richard Anthony adaptée de l'anglais et intitulée « Sunny » : « Sunny, merci pour toutes les choses que je te dois/[…] Oh merci pour le regard que tu poses sur moi/[…] Et je t'aime toujours mon amour ! » pouvaient ainsi faire penser à des prières et à des cantiques [1]. Selon le prêtre animateur de la table ronde,

1. Xavier de CHALENDAR et Michel CLÉVENOT, « Des chansons », *Promesses*, n° 19, janvier 1967.

ces paroles s'adressaient à Dieu que le chanteur en ait ou non conscience[1].

Pour Adamo, il fallait, là aussi, bien choisir les chansons dont on estimait qu'elles pouvaient avoir un rapport avec l'Évangile. Il en allait ainsi des paroles de la chanson « Si jamais » :

« Si jamais en un jour de cafard
Il te prenait l'envie de me revoir [...]
Moi j'oublierai le mal que tu m'as fait [...] »

Certes, Adamo n'avait pas nécessairement pensé à l'Évangile en écrivant cette chanson, mais, après un questionnement insistant du prêtre animateur, les bons élèves finissaient par se rappeler la parabole de l'enfant prodigue[2].

Si mes amis et moi avions été présents à cette table ronde, nous n'aurions sûrement pas pu nous empêcher de pousser plus loin la réflexion en interrogeant les bons pères sur la signification spirituelle cachée de deux grands « tubes » de l'époque : « J'entends siffler le train » et « Laisse mes mains sur tes hanches » chantés par Richard Anthony et Adamo, en y ajoutant ironiquement que les voies du Seigneur sont impénétrables. Dans ce que nous estimions être de la « récupération » grossière, les aumôniers ne craignaient pas le ridicule.

L'amour à l'eau bénite

La revue *Promesses* se voulait également à l'écoute des jeunes dans le domaine de l'amour et de la sexualité. Dans

1. *Ibid.*
2. Xavier de Chalendar et Michel Clévenot, « Des chansons », *Promesses, op. cit.*

un article intitulé : « Je t'aime, je ne t'aime pas[1]... », sorte de courrier du cœur catholique pour adolescents, des prêtres répondaient gentiment à des jeunes qui leur confiaient leurs peines, en n'hésitant pas à donner leurs points de vue et à faire pression. Je trouvais avec d'autres cette façon de faire choquante. Ces aumôniers pouvaient peut-être donner quelques conseils de bon sens face à des emballements amoureux d'adolescents qui n'avaient pas les pieds sur terre, mais comment pouvaient-ils se prévaloir d'une autorité supérieure pour donner des leçons, d'autant plus que l'« amour charnel » leur était interdit ? Questions et réponses me semblaient « tordues » et insupportables, relevant de préoccupations qui m'étaient étrangères.

Un jeune qui à dix-sept ans ayant pensé que Dieu l'appelait pour le sacerdoce avait fini par rompre avec celle qu'il aimait, après moult hésitations et s'être confié à un prêtre qui l'avait conseillé comme il se devait. Le résultat me laissait pour le moins dubitatif : « Monique m'a compris et a tout accepté. Depuis lors, notre amitié est un enrichissement extraordinaire pour l'un comme pour l'autre ; nous nous confions tout. Lorsque nous nous écrivons, nous nous donnons d'abord nos nouvelles, ensuite on parle d'un problème personnel ou religieux. » La réponse des bons pères de la revue en rajoutait une couche : « Dans ton cas, tu dois faire particulièrement attention, me semble-t-il, à ce que Monique ne s'accroche pas trop à toi. [...] Ce sera une grâce, une joie pour Monique, quand tu seras prêtre, de se rappeler qu'elle fut témoin de ta première orientation vers le sacerdoce. Il est toujours sympathique d'avoir, parmi ses camarades de jeunesse, un "curé"[2]... » En relisant ces lignes aujourd'hui,

1. Xavier de CHALENDAR et Michel CLÉVENOT, « Je t'aime, je ne t'aime pas », *Promesses*, n° 16, octobre 1966.

2. *Ibid.*

je ressens encore en moi la colère de mon adolescence contre ceux que j'appelais les « faux culs ».

Dans une lettre, une jeune fille de dix-huit ans qui ne sait pas si elle doit répondre aux avances d'un garçon qui désire flirter avec elle, confie son désarroi, d'autant plus que depuis son entrée à l'université elle a « abandonné la messe et le reste ». La réponse alambiquée des bons pères s'élevait dans de hautes considérations sur le « lien complexe entre la vie religieuse et la vie amoureuse » pour conclure sur l'amour de Dieu : « Tout amour vient de Dieu et peut ressembler à Dieu s'il est vécu dans la vérité. Combien d'amoureux ont retrouvé le chemin de Dieu ! » Ce n'était visiblement pas mon cas ni celui de beaucoup de mes amis qui n'éprouvaient aucune mauvaise conscience pour flirter.

Pour les éducateurs catholiques qui faisaient leurs choux gras de « l'amitié entre garçons et filles », le flirt était un phénomène préoccupant parce que difficilement maîtrisable. Leur réponse laissait entrevoir quelques embarras pour endiguer le phénomène en question : « Le flirt – phénomène typiquement contemporain dans son extension et son mode – est-il pour autant un bon moyen d'éducation entre les êtres ? [...] Il procure détente et plaisir éphémère. Il passe le temps. Il empêche bien souvent la vraie relation personnelle ou en dispense. Combien après avoir flirté reconnaissent ignorer tout de l'autre et même de l'effet que ce flirt lui a produit ? Reconnaissons, au moins que l'amour vrai, c'est tout autre chose[1]. »

Ce genre de propos m'agaçait au plus haut point et j'écrivais d'un stylo vengeur dans les marges des articles : « ridicule ! », « cucul ! », « esprit fadasse ! »... Ces prêtres qui ne signaient que par leur nom traitaient des réalités profanes avec un semblant d'ouverture pour les ramener à la religion

1. *Ibid.*

comme à leur fondement. C'était des « obsédés de la foi » veillant à leur chasse gardée d'adolescents. À l'époque, je ne formulais pas les choses de cette façon, mais il me semble que c'est ce que je cherchais à dire lorsque j'écrivais dans la marge d'un article : « Ils mettent Dieu à toutes les sauces ! »

Ne pas succomber à la tentation

L'un des premiers numéros de la revue *Promesses* avait publié un article au titre attirant : « Faire son salut en Californie [1] ?... » L'auteur y avait passé quelque temps et son article commençait par décrire les plages dorées, les surfeurs bronzés, les voitures américaines, l'« appel enivrant des eucalyptus dans la nuit trop douce, et cette jeune fille en fleur, si sûre d'elle-même au volant de sa Chrysler [2]... » Après cette courte introduction prometteuse, il en arrivait vite à l'essentiel sous la forme d'une question posée par la jeune fille en fleur : « Mon Père, pensez-vous qu'on puisse être chrétien dans un tel pays ? » Le bon père ne pouvait rester insensible à ce problème essentiel à sa vocation et s'empressait d'y répondre promptement en montrant toute la complexité de la situation : « Ce dilemme, cette option tragique, cet écartèlement entre la séduction de l'instant qui passe et l'appel à une vie la plus haute, point n'est besoin d'aller jusqu'en Californie pour en éprouver l'aiguillon. Quel garçon, quelle fille de dix-sept ans ne se sont sentis certains jours, certains soirs, foncièrement *divisés* [3] ? » Manifestement, ce conflit ne concernait pas que les jeunes garçons et filles de dix-sept ans...

---

1. Henri ENGELMANN, « Faire son salut en Californie ?... », *Promesses*, n° 3, mars 1965.
2. *Ibid.*
3. *Ibid.*

La terre avait ses délices et les paroles du *Pater Noster* de Prévert me paraissaient bien répondre à cet esprit chagrin :

« Notre Père qui êtes aux cieux
Restez-y
Et nous nous resterons sur la terre
Qui est quelquefois si jolie [...]
Avec les jolies filles et avec les vieux cons[1]. »

Un autre article consacré au LSD manifestait une ouverture surprenante pour les milieux catholiques de l'époque : « Qu'est-ce donc que le LSD ? Quels effets produit-il ? Pourquoi en prend-on[2] ? » et voulait « aider les lecteurs de *Promesses* à se faire une opinion ». Les informations et les témoignages présents dans cet article étaient intéressants, mais il n'y avait rien à faire, les prêtres qui le signaient (sans mentionner leur statut) ne pouvaient s'empêcher de conclure : « Avoir 20 ans et choisir de n'être plus soi-même – non par ce don de l'amour à quelqu'un d'autre et qui a toujours sa grandeur – mais par le recours aux paradis artificiels bon marché, quelle tristesse ! Oui, quelle lâcheté[3] ! » Avis aux amateurs : la drogue était un « péché contre l'esprit, celui qui ne sera pas pardonné[4] ». Je n'avais nulle envie d'absorber une telle substance mais cette condamnation sans appel aux relents de damnation m'apparaissait insupportable. Elle venait confirmer une chanson du groupe pop The Who exprimant une révolte et une rage que je partageais largement :

1. Jacques PRÉVERT, « Pater Noster », *Paroles* (1949), Le Livre de Poche, 1964, p. 58-59.
2. Xavier de CHALENDAR et Michel CLÉVENOT, « L.S.D. », *Promesses*, n° 20, février 1967.
3. *Ibid.*
4. *Ibid.*

« People try to put us d-down (Talkin' 'bout my generation)
Just because we get around (Talkin' 'bout my generation)
Things they do look awful c-c-cold (Talkin' 'bout my generation)
I hope I die before I get old (Talkin' 'bout my generation)
This is my generation[1]. »

« Ne pas jouer avec le feu »

Promesses abordait un sujet encore largement tabou dans les milieux catholiques : « Faut-il parler de la sexualité[2] ? », « L'amour à dix-huit ans[3] »... Pour en parler de façon moderne, la revue faisait appel au « docteur Bertolus, médecin psychiatre », interrogé par un garçon, François, et une fille, Marie-Laure. Ce couple n'avait pas l'air d'avoir dix-huit ans et souriait gentiment sur la photo illustrant l'article.

Bien évidemment, le docteur ne recommandait pas d'avoir des « relations préconjugales » (en arrière-fond telle était la question) car elles pouvaient s'avérer « prématurées » et « nuisibles ». La sexualité se trouvait intégrée dans une dimension métaphysique et religieuse qui l'élevait vers les sommets de la communication et du dialogue entre des « personnes » mystérieuses et angéliques. La référence sous-jacente à la psychanalyse, dite « psychologie des profondeurs », était encore des plus édulcorées : « La sexualité, déclarait le docteur, est une relation "globale" dont dépend la qualité de toutes nos

1. « Les gens essaient de nous rabaisser (parlant de ma génération)/Juste parce que nous roulons notre bosse (parlant de ma génération)/Les choses qu'ils font semblent effroyablement déprimantes (parlant de ma génération)/J'espère mourir avant d'être vieux (parlant d'ma génération)/C'est ma génération ». The Who, « My Generation ».

2. « Faut-il parler de la sexualité ? », *Promesses*, n° 20, février 1967.

3. « L'Amour à dix-huit ans », *Promesses*, n° 21, mars 1967.

relations avec autrui et qui est elle-même fonction de la qualité des relations que nous avons vécues dans notre enfance, avec nos parents, nos frères et sœurs [1]… »

L'« abbé Marc Oraison », médecin et prêtre catholique qui était devenu un théologien spécialiste de la question, élevait encore plus haut le débat. Renversant l'idée que la sexualité serait « l'œuvre du mal », il posait la question : « Serait-il inconvenant de dire que la sexualité comme telle – mystère de la relation – est un aspect intégrant de la "ressemblance" que Dieu donne de lui-même à sa créature spirituelle [2] ? » Cela ne voulait évidemment pas dire que Dieu avait un sexe mais que « la structure sexuée est le mode d'être fondamental de la nature vivante, et elle s'épanouit, au niveau humain, dans la transcendance de la conscience [3] ». À l'époque, ces propos ne me paraissaient pas très clairs et je n'ai pas depuis lors changé d'avis. Les années qui suivront m'apprendront à me méfier de ces clercs qui mélangent les genres et s'affirment au-dessus des gens ordinaires par un curieux composite de théologie et de psychanalyse avec l'apparente maîtrise d'eux-mêmes et de leur sexualité.

Les chrétiens laïcs pouvaient au moins se prévaloir de leur expérience conjugale pour parler de cette question. Dans son livre *Lettres à mes fils* [4], Jean Onimus, écrivain catholique, ne cachait pas les difficultés pour trouver le juste équilibre entre l'« usure des sentiments » qui vient avec le temps et la « passion amoureuse » qui fait des ravages. Celle-ci avait sa part d'« animalité », mais la « charité » et l'« amour » étaient à même d'en venir à bout : « Les amants croient aimer et c'est une frénésie étrange qui les précipite l'un vers l'autre, une frénésie dont ils ne sont pas maîtres, et qu'ils subissent avec, au

1. « Faut-il parler de la sexualité ? », *Promesses*, *op. cit.*
2. Abbé Marc ORAISON, *ibid.*
3. *Ibid.*
4. Jean ONIMUS, *Lettres à mes fils*, Desclée de Brouwer, 1963.

fond de l'âme, une sorte de terreur sacrée et peut-être même de dégoût[1]. » Quant aux déceptions de mariages malheureux, l'« aspect ontologique du lien conjugal », l'« être spirituel auquel l'union des époux a donné naissance » permettaient, selon lui, de les transcender[2].

Jean Onimus ajoutait quelques recommandations dans la manière de traiter les filles, êtres mystérieux et fragiles à manier avec la plus grande précaution. Les jeunes devaient faire attention : « Le cœur et le corps sont inflammables à votre âge comme du vieil amadou. Ne jouez pas avec ce feu-là : on ne lui fait point sa part et quand il a pris il consume tout. Je voudrais que vous arriviez au jour de vos noces nets et propres[3]. » Telle semblait être, à vrai dire, la conclusion à laquelle aboutissait cette longue dissertation sur « L'amour et la passion » : arriver au mariage « net et propre », ce qui pouvait se traduire : rester vierge jusqu'à sa nuit de noces.

L'auteur n'entendait parler que de sa propre expérience, il n'avait, disait-il, « nullement envie de vous faire un cours ou un sermon[4] », mais ses propos y ressemblaient diablement. Il avait beau mettre les jeunes en garde : ce qu'il appelait cette « sauvagerie transfigurée à deux » avait beaucoup d'attraits, elle valait la peine d'être vécue sans susciter le dégoût. Dans ce domaine, les surréalistes (versus André Breton) sauront donner à l'« amour fou » son « merveilleux » et ses lettres de noblesse en l'érigeant en un nouveau sacré, balayant d'un revers de main toute critique des impasses et du tragique de la passion. Le discours des catholiques planait très haut dans un ciel de valeurs immuables en prétendant nous dire ce qu'étaient le bien et le mal dans cette affaire, avec pour

1. *Ibid.*, p. 52.
2. *Ibid.*, p. 57.
3. *Ibid.*, p. 59.
4. *Ibid.*, p. 49.

certains curés un goût prononcé pour les « secrets d'alcôves » des adultes et des adolescents. Dans ces conditions, on comprend que le surréalisme et la psychanalyse (non mélangée à la spiritualité) aient pu avoir un effet de libération salutaire contre ces discours mièvres et filandreux.

L'ambiguïté sirupeuse

Jean Onimus voulait aider ses fils et les jeunes à effectuer cette « traversée » qui doit les conduire à la vie adulte. Il lui paraissait normal et sain de mettre en question ce qu'on a reçu en héritage, tout en mettant en garde contre les tentations extrémistes. L'« esprit d'examen » ne devait pas se confondre avec l'« esprit critique » qui risquait d'aller trop loin et de s'enfermer dans la négation. Cette idée était pour moi le signe d'esprits tièdes et hésitants.

« Les révoltés, écrivait Jean Onimus, sont, au fond, des puritains qui n'acceptent pas le principe même de l'incarnation, c'est-à-dire la condition d'un esprit engagé dans la matière. Désespérés de n'être pas des anges, ils refusent d'être des hommes[1]. » J'étais sûrement de ceux-là, mais ces nobles paroles ne changeaient rien à ma révolte. Bien au contraire, elles avaient tendance à l'exacerber : je considérais ce genre de propos comme un tour de passe-passe pour tenter de l'apaiser et de l'entraîner vers les eaux sablonneuses des bons sentiments et de la pitié.

Les appels à se rendre utile pour aider les « enfants délinquants », les « sans-logis », les « pauvres hères d'Afrique du Nord », les « vieillards, malades persécutés, etc.[2] » encourageaient la mauvaise conscience. J'avais bien d'autres choses à

1. *Ibid.*, p. 40.
2. *Ibid.*, p. 41.

faire et de nouveaux plaisirs à conquérir plutôt que d'essayer de soulager toutes les misères du monde. Cette « morale de la Croix-Rouge » était comme la marque déposée de la charité chrétienne revue par des esprits sentimentaux. Quand je découvrirai, en 1968, les situationnistes, une expression au vitriol du *Traité de savoir-vivre à l'usage des jeunes générations*[1] retiendra mon attention : « Et tout l'esprit chrétien est là, qui s'est donné rendez-vous, il caresse la souffrance comme un bon chien, il diffuse la photo d'hommes écrasés et souriants[2]. » J'y ajoutais, avec quelque ironie dédaigneuse, que chacun trouve sa satisfaction où il peut.

Les enfants d'Onimus avaient été élevés par leurs parents dans la foi chrétienne mais, écrivait leur père, ce sera à eux de répondre librement en pouvant être « soit des incroyants, soit des vrais chrétiens[3] ». Dans le choix à faire, le rapport à la tradition n'avait en fait plus rien d'évident. Pour avoir connu de nombreux chrétiens de gauche et leurs enfants, je dois dire qu'une bonne partie d'entre eux ont navigué longtemps entre appartenance et rupture claire aboutissant à un drôle de méli-mélo.

En une dizaine d'années, j'étais passé du catéchisme de mon enfance avec ses dogmes présentés comme des piliers indiscutables de la foi à un nouveau discours dans lequel les sentiments, l'ouverture sur le monde commençaient à occuper une place centrale, redessinant les contours d'une identité catholique qui se voulait mieux adaptée au monde moderne et aux nouvelles générations. En guise d'adaptation, les critères de la « vraie religion » devenaient flous, tout comme l'insertion dans une tradition qui paraissait à beaucoup complètement sclérosée. Les rapprochements entre

1. Raoul Vaneigem, *Traité de savoir-vivre à l'usage des jeunes générations*, Gallimard, 1967.
2. *Ibid.*, p. 49-50.
3. *Ibid.*, p. 32.

la foi et le doute, la valorisation de la nuit des mystiques, l'introspection constante des états d'âme… avaient beau s'inscrire dans la perspective d'une sorte de « purification de la foi » et d'un rajeunissement des dogmes, ils versaient le plus souvent dans un catholicisme sentimental et confus. Le « tragique » devenait un mot-valise accompagnant les ambiguïtés et les hésitations d'une conscience catholique tourmentée qui finissait par des invocations pieuses où le Christ se devait d'être toujours au rendez-vous, la croix devenant le symbole de ses propres conflits psychologiques. Cela me ramène vers Nietzsche et sa critique des « religions *pour les affligés* » qui « donnent raison à tous ceux qui pâtissent de l'existence comme d'une maladie et voudraient faire en sorte que toute autre conception de la vie fût tenue pour fausse et impossible[1] ».

Malgré tous leurs efforts pour conquérir les cœurs des adolescents des années 1960, les résultats des prêtres modernisateurs ne furent pas à la hauteur de leurs espérances. Sur la page de garde des fiches d'« enseignement religieux » de l'époque, j'avais écrit ces formules d'inspiration nietzschéenne : « Sois toi-même », « Deviens ce que tu es ». À dix-sept ans, cela peut paraître présomptueux, mais c'était la marque de mon refus de se laisser engluer dans la mélasse des nouveaux « cathos ».

---

1. NIETZSCHE, *Par-delà le bien et le mal*, Gallimard, collection Idées, p. 83.

TROISIÈME PARTIE

MALAISE ET CONTESTATION

Chapitre 1

« Heures d'admiration »

Après la découverte de la littérature, celle de la philosophie fut une étape décisive de ma formation. À l'époque, la philosophie disposait encore d'un certain prestige. Ce n'était pas seulement une « matière » et une « épreuve » obligatoire du baccalauréat, mais on estimait que cet enseignement donnait accès à une réflexion et à une sagesse dont il fallait tenir compte si l'on entendait « réussir sa vie ». Les professeurs de philosophie eux-mêmes ne ressemblaient pas vraiment aux autres enseignants. Leur anticonformisme intellectuel – qui pouvait s'accompagner d'un comportement qui l'était tout autant – était considéré comme inhérent à la nature particulière de leur enseignement. Dans une ville de province comme Cherbourg et dans le Cotentin où la culture et les « intellectuels » n'étaient pas particulièrement valorisés, ces « profs de philo » pouvaient être considérés comme des « intellos » ou des « excentriques », mais ils disposaient d'une autorité et d'un statut respectés par le plus grand nombre, y compris les notables et les conformistes de bon ton. Le professeur de philosophie du lycée de Cherbourg donnait dans la « pataphysique » et aimait se livrer à des provocations qui pouvaient séduire ses élèves les plus turbulents. Celui de l'institut catholique de Cherbourg n'entrait pas dans ce registre. Il nous paraissait plus sérieux et plus structuré intellectuellement tout en ayant un parcours de vie hors du commun.

L'incroyable « prof de philo »

Avec mon désintérêt pour la plupart des matières scientifiques, mon passage dans la classe de philosophie en terminale que j'attendais avec impatience n'eut rien d'évident. Le conseil de classe conseilla un redoublement en ajoutant « toutefois » que je pouvais tenter l'examen d'entrée en septembre avec travail de vacances important à fournir auparavant. Ce que je fis au plus vite, réduisant les soirées en bordure de mer et les sorties nocturnes. L'enjeu en valait la peine : passer en terminale, c'était enfin pouvoir se consacrer pleinement à ce qui, à mes yeux, constituait l'essentiel : la littérature et la philosophie. J'appris qu'il s'en était fallu de peu que le conseil de classe ne me laissât aucune chance : c'est grâce aux interventions de quelques enseignants – dont mon futur professeur de philosophie avec qui j'avais déjà pris langue – qu'on me permit de passer l'examen que je réussis sans trop de difficulté.

Ce professeur donnait des cours d'allemand et avant même la terminale, j'avais pris goût à discuter avec lui des arts et de philosophie. À la différence des autres enseignants, il n'attachait pas d'importance à mes déboires avec l'institution ; il avait même plutôt tendance à les trouver sympathiques. Lui-même disposait d'une réputation d'anticonformiste au sein de l'établissement et se fichait du qu'en-dira-t-on. La plupart des enseignants le considéraient comme un original. Ils pouvaient le critiquer en douce mais se gardaient bien de l'affronter publiquement. Il faut dire qu'il était impressionnant avec sa carrure et son regard qui vous fixait droit dans les yeux.

Ce professeur était de nationalité belge et nous le surnommions « Vanden ». La philosophie était son domaine réservé au sein de l'établissement. Il avait fait ses études à Fribourg et à Louvain, avait suivi les cours de Jaspers – qui, disait-il, était son parrain – et de Heidegger. Son allure sérieuse était compensée par un accent belge prononcé et un ton enjoué qui brisait la glace. Il en résultait un rapport tout à la fois respectueux et chaleureux qui vous donnait envie de poursuivre l'échange et de vous enrichir de sa propre réflexion.

Il ne ressemblait nullement à un intellectuel pâlot qui aurait consacré toute sa jeunesse à l'étude puisqu'il s'était engagé dans les paras commandos pendant la guerre et avait vu la mort de près. Il était devenu colonel avant de quitter l'armée et d'enseigner la philosophie. Et pour couronner le tout, il était prêtre et plus précisément curé de Clitourps, petite commune de moins de deux cents habitants au fin fond de la campagne du Val de Saire. Comment un professeur de philosophie belge, ancien parachutiste et prêtre de surcroît, était-il arrivé dans ce trou perdu du Cotentin ?

Son comportement ne ressemblait en rien à celui d'un membre du clergé : il était toujours vêtu élégamment portant costume et cravate, sans aucun signe distinctif d'appartenance ; il aimait les grosses voitures et la vitesse, achetant des automobiles qui n'étaient pas à la portée de toutes les bourses (voiture américaine, puis Peugeot 404). Rien à voir avec la 2 CV du « père Lechat » et la tenue ecclésiastique de rigueur des autres prêtres de l'établissement qui semblaient avoir fait vœu de pauvreté.

Sa vie ne ressemblait pas non plus à celle d'un curé de campagne. Il avait la réputation d'« expédier ses messes » sans perdre de temps, adorait la musique classique et la peinture, peignant lui-même des toiles qu'il ne montrait qu'à quelques initiés. Dans le petit presbytère de Clitourps, celle qui s'occupait des tâches ménagères et lui servait de secrétaire n'avait rien de la vieille bonne du curé. Elle paraissait avoir sensiblement le même âge et lui était visiblement attachée, au moins intellectuellement, tapant et ronéotant tous ses cours de philosophie, partageant avec lui son goût de la musique et de la peinture...

Au sein de l'établissement, de multiples histoires couraient à son sujet : un jour, enfermé par mégarde dans une salle de classe du premier étage, il avait sauté par la fenêtre et avait atterri dans la cour en faisant un roulé-boulé ; chaque année il fêtait la Saint-Michel (fête des parachutistes – il fumait du reste des cigarettes du même nom) avec ses élèves en allant manger au restaurant, faisait la tournée des cafés... Il aimait chanter et boire et lors de ces fêtes on disait même qu'il avait pris sur ses genoux une élève de philo... C'est du moins l'histoire telle qu'elle se transmettait parmi les élèves.

Dans son parcours de vie, il était difficile de faire la part du mythe et de la réalité. Il nous racontait son expérience de la guerre et ses rencontres avec de grands philosophes pour illustrer ses cours de philosophie et relancer notre attention. Nous étions bien en mal de vérifier la véracité de ses propos et étions prêts à le croire sur parole. Cette part de mythe au parfum d'aventure faisait partie du personnage.

Il est difficile de rendre compte de l'admiration et de l'enthousiasme qu'il savait susciter chez la plupart de ses élèves. À la fin des cours d'allemand en seconde et en première, j'en étais arrivé à discuter avec lui art et philosophie. Ces échanges se poursuivaient dans les couloirs et dans la cour. C'était pour moi de grandes bouffées de vent du large m'entraînant vers de nouvelles découvertes.

Vanden avait écrit dans le bulletin des élèves de l'établissement une série d'articles sur la musique et la peinture intitulés « Heures d'admiration » : « J'ai passé une bonne partie de ma vie, écrivait-il, en admiration devant les œuvres d'art : devant les peintures des grands maîtres, devant des sculptures et des monuments. J'ai passé beaucoup de temps à écouter de la musique, à lire Goethe et Hölderlin, à savourer la poésie de Guido Gezelle, de Verschaeve et de tant d'autres poètes flamands et allemands. Je l'ai même souvent fait au détriment des leçons à réciter, des devoirs à remettre[1]... »

Cette petite introduction personnelle donnait envie d'en savoir plus. Mais au lieu de nous exposer des théories sur l'art, il nous invitait à entrer en contact directement avec les œuvres : « Faisons un essai ! Vous avez certainement quelques symphonies de Beethoven. Auriez-vous la Cinquième ? Mettez-la sur votre électrophone et écoutez[2]... » Ce que je ne manquai pas de faire.

Ses propos me semblaient accompagner de l'intérieur les différents mouvements de la symphonie : « Il [Beethoven] sent la fatalité frapper contre sa poitrine ; elle veut pénétrer dans sa vie. Son sang coule dans ses veines en suivant le rythme de la fatalité... Ses nerfs et son cœur tremblent. Dans son angoisse, Beethoven entend partout la fatalité [...]. Tous les horizons sont gris et bouchés. Il soupire, il crie, il hurle... Il prie et il jure ! C'est toujours la fatalité qui répond[3]... »

---

1. Jean VAN DEN BERG, « Heures d'admiration », *L'Omnibus par tous et pour tous*, Bulletin des élèves de Saint-Paul et de Sainte-Chantal, n° 2, décembre 1964, document en possession de l'auteur.

2. *Ibid.*

3. *Ibid.*

Sa présentation de la Neuvième symphonie accentuait son propos : « Écoutez : l'orchestre roule sourdement des sons : aucun chant, aucun mouvement, aucune vie... Brusquement le motif principal est introduit avec force. On dirait un éclair venant d'en haut et atteignant l'abîme qui continue à gronder et à gémir [1]. » Et d'accompagner chaque partie de cette symphonie jusqu'à la fin : « Surgit la voix humaine, cette voix qui le mieux traduit l'âme : "*O Freunde, nicht diese Töne*!" [...] Beethoven a écrit cela de tout son cœur, de toute son âme [...] C'est à nous que Beethoven, crie "*Freunde*!" [...] La mélodie de la joie est reprise par toutes les voix... Les soprani manquent encore... et l'orchestre les accompagne. À la quatrième reprise toutes les voix montent. [...] À partir de ce moment, la neuvième ne touchera plus la terre. La victoire est remportée, la joie a triomphé. [...] De l'âme surgit un grand merci. "*Alle Menschen werden Brüder*". C'est fini... C'est extraordinaire... ». « Oui, c'est fini..., ajoutait-il, mais écoutez-la encore cette symphonie... et tout Beethoven. Nous avons écouté en bavardant un tout petit peu. Écoutez maintenant en silence [2]. » Ce que je fis tout aussitôt. Comment ne pas se laisser emporter par la musique et de tels propos, quand on découvre la musique de Beethoven à dix-sept ans ?

Il savait également faire partager son amour de la peinture avec cette même approche : « Il est nécessaire – pour pénétrer l'œuvre d'un maître – de s'adresser non pas à ses biographes ou à ses critiques, mais à l'œuvre même [3]. » C'est ainsi qu'il m'a fait connaître Rembrandt à partir d'une question étonnante et d'un tableau étrange et saisissant : « Quel est le sens de la lumière chez Rembrandt ? J'ai eu

1. *Ibid.*
2. *Ibid.*
3. Jean Van den Berg, *ibid.*, n° 3, janvier 1965, document en possession de l'auteur.

l'impression d'entendre la réponse le jour où j'ai vu le premier Rembrandt... je me souviens de ce jour! J'étais en Hollande, à la Mauritshuis de 'S-Granvenhage. Le tableau? *La Présentation du Christ au Temple.* Comme dans un rêve, je suis resté longtemps devant cette toile. Comme dans un rêve[1]... » Comment rester insensible à ce tableau que je ne connaissais pas et dont la vue vous transporte dans un monde qui peut sembler onirique mais, écrivait-il, c'est un « rêve qui me fait entrer dans la vie afin de la saisir davantage » : « Lumière étrange : elle n'éclaire pas l'ombre ; elle sort de l'ombre. Elle ne chasse pas l'obscurité ; elle vit au milieu d'elle ; elle ne dessine pas les choses d'un contour sévère ; elle flotte autour des choses ; elle les touche d'une manière caressante sans les faire apparaître entièrement ; les couleurs qu'elle fait surgir ne sont pas défaites de toute obscurité : le jour ne suit pas la nuit ; le jour vit dans la nuit et s'y révèle[2]. » Poursuivant son propos, il s'attardait sur quelques portraits d'Élisabeth Bas et de Jean Six qui l'avaient tout autant frappé et de conclure : « Non, chez Rembrandt, la lumière n'est pas un artifice. Elle ne brille pas pour briller. Elle ne glorifie rien ni personne ; elle ne sert ni un homme ni un idéal. Cette lumière n'est pas une lumière reprise au monde. Elle est une création de Rembrandt lui-même[3]. »

De tels propos peuvent sembler aujourd'hui quelque peu emphatiques et elliptiques ; on peut y voir une approche subjectiviste de l'art qui interprète les œuvres à partir de ses propres sentiments et conceptions. Beaucoup y préféreront une approche pédagogique où rien ne nous est épargné de la biographie de l'auteur, des circonstances historiques, de l'analyse des différentes parties de l'œuvre... Mais qu'en est-il

1. *Ibid.*
2. *Ibid.*
3. Jean Van den Berg, *ibid.*, n° 4, février 1965, document en possession de l'auteur.

alors de ce premier mouvement qui vous porte à regarder un tableau sans forcément l'avoir voulu et qui vous transporte aussitôt dans un monde qui n'est pas celui de la maîtrise et de l'utilité ? Aujourd'hui, l'inflation de la pédagogie et des commentaires médiatiques finissent par recouvrir l'œuvre d'un verbiage souvent repris dans les dîners en ville comme autant de signes de distinction. Le pouvoir d'interpellation d'une œuvre, l'étonnement et l'interrogation qu'elle suscite se trouvent alors dissous dans le snobisme et les effets de mode, comme pour mieux refermer la part énigmatique de notre condition.

L'admiration de notre professeur de philosophie pour la musique et la peinture n'était pas feinte. Elle suscitait notre propre étonnement, résonnait en nous comme un appel à la rencontre d'autres chefs-d'œuvre : « Ai-je réussi à vous faire aimer un peu plus la peinture ? On a dit mes articles compliqués ! Laissez de côté ce que j'ai écrit. Prenez un livre avec des reproductions de Rembrandt ou d'un autre grand peintre. Regardez-les, ces reproductions, de votre regard clair et ouvert d'être jeunes [1]. »

Les manuels de Lagarde et Michard comportaient déjà quelques reproductions mais elles ne valaient pas celles en grand format des *Chefs-d'œuvre de l'art – Grands peintres* [2], publication hebdomadaire que l'on pouvait se procurer en librairie pour une somme modique. J'achetais celle consacrée à Rembrandt et chaque semaine j'attendais de découvrir les tableaux d'un nouveau peintre, avant de pouvoir les admirer directement, dans les musées, bien des années plus tard. Les « Heures d'admiration » de Vanden avaient porté leurs fruits.

---

1. *Ibid.*.
2. *Collection Chefs-d'œuvre de l'art. Grands peintres*, publié par les éditions Hachette.

Cette passion se retrouvait dans son enseignement de la philosophie. Il ne se référait nullement au manuel de l'époque (les deux tomes du *Nouveau précis de philosophie* de Huisman et Vergez[1]) mais traitait le programme à partir de ses propres cours dont il nous fournissait les polycopiés à chaque trimestre. Se référer à un manuel ou se permettre de le lire pendant les heures de cours était considéré comme une faute impardonnable, témoignant d'un manque de respect et de confiance. Ceux qui s'y sont risqués ont vite compris qu'il valait mieux ne pas insister. Vanden avait un grand charisme et n'avait nul besoin de réprimandes ou de vexations pour asseoir son autorité ; il suffisait de quelques mots pour qu'il rétablisse le silence dans une classe et relance notre attention.

Il parlait en continu pendant une heure devant une classe de plus de quarante élèves silencieux, divisés en deux groupes, qui s'efforçaient de prendre des notes en l'écoutant plus ou moins religieusement. C'était une manière de se mettre au garde-à-vous devant un professeur qui savait fasciner son auditoire par sa parole, l'entraînant avec lui dans les hautes sphères de la spéculation. Il fumait cigarette sur cigarette et nous permettait d'en faire autant ; de temps à autre, il fallait ouvrir les fenêtres pour dissiper un brouillard qui faisait tousser les quelques non-fumeurs récalcitrants. À la fin de l'année, nous étions quelques-uns à fumer la même marque de cigarettes que lui.

En écoutant son cours, la philosophie apparaissait comme une aventure raisonnée de l'esprit où les idées devaient être « claires et distinctes », soumises à un examen critique et confrontées à d'autres qui venaient les contredire, avant de

1. Denis Huisman et André Vergez, tome I *L'Action*, tome II *La Connaissance*, *Nouveau précis de philosophie*, classe de philosophie, programme du 18 juillet 1960, Fernand Nathan, 1964 et 1965.

pouvoir être acquises, sans pour autant prétendre au statut de vérité définitive. Nous découvrions un monde de la pensée qui rompait avec les préjugés et les dogmes religieux, sans pour autant sombrer dans la confusion et la révolte à fleur de peau.

Je pris connaissance de la métaphysique, de l'éthique, de la psychologie, de la logique qui composaient un programme aux vastes ambitions; je découvrais les noms et les conceptions de nombreux philosophes, des doctrines et des courants regroupant sous leur coupe des auteurs différents: empirisme, rationalisme, criticisme, matérialisme, spiritualisme... La philosophie, libre exercice de la raison, ne se confondait pas avec la sagesse et les coutumes liées à la tradition, la connaissance scientifique avec la technique, la psychologie avec la morale, le «jugement de réalité» avec le «jugement de valeur»... La précision du vocabulaire et la nuance étaient de mise: le plaisir était distinct de la joie, la douleur de la tristesse, la peur de l'angoisse... Il fallait définir et s'approprier de nouvelles notions: «sensation», «perception», «concept», «libre arbitre»..., sans oublier le «phénomène» et le «noumène», le «pour soi» et l'«en soi», «l'être» et l'«étant» des cours de métaphysique.

En relisant aujourd'hui mes cours de philosophie, je mesure l'ampleur de ce qui nous était alors demandé de comprendre et d'assimiler en moins d'un an. La partie consacrée à la connaissance, par exemple, impliquait l'étude de l'esprit scientifique, de la spécificité des mathématiques, des sciences expérimentales, des sciences morales et humaines; celle consacrée à la «psychologie de l'intelligence» s'attardait sur les notions de «concept», de «jugement», de «raisonnement», de «langage»; le «problème moral» abordait les grandes conceptions de la vie morale, le devoir et le droit, la justice et la charité, la responsabilité... Quant au cours de métaphysique, il traitait de la «valeur de la connaissance et de l'idée de vérité », de l'« espace » et du « temps », de l'« existence du monde extérieur »... À chaque grand thème traité, correspondait une dissertation : « Que pensez-vous de cette formule de Condillac : "Une science, c'est une logique bien faite" ? », « Quel rapport y a-t-il entre la mémoire et l'imagination ? », « Est-il possible de concevoir, à la suite des grands philosophes classiques, la raison humaine comme un ensemble de principes immuables, universels et nécessaires[1] ? »... Le professeur avait beau fournir des exemples de plan de dissertation, il fallait oser traiter de tels sujets avec des connaissances philosophiques encore fragiles.

La première recommandation de notre professeur était d'« intérioriser » le problème posé : « Vous devez être concerné par le sujet, il faut être saisi par la question. La dissertation se rapporte aux thèmes de cours mais cette question a sa force originale. Sa nature est profonde, son importance est vitale. » Nous devions comprendre « personnellement » la question posée : « Vous devez avoir le sentiment que vous devez répondre », « la philosophie, ajoutait-il, est une prise de position devant la vie[2] ».

Cette prise de position n'avait rien de spontané et de réactif, elle supposait un recul réflexif débouchant sur un enchaînement progressif des raisons appuyées sur des exemples. La dissertation obligeait à se décentrer en nous amenant dans un premier temps à exposer des idées et des arguments de grands philosophes, pour ensuite les examiner de façon critique en s'appuyant sur d'autres auteurs, avant d'essayer de développer une position argumentée qui nous soit propre. Ce mode de développement (introduction, thèse, antithèse, synthèse, conclusion) n'était pas considéré comme une simple méthodologie ou un exercice formel en vue de

1. Jean Van den Berg, *Ponts aux ânes en philosophie*, document ronéoté en possession de l'auteur.

2. Cours polycopiés en possession de l'auteur.

l'obtention du baccalauréat. Il vous obligeait à réfléchir par vous-mêmes, à structurer votre réflexion dans la recherche de la vérité. Écrire une dissertation, c'était apprendre à argumenter et s'insérer, autant que faire se peut, dans le sillon tracé par des philosophes qui vous aidaient à bien penser. La réalité était plus problématique ; la dissertation était un exercice difficile et sévèrement noté. Mais tel était l'idéal qui devait nous guider.

Le philosophe, ce grand homme, ce héros…

Avec Vanden, la philosophie n'était pas le domaine de purs esprits ou une affaire d'érudition ; elle s'incarnait à travers un professeur ayant déjà beaucoup vécu, pour qui la réflexion philosophique se devait d'éclairer la condition humaine. Cette conception empruntait à Jaspers nombre de ses idées. Pour ce dernier, la philosophie ne se réduisait pas à un exercice intellectuel ou à un savoir qu'il suffirait d'apprendre, il changeait le regard porté sur le monde et engageait le philosophe dans une recherche continue d'une vérité qui n'est pas de l'ordre de la connaissance scientifique, mais interroge et éclaire notre existence.

Vanden parlait souvent de ses rencontres avec Jaspers dont la forte personnalité, le regard et la prestance ont impressionné tous ceux qui l'ont croisé. C'était pour lui un maître qu'il semblait vouloir imiter. Comme lui, il avait un regard gris-bleu impénétrable qui vous traversait : « Les natures riches, écrivait-il, ne se laissent pas deviner par cette large porte que constitue le visage. Elles cachent dans leur âme toute leur profondeur. Un grand homme est très mystérieux lorsqu'on le regarde droit dans les yeux[1]. »

1. Jean VAN DEN BERG, « Heures d'admiration », *op. cit.*

Ses commentaires d'*Ainsi parlait Zarathoustra* de Nietzsche opposaient radicalement « vie authentique » et « vie inauthentique ». L'homme authentique était celui qui se met toujours en question et ne se satisfait jamais d'une situation acquise ; il affirme sa propre volonté dans un perpétuel dépassement de lui-même : « L'homme authentique est conscient de son existence et vit avec le sentiment inquiétant de l'inachevé. Il est toujours en route. Il se vit comme une transition. Il n'accepte jamais une situation. Il est sans cesse mourant et il meurt à chaque instant. Celui qui meurt sans cesse renaît aussi sans cesse[1]. »

Vanden n'entendait pas prêcher la morale, mais il faisait valoir un idéal où l'homme était constamment préoccupé de ce qu'il entendait faire de sa propre vie et tendait vers l'accomplissement de ses virtualités intellectuelles et spirituelles les plus hautes. Telle était, me semble-t-il, la façon dont lui-même envisageait sa propre vie et un idéal qu'il tenait à nous transmettre : « Le philosophe, disait-il, n'est ni un homme de science, ni un technicien, pas plus qu'un moraliste. Il est l'adversaire de tout credo exigeant de lui un consentement qui n'est pas justifié rationnellement ; il a conscience d'être responsable de lui-même et entend reconstruire sa vie selon l'exigence de l'esprit. Philosopher c'est essentiellement faire face au problème de l'homme et y faire face personnellement[2]. » Quand Vanden nous parlait des « grands hommes », c'était une image de lui-même qu'il voulait nous donner.

La « personnalité » n'était pas un état de fait mais une tâche et une conquête, il s'agissait de parvenir à une synthèse et à un équilibre toujours précaire. Cette édification impliquait un sérieux volontarisme pour que l'homme se forge son destin. Elle n'était pas le propre de tout le monde,

1. Jean Van den Berg, Commentaires d'*Ainsi parlait Zarathoustra*, document ronéoté en possession de l'auteur.

2. Notes de cours de l'auteur.

seuls les meilleurs (*aristoï* en grec) pouvaient répondre à cette exigence qui ne semblait pas avoir de fin. À sa façon, notre professeur nous appelait à nous y engager. À ses yeux, seuls les bons élèves épris de philosophie avec la métaphysique comme questionnement ultime étaient à même de comprendre et de partager une telle conception de la vie humaine mue par le souci d'un éternel dépassement.

Sa façon d'aborder la morale tranchait avec le « moralisme » et la « moraline » que prêchaient la plupart des prêtres de l'établissement : « Nous ne perdrons pas notre temps, disait-il, à vouloir préconiser une morale déterminée ; nous ne nous amuserons pas à vouloir donner des recettes. Laissons des recettes à la masse. Le propre de l'élite est de vouloir partir à la conquête du bien[1]. » Il valorisait, à la façon de Bergson, le héros et le saint qui rompent avec la « morale close » faites de règles et de normes pétrifiées liées à la reproduction de la société. La morale des héros et des saints était l'« élan moral pris à sa source jaillissante, saisi dans le vif de la jeunesse créatrice, l'élan qui réveille les cœurs généreux menacés de s'engourdir dans le conformisme des règles établies[2] ». L'enthousiasme des héros et des saints était contagieux et dans sa façon d'enseigner, Vanden voulait, à sa manière, nous en donner un aperçu.

Maître et disciples

Avec la philosophie, je me découvrais une nouvelle passion et un maître dont je respectais l'autorité. Cette passion devint dévorante. Désormais, je consacrais l'essentiel de mon temps à la philosophie, délaissant les autres matières,

1. Jean Van den Berg, *Leçons de philosophie*, document ronéoté en possession de l'auteur.
2. Notes de cours de l'auteur.

sauf le français. En écoutant ses cours, je découvrais un vaste domaine de l'esprit. Je partais à sa conquête avec ardeur en y cherchant un nouveau bonheur que l'enthousiasme de mon professeur incarnait. Je suivais attentivement tous ses cours, prenant des notes au plus près de ses paroles, les recopiant ensuite dans un grand classeur pour les relire de nouveau, travaillant fort tard le soir pour mieux m'imprégner de son enseignement. Comme d'autres, je ne comprenais pas toujours ses réflexions philosophiques. Cette situation ne pouvait venir que de mon inculture. Au lieu de me décourager, cette part d'incompréhension relançait mon désir d'en savoir plus. La complexité ou le caractère allusif de son propos incitait à redoubler d'effort. C'était une manière de nous laisser toujours un peu sur notre faim pour maintenir l'envie d'aller toujours plus loin. Il était naturel à notre âge de ne pouvoir tout comprendre, mais au moins pourrions-nous saisir dans le flot du discours quelques bribes de cette philosophie encore énigmatique.

J'arrivais en cours avec de nouvelles interrogations, désirant éclaircir les passages mal compris, les questions qu'il avait lui-même ouvertes sans y répondre clairement. Après chaque fin de cours, je m'attardais pour lui faire part de ce bouillonnement qu'il savait calmer en remettant de l'ordre dans mes idées entremêlées. Pouvoir discuter avec lui était un honneur et une joie : j'échangeais des idées avec un « grand homme » qui savait m'écouter et m'aidait à avancer dans ma propre réflexion. Suivant à la lettre ses recommandations pour les dissertations, je ne cherchais pas à réciter les différentes doctrines apprises en cours, mais je m'efforçais de problématiser mon propos autour d'un argumentaire intégrant les idées de grands philosophes, pour aboutir à une conclusion qui se voulait personnelle. J'obtins les meilleures notes en philo pendant toute l'année scolaire. J'avais rencontré un maître qui m'apprenait à penser et m'avait redonné confiance en moi.

Je faisais partie du petit cercle des meilleurs élèves qui avaient le privilège de pouvoir prolonger les discussions philosophiques avec lui en dégustant un bon repas et en buvant de nombreuses « canettes de bière ». Pouvoir dîner avec lui dans sa vieille maison de Clitourps était un moment particulièrement apprécié. Les discussions animées mêlaient les questions philosophiques à de multiples anecdotes sur sa vie qu'il nous racontait avec son accent inimitable et une capacité sans pareille de les transformer en épopées. Il avait gardé un aspect d'éternel étudiant évoquant avec nostalgie ses années à l'université d'Heidelberg. Je le vois encore assis dans un grand fauteuil, une chope de bière à la main, accompagnant à tue-tête en allemand un disque de chant d'étudiants qu'il avait gardé précieusement. Que nous importait la véracité ou non de toutes les histoires qu'il pouvait nous raconter, sa force de vie nous emportait et nous finissions par chanter avec lui ce qui ressemblait à un hymne à la joie et à la fraternité.

Ces rapports privilégiés étaient réservés à une « élite » composée de ceux qui avaient une réelle appétence et des dispositions pour la philosophie. Ceux qui avaient tendance à la considérer comme une simple matière pour passer le bac ne méritaient pas de telles faveurs. Il y avait les « élus » et les autres, les « élèves moyens » et ceux qui se retrouvaient en classe de philosophie faute de mieux. Cela n'empêchait pas le professeur de les aider s'ils le demandaient, mais encore fallait-il qu'ils en manifestent clairement l'envie et soient prêts à faire des efforts pour s'améliorer. Il faut dire que la classe de philosophie comportait plus de quarante élèves et l'enseignant n'avait pas le temps de s'occuper de chacun. Il préférait se concentrer sur ceux dont il estimait qu'ils valaient la peine. Si tous les élèves étaient appelés à philosopher, peu étaient capables d'accéder à cet exercice bien particulier de la pensée surtout quand elle accordait une place importante à la métaphysique.

Plus de vingt ans plus tard, en voyant le film *Le Cercle des poètes disparus*, je me suis souvenu de mon professeur de philosophie. Ce film met en scène un enseignant qui a su faire aimer à ses élèves la littérature dans une académie américaine prestigieuse et austère, en passant outre aux règles habituelles de l'établissement. À sa manière, cet enseignant appelait chaque élève à penser par lui-même et à construire sa propre vie. Notre professeur le faisait tout autant mais d'une autre façon. Il n'avait rien d'un libertaire, n'appelait pas au *Carpe diem*, mais il savait communiquer sa passion de la philosophie à ses élèves. Ayant rencontré d'autres anciens élèves plus âgés, tous m'ont dit avoir été marqués par son enseignement qui fut un grand moment d'ouverture et de formation hors des normes.

Vanden valorisait l'élan de la jeunesse en considérant l'adolescence comme une sorte de période axiale de la vie ouverte au questionnement sur le sens de l'existence humaine. Cette période transitoire pouvait être considérée comme un âge privilégié d'une ouverture aux interrogations métaphysiques qui se prolongeraient tout au long de la vie et jusqu'à la fin. Chez la masse du commun des mortels, cette interrogation s'oubliait vite – pour autant qu'un jour elle ait eu lieu –, mais elle demeurait présente chez les grands philosophes aux allures de prophètes qui avaient su garder l'étonnement et les interrogations de leur jeunesse. Vanden avait su les conserver et les meilleurs élèves de la classe devenaient peu ou prou ses disciples.

Pour ma part, je n'étais pas loin de considérer la philosophie comme une discipline qui non seulement développait la réflexion et permettait l'autonomie de jugement « en toute connaissance de cause », mais qui pouvait dévoiler quelques secrets du monde dont la religion s'était jusqu'alors voulue la propriétaire attitrée. Cette envie insatiable de lire les grands auteurs et d'apprendre à philosopher charriait avec elle une bonne part de désir d'absolu et de perfection qui n'étaient pas sans confusions et sans risques. J'avais à ma façon retenu l'une des phrases de mon professeur dans ses articles sur la peinture : « Il faut dans la vie une certaine témérité si on veut avancer. Il faut oser se lancer la tête en avant, courir froidement le risque de se "casser la figure". Paradoxalement, c'est le seul moyen de la sauver vraiment[1]. » Il aurait pu ajouter : « avec le risque de la perdre ». Mais le chemin n'était pas d'emblée tout tracé.

Brouillard métaphysique

Ce professeur de philosophie ne nous transmettait pas seulement le dynamisme, le questionnement éclairé et la rigueur, mais ses propres conceptions marquées par les « philosophies de l'existence ». Les manuels officiels n'en parlaient pas ou très peu, traitant avant tout des thèmes et des auteurs classiques. Vanden, lui, n'hésitait pas : il abordait la phénoménologie et les « philosophies de l'existence » (Kierkegaard, Jaspers, Heidegger, Sartre). Cela n'était pas pour nous déplaire mais que pouvions-nous au juste comprendre, par exemple, de la conception de l'existence selon Jaspers et de l'ontologie heideggérienne ? Ses « considérations sur l'esthétique d'Heidegger » à partir du tableau des sabots de Van Gogh impliquaient de bien distinguer l'« être » et l'« étant », la notion de « choséité », de saisir que l'artiste « révélait la vérité de l'étant »… Autant de formulations étranges qu'il fallait essayer de déchiffrer. J'en retenais pour ma part quelques

1. Jean Van den Berg, « Heures d'admiration », *op. cit.*

idées plus ou moins claires selon lesquelles l'œuvre d'art ne relevait pas de l'intelligence, qu'elle était un des modes de l'ouverture au monde, un dévoilement de ce qui est, en dehors de l'utilité et de la fonctionnalité... Ce qui était déjà beaucoup. Nous ne comprenions pas tout, mais nous étions captivés par ce flot de paroles parsemées de temps à autre de mots allemands (« Wesen », « Wahrheit », « Urgrund », « Etwas », « Offenständigkeit »...) dont la sonorité accentuait la profondeur énigmatique du propos. Ces prestations métaphysiques extrêmes nous laissaient pantois : « On ne dira jamais assez combien la peur de ne pas comprendre a pu faire crier au génie[1]. »

Relisant mes notes et les cours polycopiés (les « Leçons de métaphysique » dépassaient la centaine de pages), je me demande comment je pouvais assimiler certains passages particulièrement abscons. Les cours de métaphysique abordaient des questions étonnantes comme celles de la nature de l'espace et du temps, de la réalité du monde extérieur, de l'esprit et la matière, du dieu des philosophes distinct de celui des croyants... Cette « démarche réflexive qui a pour objet la connaissance de l'être » se démarquait de l'idée que l'« homme de la rue » se faisait du monde pour aboutir à des considérations que les propos du maître ne contribuaient pas à éclaircir : « La pure expérience qui fonde le concept d'être est la conscience que nous possédons de l'existence comme acte dernier. Nous entendons par là que l'existence se révèle à notre conscience non seulement comme un fait brutal, mais comme la superactualité par excellence, l'acte dont la nature propre est de ne se fonder sur aucun autre acte, mais de fonder tous les autres, si bien qu'on puisse affirmer a priori que les autres actes sont seulement des particularisations des

1. François Crouzet, *Contre René Char*, Les Belles Lettres, collection Iconoclastes, 1993, p. 67-68.

actes d'être. La question se pose aussitôt : où trouvons-nous en nous cette expérience pure, révélatrice non seulement de l'existence comme fait, mais de ce qui constitue l'essence de l'existence[1] ? » La réponse était sans doute à venir, mais qui pouvait comprendre une telle question ?

Poussant plus loin la réflexion, le questionnement atteignait des sommets : « Y a-t-il de la quiddité dans l'être ? Évidemment, puisque l'être constitue des intériorités actives et que dans ces intériorités actives l'être se révèle à soi[2]. » La réponse nous paraissait tout aussi obscure que la question, mais emporté par son élan, notre professeur continuait de plus belle : « Sommes-nous en mesure d'atteindre la quiddité ? Oui, au moins dans une certaine mesure, étant donné que l'être se révèle à soi en nous, et donc pour nous. Dans la mesure où ma connaissance est un acte positionnel où elle est possession de soi et de l'autre dans une position active de soi et de l'autre[3]. » Dans ces cas-là, Vanden surjouait un personnage de métaphysicien, cherchant à captiver et impressionner un public de néophytes, en même temps qu'il s'écoutait parler. Grisé par son propre discours, il donnait l'impression d'atteindre les sommets de la pensée que seuls lui-même et quelques grands philosophes triés sur le volet étaient à même d'atteindre.

Ce « délire de l'abstrait[4] » véhiculé par un courant existentialiste se retrouvera dans le structuralisme. Les propos des nouveaux maîtres ne seront pas toujours très clairs mais l'effet sur leur auditoire toujours profond ; les disciples s'évertueront à essayer de décrypter religieusement leurs paroles avec

1. J. Van Den Berg, *Leçons de métaphysique*, document ronéoté en possession de l'auteur.

2. *Ibid.*

3. *Ibid.*

4. Jean Conilh, « Le Délire de l'abstrait », *Esprit*, février 1960.

l'espoir de parvenir enfin à atteindre une vérité évanescente, constamment différée à la prochaine séance.

Tourments et transmission

Notre professeur de philosophie pouvait donner l'impression que le bac ne l'intéressait pas vraiment et qu'il était là avant tout pour nous apprendre à philosopher et faire part de ses propres conceptions en accordant un soin particulier aux premiers de la classe. Avec lui, mes tourments d'adolescent perdaient leurs aspects mélancoliques et complaisants pour s'élever à la hauteur d'interrogations métaphysiques, d'épreuves existentielles que seuls les « hommes authentiques » pouvaient affronter. L'« être vers la mort » heideggérien, la « résolution » de l'homme conscient de sa finitude… avaient tendance à accentuer mes angoisses qui n'étaient pas seulement d'ordre métaphysique. L'insistance sur la formation de la « personnalité » qui devait se dégager d'un état de dispersion originel pour s'unifier et se construire impliquait un volontarisme qui semblait inflexible. Contrairement à l'« homme ordinaire » ou l'« homme de masse » à l'esprit moutonnier, il s'agissait de s'élever au-dessus de ce qu'on appelait encore les « instincts », d'avoir le courage de se remettre toujours en question.

Ces conceptions de l'être humain aux accents nietzschéens et existentialistes laissaient peu de place à la raison. La figure du philosophe avait les traits d'un surhomme sachant constamment se remettre en cause et se dépasser dans un combat sans fin contre les plaisirs trop faciles et la quiétude de l'esprit. Une telle conception demandait beaucoup à la philosophie et exigeait de celui qui la pratique un engagement personnel qui se voulait des plus cohérents entre les idées, la parole et les actes. L'insouciance et l'humour, la légèreté et à la « déconnante » propres à notre âge n'y trouvaient pas vraiment leur place, sinon aux titres de compensation et de défoulement. Cette métaphysique et ce volontarisme éthique développaient une sorte de mauvaise conscience vis-à-vis de nous-mêmes et des élans spontanés de l'adolescence que nous n'étions pas capables de maîtriser. Tout en gardant un puissant désir de vivre, nous étions devenus des jeunes gens graves et anxieux. Vu à travers le prisme des « philosophies de l'existence », le monde des adultes paraissait lui aussi bien tourmenté.

Malgré nos airs d'intellectuels fumant la pipe, nous restions des adolescents et des élèves préparant le baccalauréat. La confusion des sentiments et des idées, la perspective de l'examen en fin d'année scolaire auraient pu appeler à faire preuve de plus de prudence dans l'enseignement et à se concentrer sur les grands auteurs classiques en explicitant mieux le propos. Le programme de philosophie était vaste, il supposait d'être capable d'assimiler vite des notions nouvelles et complexes pour pouvoir passer le bac sans trop de difficulté. Traiter la totalité du programme était difficile et risquait d'aboutir à un survol superficiel. Notre professeur, comme d'autres, avait choisi de traiter les thèmes qui lui semblaient les plus importants en prenant le temps nécessaire, quitte à aborder les autres plus rapidement dans le dernier trimestre en vue de l'examen. Dans ce choix des thèmes et des auteurs entrait une part des préférences de l'enseignant. Pour pallier les lacunes, les élèves passaient outre au refus du manuel officiel ; ils le lisaient « en douce » comme un complément nécessaire à certaines parties du programme traitées rapidement.

Malgré les difficultés à bien comprendre certaines « leçons de métaphysique », j'en retins cependant quelques idées-forces concernant les différences entre la science et la philosophie que je n'ai pas oubliées. L'existence humaine est marquée par une intériorité et une liberté irréductible à tout savoir objectivant. Si la philosophie ne peut ignorer la science, celle-ci n'a pas le monopole de la vérité ; elle est un mode d'ouverture et d'explication sur ce qui est, coexistant avec d'autres modes d'ouverture et de connaissance comme la littérature, l'art et la philosophie qui éclairent différemment notre condition. La réflexion philosophique sur l'existence met en lumière une insertion première au monde dans un temps et un espace donnés (*hic et nunc*/ici et maintenant) auxquels on ne peut échapper ; cet « être au monde » est partie intégrante d'une condition humaine marquée du sceau de la limite et de la finitude. La reconnaissance de cette insertion fonctionne comme une mise en garde contre l'esprit de système et une forme d'intelligibilité en surplomb de l'histoire qui prétend connaître les lois de son développement. Ces idées sont loin d'avoir perdu leur pertinence.

Mais, plus encore, je repense aux recommandations de mon professeur pour avoir les idées claires et distinctes et nous apprendre à penser. La dissertation devait être toujours un « exercice de rigueur », une « organisation raisonnée » qui cernent précisément le sujet traité et le problématise ; la lecture attentive de la question posée devait permettre d'éviter de parler d'autre chose (traiter du « sentiment de liberté » par exemple, n'était pas la même chose que d'aborder la notion de liberté) ; il s'agissait d'éviter les allusions incertaines et vagues, les citations mal comprises… « Ne jamais se laisser bercer par la musique des mots », « ne pas vouloir à tout prix faire preuve d'érudition », « avoir quelque chose à dire, le dire et se taire », tels étaient quelques principes de base qui devaient nous guider. Avec la modernisation de l'époque, se développait un conformisme dont il fallait savoir se détacher. Le constat de la réalité et des évolutions ne pouvait se confondre avec un jugement de valeur et dicter nos conduites. Contre les pressions sociales et les modes du moment, il importait de prendre du recul pour se forger son propre point de vue en faisant usage de sa raison. Ces exigences me paraissent d'une brûlante actualité face au maelström de la communication et de l'information en continu avec des journalistes plus ou moins clairs et cultivés.

Malgré les aspects obscurs de son enseignement et les désillusions qui s'ensuivront, je serai toujours reconnaissant à Vanden de m'avoir fait partager ses « heures d'admiration » et de m'avoir transmis, tant bien que mal, une démarche intellectuelle qui rompt avec les fausses évidences et les élans du cœur en guise d'arguments. Bienheureux ceux qui ont pu et peuvent faire encore de pareilles rencontres.

Chapitre 2

Contre-culture en bordure de mer

La littérature et la philosophie demeuraient les références essentielles de notre éducation. L'école restait un lieu à part, protégé des pressions sociales et des effets de mode. Mais dans la société des années 1960, existaient d'autres influences et courants artistiques qui mettaient en question les valeurs humanistes traditionnelles. Les héritages du surréalisme, de la culture bohème issue de Saint-Germain-des-Prés allié à la culture pop anglaise et américaine constituaient une « contre-culture » qui coexistait tant bien que mal avec l'enseignement traditionnel. Les jeunes lycéens et étudiants de cette époque étaient particulièrement sensibles à cette contradiction. Par une étrange alchimie, Jacques Prévert, Boris Vian et Bob Dylan se rejoignaient dans leur critique du monde moderne ; la bohème de l'après-guerre et du Quartier latin croisait celle de Greenwich Village et parvenait jusque dans les fins fonds du Cotentin. La petite bande que nous formions ressemblait un peu à ces grands frères de l'après-guerre et des campus américains. La vie de bohème devenait un modèle de vie fascinant pour de jeunes lycéens et étudiants.

La petite maison en bordure de mer de mes parents était devenue une sorte de lieu refuge et de liberté en dehors des contraintes des études et de la société. L'« usine atomique » de la Hague était construite, mais nous n'y prêtions pas trop d'attention. Elle était située du côté de Jobourg et nos promenades n'allaient pas jusque-là. Il n'y avait pas encore trop de constructions qui défiguraient le paysage. La Hague demeurait encore belle et sauvage. Nous pouvions nous y sentir libres et rêver dans un paysage de mer et de falaises qui semblait hors du temps. La Hague n'était pas seulement ce pays sauvage du bout du monde, elle avait su attirer les artistes qui avaient succombé à son charme bien avant nous.

Jacques Prévert avait découvert ce coin du bout du monde dans les années 1930 avec sa femme et quelques amis. Il y était revenu dans les années 1960 voir son ami Alexandre Trauner qui avait acheté une maison à Omonville-la-Rogue [1]. Prévert était pour nous une référence. La lecture de ses poèmes rassemblés dans *Paroles* [2] publié en livre de poche nous réconfortait en nous procurant le sentiment que notre révolte avait trouvé l'un de ses modes d'expression. Rien ne semblait échapper à la critique et à l'humour de Prévert qui employait des mots simples, écrivait en vers libres et sans ponctuation. Ses textes contre la famille, le travail, l'école, l'armée, la religion… mettaient à mal les fondations de l'ancien monde avec délectation. La recherche d'un bonheur individuel empreint de sensualité venait en contrepoint. Une fine pointe de mélancolie et de

1. En 1971, Jacques Prévert achètera une petite maison à Omonville-la-Petite où il vivra jusqu'à sa mort en 1977. Son ami Alexandre Trauner meurt en 1993. Tous deux sont enterrés dans le petit cimetière d'Omonville-la-Petite, tout près de la maison de Jacques Prévert.

2. Jacques Prévert, *Paroles*, Le Livre de Poche, 1964.

désespoir enveloppait le tout. *Paroles* exprimait bien nos états d'âme.

Ses railleries et ses aspects sentimentaux avaient pour nous valeur universelle. La « Tentative de description d'un dîner de têtes à Paris-France » pouvait tout autant s'appliquer aux notables de la région. Les poèmes critiques sur l'école[1] et sur la religion[2] renvoyaient à des situations que nous avions connues. « Le désespoir est assis sur un banc[3] » m'évoquait les squares de mon enfance où je croisais de vieux messieurs assis qui ressemblaient à s'y méprendre à cet homme avec des « binocles » et un « vieux costume gris ». « Dimanche » avait beau être situé à Paris, il exprimait un sentiment de vide que j'éprouvais ce jour-là dans une ville de province :

« Entre les rangées d'arbres de l'avenue des Gobelins
Une statue de marbre me conduit par la main
Aujourd'hui, c'est dimanche les cinémas sont pleins
Les oiseaux dans les branches regardent les humains
Et la statue m'embrasse mais personne ne nous voit
Sauf un enfant aveugle qui nous montre du doigt[4]. »

Certains poèmes comme « La Belle Saison », sont comme des photographies à la manière de Cartier-Bresson. Prévert saisissait en quelques lignes des scènes de la vie quotidienne en leur donnant un côté pathétique, triste ou merveilleux. Ces textes-là retenaient le plus mon attention. Mais, à vrai

1. « Le Cancre », « Les Paris stupides », « Page d'écriture », « L'Accent grave »..., *ibid.*

2. « Pater Noster », « La Cène », « Écritures saintes », « Vous allez voir ce que vous allez voir »..., *ibid.*

3. « Le désespoir est assis sur un banc », *ibid.*, p. 148.

4. « Dimanche », *ibid.*, p. 194.

dire, la qualité de cette poésie m'importait peu. Les poèmes d'amour me semblaient beaux. « Barbara » ressemblait à nos amours fantasmés dans une ville marquée par la guerre et où il pleuvait souvent. « Sables mouvants » mêlait la mer aux sentiments :

« Démons et merveilles
Vents et marées
Au loin déjà la mer
S'est retirée

Mais dans tes yeux entr'ouverts
Deux petites vagues sont restées
Démons et merveilles
Vents et marées
Deux petites vagues pour me noyer[1]. »

Ces mots avaient les saveurs de la Hague et des amours adolescentes.

Le monde perdu de Boris Vian

Boris Vian qui connaissait Prévert nous était tout aussi cher. Il avait de quoi nous séduire avec son humour ravageur qui s'attaquait à tous les symboles de l'autorité et à une société où dominaient le travail et la consommation. Il avait gardé un côté d'éternel potache, rebelle à tout esprit de sérieux, toujours prêt à monter des canulars, à faire des calembours et des bons mots. Son humour absurde avait des accointances avec celui de Pierre Dac et le collège de pataphysique. Dans ses écrits, le jazz, les « surprises-parties », la rigolade avaient

1. « Sables mouvants », *ibid.*, p. 153.

acquis leurs lettres de noblesse contre les « vieilles barbes » et tous ceux qui se prenaient trop au sérieux.

Son nom était associé au scandale provoqué par la publication de son livre *J'irai cracher sur vos tombes*[1]. Je ne l'avais pas lu et son adaptation cinématographique m'avait déplu. Il n'en allait pas de même pour sa musique lancinante reproduite en disque que nous écoutions en silence et en boucle, particulièrement les soirs de cafard quand il ne « faisait pas beau ».

Nous connaissions aussi quelques-unes de ses chansons qui étrillaient joyeusement la société de consommation. La plus connue « Le Déserteur » avait encore des airs de subversion. Elle avait été longtemps interdite[2] et, signe des nouveaux temps, elle était désormais chantée par de nombreux interprètes. Nous l'écoutions souvent sur le juke-box du café d'Urville Chez Michel où nous finissions souvent nos nuits en mangeant une omelette portugaise avec des frites. Elle était interprétée par un groupe qui se nommait tout bonnement Les Sunligths dont l'interprétation était tout aussi terne que celle de Richard Anthony. Bien plus que les chansons et les autres écrits de Boris Vian, ce sont ses romans qui m'ont marqué.

L'Écume des jours[3] avait bien d'autres attraits que les doctrines en « isme » (existentialisme, marxisme, personnalisme...). Boris Vian avait une imagination fantasque et savait jouer avec les mots, il les déconstruisait et les reconstruisait à sa guise, les détournait de leur sens habituel pour créer son propre univers où l'imaginaire gardait des traits du réel ou inversement... Les frontières entre les hommes,

---

1. Vernon Sullivan, *J'irai cracher sur vos tombes*, Les éditions du Scorpion, 1946.

2. Cette chanson fut interdite de diffusion pour antipatriotisme et l'interdiction ne fut levée qu'en 1962 après la fin de la guerre d'Algérie.

3. Boris VIAN, *L'Écume de jours*, Union générale d'éditions, 10/18, 1963.

les animaux, les plantes et les choses s'estompent dans un monde où tout semble animé et changeant selon les émotions et les sentiments des personnages[1].

L'Automne à Pékin comporte de multiples personnages aux noms farfelus, l'histoire est pleine de rebondissements et entrecoupée de nombreuses digressions autour d'un axe insensé : construire une voie ferrée dans un pays l'« Exopotamie » qui est en fait un désert avec un hôtel dans lequel les personnages s'installent. Les calculs pour le tracé de chemin de fer aboutissent à faire passer la voie au milieu de l'hôtel, les fouilles archéologiques menées par un dénommé Athanagore Porphyrogénète mettent à jour une « ligne de foi » qui fragilise la construction du chemin de fer ; le train finira par passer par l'hôtel et le couper en deux, tout s'écroulera et s'enfoncera dans la terre. La critique de la bêtise administrative et d'une ingénierie tout entière absorbée dans le « comment faire » se mêle avec le désir d'en finir avec ce monde absurde et des rapports humains trop compliqués : « Être par terre, dit Anne. Être par terre sur ce sable avec un peu de vent et la tête vide ; ou marcher et voir tout, et faire des choses, faire des maisons de pierre pour les gens, leur donner des voitures, de la lumière, tout ce que tout le monde peut avoir, pour qu'ils puissent ne rien faire aussi et rester sur le sable, au soleil, et avoir la tête vide et coucher avec des femmes[2]. »

L'univers des romans de Boris Vian a tous les traits d'un univers enfantin merveilleux dans lequel on peut se réfugier en fuyant le réel et les contraintes de la vie en société. Mais

1. Dans sa préface à *L'Écume des jours*, Gilbert Pestureau parle à ce propos d'un « univers animé que gouverne la vérité poétique de l'appréhension sentimentale ou onirique du monde », *Un chef-d'œuvre ellingtonien*, *Œuvres complètes de Boris Vian*, t. II, Librairie Arthème Fayard, 1999.

2. *L'Automne à Pékin*, Union générale d'éditions, 10/18, 1964, p. 148-149.

on y trouve aussi des forces sombres et destructrices qui rendent impossible toute fusion bienheureuse. Derrière l'humour et la dérision se profilent la mélancolie et le tragique liés à l'impossibilité de retrouver un monde perdu.

La maison de Landemer

Avant la guerre, étant enfant, Boris Vian venait passer ses vacances dans la Hague où ses parents possédaient une maison. Son roman *L'Arrache-cœur*[1] s'inspire des paysages de Landemer et de ses environs. C'est l'un des romans les plus noirs de Boris Vian : on y vend les vieux sur la place du village pour que les enfants puissent s'amuser avec, on maltraite les apprentis, on torture les animaux, le sang coule dans le ruisseau… Cruauté et cynisme dominent. Les gens du village sont brutaux et sadiques, mais ils ne se sentent pas coupables pour autant : ils paient quelqu'un pour avoir honte et éprouver des remords à leur place. L'amour maternel est pervers : Clémentine, après avoir enlevé les arbres du jardin, construira des cages dorées pour ses trois « salopiots » de peur qu'il ne leur arrive quelque chose.

En relisant aujourd'hui ce roman, je suis loin de retrouver le plaisir de ma première lecture et m'interroge sur les raisons qui me l'ont fait aimer. Outre ses côtés sombres qui convenaient sans doute à mon état d'esprit de l'époque, j'y trouvais des similitudes avec ma propre éducation. Avec le poids d'un catholicisme aux relents doloristes et les bondieuseries présentes dans la région, l'anticléricalisme de Boris Vian faisait du bien. Le « spectacle de luxe placé sous le signe de Dieu » organisé par le curé du village m'amusait beaucoup : il consistait en un match de boxe en dix reprises entre le

1. Boris VIAN, *L'Arrache-cœur*, Le Livre de Poche, 1968.

curé et le diable (en l'occurrence le sacristain), les enfants de chœur distribuant les tickets à l'entrée ; le public agité criait : « Remboursez », les chaises volaient et le spectacle se terminait en bagarre générale… Les « scènes familières de la vie de Jésus » gravées sur les poteaux du ring me plaisaient tout autant : « Jésus se grattant les pieds sur le bord du chemin, Jésus se tapant un litre de rouge, Jésus à la pêche à la ligne, bref un résumé de l'imagerie sulpicienne classique[1]. » S'y ajoutaient des sculptures plus originales telles que l'« effigie du curé, nu, de dos, et en train de chercher un bouton de col sous son lit[2] ». C'était un renversement joyeux de l'imagerie religieuse que j'avais bien connue étant enfant et les seuls moments vraiment drôles de ce roman.

Mais j'avais surtout été séduit par les descriptions fantasques de paysages familiers. À Landemer, la maison de vacances de la famille de Boris Vian était située dans la vallée du Hubiland où nous allions parfois en promenade. Comme l'hôtel Millet tout proche, elle avait été détruite lors d'un bombardement allié avant le Débarquement. À l'époque, peu de gens savaient que la maison des parents de Boris Vian se trouvait là et nous nous gardions bien de le faire savoir trop largement. Quelques années plus tard, mes parents achèteront une maison jouxtant l'hôtel de Landemer. La « maison de Boris Vian » deviendra comme un lieu de pèlerinage que nous ne ferons connaître qu'à celles et ceux (plutôt à « celles » qu'à « ceux ») qui partageraient notre passion pour la Hague.

Nous allions y chercher les odeurs et les saveurs de *L'Arrache-cœur* : « Le jardin s'accrochait partiellement à la falaise et des essences variées croissaient sur ses parties abruptes […]. Il y avait des calaïos, dont le feuillage

1. *Ibid.*, p. 172.
2. *Ibid.*

bleu-violet par-dessous, est vert tendre et nervuré de blanc à l'extérieur ; des ormades sauvages, aux tiges filiformes, bossuées de nodosités monstrueuses, qui s'épanouissaient en fleurs sèches comme des meringues de sang[1]... » Il ne restait rien de la maison, sinon un escalier et une rambarde entourés d'arbres. Mais dans le jardin en pente devenu sauvage des plantes étranges avaient poussé au milieu de roches dénudées. Ce n'était peut-être pas des « calaïos » et des « ormades » de l'époque de Boris Vian, mais elles y ressemblaient drôlement. Le temps semblait s'être arrêté et la mer apparaissait toujours par la trouée du vallon.

Il suffisait de marcher un peu pour rejoindre en contrebas le sentier des douaniers qui va jusqu'à Omonville-la-Rogue et bien au-delà : « Le sentier longeait la falaise. Il était bordé de calamines en fleur et de brousouilles un peu passées dont les pétales noircis jonchaient le sol [...]. Jacquemort avançait sans se presser et regardait les calamines dont le cœur rouge sombre battait au soleil. À chaque pulsation, un nuage de pollen s'élevait, puis retombait sur les feuilles agitées d'un lent tremblement. Distraites, des abeilles vaquaient. Du pied de la falaise s'élevait le bruit doux et rauque des vagues[2]. » Les paysages de la Hague se mêlaient à l'univers onirique de Boris Vian.

Vivre intensément et mourir jeune

Le côté désespéré de Boris Vian est encore plus affirmé dans *L'Herbe rouge*[3] qui me plaisait tout autant. Dans ce livre, l'ingénieur Wolf construit une machine qui lui permet à la fois de se remémorer sa vie passée et de détruire ses souvenirs après les avoir revécus. Son retour dans le monde

1. *Ibid.*, p. 25.
2. *Ibid.*, p. 9.
3. Boris VIAN, *L'Herbe rouge*, Le Livre de Poche, 1962.

de l'enfance est à la fois nostalgique et rempli de désillusions. Il s'accompagne d'un règlement de comptes contre l'école et la religion. Ses souvenirs du catéchisme, des confessions, de la première communion, de la chapelle et des messes… me paraissaient proches de ce que j'avais vécu dans mon enfance et de ce que j'éprouvais désormais : « Wolf s'étonnait de voir à quel point tous ces mots d'amour et d'adoration pouvaient rester dénués de signification, se limiter à leur fonction sonore dans la bouche des enfants[1]. »

On trouve dans ce livre une charge virulente contre l'école et la « culture intellectuelle ». Les nobles idéaux de nos maîtres n'avaient pas tenu leurs promesses : « J'accuse mes maîtres, dit Wolf, de m'avoir par leur ton et celui de leurs livres, fait croire à une immobilité possible du monde. D'avoir figé mes pensées à un stade déterminé (lequel n'était point défini, d'ailleurs sans contradictions de leur part) et de m'avoir fait penser qu'il pouvait exister un jour, quelque part, un ordre idéal[2]. » L'enseignement nous détournait de l'essentiel : « Mieux vaudrait apprendre à faire l'amour correctement que de s'abrutir sur un livre d'histoire[3]. » En tout cas, il valait mieux « vivre d'abord » plutôt que de suivre des études fabriquant des imbéciles qui se croient des hommes d'élite alors qu'ils n'ont pas vécu. Boris Vian l'avait dit à sa manière : l'existence authentique ne se trouvait pas dans les livres mais dans la vie. C'était une leçon que je n'oublierai pas. Contre les savoirs considérés comme sclérosés, la référence à la vie deviendra l'un des thèmes de référence de la commune étudiante de Mai 68.

En attendant, Boris Vian venait confirmer notre refus d'une vie d'adulte trop bien rangée qui passait à côté de la beauté et des plaisirs d'une vie qui se voulait déjà « sans entraves » : « Levez-vous à sept heures tous les matins…

1. *Ibid.*, p. 125.
2. *Ibid.*, p. 135.
3. *Ibid.*, p. 137.

Déjeunez à midi, couchez-vous à neuf heures… et jamais vous n'aurez une nuit à vous… jamais vous ne saurez qu'il y a un moment, comme la mer s'arrête de descendre et reste, un temps, étale, avant de remonter, où la nuit et le jour se mêlent et se fondent, et forment une barre de fièvre pareille à celle que font les fleuves à la rencontre de l'Océan[1]. » Comment ne pas être sensible à cette littérature quand on passe des nuits blanches en bordure de mer ?

À dire vrai, ce bonheur n'était pas si facile à atteindre. Le rapport à la beauté de la nature se doublait du rapport avec les femmes et dans ce domaine les choses paraissaient beaucoup plus compliquées. *L'Écume des jours* décrit une histoire d'amour dont les aspects fleur bleue se heurtent à la réalité d'un monde extérieur sans pitié. Commencée comme une histoire située sur un petit nuage, elle se termine en tragédie par la mort des principaux antagonistes. Dans les autres romans, les sentiments deviennent plus compliqués ; les rapports entre les sexes perdent leur côté magique et versent dans le dépit et la désillusion. Dans *L'Herbe rouge*, quand Saphir Lazuli éprouve du désir pour sa fiancée Folavil, il voit un homme triste devant lui qui le regarde puis disparaît et cette vision l'empêche d'aller jusqu'au bout. Il tuera cet homme mais d'autres surgiront tous pareils jusqu'à ce qu'il se tue lui-même car ces figures évanescentes étaient le double de lui-même qu'il portait en lui. Dans *L'Arrache-cœur*, Jacquemort, le psychiatre qui veut « psychanalyser » la bonne n'y parvient pas, autrement dit il n'arrive pas à coucher avec elle…

À l'époque et à notre âge les rapports sexuels n'avaient rien d'une banalité. À sa façon, Boris Vian venait nous le confirmer. Bien que fortement désiré, le passage entre l'amour idéalisé et fantasmé et les rapports « en chair et en os » s'avérait délicat. L'impatience allait de pair avec la timidité et la

1. *Ibid.*, p. 132.

maladresse de part et d'autre, ce qui rendait la chose encore plus compliquée. La femme mythifiée, objet à la fois désiré et inatteignable, demeurait un être à part, étrange et fascinant sur lequel venait buter le désir des hommes qui ne parvenaient pas à la comprendre. Au demeurant, certaines savaient jouer avec cette image dans un jeu de séduction, d'attirance et de retrait. Dans l'idéalisation, la réciproque pouvait s'avérer tout aussi vraie avec l'attente du prince charmant et de l'homme parfait. Tout comme dans les romans de Boris Vian, la communication « authentique » entre les deux sexes s'avérait difficile, voire impossible. Même quand tout semblait finir par s'arranger, il pouvait s'en suivre frustrations et déchirures, tellement l'écart paraissait grand entre l'idéal et la réalité. D'où l'envie d'aller toujours voir ailleurs pour essayer de renouer avec l'intensité première au risque d'une nouvelle déception et cela – si l'on peut dire –, jusqu'à plus soif, le monde n'étant pas fait comme on l'avait rêvé.

Dans *L'Herbe rouge*, le personnage de Wolf est celui d'un homme désabusé. Il n'a plus vraiment envie de vivre et sa machine à remonter le temps va lui permettre de tout oublier et l'entraîner vers le suicide. Le malheur semble s'être abattu sur les êtres, le désespoir et la mort sont au bout du chemin. Contrairement aux apparences, les romans de Boris Vian sont fondamentalement marqués par un pessimisme, avec la mort en perspective, l'humour et le fantastique jouant comme un refuge et un point de fuite.

Son « poème » : *Je voudrais pas crever*[1] condensait un mélange d'une soif de vivre et d'absolu, en même temps que la sourde angoisse de la mort :

« Je voudrais pas crever
Non monsieur non madame

1. Boris Vian, *Je voudrais pas crever* (1952), Pauvert, 1965.

Avant d'avoir tâté
Le goût qui me tourmente
Le goût qu'est le plus fort
Je voudrais pas crever
Avant d'avoir goûté
La saveur de la mort[1]*…* »

Notre état d'esprit de l'époque n'était guère éloigné de ce poème célèbre. Il fallait au plus vite profiter pleinement de notre jeunesse avant que l'âge et la vieillesse finissent par nous rattraper. Et comme on ne voulait pas qu'ils nous rattrapent, on s'était mis dans la tête que, comme Boris Vian, on ne dépasserait pas les quarante ans. Fort heureusement, cette idée est restée un fantasme d'adolescent.

Dylan dans le Cotentin

Cette contre-culture ne se limitait pas aux poètes et romanciers de l'époque de Saint-Germain-des-Prés. La pop anglaise et américaine y occupait une place de premier plan. Dans ce domaine, les chansons de Bob Dylan dépassaient toutes les autres.

Hugues Aufray avait traduit et chanté en français quelques-unes de ses chansons avec un aspect boy-scout qui ne nous plaisait pas beaucoup. Dans le genre folk, le chanteur Graeme Allwright avait nos préférences. Il n'avait pas la voix un peu pâlotte d'Hugues Aufray et la façon dont il interprétait en français les *protest songs* avaient gardé leur force d'interpellation[2]. Mais rien ne valait les originaux.

---

1. *Ibid.*, p. 11-13.

2. Parmi elles, « Petites boîtes » (traduction de la chanson « Little Boxes » de Pete Seeger) semblait particulièrement nous concerner : « Ces enfants partent en vacances/Puis s'en vont à l'université/On les met tous dans des boîtes/Et ils sortent tous pareils. » Graeme Allwright, « Petites boîtes ».

Ce sont des anciens élèves de la classe de philosophie, de quelques années mes aînés, qui étaient à l'université de Caen qui m'ont fait connaître le folk américain et aimer Dylan. À les voir, ces étudiants avaient l'air plutôt sages et ne ressemblaient pas vraiment à des étudiants bohèmes ; ils n'avaient pas le look de Bob Dylan tel qu'il apparaissait sur ses pochettes de disques. Comme moi, ils n'avaient pas les cheveux longs, portaient souvent la cravate pour aller en cours et fumaient volontiers la pipe. À l'institut Saint-Paul, ils avaient suivi des études de latin et de grec – pour s'amuser certains d'entre eux avaient même écrit des chansons en latin –, et faisaient partie du petit cercle d'ex-bons élèves qui avaient continué d'être en contact avec Vanden. Eux aussi avaient été marqués par l'enseignement de ce professeur et c'est par son intermédiaire que le contact eut lieu. Dès la première rencontre, nous nous découvrîmes de profondes affinités qui se prolongeront à l'université. Avec eux, la petite bande de la maison d'Urville accentuait son côté intello tout en gardant un goût prononcé pour la fête, les sorties du samedi soir et les soirées alcoolisées.

Avec Dylan, je découvrais une musique d'un nouveau genre qui ne ressemblait pas à celle de Pete Seeger ou de celle de Peter, Paul and Mary dont les chansons étaient plus harmonieuses et douces. Dans son premier album, sa voix grinçante qui reprenait de vieux blues m'avait tout de suite accroché. Son interprétation de « The House of the Rising Sun » ne ressemblait à aucune autre ; son hommage au chanteur Woody Guthrie était plus romantique et apaisé.

Dylan avait la réputation d'être un chanteur folk engagé dans la lutte pour les droits civiques aux États-Unis et contre la guerre du Vietnam. Sa dénonciation du complexe militaro-industiel (« Masters Of War »), des risques de l'apocalypse nucléaire (« A Hard Rain's A-Gonna Fall »), de la justification des guerres par la religion (« With God On

Our Side »), de l'assassinat des Noirs (« The Lonesome Death Of Hattie Caroll »)... pouvaient accréditer cette réputation. Mais le flot d'images que ses textes charriaient, la musique et sa voix éraillée n'avaient rien des hymnes traditionnels pour la paix et la liberté. Dylan avait des allures de prophète et non de militant.

Sa chanson « Blowin'in The Wind » qui sera reprise dans les marches contestataires américaines appelait chacun à trouver une réponse au pourquoi des injustices « en écoutant le vent », sans savoir au juste quelle était la réponse ou s'il y en avait une. Les références bibliques étaient présentes dans ses chansons. « When The Ship Comes In » annonçait la fin d'un monde Il en allait de même avec « The Times They Are A Changin ». Dans cette dernière chanson, il appelait les « braves gens », les « écrivains et les critiques », les « sénateurs, députés », les « pères et mères » à cesser de critiquer une jeunesse qu'ils ne comprenaient pas et qui échappait désormais à leur autorité et à leur contrôle : « *Your old road is/Rapidly agin'/Please get out of the new one*[1]. »

Ses chansons étaient marquées à la fois par une vision noire d'un présent qui s'accroche à l'ancien monde et l'annonce des temps nouveaux[2]. Les chansons de Dylan oscillaient entre ces deux pôles avec en prime des rapports amoureux faits de ruptures et de désillusions. Sa vision apocalyptique du monde s'appuyait sur les réalités les plus noires de l'histoire et de la société américaine. Mais pour nous, elle concernait tout autant le mercantilisme et le conformisme de masse, l'hypocrisie et la bonne conscience des élites

1. Littéralement : « Votre vieille route prend rapidement de l'âge, s'il vous plaît sortez de la nouvelle. »

2. Pour une analyse détaillée de chaque chanson de Bob Dylan, voir Philippe Margotin, Jean-Michel Guesdon, *Bob Dylan la totale. Les 492 chansons expliquées*, Hachette Livre, Éditions du Chêne/E/P/A, 2015.

politiques, intellectuelles et artistiques sûrs de leur bon droit dans le nouveau monde de l'après-guerre.

Ce qui me frappait le plus était ce mélange de tristesse et de rage qui émanait de ses chansons. Qu'importait son aspect brouillon, qu'il force sa voix et chante faux par moments, il exprimait un état d'esprit partagé entre amis. Nous avions fini par apprendre par cœur la plupart des paroles de ses chansons. Nous n'écoutions pas seulement ses disques, nous accompagnions Dylan en chantant plus ou moins faux.

Son messianisme annonçait la venue et la victoire prochaine des nouvelles générations porteuses d'un monde inédit. Mais en attendant, dans la majorité de ses chansons, le présent n'était pas gai. Dans le bocage normand, l'appel à laisser la place aux nouvelles générations ne rencontrait pas beaucoup d'écho et les chansons les plus noires de Dylan entretenaient notre spleen d'adolescent.

Plus encore que la chanson quelque peu déprimante « Still I'm Sad » des Yardbirds ou de la virulence de « Paint in Black » des Rolling Stones que nous écoutions souvent, Dylan exprimait dans certaines de ses chansons une profonde tristesse. Sa chanson « The Ballad of Hollis Brown » racontait l'histoire d'un fermier du Dakota criblé de dettes qui finit par se suicider après avoir tué sa femme et ses enfants ; « North Country Blues » celle du monde de la mine où une veuve dans la misère élève seule ses trois enfants. Nous n'écoutions pas ses chansons parce que celles-ci auraient voulu dénoncer les injustices sociales, mais parce que s'en dégageait une forme de tristesse et de désespoir qui nous touchait. Avec « One Too Many Mornings » qui parle d'une rupture amoureuse sur un ton nostalgique et quasi déprimé, ces chansons étaient souvent les dernières que nous écoutions dans nos soirées exubérantes, avant de sombrer dans un « sommeil bien ivre » dans la maison en bordure de mer, avec le bruit des vagues en arrière-fond. Les réveils au petit matin s'accompagnaient de maux de tête. À cet âge on ne craignait pas grand-chose ; après avoir avalé un comprimé effervescent, l'envie venait bien vite de « remettre ça au plus tôt ».

Rock hermétique

L'album *Another Side of Bob Dylan* mêlait l'amertume, la tristesse et l'ironie parlant de déconvenues, de ruptures amoureuses, de souffrances des opprimés... Dylan ne croyait plus aux lendemains qui chantent – pour autant qu'il l'y eût jamais cru. Il rompait avec son côté chanteur engagé comme il avait rompu avec Joan Baez, élevée dans la religion des Quakers, qui prenait ses engagements très au sérieux. Celle-ci n'en continuait pas moins de nous émouvoir, notamment dans son interprétation cristalline de « Babe I'm Gonna Leave You », chanson où la tristesse paraissait inséparable de la beauté.

Dylan retournait à la musique rock et ses cheveux plus longs, ses lunettes noires lui donnaient un air déjanté. Dès les premières notes de « Subterranean Homesick Blues », nous étions emportés par le rythme saccadé, l'enfilade rapide de mots qui ne semblait pas avoir de fin et dont la signification nous échappait :

« Johnny's in the basement
Mixing up the medicine
I'm on the pavement
Thinking about the government[1]*... »*

1. « Johnny est au sous-sol/Il prépare des médicaments/Je suis sur la chaussée/Je pense au gouvernement. »

Dans ces nouvelles chansons, les mots et les images déferlaient en continu, décrivant un univers intérieur qui n'était pas facile à déchiffrer, sauf sur un point : il n'était pas gai. Du reste, on ne cherchait plus trop à les comprendre, se laissant emporter par cette voix singulière et cette mélodie tantôt saccadée, tantôt languissante qui formaient une longue plainte ironique que rien ni personne ne semblait à même d'apaiser. Références bibliques et littéraires plus ou moins claires, personnages historiques et célébrités diverses côtoyaient des visions psychédéliques dessinant un nouvel univers qui n'appartenait qu'à lui. De ce tourbillon de mots, d'images et de musique surgissaient des fulgurances qui provoquaient des émotions fortes, sans pour autant savoir de quoi au juste il était question.

Sa fameuse chanson « Ballad Of A Thin Man » dont nous étions friands exprimait bien cette étrange situation : M. Jones se retrouve dans une pièce, il ne comprend pas ce qui lui arrive et fait d'étranges rencontres qui semblent sorties tout droit de son cerveau : un homme nu, un « allumé » qui lui tend un os, un avaleur de sabre, un nain borgne… La musique lancinante, où l'orgue et la guitare électrique se mélangent, renforçait l'aspect envoûtant de cette chanson. Les paroles semblaient confirmer l'incapacité non seulement de « M. Tout-le-monde » mais des intellectuels et des journalistes bien-pensants à comprendre le nouveau monde. Cette chanson elliptique avait le mérite d'exprimer, à sa façon, que quelque chose d'étrange était en train de se passer même s'il était difficile de saisir de quoi au juste il était question :

« Because something is happening here
But you don't know what it is
Do you, Mr. Jones ? »

Les autres chansons de plus en plus énigmatiques de Dylan renforçaient cette impression.

Sa chanson ironique « It's Alright, Ma (I'm Only Bleeding) » reflétait le vide que nous ressentions :

> *« Although the masters make the rules*
> *For the wise men and the fools*
> *I got nothing, Ma, to live up to*[1]. »

Celle intitulée « Desolation Row » (11 min. 20 sec.) était l'une des plus noires, dressant un paysage hallucinatoire où défilaient des personnages hétéroclites dans un monde culturel en décomposition : un commissaire aveugle, Roméo et Juliette, Cendrillon, une diseuse de bonne aventure, Caïn et Abel, le bossu de Notre-Dame, Einstein déguisé en Robin des bois, un « moine jaloux », le « docteur Fifth » et son infirmière, un homme déguisé en prêtre, Casanova nourri à la petite cuillère, Ezra Pound et T. S. Eliot dans la cabine du *Titanic* sans oublier le fantôme de l'Opéra… Beaucoup ont célébré cette chanson comme un poème visionnaire[2]. À l'époque, nous aimions cette chanson plus simplement pour son rythme lancinant et le ton avec lequel Dylan la chantait. Le flot de personnages et d'images était plaisant, sans plus. Dylan prenait un malin plaisir à jouer avec les mots, leur double sens et leur sonorité, en abandonnant les règles habituelles du langage et de la raison. À l'instar de la société moderne, ses chansons ressemblaient de plus en plus à une histoire de fou.

---

1. « Bien que les maîtres établissent les règles/pour les sages et pour les fous/je n'ai rien, maman, qui soit à la hauteur. »

2. Ginsberg, poète de la *Beat generation*, avait suggéré que la chanson particulièrement sombre « Desolation Row » devienne l'hymne américain. Cf. Thomas Karsenty-Ricard, « Que "Desolation Row" devienne l'hymne américain », Tribune *Libération*, 18 octobre 2016. À l'époque, cette proposition restait alors dans le registre de la provocation.

Dylan chantait aussi des chansons d'amour, mais les choses n'étaient pas, là non plus, très claires. Les rapports amoureux étaient marqués par de séparations et des blessures. Dylan en parlait sur un ton désabusé. À l'époque nombre de ses chansons avaient de quoi nourrir les critiques des féministes mais Dylan s'en fichait.

Au milieu de ces déceptions, « Love Minus Zero/No Limit » donnait l'image d'une femme idéale et fragile, vivant en dehors des modes et des désordres de la société comme un refuge dans ce monde insensé. Sa chanson interminable (11 min. 21 sec.) « Sad Eyed Lady Of The Lowlands » (littéralement : la dame aux yeux tristes des basses terres) nous faisait, quant à elle, entrevoir une femme rêvée et imaginaire, figure évanescente entourée de mystère, célébrée par une mélodie lancinante et une voix traînante qui semblaient ne pouvoir jamais s'arrêter. Là aussi, le sens des paroles nous importait peu. Les images suscitées par la mélodie et la sonorité des mots nous entraînaient dans un ailleurs éthéré. L'usage des drogues et l'univers psychédélique nous étaient étrangers, mais dans ce domaine comme dans les autres, les chansons d'amour de Dylan entraient en résonance avec nos désirs d'adolescent. Les paroles de « Visions of Johanna » avaient un côté hallucinatoire, mais cela n'avait pas d'importance. Elles nous semblaient avoir quelques affinités avec l'une de nos amies aux longs cheveux noirs qui ressemblait un peu à Joan Baez. Il suffisait de se laisser porter par son rythme et la sonorité des mots pour apprécier la chanson et rêver de la « Johanna » en question. Peut-être notre façon d'aimer cette chanson correspondait-elle peu ou prou au sens énigmatique de ces « visions de Jeanne ».

Dylan s'inscrivait à sa manière dans la filiation des surréalistes et plus encore des écrivains de la *Beat generation*.

La drogue ouvrait les portes de la conscience à des visions qui, pour confuses et absurdes qu'elles puissent paraître, n'en étaient pas moins considérées comme une source d'inspiration spontanée et intarissable. À la limite, chacun pouvait y trouver son plaisir sans que cela détériore le sens de la chanson. Le caractère ésotérique de ses chansons donnait lieu à de nombreux commentaires et décryptages de la part d'adorateurs aux grands airs d'intellectuels ou de poètes mystiques. Au demeurant, on pouvait y trouver des références plus ou moins explicites à Rimbaud, faire des liens avec Mallarmé et le courant symboliste pour qui l'hermétisme était consubstantiel à la poésie. Mais, à vrai dire, tout cela nous importait peu. Ce qui en revanche nous apparaissait comme une évidence, c'était l'ennui et le sentiment d'étouffer dans un monde qui paraissait insensé, en même temps qu'un désir de « jouir de la vie » difficile à maîtriser.

Notre malaise allait grandissant et notre révolte ne débouchait sur rien, ou plutôt elle versait dans le non-sens avec le sentiment d'être des rebelles intellectuels sans cause et incompris, avec en référence les artistes et les poètes maudits. Les chansons de Dylan reflétaient notre nouvelle situation de jeunes en décalage de plus en plus manifeste vis-à-vis de leurs parents et de la société. Dylan avait su, mieux encore que les groupes de la pop anglaise, mettre en mots et en musique ce chaos intérieur et ce désir de vivre. Nous éprouvions un sentiment jubilatoire de libération à l'écoute de ses disques qui s'accompagnaient de mouvements saccadés de danse sur ses chansons les plus rock. Il combinait la rage présente dans cette musique avec des paroles énigmatiques qui donnaient à ses chansons un côté à la fois endiablé, ésotérique et « intello ». Le tout fonctionnait comme une catharsis qui nous faisait du bien. Nous n'aurions jamais pu imaginer qu'un jour ces chansons puissent être récupérées par les politiques ou saluées comme du grand art.

Récupération politique et déculturation

En 1990, Bob Dylan fut consacré commandeur des Arts et Lettres, puis, en 2013 officier de la Légion d'honneur. Lors de la cérémonie de remise des insignes d'officier de l'ordre de la Légion d'honneur, Aurélie Filippetti, alors ministre de la Culture, déclarait dans son discours : « Les voix longtemps muettes, les voix désespérées, proscrites ou méprisées, s'élèvent dans votre musique qui rallie tout un peuple avide de justice sociale et de liberté. [...] Mieux que quiconque, vous incarnez, aux yeux de la France, cette force subversive de la culture qui peut changer les gens et le monde[1]. »

Ces phrases emphatiques traduisent, pour le moins, un malentendu. Dès les années 1960, Dylan a rompu avec l'image de chanteur engagé, rejetant les clichés et les étiquettes, refusant d'être classé dans un camp, et plus précisément celui qui se voulait celui du Bien. Contre tous ceux qui voulaient lui coller une étiquette ou le récupérer, il n'a cessé d'affirmer qu'il n'appartenait à personne et qu'il n'était le porte-parole d'aucun mouvement : « Il me semble qu'il ne faille aujourd'hui appartenir qu'à soi-même[2] » ; « Chacun doit découvrir sa propre façon d'être libre. Personne ne peut vous aider dans ce sens-là[3] » ; « Je n'aime pas qu'on me dise ce que je dois faire ou croire, comment il faut que je vive. Je m'en fiche vous savez [...]. Je ne crois pas qu'il existe une organisation pour les gens comme moi. Je n'en supporte

1. Discours d'Aurélie Filippetti, ministre de la Culture et de la Communication, prononcé à l'occasion de la cérémonie de remise des insignes d'officier de l'ordre de la Légion d'honneur à Bob Dylan, le 13 novembre 2013, culturecommunication.gouv.fr

2. Interview radiophonique, avec Studs Terkel, VFMT (Chicago) mai 1963, in *Dylan par Dylan, interviews 1962-2004*, Bartillat, 2007, p. 23.

3. « The Crackin', Shakin', Breakin', Sounds » par Nat Hentoff, *The New Yorker*, 24 octobre 1964, in *Dylan par Dylan, interviews 1962-2004*, Bartillat, 2007, p. 46.

aucune[1]. » Si Dylan a su rencontrer tant d'écho dans la jeunesse des années 1960, ce n'est pas parce qu'il a su « parler au cœur des gens » et délivrer un message lénifiant mais parce qu'il a su exprimer à travers ses chansons un individualisme nouveau. Par la musique et par les mots, il a su mettre en forme une vision noire du nouveau monde, une subjectivité et une imagination fantasque qui entraient en résonance avec la sensibilité du « peuple adolescent ». Y voir une simple continuité avec les combats du passé, c'est se tromper d'époque et ramener Dylan au rang de chanteur de gauche éclairant de larges masses aliénées.

La remise du Prix Nobel de littérature à Bob Dylan en 2016 a franchi un pas de plus dans la confusion des genres. La secrétaire générale de l'Académie de Suède a salué l'apport de Dylan qui a « créé de nouvelles expressions poétiques dans la grande tradition musicale américaine » citant en exemple deux de ses chansons « Visions of Johanna » et « Chimes of Freedom ». « Bob Dylan, a-t-elle déclaré, écrit une poésie pour l'oreille, qui doit être déclamée. Si l'on pense aux Grecs anciens à Sappho, Homère, ils écrivaient aussi de la poésie à dire, de préférence avec des instruments[2]. »

Dans « Chimes of Freedom », la poésie en question est d'un genre particulier. La chanson égrène une liste interminable des déshérités de la terre[3], parle de coups de ton-

1. Entretien avec Joseph Haas, Chicago Daily News, 27 novembre 1965, *ibid.*, p. 87 et p. 89.

2. Olivier Nuc, « En attribuant son Nobel de littérature au chanteur américain, l'Académie suédoise a osé distinguer pour la première fois un musicien. Un choix surprenant », *Le Figaro*, 14 octobre, 2016.

3. Les « réfugiés », les « soldats égarés », le « rebelle », le « débauché », le « malchanceux », l'« abandonné », le « délaissé », le « paria », le « sourd et l'aveugle », le « sans voix », le « maltraité », la « mère sans ami », le « brigand de peu d'envergure », les « amants aux cœurs esseulés », « ceux qui souffrent et dont on ne peut soigner les blessures », les « innombrables perdus, accusés, malmenés, rejetés », « tous les réprouvés du monde ». Cf. « Chimes of Freedom », traduction de David et Michel Pomarède, bobdylan-fr.com

nerre et d'éclairs, de visions aux significations obscures que les exégètes de Dylan ont eux-mêmes le plus grand mal à décrypter. Il en va de même pour « Visions of Johanna ». On peut sans doute y trouver quelques références implicites à des artistes, mais cela n'en fait pas une œuvre littéraire. Sans la musique et l'interprétation de Dylan, les paroles risquent de tomber à plat, perdant l'aura que leur donnent le rythme chaloupé et la voix de Dylan, le son de l'orgue et des guitares électriques.

Bob Dylan disait qu'il écrivait à la va-vite ce qui lui passait par la tête. Il pouvait trouver son inspiration en fumant du cannabis et en avalant du LSD dont les effets « créatifs » aboutissaient à un tourbillon d'images et de mots, à un non-sens que certains considéraient comme de la haute poésie ou des oracles. Dylan ne se considérait pas lui-même comme un poète : « Il n'est pas nécessaire d'écrire pour être un poète, déclarait-il en 1965 dans une interview. On peut travailler dans une station-service et être poète. Je ne me considère pas comme tel, parce que je n'aime pas le mot. Je suis un trapéziste[1]. » Faire des analogies avec les textes de Homère apparaît proprement insensé, sauf à mélanger tous les genres, à confondre littérature et chansons, poésie et délire verbal.

Ce relativisme culturel et branché, ce snobisme de la profondeur obscure et de la subjectivité débridée en guise de littérature mériteraient une nouvelle version de « Desolation Row ». Dylan l'avait bien dit : le monde moderne paraît fou, les institutions déraillent, les snobs et les cuistres sont légion… « *The circus is in town* » et la culture se décompose sous nos yeux. Restent les chansons de Dylan que je ne considère pas comme de la littérature et de la poésie, ce qui ne m'empêche pas de les écouter avec plaisir de temps en temps.

---

1. « Entretien avec Nora Ephron et Susan Edmiston, *Positively Tie Dream* 1965 » in *Dylan par Dylan, interviews 1962-2004*, *op. cit.*, p. 75.

Chapitre 3

L'année du bac : loufoqueries et transgressions

La contre-culture demeurait associée au temps des copains et des loisirs synonymes de liberté. Elle induisait un rapport à la vie où la rêverie et l'imagination tenaient une grande place dans notre vie d'adolescent. Les comportements qui en résultaient relevaient encore d'une sorte de jeu et d'expérimentation sous le regard des adultes qui n'envisageaient nullement que ce style de vie puisse être considéré comme un modèle de référence de la vie individuelle et collective.

Pour nous, c'était un élément essentiel de décompression face aux contraintes de la vie scolaire, mais aussi un moyen de fuir l'épreuve du réel et un avenir qui semblait tout tracé. Dans ce cadre, le baccalauréat, diplôme valorisé et reconnu socialement, était une étape décisive qu'il nous fallait franchir. Mais en même temps, la contre-culture nous disait que la « vraie vie est ailleurs » et nous entendions mettre ce précepte en application. Cette contradiction allait se manifester par des comportements de dérision et de transgression au sein même de l'institution scolaire, au moment même où celle-ci, dans les années 1960, commençait déjà à parler d'« autodiscipline » et de « dialogue » entre enseignants et élèves. Il en résultera des conflits qui s'inscrivaient encore dans la tradition des blagues et des chahuts de potaches, tout en y introduisant des éléments plus radicaux.

L'« autodiscipline » en question

Les passages de la « cour de récréation des petits » à celle des « moyens » puis des « grands » à partir de la classe de seconde, constituaient autant d'étapes vers le statut privilégié d'élève de terminale. Il était permis de fumer dans la « cour des grands ». Cette permission avait son importance symbolique : pouvoir « cloper » librement ou fumer la pipe (qui donnait un air plus réfléchi) était une marque d'entrée dans la société des adultes qui fumaient beaucoup. En terminale, vous n'étiez plus tout à fait considérés comme des adolescents mais plutôt comme de jeunes adultes méritants. Parvenir à cette étape ultime au sein de l'établissement valait reconnaissance par le corps enseignant d'un nouveau statut.

Dans la « cour des grands », on pouvait voir de temps à autre des élèves jouer à la pétanque avec les surveillants ou le supérieur de l'établissement. Une fois dans l'année, les élèves pouvaient s'en donner à cœur joie pour se moquer de leurs professeurs, se déguiser à leur guise, organiser des spectacles satiriques… Cette journée avait des allures de carnaval et permettait aux élèves de se défouler un peu en raillant les règles de la discipline. Une salle qui servait de foyer avait été mise à la disposition des terminales où ils pouvaient boire des boissons non alcoolisées et écouter des disques. Un petit journal interne avait également vu le jour. Il était animé par des terminales sous le regard des responsables de l'établissement, et donnait la parole aux élèves et aux enseignants. Les premiers journaux ayant pour titres *Le Censuré* et *L'Omnibus* témoignaient du nouvel esprit d'ouverture de cette école catholique qui jusqu'alors avait une réputation de sévérité.

Dans *Le Censuré*, interviewé par un élève, ceux qu'on appelait les « pions » – avec qui nous avions fort affaire –, tenaient un discours étonnant pour l'époque : ils ne voulaient plus jouer le rôle de « gendarme » mais celui d'« éducateur ». Tout un nouveau langage pédagogique commençait à émerger : « Les aider [les élèves] et les stimuler si besoin est de façon à ce que petit à petit, plus tard surtout, ils sachent se conduire seuls. Pour arriver à cela, le surveillant ne doit plus être un "pion" d'antan que nous avons trop connu, mais un responsable soucieux de faire œuvre éducative auprès de ceux qui lui sont confiés et dont il doit gagner la confiance[1]. » Les rapports avec les élèves devaient être très « souples » et aborder des questions diverses : « Quand on a confiance en quelqu'un, on ne craint pas de lui expliquer ses problèmes, de discuter avec lui. De son côté, le surveillant ne doit pas établir de barrières qui le séparent des élèves et le rendent inabordable[2]. » Un article d'un responsable de l'établissement insistait pareillement sur la « confiance réciproque » qui devait s'établir « dans le rapport avec les "profs" » : « Parler avec eux ne signifie pas s'entretenir de la pluie et du beau temps, mais leur exposer vos soucis et vos peines, et leur faire part de vos joies ; pourquoi pas[3] ? »

Les nouveaux rapports entre les « élèves » et les surveillants devaient être « les plus simples du monde ». Pour les plus jeunes, il fallait continuer d'exiger un « minimum de discipline » mais pour être un véritable éducateur il fallait aussi « s'intéresser à leur vie aussi bien intellectuelle que familiale ». Pour les « grands élèves », certains « pions » suggéraient des

---

1. « Interview » in *Le Censuré*, n° 5, mai 1964, document en possession de l'auteur.
2. *Ibid.*
3. Monsieur X, « La Vie à Saint-Paul », *Le Censuré*, n° 5, mai 1964.

« causeries » traitant de « divers problèmes (politique, économie, amour, mariage, vie familiale) », préconisaient la méthode du travail de groupe sur un thème avec la désignation d'un « chef de groupe » dressant le bilan des réflexions. Il s'agissait également d'organiser des activités de loisirs et de sorties éducatives telles que les promenades en mer dans la rade de Cherbourg ou les visites d'usines [1].

Ces nouvelles orientations se heurtaient à un manque de moyens et à des résistances au sein de l'établissement. Mais elles préfiguraient déjà la place de plus en plus importante qui sera accordée aux méthodes pédagogiques participatives après Mai 68.

Loufoquerie et critique acerbe

Les responsables de l'établissement entendaient désormais être à l'écoute des élèves et établir un dialogue constructif avec nous en faisant appel à notre « sens des responsabilités ». Cela n'avait rien d'évident pour les plus rebelles qui pouvaient y voir une marque d'hypocrisie et de démagogie. Puisqu'on nous concédait plus de liberté au sein même de l'établissement, il n'y avait aucune raison de ne pas en profiter à notre manière, tel était du moins l'état d'esprit de mes amis et moi.

En classe de première, un de mes professeurs, qui se voulait très libéral en matière de règlement et de discipline, nous disait que ce n'était pas la peine d'assister au cours si c'était pour y faire de la figuration. Je le pris au mot en « séchant » l'heure de cours pour aller rejoindre une petite amie, un copain de classe nous ayant « prêté » ce jour-là l'appartement de ses parents absents. Quand j'assistai de

1. *Ibid.*

nouveau au cours, je compris au regard sévère de l'enseignant qu'il n'avait pas du tout apprécié cette absence sans aucune justification. Mon escapade avait pour moi les meilleures raisons du monde mais je me gardais bien de lui fournir une quelconque explication.

En classe de terminale, le petit journal de l'établissement était un espace de liberté qui nous était offert pour nous exprimer. Nous ne nous fîmes pas prier. L'un de mes amis allait s'en donner à cœur joie. Le nouveau journal de l'établissement prit un nouveau nom : *Cock-A-Doodle-Doo* avec en note la référence : « Extrait du manuel d'anglais "*Our english comrade*" : "*The cock crows and says cock-a-doodle-doo*". » L'éditorial du numéro était écrit dans un style délirant : « Qu'il nous soit permis, ô profane, d'approcher de la bougie de ton entendement l'allumette de notre savoir. Laisse-nous t'initier au divin symbole jailli tout armé de notre jovial intellectuel [avec une note en bas de page : "Pour la différence entre intellect et entendement, voir notre professeur de philosophie"]. Panacheux mousquetaire du prestige français, impétueux combattant au bec enluminé, tempétueux chevalier au sourire éclatant, victorieux ingrédient des repas de l'esprit, sa voix s'élève clair au ciel du journalisme et t'adjure, ô lecteur, de le bien embellir pour qu'il soit tout dodu lorsque, sur un plat d'or, il te sera servi enrichi de ta verve et de ton bon vouloir[1]. »

Ce nouveau titre reprenait les rubriques habituelles des bulletins précédents : comptes rendus de livres et de films, de voyages à l'étranger, d'activités des élèves, interviews et portraits gentillets d'enseignants, chroniques sportives… On y trouvait aussi des horoscopes farfelus, des jeux divers (« Le "je" est haïssable… ») et des blagues plus ou moins drôles du

1. « Éditorial », *Cock-A-Doodle-Doo*, n° 1, novembre 1966, document en possession de l'auteur.

genre : « On nous pie d'insée : un siniste voleu vient de se live à des actes épéhensibles. Il a volé une lette de la machine de l'un des édacteus. Malheuesement, il nous a été impossible de détemine laquelle[1]. »

En comparaison des journaux des années passées, les poèmes écrits par des élèves étaient plus nombreux et surtout les aspects farfelus beaucoup plus présents. Culture classique et contre-culture coexistaient encore pacifiquement. Aux poèmes des plus sérieux écrits en alexandrins par des élèves, s'ajoutaient quelques créations folles, caricatures du dadaïsme[2] ; les comptes rendus de lecture ne concernaient pas seulement *Le Silence de la mer* de Vercors mais aussi *L'Écume des jours* de Boris Vian.

Pour ma part, j'écrivais un article basé sur une blague surréaliste[3] et un article au vitriol[4] en guise de compte rendu du film *Paris brûle-t-il ?*. Cet article s'en prenait vertement et injustement à un esprit patriotique encore bien vivant dans la population. Dans un pays qui vivait désormais en paix avec l'Allemagne et en avait fini avec les guerres depuis l'indépendance de l'Algérie, ce film me paraissait déplacé, caricatural et chauvin. Lors de sa projection, n'en pouvant plus d'entendre chanter *La Marseillaise* avec la voix criarde de Mireille Mathieu, nous avions précipitamment quitté la salle

1. *Cock-A-Doodle-Doo*, n° 1, novembre 1966, document en possession de l'auteur.

2. Tel ce « poème métaphysico-métallurgique » intitulé « Ferraille(s) » : « Krüg zam boum [...]/ Que n'en ai-je donc plus/Je bois mon verre avec déliquescence/Je suis ma tasse de café/La liberté guide nos pas/Et ta sœur/Sourire/Assemblée passive/Tu reposes active/La vapeur/Quand c'est fini, ça recommence/Krüg zam boum.../Inexorablement », avec en référence : « Bout de *Péché de jeunesse* de Jean de Clitourps », *Cock-A-Doodle-Doo*, n° 4, mars 1967, document en possession de l'auteur.

3. « Étrange », *Cock-A-Doodle-Doo*, n° 1, novembre 1966, document en possession de l'auteur.

4. « *Paris brûle-t-il ?* ou les dernières palpitations d'une génération mourante », *Cock-A-Doodle-Doo*, n° 4, mars 1967.

avant la fin. Dans mon article, je qualifiais tout bonnement ce film de « navet sentant l'opium » ayant pour fonction de « réveiller le sentiment patriotique du Français moyen ». Je concluais cet article par une sentence définitive sur le fossé entre les générations : « Voilà bien les dernières palpitations d'une génération proche de son déclin[1] ! » Cet article ne suscita pas de réaction chez les enseignants dont certains étaient pacifistes.

Des réformes impossibles ?

Avec un ami, je me fendis d'un article sur l'éducation qui se voulait sérieux : « Les réformes, les contre-réformes, écrivions-nous, essaient d'adapter l'enseignement au monde moderne ; mais ne s'agit-il pas là d'une tentative superficielle, ne néglige-t-on pas la signification profonde du mot "éducation"[2] ? » Nous y critiquions dans un même élan le baccalauréat, les cours magistraux, la discipline à l'ancienne, l'« éducation à sens unique » faisant de l'élève un être passif... Pour y remédier, nous avancions quelques idées confuses avec une phrase clé en guise d'orientation : « Nous devons passer de "la compétition dans l'individualisme à l'individualité dans la coopération". » Ces propos étaient ceux d'une chanteuse contestataire de l'époque dont le disque nous avait beaucoup plu[3].

Le supérieur de l'établissement saisit la balle au bond et nous répondit dans un long article. Il exprimait sa satisfaction de « voir de grands élèves s'interroger sur leur

1. *Ibid.*

2. Y. L. et J.-P. L « L'Éducation », *Cock-A-Doodle-Doo*, n° 3, février 1967.

3. Colette Magny, « Co-opération ». Sur ce même disque figurait la chanson « Melocoton » qui l'avait fait connaître lors de son passage à la télévision dans l'émission *Le Petit Conservatoire* de la chanteuse Mireille.

éducation», en ajoutant: «Je sais qu'une certaine contestation est toujours la condition d'un progrès, d'un dépassement; on ne sort pas d'une attitude passive pour entrer dans une coopération active sans quelque mise en question et le mouvement "thèse-antithèse synthèse" me paraît la loi même du développement de la personnalité[1].» Nous n'en demandions pas tant et l'«antithèse» convenait très bien à notre tempérament. Cet article était nettement plus argumenté que le nôtre et soulignait des difficultés bien réelles de l'enseignement de l'époque: «Savez-vous qu'une classe de terminale se dédouble à partir de 51 élèves, une classe de première ou de seconde à partir de 46, une classe de premier cycle à partir de 41?» Et d'ajouter justement: «Comment réveiller l'appétit de savoir, la curiosité et le goût de l'interrogation me paraît bien être la grande affaire de notre enseignement.»

Il en appelait à une «meilleure compréhension» entre enseignants et élèves dans le cadre d'un «apprentissage progressif de la liberté et de la responsabilité»; les professeurs se devaient de considérer les élèves non comme des numéros, mais des «personnes qu'ils doivent aider à révéler leurs virtualités, à conquérir leur autonomie[2]». Nous n'avions pas grand-chose à redire à ces grands principes, sauf qu'ils nous semblaient, pour le moins, en décalage avec les contraintes et l'ennui éprouvé à l'écoute de nombre d'enseignants récitant leur cours assis derrière leur bureau ou en faisant les cent pas de long en large.

L'article se terminait par un appel aux élèves pour qu'ils fassent confiance à leurs professeurs dans le «développement de leur personnalité», en soulignant que la relation enseignants et enseignés n'était pas seulement intellectuelle mais une «forme particulière de relations interpersonnelles». Nous estimions au contraire que le développement de notre

1. M. P., «Aux rédacteurs de l'article: "L'Éducation"», *Cock-A-Doodle-Doo*, n° 4, mars 1967.
2. *Ibid.*

« personnalité » ne regardait pas les enseignants et qu'avec eux l'amitié n'était pas de mise. Notre volonté farouche d'indépendance, pour confuse qu'elle fût, n'entendait pas se laisser prendre par ce nouveau discours pédagogique qui nous semblait paternaliste et démagogique. Nous ne serions pas les bons élèves accompagnant gentiment les réformes de cette vénérable institution scolaire. Le discours des responsables avait beau changer de ton, il ne pouvait nous faire oublier le passé. La discipline traditionnelle coexistait encore avec le nouveau modèle dont nous étions les sujets d'expérimentation. À vrai dire, nous rejetions tout autant les anciens et les modernes avec le sentiment que cette fois-ci serait la bonne : notre génération ne finira pas comme les autres en s'accommodant du monde tel qu'il va.

Premiers pas de l'« autre côté »

Dans le domaine de la provocation loufoque, nous ne nous contentions pas de mots. C'est ainsi que nous arrivâmes en groupe un matin dans la cour d'honneur de l'établissement, juste avant l'heure de nos cours de philo, pour une cérémonie d'un genre particulier. Nous l'avions soigneusement organisée avec l'un de mes amis qui aimait la pataphysique. En tête du cortège sur deux colonnes, ce dernier portait sur la tête un authentique casque à pointe allemand (datant de la Première Guerre mondiale), suivi de quelques comparses tenant solennellement des fleurs fanées enveloppées dans du papier journal en guise de gerbe officielle. Nous nous plaçâmes devant la statue du saint érigée dans la cour d'honneur. La sonnerie aux morts retentit (nous l'avions enregistrée sur un magnétophone à piles amené par nos soins). Faisant quelques pas solennels, nous déposâmes la gerbe devant la statue, une minute de silence s'ensuivit avant que mon ami prononçât un discours loufoque à la Pierre Dac où la langue de bois des cérémonies se mêlait au non-sens le plus absolu. Après la sonnerie au mort, l'orateur, toujours affublé du casque à pointe, gravit les marches montant à la porte de la chapelle au son du « Chant du départ » : « La Victoire en chantant nous ouvre la barrière… La République nous appelle, sachons vaincre ou sachons périr. Un Français doit vivre pour elle. Pour elle un Français doit mourir !… » Du haut du balcon en pierre, il s'adressa de nouveau à l'auditoire en contrebas dans la cour en lui tenant des propos toujours aussi farfelus, avant de terminer son discours en levant les bras en l'air en forme de V à la manière du général de Gaulle, sous les applaudissements de l'assistance et quelques cris bien connus à l'époque : « Vive de Gaulle ! » Tout était allé très vite et l'effet de surprise avait joué. Les responsables et les enseignants qui passaient dans la cour ce jour-là furent interloqués et assistèrent sans rien dire à cette parodie de cérémonie. L'époque avait décidément bien changé car aucune sanction ne fut prise à notre encontre.

Quelque temps plus tard, en mai 1967, parut le dernier numéro de *Cock-A-Doodle-Doo* qui marqua définitivement notre rupture avec les enseignants réformateurs pleins de bonnes intentions. Nous avions décidé à quelques-uns de publier en toute liberté ce que nous pensions. Passant outre à tout contrôle et à toute censure du gérant et des responsables de l'établissement, nous apportâmes directement les textes à l'imprimeur.

L'ancien titre *L'Omnibus* se voulait « par tous et pour tous », *Cock-A-Doodle-Doo* à l'inverse était animé par un petit groupe d'élèves de la classe de philosophie qui se fichait pas mal de ce que pouvaient penser les autres élèves, n'hésitant pas à railler vertement ceux que nous jugions les plus conformistes et « trouillards ». L'influence de cet aristocrate qu'était notre professeur de philosophie n'était pas pour rien dans ce dédain. Alors que certains enseignants et élèves critiquaient notre dépendance à son égard, nous lui consacrâmes un article[1] qui saluait son enseignement, avec au passage cette phrase de Nietzsche : « J'aime les gens qui ne veulent pas se conserver, ceux qui sombrent, je les aime de tout mon cœur, car ils vont de l'autre côté. » Avec le détournement de ce bulletin des élèves, nous franchissions un premier pas de l'« autre côté », sans nous soucier de ce qui pourrait bien nous arriver.

L'éditorial du numéro de mai 1967, le proclamait sans détour : « Cette fois-ci, il s'agit d'une véritable "révolution" ; quelques apprentis philosophes ont pris le pouvoir dans l'ombre, ils ont maintenant le journal en main [...]. Nous avons voulu vous dire ce que nous pensons librement et sans aucune censure autre que la nôtre. [...] Nous voulons montrer que si nous nous intéressons aux mêmes problèmes que les adultes, nous avons une tout autre façon de les aborder. Sans doute, il nous arrive d'être violents, c'est que nous croyons à ce que nous avons écrit. [...] Seul un "noyau dynamique" peut arriver à faire autre chose qu'une rubrique de chiens écrasés. [...] Nous avons voulu prendre un risque, hé quoi, à notre époque, avouez que c'est rare[2] ! »

La bande de la petite maison d'Urville était fortement représentée dans ce numéro. L'un des textes publiés décrivait une virée nocturne avec une bagarre à la clé. Situation qui ne nous était pas étrangère, sauf que l'histoire se terminait par un coup de couteau mortel, ce qui ne nous était jamais arrivé. Nos blagues de potache continuaient de plus belle, raillant le sentimentalisme triste de certains poèmes publiés précédemment[3] ou consacrant une page entière d'explication

1. Quelques apprentis philosophes, « Bilan d'une année de philo », *Cock-A-Doodle-Doo*, n° 5, mai 1967, document en possession de l'auteur.

2. Quelques apprentis philosophes, « Éditorial », *ibid.*

3. « Tristesse », « Où pleure la pluie/Pleurniche le poète !/La lune était blême/Et moi aussi vu de dos/Je suis triste/Inlassablement triste », signé de l'A. A. P. (Association anti-pleurnicharde). « À Zézette » parodiait les poèmes d'un ami en le signant de son nom de plume habituel avec en note : « Entreprise de sentiments en gros : si vous n'avez pas le temps de pleurer, nous pleurerons pour vous. Adressez-vous au poète de service », *ibid.*

ubuesque à un « poème » délirant : « Petite pâtisserie contre grosse choucroute ». En contrepoint, figuraient des textes de facture plus classique, l'un d'eux célébrait la Hague en alexandrins[1]. D'autres textes plus hermétiques semblaient s'inspirer de Mallarmé[2]. Nos amis parisiens et parisiennes étaient également de la partie[3], ce qui pouvait surprendre dans ce « bulletin des élèves de Sainte-Chantal et de Saint-Paul ». Dans ce domaine, nous ne cherchions pas avant tout à être compris par les élèves et les parents d'élèves mais à nous faire plaisir en transgressant les codes de bonne conduite de l'institution.

Générations : l'impossible réconciliation ?

Plus sérieusement, nous voulions souligner le fossé existant entre la mentalité des jeunes et celle des adultes ayant connu une autre période de l'histoire. Le livre de l'écrivain catholique Pierre-Henri Simon *Pour un garçon de 20 ans*[4] qui venait d'être publié, nous apparaissait alors comme une caricature « bête et méchante » à l'égard de la jeunesse des années 1960. Ce livre ne nous concernait pas directement puisqu'il parlait d'étudiants parisiens, de deux à trois ans nos aînés, et plus avancés que nous dans ce que l'auteur considérait comme une débauche nihiliste de sexe, d'alcool, de drogue et d'envie de tout casser. Peut-être cet auteur était-il quelque peu en avance sur ce qui allait advenir, mais

1. J. Ruaux, « Les poètes », *ibid.* ; Philippe Bertrand, *La Hague*, *ibid.*
2. Denis Aucouturier, « Incendies », « Cathédrale », « Hématiroses », *ibid.*
3. Le texte de Michel Rogale « Olla Prodida » était une sorte d'ode triste à la nature et à la terre imprégnée de René Char et de Heidegger. Celui de Pétronille intitulé « Quand » décrivait un amour sensuel en bordure de mer dans un cadre qui nous était familier, *ibid.*
4. Pierre-Henri Simon, *Pour un garçon de 20 ans*, Seuil, 1967.

nous ne nous reconnaissions pas dans ce que nous estimions être une marque d'incompréhension et de mépris à notre endroit.

Deux articles critiques étaient consacrés à ce livre dans le dernier numéro de *Cock-A-Doodle-Doo*. D'emblée, le ton était donné : « Jeunes d'Europe occidentale et d'Amérique du Nord, voulez-vous vous faire eng… pendant 130 pages ? Si la réponse est, comme j'en doute, affirmative, lisez le livre de Pierre-Henri Simon, récemment promu au rang d'immortel. […] Si, après cette optimiste et réconfortante lecture vous ne vous sentez pas un bon à rien, un débauché, un représentant notoire de l'antéchrist et de l'antigaullisme, c'est que vous n'avez rien compris ou que vous avez une émotivité à toute épreuve[1]. » Et l'article de retourner le constat d'incompréhension entre générations dressé par l'auteur du livre : « Il est certain que des expressions, telles que "j'ai été jeune avant toi", ou bien "je sais ce que c'est, crois-en mon expérience", etc. n'ont absolument plus de sens pour nous, parce qu'elles non aucune valeur. Votre jeunesse, votre expérience, comme vous dites, fut totalement autre, tant l'ambiance, les conditions de vie d'aujourd'hui sont différentes de celles que vous avez connues dans les années 20 ou 30[2]. » Si comme l'écrivait Pierre-Henri Simon, nos mœurs avaient des effets nocifs, « ils ne sont rien, répliquait l'auteur de l'article, si on les compare aux conséquences des tabous ridicules qui régnaient sur votre époque, et je ne parle pas de la dose d'hypocrisie des tenants de la morale de papa[3] ». Cette affirmation était pour nous une évidence sans trop avoir étudié la question. De là à affirmer que la « mortalité des valeurs morales est indéniable », il y avait un

1. C. Michel, « Critique d'une critique », *Cock-A-Doodle-Doo*, n° 5, mai 1967, *op. cit.*
2. *Ibid.*
3. *Ibid.*

pas que l'auteur de cet article semblait franchir aisément. À l'époque, cette affirmation n'engageait que son auteur, avant qu'elle ne devienne une idée banale.

En tout cas, nous refusions le portrait d'une jeunesse qui semblait tout entière livrée à la débauche. Dans sa « Lettre adressée à un jeune vieillard[1]... », un autre de mes camarades de philo épinglait à son tour l'auteur de *Pour un garçon de 20 ans* : « Puisque vous avez l'âge d'être mon grand-père, n'oubliez pas que notre éducation est celle que nous ont donnée nos aînés. [...] Ne vous égarez pas, M. Simon, la jeunesse n'aura jamais l'aspect de l'Académie pas plus que le Bus Palladium de la coupole. » L'auteur y ajoutait des questions des plus désobligeantes : « Pourrions-nous savoir si la fille de P. H. Simon est aussi alcoolique, débauchée et droguée que tous les jeunes que dépeint son livre ? [...] M. Simon, pourriez-vous nous indiquer les lieux mal famés que vous fréquentez pour trouver la jeunesse si dépravée qui fait l'objet de votre livre[2] ? » Le constat de la rupture générationnelle était clair, mais les ponts étaient-ils définitivement coupés ?

Le principal animateur du journal écrivit un article intitulé « Dialogue ou révolution[3] ». qui aurait pu s'appeler tout aussi bien « Réformes ou révolution ». Ce texte n'avait rien de vraiment révolutionnaire et restait relativement mesuré, prenant de la distance par rapport à nos propres incohérences : « Nous refusons toute sagesse dictée par l'expérience, cet horrible dragon que nous voudrions terrasser. Nous n'acceptons pas de recevoir l'héritage du passé (culture, civilisation et autres babioles...) et de le faire fructifier. Nous prétendons ne pas nous en occuper et ne voyons pas que nous réagissons seulement à cette culture qu'il nous faut admettre. Et nous

1. NIALA. Alain THUAU, « Lettre ouverte à un jeune vieillard... », *ibid.*
2. *Ibid.*
3. Yves SIMON, « Dialogue ou révolution », *ibid.*

posons en inférieur le monde des adultes ! […] Mais le jour où nous devrons gagner notre vie, il faudra bien que malgré nous, nous nous remettions dans le rang. Et ce sera au tour de nos enfants de protester sous les regards moqueurs ou, plus souvent, sous l'œil agacé de ceux qui croient à eux seuls détenir la vérité ! Et la ronde continue… », avant d'ajouter : « Nous ne voulons point de cette révolte qui se termine par une pirouette. » Pour tenter d'y remédier, l'auteur en appelait à un dialogue avec les adultes synonyme d'un affrontement loyal : « Le vrai dialogue est celui des passionnés qui luttent avec sincérité et qui acceptent le combat avec ceux qui, comme eux, pensent quelque chose et sont prêts à la bataille. […] Essayons donc de ne pas jouer les chevaliers félons ni les escrimeurs du dimanche… On ne s'improvise pas soldat [1]. »

« Folie sacrée » contre « esprit fonctionnaire »

Pour ma part, j'écrivis un article [2] qui se voulait plus radical, histoire sans doute de tempérament. J'opposais la « jeunesse » aux « fonctionnaires », en faisant de ces catégories des types d'humanité opposés, l'un représentant l'esprit d'aventure et le « feu sacré », l'autre celui du « Bourgeois », versus « gestionnaire » et « Français moyen » : « Une espèce d'hommes mûrit de nos jours, c'est celle des "paperassiers", spécialisée dans les affaires purement administratives. Elle semble aujourd'hui déborder de son cadre [pour envahir] progressivement tout l'univers personnel de l'homme [3]. » L'attaque portait plus précisément sur les loisirs modernes avec le développement des agences de voyages, des vacances

1. *Ibid.*
2. « Jeunesse et fonctionnaires », *ibid.*
3. *Ibid.*

organisées, comme l'un des domaines où cet esprit « fonctionnaire » s'était développé. Elle s'en prenait plus largement aux « divertissements » proposant sensations fortes à volonté, mais restant dans un cadre bien réglementé « avec en prime une petite femme "adorable", le tout pour une modeste somme (repas, champagne, assurance comprise dans la note) [1] ». L'aventure et les rencontres avec autrui « qui gardaient autrefois un caractère d'imprévu et de mystère » étaient désormais organisées et encadrées comme il se doit : « Tout divertissement doit se faire dans les règles et on n'hésitera pas à châtier l'"insolent godailleur" qui ose faire en pleine lumière ce qui se cache derrière les jeux de l'esprit. » Cette mentalité « fonctionnaire » était confusément reliée à la « mécanisation » de la vie entraînant chez les jeunes un profond ennui : « Toujours les mêmes endroits où aller, toujours les mêmes discussions, toujours les mêmes "gueules" de fonctionnaires. Combien sont-ils ces hommes sans crainte et sans mystère, au regard vide et au pâle sourire [2] ? »

Cet article constituait un drôle de mélange entre les aspects critiques qui nous avaient été transmis par notre enseignement (« divertissement » pascalien, critiques traditionalistes mais aussi personnalistes et existentialistes contre la société moderne...) et des aspects de la contre-culture de type Prévert et Boris Vian, auxquels s'ajoutait Jacques Brel déplorant la perte du « far west » chez les adultes. Cette révolte contre les loisirs de masse standardisés n'était pas sans lien avec la Hague où nous déplorions la banalisation touristique du chemin des douaniers. Notre protestation s'était alors limitée à un slogan insolent inscrit à la peinture marine sur le blockhaus près duquel des promeneurs garaient leurs voitures : « M... aux touristes ! »

1. *Ibid.*
2. *Ibid.*

Nous n'hésitions pas alors à nous considérer sinon comme l'« avant-garde », du moins le « noyau dynamique » qui appelait à changer les mentalités sans être sûrs d'être suivis par les autres élèves préoccupés de passer le bac et de leur avenir. Dans notre esprit, cours de philo aristocratique oblige, nous nous voulions les représentants les plus authentiques d'une révolte des jeunes dont tous les aspects n'étaient pas nécessairement bons à prendre. Dans mon article, les « yé-yé » n'avaient plus mes faveurs, estimant que leur révolte était en fin de compte « préfabriquée, encouragée par quelques adultes dans le vent », et s'intégrait à la société de consommation.

Je n'épargnais pas non plus le « clan des poètes maudits, des éternels désenchantés, qui crient leur désespoir en de longs poèmes face à un monde qui ne veut pas les comprendre ». Cette critique s'adressait à quelques-uns de mes amis. J'estimais que leur révolte valait mieux que celle des « yé-yé » mais débouchait sur une « rumination intérieure où l'on se complaît ». Les « blousons noirs » m'apparaissaient, à leur manière, plus cohérents : « Ils ne se contentent pas de se lamenter ou de se laisser endormir par de belles paroles [...]. Ce ne sont sûrement pas des lâches qui cachent leur manque de courage sous des affiches de non-violence[1]. » Mais leur révolte ne débouchait sur rien.

Restait la jeunesse qui « sent flamber en elle le feu sacré qui la poussera à accomplir de grandes choses » qui est le « contraire de la masse des jeunes vieillards » (les futurs « fonctionnaires »). Cette jeunesse était minoritaire mais c'était sur elle qu'il fallait compter. Elle n'avait rien de particulièrement démocratique : « Loin de rejeter la violence, sous des pancartes pacifistes, elle n'hésitera pas à l'employer pour défendre les nouvelles valeurs que peu à peu elle instaure. »

1. *Ibid.*

Et de conclure : « Dans ce monde de fonctionnaires endormis où l'avenir est déterminé, elle reste un immense espoir de bouleversement d'un monde d'endormis pour la construction d'un monde meilleur où la vraie poésie n'est point absente[1]. »

Du « feu sacré » je glissais aisément vers la « folie sacrée », les références à l'« effort », à la « lutte » se mêlaient à l'« amour », à la jeunesse éternelle de l'esprit dans un méli-mélo d'idées avec citation d'Hemingway à la clé : « La sagesse des vieillards, c'est une grande erreur. Ce n'est pas plus sages qu'ils deviennent, c'est plus prudents. » En relisant ces lignes aujourd'hui, je comprends mieux les raisons qui m'amèneront, après Mai 68, à devenir gauchiste. Le croisement de cette révolte générationnelle aux aspects nietzschéens avec le thème révolutionnaire remis au goût du jour fera des ravages dans ma génération.

Fin d'école chaotique

Au regard, de certains écrits d'aujourd'hui, ce bulletin d'élèves de mai 1967 peut sembler gentillet. À l'époque, il provoqua un scandale parmi les enseignants et les parents d'élèves des deux établissements concernés. Le jour même de sa parution les « apprentis philosophes » furent exclus de l'établissement. Le supérieur de Saint-Paul vint lui-même annoncer la nouvelle à mes parents en leur indiquant qu'il n'était pas totalement en désaccord avec mon article mais que le procédé employé n'était pas admissible. Après cette visite, mes parents ne m'en voulurent pas trop, se limitant aux remarques habituelles : « Qu'est-ce que tu as encore fait ? Tu ne deviendras donc jamais raisonnable ? Tu dois comprendre qu'on se sacrifie pour tes études… » L'important

1. *Ibid.*

était de passer le bac dont la date approchait et comme j'étais premier en philo, ils pensaient que j'obtiendrais ce diplôme sans difficulté.

Avec la publication sauvage du bulletin de l'établissement, mes amis et moi avions pris un risque. Il nous fallait désormais assumer la nouvelle situation. Notre première réaction avait été de traiter de « salauds » les responsables de notre exclusion. Pour nous, cette mesure venait confirmer l'hypocrisie de leur discours sur l'écoute et le dialogue avec les élèves. Les effets pratiques de cette exclusion nous semblaient sans grande importance : la date de l'épreuve du baccalauréat était proche et ce n'est pas quelques cours manqués qui changeraient quoi que ce soit. Nous nous sentions, de plus, soutenus par notre professeur de philosophie et nous comptions bien prendre notre revanche le moment venu contre les responsables de notre exclusion.

Avant même que celle-ci eût lieu, nous avions déjà prévu une « nuit du bac » d'un genre particulier. Nous comptions entrer dans l'établissement, sonner les cloches, lancer des pétards et autres joyeusetés. Nous avions, par exemple, envisagé un lâcher de chauves-souris dans les salles. Pour ce faire, nous avions fait une petite excursion dans des grottes sur la route de Fermanville. Étant rentrés bredouilles, nous avions en fin de compte décidé de lâcher un jars dans les couloirs du bâtiment qui abritait les chambres des enseignants et les dortoirs, en sachant que ce volatile à bec pousse un cri particulier et ne se laisse pas facilement attraper. Une collecte avait été discrètement organisée dans la classe et un fils de paysan devait se charger de l'achat. Le dernier numéro de *Cock-A-Doodle-Doo* y faisait du reste allusion dans des termes réservés aux initiés. La rubrique traditionnelle « Spectacle à ne pas manquer le mois prochain » avait été ainsi rédigée par nos soins : « Nous vous convions à une manifestation culturelle (Cote catholique π 7) qui aura lieu dans les locaux de l'institut Saint-Paul dans la soirée du 8 au 9 juin 1967. M. François Mauriac, dont la plume et le style mordant sont célèbres, vous entretiendra de l'histoire de l'onomatopée du Quack-Quack dans l'œuvre de Jarry. Après cette conférence, les cloches de l'établissement clôtureront un spectacle son et lumière commenté par François Mauriac. Note à benêts : si mollet fragile s'abstenir[1]. »

Avec notre exclusion, l'achat du jars ne put se faire et cette « nuit du bac » ne se déroula pas comme prévu. Nous avions quand même pu relever les empreintes de la clé d'une porte donnant sur la rue. La nuit venue, nous pûmes entrer dans l'établissement en lançant des pétards et en déposant, faute de mieux, quelques immondices dans les salles. Des enseignants étaient de garde cette nuit-là et nous vîmes arriver l'un d'eux précipitamment avec sa lampe de poche, au moment où nous sortions de l'établissement. Nous nous rendîmes ensuite devant la porte de la maison où habitait une enseignante qui vivait seule avec sa vieille mère pour y déposer de gros pétards dans la boîte aux lettres. Quelque temps plus tard, nous apprîmes que les fortes détonations n'avaient pas seulement réveillé l'enseignante en question mais avaient affolé sa vieille mère qui avait revécu le jour du débarquement allié en Normandie.

À cette époque, la tolérance envers de semblables exactions de jeunes bacheliers était encore de mise. Les responsables de l'établissement, bien que furieux, ne déposèrent pas plainte. Cette « nuit du bac » éméchée finit au dancing du Casino puis au Yalta, bar des nuitards de Cherbourg et de ses environs. Même si nous n'avions pas vingt ans, Pierre-Henri Simon n'avait peut-être pas tout à fait tort…

1. « Spectacle à ne pas manquer le mois prochain », *ibid.*

Notre volonté de revanche contre l'établissement n'était pas pour autant apaisée. À la fin de l'année scolaire, avait lieu un rallye automobile organisé par des élèves de terminale et des enseignants, consistant en une sorte de jeu de piste sur les routes de campagne du Cotentin. Nous avions décidé de le perturber à notre manière en mettant la pagaille dans l'itinéraire prévu. Ce que nous réussîmes à faire avec brio. Embarqués à quelques-uns dans une camionnette qu'un de mes amis avait empruntée à ses parents, nous organisâmes toute la journée de faux points de contrôle sur les routes de la Hague et du Val de Saire, arrêtant les voitures et les envoyant dans toutes les directions.

Chaque année, avait également lieu la cérémonie de la remise des prix dans la grande salle de l'établissement précédée d'une messe à la chapelle. Ce jour-là, les élèves les plus méritants étaient cités au « tableau d'honneur ». À l'appel de leur nom, ils devaient se rendre sur la scène où trônaient quelques personnalités religieuses, des anciens élèves ayant fait carrière, des militaires gradés en uniforme... Les brillants élèves recevaient un document attestant de leur « prix d'excellence » ainsi qu'un petit cadeau sous la forme d'un ou de plusieurs livres selon leur classement.

Nous avions envisagé de perturber la cérémonie avec, entre autres, le dépôt de têtards dans le bénitier de la chapelle et des lancers de pétards dans la grande salle. En fin de compte, quelques pétards furent jetés par-dessus la grille d'entrée. Ce qui ne perturba pas la cérémonie qui avait lieu à l'intérieur de l'établissement.

Étant donné notre exclusion, cette année-là les premiers prix de philosophie furent distribués à des élèves que nous trouvions insignifiants et que notre professeur ne tenait pas en haute considération. À partir de ce jour, nous ne remîmes plus les pieds dans l'établissement.

Épreuve du réel et sauvetage in extremis

Après une période de flemmardise et d'insouciance en bordure de mer en attendant mieux, les résultats du bac sonnèrent comme une « douche froide ». J'avais raté complètement l'épreuve de philosophie et devais repasser le bac (écrit et oral) en septembre. D'autres camarades de classe n'avaient pas eu cette chance et se voyaient coller définitivement.

Avec l'exclusion, la réussite à l'examen était devenue un enjeu essentiel, renforçant l'anxiété et la pression. Le jour venu je perdis mes moyens. Ma « nervosité » n'était pas seule en cause. J'eus du mal à l'admettre, mais notre professeur de philosophie ne nous avait pas vraiment préparés à cette épreuve, préférant philosopher à sa manière devant un jeune public qui lui était dévoué. J'avais considéré la dissertation comme une sorte d'épreuve de recherche de vérité, voulant à tout prix aboutir à une réflexion personnelle, sans me soucier des règles propres à l'examen. Emberlificoté dans mes pensées, je ne parvins même pas à finir ma dissertation dans le temps imparti. Cet échec ressenti fut à la hauteur de mes illusions dans le domaine de la philosophie et de mon maître à penser.

Mon humeur devint de plus en plus sombre. Je fuis en bordure de mer en m'étourdissant de nouveau dans des soirées avec la bande de copains habituels. Mes parents s'inquiétaient de mon avenir immédiat. Ils tenaient à ce que je réussisse le bac et continue mes études. Mais la crainte d'un nouvel échec obligeait dans le même temps à rechercher une école qui veuille bien m'accueillir en cas de redoublement. Il n'était pas certain que le lycée de la ville veuille le faire étant donné mes antécédents en matière de discipline. C'est ainsi que je me retrouvai un jour avec mon père dans le bureau du directeur d'une école privée de Valognes. L'entretien fut pénible. Mon père intimidé essaya d'expliquer ma situation, mais comme il s'exprimait très mal, son interlocuteur l'interrompait sans cesse, ce qui le gênait d'autant plus.

Cet établissement privé n'avait pas bonne réputation. Il accueillait, moyennant finance, nombre de fils de « bonnes familles » qui avaient été exclus d'une ou plusieurs écoles et dont les parents ne savaient plus quoi faire. Il était mixte et la discipline, disait-on, laissait à désirer avec les élèves en rupture de ban. À écouter le directeur, c'était tout le contraire. Mon père et moi eûmes droit à un sermon sur l'importance accordée à la bonne tenue et à la discipline. Le directeur en concluait qu'étant donné mes antécédents, mon admission dans cette école était, pour le moins, difficile. Nous savions qu'il était en fait loin d'être insensible à la réussite sociale et à la notoriété des parents.

Face aux propos du directeur sur un ton des plus hautains, mon père ne savait plus quoi dire et je le vois encore tournant et retournant sa casquette de marin-pêcheur dans ses grosses mains. J'étais en rage de voir mon père humilié de la sorte et j'avais le plus grand mal à me contenir pour ne pas agresser verbalement ou physiquement ce petit notable méprisant. Nous partîmes abattus après cet entretien. Dans la voiture qui nous ramenait vers Cherbourg, mon père ne savait plus quoi dire et moi non plus. Qu'allais-je devenir si j'échouais de nouveau au baccalauréat en septembre ? Avant d'arriver à la maison, n'en pouvant plus, je lui demandai de s'arrêter pour me laisser rentrer à pied. Ce qu'il finit par faire en rouspétant pour masquer le malaise que nous éprouvions.

L'été commençait mal. Retiré dans la petite maison d'Urville, je continuais de me disperser, entouré de copains pour qui la « déconnante », les surprises-parties, les « virées » dans les bars et les dancings demeuraient l'essentiel de la vie.

Difficile dans ces conditions de réviser le bac. Il fallait me ressaisir au plus vite, sous peine de je ne sais quoi.

Un beau jour, je fus surpris de voir la voiture de mon professeur de philosophie arriver par le chemin de terre qui menait à la maison. Il était venu pour me remonter le moral. Après s'être excusé de ne pas m'avoir rencontré plus tôt, il me dit à brûle-pourpoint : « Ne vous découragez pas, ce qui vous est arrivé est normal. En philo, quelqu'un comme vous n'est jamais dans la moyenne, il ne peut avoir qu'une très bonne note ou une sale note, l'entre-deux n'est pas pour vous. Mettez le paquet pendant les vacances et commencez à mettre cette bande de loustics à la porte, sinon vous n'arriverez à rien de bon. » J'étais flatté qu'il ait pris la peine de venir jusqu'à Urville. Ragaillardi par cet entretien, je suivis ses conseils et mis à la porte sans ménagement la plupart de mes copains qui avaient pris l'habitude de s'installer dans la maison. L'entrée n'était plus permise qu'à quelques amis sûrs. Et je me mis à travailler comme un fou.

J'avais suivi une fois encore les conseils de mon professeur, sauf sur un point : cette fois, je préparai le bac à l'aide du manuel officiel et de petits livres avec les sujets du bac et les corrigés de dissertation. C'est en m'imprégnant des règles de l'examen sans chercher à aller plus loin qu'en septembre je fus reçu sans problème aux épreuves écrites.

Les épreuves orales avaient lieu à Saint-Lô. Je les passai en même temps que mon ami Yves, complice de tous les coups tordus envers l'institution. Nous avions été exclus tous les deux de l'établissement et raté les épreuves de juin, mais cette fois-ci était la bonne. Après la proclamation des résultats à Saint-Lô, nous fêtâmes la victoire comme il se doit, en faisant le tour des bars de la ville, commandant moult « Americano » et autres cocktails faits maison. Apprenant la bonne nouvelle, nos parents avaient oublié tous nos déboires et nous accueillirent avec joie à la maison.

Nous l'avions échappé de justesse. Pour nous, le bac n'était pas qu'un diplôme, c'était un passeport pour la liberté : nous allions enfin pouvoir quitter Cherbourg et son climat étouffant, poursuivre nos études, découvrir l'université et le monde étudiant à Caen. L'effort en avait valu la peine. Nous n'en avions pas pour autant fini avec nos désillusions mais l'espoir d'une nouvelle vie était présent.

Chapitre 4

Vie et malaise en milieu étudiant

Passer d'un univers encore marqué par le poids des traditions agricoles à celui d'une grande ville moderne comme celle de Caen constituait une rupture avec le monde familier dans lequel on avait vécu depuis l'enfance. La vie quotidienne y apparaissait plus tourbillonnante et impersonnelle. Il fallait apprendre à vivre et à se débrouiller seul dans un milieu universitaire qui n'était pas très accueillant. Ce dépaysement entraînait le sentiment d'une liberté nouvelle sans attaches dans un monde nouveau. Loin de leurs communautés premières d'appartenance, les jeunes étudiants pouvaient se sentir libres de vivre selon leurs convenances. Mais, dans leur immense majorité, ils continuaient de dépendre financièrement de leur famille ou des aides de l'État. Cette situation paradoxale était porteuse d'illusions et de déséquilibres, au moment même où l'université se trouvait confrontée à l'arrivée massive d'étudiants issus de la génération de l'après-guerre. L'université et le milieu étudiant s'inscrivaient dans le nouveau monde où les traditions chancelaient, où le changement s'accélérait sans que personne paraisse en mesure de le maîtriser.

Passer du statut d'élève à celui d'étudiant n'était pas seulement une étape importante dans un parcours individuel de formation. Ce passage s'accompagnait du changement du regard que les adultes et la société portaient sur vous. Pour mes parents, avoir un fils étudiant était une fierté et une sorte de promotion sociale par procuration. Ils ne manquèrent pas du reste d'informer leur entourage de ma nouvelle situation. « Entrer à l'université » signifiait que vous étiez vraiment « doué pour les études » avec la perspective d'acquérir à terme une « bonne situation ». Pour la majorité de la population, les étudiants bénéficiaient d'une « instruction » qui les élevait nettement au-dessus de la moyenne ; le prestige de l'université demeurait encore attaché à la formation des futures élites de la nation.

Ce nouveau statut d'étudiant impliquait pour nous des exigences dont nous étions plus ou moins conscients. Mais nous n'étions pas disposés pour autant à sacrifier les plaisirs de la jeunesse sur l'autel d'une réussite sociale qui demeurait dans notre esprit synonyme d'une vie terne et conformiste. La vie d'étudiant n'était pas seulement consacrée aux études dans la perspective d'acquérir un diplôme, elle demeurait synonyme d'une certaine bohême, à l'image d'un feuilleton télévisé des années 1960, *Le Temps des copains*[1] qui m'avait beaucoup plu.

La ville de Caen n'avait pas les charmes de Saint-Germain-des-Prés de l'après-guerre et du Quartier latin. Largement détruite par les bombardements alliés lors de la bataille de Normandie en 1944, elle avait été reconstruite selon les nouveaux critères de la modernité. C'était une ville

1. D'octobre 1961 à juin 1962, ce feuilleton télévisé a été diffusé juste avant le journal de 20 heures. Il relatait l'arrivée et la vie à Paris de trois jeunes étudiants venant de province.

neuve et typique du nouveau monde. Ce qui me frappait le plus, c'était ses grandes artères pour faciliter la circulation automobile entourées d'immeubles modernes. Cette nouvelle architecture donnait une impression d'espace et de luminosité qui contrastait avec le centre-ville de Cherbourg qui, malgré les nouvelles constructions, gardait encore son aspect de gros bourg provincial.

À la périphérie de Caen s'élevaient des « grands ensembles » où logeait une population ouvrière qui s'était accrue avec la décentralisation industrielle [1]. À la vieille sidérurgie avec ses hauts fourneaux située en bordure de l'Orne, s'ajoutaient des usines du secteur automobile [2] et des nouveaux biens de consommation [3] installées à la périphérie de l'agglomération. Caen apparaissait alors comme une ville jeune et dynamique en pleine expansion [4], avec une part importante d'ouvriers et d'étudiants [5]. Cela n'avait plus grand-chose à voir avec les ouvriers de l'arsenal, les lycéens et les notables de Cherbourg.

L'université de Caen inaugurée officiellement en 1957 était le symbole de ces temps nouveaux. Celle d'avant guerre

1. Le nombre d'ouvriers est passé de 12 536 au recensement de 1954 à 28 740 en 1968. Les ouvriers représentent 42 % de la population active en 1968. Cf. Jean Quellien, Serge David, *Caen 68*, Éditions du Bout du Monde, 2008, p. 9.

2. Citroën, Saviem (usine de montage de camions), Jaeger (usine spécialisée dans la fabrication de compteurs automobiles).

3. La Radiotechnique (pièces pour appareils radio et transistors), la Sornormel (postes de télévison), Moulinex (appareils ménagers).

4. L'agglomération caennaise a vu sa population s'accroître, passant de 82 000 en 1954 à 150 000 en 1968. En 1968, les moins de trente ans représentent 54 % de la population de l'agglomération caennaise, cf. Jean Quellien, Serge David, *Caen 68*, *op. cit.*, p. 5 et p. 10.

5. Avec la décentralisation, beaucoup de jeunes ouvriers étaient issus d'un milieu rural ; la proportion de la main-d'œuvre féminine est passée de 15 % à 20 % de 1954 à 1968 ; elle était employée essentiellement dans les usines Radiotechnique, Moulinex et Jaeger, *ibid.*, p. 10.

comptait environ un millier d'étudiants[1]. Ses anciens bâtiments situés dans le centre-ville avaient été entièrement détruits en 1944. L'université nouvelle rompait résolument avec ce passé. Les plans initiaux conçus au lendemain de la guerre prévoyaient l'accueil de cinq mille étudiants[2]. Située près des restes du château, en surplomb de la ville, les bâtiments avaient été construits en béton armé et disposés en H (chaque bâtiment correspondant à l'une des trois disciplines : lettres, sciences, droit) avec une grande pelouse au milieu. À son entrée, s'élevait une statue moderne représentant un phénix renaissant de ses cendres. Avec sa cité universitaire, ses deux restaurants, son terrain de sport, son gymnase, sa piscine… au milieu de grands espaces de verdure, le campus ressemblait aux universités anglo-saxonnes. L'impression d'espace y dominait.

Cette université ne se trouvait pas moins confrontée, comme les autres, à un défi que les élites modernisatrices avaient sous-estimé : l'arrivée d'un flux massif d'étudiants liée à la génération du baby-boom et au développement du nombre d'élèves dans le secondaire. Dès son inauguration officielle, en 1957, l'université avait presque atteint le nombre prévu initialement. En dix ans, les effectifs de l'université doublèrent atteignant le nombre de dix mille à la rentrée universitaire 1967-1968[3].

Apprendre à vivre en étudiant

Cette arrivée massive d'étudiants venant de la région posait des problèmes de logement. L'accession aux chambres de la cité universitaire pour un loyer modéré était réservée aux

1. *Ibid.*, p. 25.
2. *Ibid.*
3. *Ibid.*, p. 5.

étudiants issus de familles aux revenus modestes. Le nombre de ces chambres était insuffisant et une nouvelle résidence allait voir le jour à la périphérie de la ville, dans la nouvelle cité d'Hérouville-Saint-Clair entourée de grands champs.

Les habitants de la ville avaient su profiter de la situation en louant des chambres plus ou moins confortables aux étudiants. Les offres étaient variées et en épluchant les petites annonces, mes parents et moi avions fini par en trouver une dans une rue près de la partie haute du campus. Cette chambre située en rez-de-chaussée était accolée à deux autres construites en alignement à l'arrière d'un petit pavillon. Cette annexe en parpaings ressemblait à une sorte de garage découpé en morceaux avec portes et fenêtres. Les propriétaires l'avaient fait spécialement construire pour y loger des étudiants. Ces trois petites chambres leur procuraient des revenus supplémentaires non négligeables.

En comparaison d'autres chambres pour étudiants, je n'avais pas à me plaindre : je disposais du chauffage central, d'un lavabo et de toilettes. Ceux qui habitaient des chambres de bonne dans certains immeubles du centre-ville n'avaient pas cet avantage : l'eau et les toilettes étaient communes et situées sur le palier. Ma première chambre d'étudiant avait seulement quelques modestes inconvénients. Elle était située loin du centre-ville et son environnement immédiat n'avait rien d'agréable : la petite fenêtre donnait sur un mur en ciment et un minuscule jardin potager avec un chien enchaîné qui aboyait fréquemment. Difficile de lire et d'écrire dans ces conditions et plus encore de dormir d'un sommeil serein, surtout quand vous rentriez tard le soir et que vous étiez réveillé très tôt par les aboiements du chien. C'est l'une des raisons qui m'amèneront l'année suivante à déménager en partageant avec un ami un petit appartement moins confortable, avec des souris qui vous empêchaient de dormir la nuit et un petit appareil de chauffage électrique fonctionnant plus ou moins bien.

À l'université, je découvrais un monde impersonnel dont j'ignorais les mécanismes de fonctionnement. Les bâtiments de l'université avaient les aspects d'une entreprise moderne propre et fonctionnelle, avec ses salles de cours et ses amphis flambant neufs, ses ascenseurs et ses longs couloirs où étudiants et enseignants se croisaient sans se parler. J'étais un peu perdu comme un provincial venant à Paris pour la première fois, découvrant la foule et les portillons du métro. La toute nouvelle faculté des lettres où je m'inscrivis regroupait le plus grand nombre d'étudiants [1]. Il fallait faire la queue pour les inscriptions, remplir des formulaires pour pouvoir avoir sa carte d'étudiant, s'informer des horaires de cours, trouver les amphis et les salles....

Les restaurants universitaires étaient difficiles d'accès aux heures de pointe. Pour pouvoir atteindre la salle située à l'étage, il fallait se tasser dans une queue entre un mur et une barrière formant un couloir étroit où tout le monde poussait. Je n'avais pas encore l'audace de sauter par-dessus la barrière et de forcer le passage sans ménagement comme des étudiants plus anciens le pratiquaient déjà. Au bout d'une vingtaine de minutes, vous vous retrouviez dans cette grande salle moderne aux baies vitrées remplie d'étudiants assis à des tables et parlant bruyamment. Ces repas au restaurant universitaire étaient un moment de rencontre et d'échange avec mes nouveaux camarades. De temps à autre, sans qu'on sache trop comment, des morceaux de pain volaient par-dessus les tables pour atteindre la tête d'un ou de plusieurs convives qui répondaient de la même manière à leurs agresseurs supposés. Ces échanges pouvaient se faire également à coups de carafes d'eau, voire de petits-suisses qui n'atterrissaient pas toujours sur la cible choisie. À la moindre vue d'un couvre-chef,

1. En 1968, 4 200 étudiants sont inscrits en lettres, 2 560 en Sciences, 1 870 en droit, 800 en médecine-pharmacie, *ibid.*, p. 25.

s'élevaient les cris : « Chapeau ! Chapeau ! » accompagnés d'un tintamarre de couverts et d'assiettes qui allait crescendo jusqu'à ce que l'étudiant incriminé retire sa casquette ou son chapeau. Avec ces chahuts ritualisés, le « resto U » était aussi un lieu de décompression.

Il en allait de même pour les bars du Gaillon (la rue en pente reliant l'université au centre-ville), de la brasserie La Lorraine près de la place Saint-Pierre et du drugstore qui étaient de lieux fréquentés le soir par les étudiants. J'apprendrai vite à les repérer, avec une préférence marquée pour le bar L'Équipe avec son flipper, son baby-foot et la Lorraine réputée pour sa bière, sans oublier L'Azur dans le quartier du port où l'on pouvait manger un steak-frites tard dans la nuit. Ces rues, ces cafés, ces cinémas et ces places formaient un quartier où les étudiants se retrouvaient en petites bandes d'amis avec le sentiment d'appartenir à un même milieu malgré la diversité des situations.

Rigidité et blocages

Assister à un cours consistait à écouter et à prendre des notes pendant une heure ou deux en essayant de bien comprendre ce qui était dit. Puis recommencer en changeant de salle et d'enseignant dans la même journée ou dans les jours suivants, avec des tranches de temps libre entre les deux qu'il fallait mettre à profit pour réviser. Chaque enseignant donnait des sujets de dissertation à rendre dans des délais courts sans se soucier des exigences de ses collègues qui pouvaient en faire autant.

En terminale, je m'étais habitué à un rapport privilégié avec mon professeur de philosophie et je me trouvais désormais confronté à plusieurs enseignants dont la plupart débitaient leurs cours sans qu'on ait la possibilité ou l'envie de leur demander quoi que ce soit. Leur prestation était souvent ennuyeuse et il fallait faire un effort continu pour ne pas « décrocher ». Dans la plupart des cas, leurs relations avec les étudiants se limitaient aux remarques écrites accompagnant les notes des dissertations. Ils avaient en face d'eux une masse de jeunes issus du secondaire dont les motivations et le niveau étaient hétérogènes. Malgré les efforts louables de certains, il leur était difficile de répondre à leurs besoins et à leurs questions. La plupart semblaient pressés et avaient visiblement d'autres soucis en tête. On pouvait en déduire qu'il était inutile et vain d'insister.

Une des enseignantes aux allures de vieille dame rigide était vite devenue notre bête noire. Chaque semaine, elle venait nous parler de « philosophie générale » sur un ton monotone malgré quelques effets de voix. Si l'on n'avait pas tout compris, il était permis de poser des questions écrites à remettre à la fin du cours. Elle y répondrait à sa manière en les intégrant dans son cours suivant. Étant donné le nombre d'étudiants présents dans la salle, un échange direct de vive-voix aurait pu verser dans un jeu de questions-réponses sans fin et peut-être craignait-elle pour son autorité. À vrai dire, elle n'en avait guère et la plupart des étudiants avaient la tête ailleurs tout en faisant semblant de l'écouter.

Un jour, nous sommes venus à quelques-uns assister à son cours en costume-cravate et lunettes de soleil, avec un tube de dentifrice et une brosse à dents dans la pochette du veston, en n'arrêtant pas de bâiller pendant qu'elle parlait. Nous fûmes priés vertement de quitter la salle, ce que nous fîmes sans protester. Avec ce genre d'enseignant, il valait mieux se débrouiller pour avoir les polycopiés des cours publiés par l'association locale des étudiants pour préparer les examens.

Par-delà ce cas particulier, je commençais à m'interroger sur un type d'enseignement philosophique auquel je n'étais pas habitué. Cet enseignement était bien différent de celui que j'avais reçu en classe de terminale. Il me paraissait désincarné, faisant de la philosophie un exercice de style plus ou moins talentueux où les conceptions et les grands auteurs se succédaient dans une histoire sans grand enjeu autre que celui de l'érudition.

À l'inverse, la philosophie m'avait été antérieurement présentée comme une interrogation qui engageait un rapport à la vie qui nous concernait personnellement. C'est précisément pour cette raison qu'elle m'était apparue passionnante. Il me fallait désormais admettre que cette conception existentialiste de la philosophie, pour légitime qu'elle fût, n'avait pas à être considérée comme supérieure en dignité et en intérêt par rapport à d'autres domaines comme l'épistémologie et la logique. Dans les cours de licence, on commençait du reste à parler du structuralisme et de Michel Foucault. Mes références demeuraient fortement marquées par le personnalisme et l'existentialisme, avec un petit complément de marxisme vulgarisé. La question ne pouvait manquer de se poser : était-je vraiment fait pour ce genre d'études auxquelles mon professeur ne m'avait pas préparé ?

Je demeurais encore passionné par la philosophie en continuant de la considérer comme un questionnement éclairant l'existence et démystifiant les faux semblants. Mais, outre le fait que cette conception particulière ignorait des pans entiers de cette discipline, elle avait tendance à rendre secondaire ou à mettre de côté toute préoccupation utilitaire et professionnelle. Cet enseignement de philosophie devait déboucher à terme sur une licence d'enseignement. La vie d'un professeur m'apparaissant terne et ennuyeuse, je me voyais mal épouser cette profession. Les étudiants qui s'y préparaient le plus sérieusement du monde étaient qualifiés – injustement – de « rats de bibliothèque ». Qu'avais-je de commun avec eux ? Allais-je suivre le chemin balisé, devenir un professeur nommé je ne sais où par l'administration ? Mais, à terme que pouvais-je faire d'autre ? De nouveau, j'avais le sentiment d'être mis sur des rails vers une destination que je n'avais pas choisie. J'étais dans une impasse qui n'avait d'autre issue que celle d'une adaptation à une société moderne qui me semblait tout entière placée sous le signe du conformisme et de l'aliénation. Le dimanche, les bâtiments du campus étaient vides, leurs longs couloirs ressemblaient à ceux des hôpitaux.

Mounier et Nietzche : l'impossible synthèse

Quand j'arrivai à l'université de Caen, j'étais encore fortement marqué à la fois par la pensée de Nietzsche et celle d'Emmanuel Mounier. J'avais connu le personnalisme chrétien par mon professeur de philosophie qui l'appréciait beaucoup. Je retrouvais dans *L'Affrontement chrétien*[1] une colère aux accents nietzschéens qui pouvait sembler paradoxale puisqu'elle s'en prenait à d'autres chrétiens. La charge était féroce et n'était pas pour me déplaire : « Ces êtres courbes qui ne s'avancent dans la vie que de biais et les yeux abattus, ces âmes dégingandées, ces peseurs de vertus, ces victimes dominicales, ces froussards dévotieux, ces héros lymphatiques, ces bébés suaves, ces vierges ternes, ces vases d'ennui, ces sacs de syllogismes, ces ombres d'ombres[2]... » Ce style incendiaire venait encourager ma révolte contre les curés doucereux et les bigots.

Parmi les citations retenues, il en est deux que j'appréciais tout particulièrement : « Ce besoin, sous prétexte de charité, de ne pas contredire et de n'être pas contredit, de ne pas faire souffrir et de ne pas souffrir, de ne rien brusquer et de n'être pas brusqué, est un poison lent qui dévirilise les cœurs goutte à goutte. Ils y perdent le sens de l'affirmation, la nudité du

1. Emmanuel MOUNIER, *L'Affrontement chrétien* (1944), Seuil, 1965.
2. *Ibid.*, p. 11.

regard, et ce goût du dépaysement qui aguerrit à l'imprévu de la vie[1] » ; « Même les lâchetés intellectuelles se ramènent souvent à la peur des coups : les idées faibles se servent des salons, les idées passionnées aiment à se servir des poings[2] ». Je saurai, à ma façon, appliquer plus tard cette leçon.

Je trouvais également dans le personnalisme une critique du capitalisme qui me paraissait plus intéressante que celle du *Manifeste du Parti communiste* de Marx dont l'étude faisait partie du programme de philosophie. L'économique et le social n'étaient pas la référence première : « Le dernier point que nous visons, écrivait Mounier, ce n'est pas le bonheur, le confort, la prospérité de la cité, mais l'épanouissement spirituel de l'homme[3]. » À l'époque, ce vaste programme ne m'effrayait pas et ce concept vague d'« épanouissement spirituel » n'était pas, à mes yeux, un simple succédané de la religion. La primauté donnée au « spirituel » allait de pair avec la condamnation du « désordre établi » ; le « bourgeois » était comme la figure type d'une déshumanisation de masse. Autant de thèmes auxquels j'adhérais spontanément. Ce que je ne voyais pas ou feignais de ne pas voir, c'est que la « révolution personnaliste et communautaire » était une sorte de christianisme renouvelé cherchant à se réconcilier avec le monde moderne, tout en l'orientant « spirituellement » en interprétant l'Évangile à sa manière. Le personnalisme avait un avantage : il se présentait comme une doctrine exposée dans un petit livre qui se lisait sans trop de difficulté[4]. Même si ses concepts pouvaient apparaître quelque peu incantatoires, ils me paraissaient plus

1. *Ibid.*, p. 102.

2. *Ibid.*, p. 114.

3. Emmanuel Mounier, *Esprit,* numéro spécial Emmanuel Mounier, décembre 1950.

4. Emmanuel Mounier, *Le Personnalisme* (1949), PUF, coll. « Que sais-je ? », 1959.

faciles à comprendre que les philosophes de l'existence. Mon éducation catholique y était sans doute pour beaucoup.

Dans ce domaine, nous avions commencé à solder les comptes avec le passé. Lors de l'une de nos « virées nocturnes » du samedi soir à Cherbourg, mes amis et moi avions apporté avec nous un vieux portrait saint-sulpicien du Christ Roi dans son cadre en bois trouvé je ne sais où. Ce soir-là, en bonne compagnie, nous fîmes la tournée des bars rue de la Paix surnommée « rue d'la soif », à cause du nombre important de débits de boisson de chaque côté de la chaussée. Descendre et remonter la rue dans ces conditions tenait de l'exploit sportif. À chaque arrêt, le portrait était placé sur une chaise à nos côtés et avait droit à son demi de bière comme chacun d'entre nous. Après plusieurs tournées dans les cafés, nous finîmes par l'abandonner dans la rue à son triste sort, le verre et le support d'encadrement n'ayant pas résisté à un pareil traitement.

Nietzsche était l'une de nos grandes références. Avec nos amis étudiants de Caen, anciens élèves de l'institut Saint-Paul, nous avions créé un petit journal mal imprimé et confidentiel que nous avions dénommé *L'Étoile dansante*, en référence à une phrase de Nietzsche placée en exergue sur la première page : « Il faut avoir encore du chaos en soi pour enfanter une étoile dansante. » Un long extrait du prologue d'*Ainsi parlait Zarathoustra* ouvrait ce journal mal fichu. *L'Étoile dansante*, comme son nom semblait l'indiquer, n'avait pas de ligne éditoriale bien définie. Elle se présentait comme une tentative d'expression individuelle, chacun étant totalement libre de ses propos sans que cela engage les autres rédacteurs. La question n'en était pas moins posée de ce qu'« il y aurait à faire "dans le milieu jeune" », « quelque chose de sérieux, organisé et qui serait antipolitique [1] ».

1. JAESPENECK, « Avant-propos », *L'Étoile dansante*, document en possession de l'auteur.

J'écrivis un article dans ce sens intitulé « La génération désenchantée[1] » qui avait des allures de programme d'action : « De la déception à la révolte », « Du troupeau au solitaire », « De l'action inauthentique à l'action authentique », « De l'action locale à l'action nationale ». Cet article se terminait par un appel vibrant à construire un « avenir meilleur » face à un « présent dégradant ». Nietzsche coexistait encore tant bien que mal avec Mounier. Un autre article de ma main apparaissait beaucoup plus désenchanté. Il décrivait de petites scènes de la vie quotidienne marquées par le vide et l'ennui dans une société qui ne semblait rien comprendre au mal-être de la jeunesse[2].

L'Étoile dansante était en fait un patchwork d'articles divers où la critique de la société de consommation et des loisirs coexistait avec des textes à vocation poétique et un long texte illisible et délirant. Des articles prétentieux sur le cinéma d'avant-garde concluaient ce méli-mélo[3]. Nous commencions bêtement à nous prendre au sérieux. Il y avait effectivement beaucoup de chaos en nous, mais l'« étoile dansante » n'était pas au rendez-vous. Cet essai de petite revue n'eut pas de suite. Quelques mois plus tard, Mai 68 allait tout remettre à zéro.

De l'être et du néant

À l'université, le personnalisme était concurrencé, entre autres, par l'existentialisme de Sartre, qui demeurait une référence incontournable pour tout étudiant de philosophie. J'avais eu un premier aperçu des conceptions de Sartre en

1. « La génération désenchantée », *ibid.*
2. « Le journal d'un gosse. *Day after day* », *ibid.*
3. T. P. « Godard vu d'un point », *ibid.* ; JEAN-PIERRE, « Impressions sur *Blow-up* », *ibid.*

terminale et lu la plupart de ses romans. Ce qui avait eu pour effet de renforcer mes humeurs sombres et mes angoisses d'adolescent. Restait à attaquer *L'Être et le Néant*[1] dont on parlait tant.

L'un de mes amis avait lu entièrement cet ouvrage imposant (722 pages) ; il en parlait avec aisance sans que je comprenne toujours ses propos. C'était le plus âgé de notre petite bande. Il avait exercé les fonctions d'instituteur en Algérie dans le cadre de la coopération. De retour en France, il avait passé le baccalauréat de philosophie et s'était inscrit à l'université en suivant les cours par correspondance. Son expérience, sa façon de vivre et de parler exerçaient sur nous une certaine fascination.

Il habitait avec sa femme dans un vieil appartement à Équeurdreville, au fond d'une cour près de la « rue de l'Église » rebaptisée « rue de la République ». Un matin, j'étais venu lui rendre visite et fus surpris de le voir mal rasé et visiblement très fatigué. Il avait travaillé toute la nuit. Après *L'Être et le Néant*, il avait entamé un autre gros volume qui paraissait plus volumineux *La Critique de la raison dialectique*[2] (755 pages). Le livre trônait sur la table de sa cuisine à côté de feuilles remplies de notes manuscrites. Il me proposa un verre de vin, ce qui m'étonna à cette heure matinale. À voir la bouteille déjà bien entamée sur la table et d'autres vides dans un coin, j'en conclus que l'effort accompli pendant la nuit avait dû être important.

Cette lecture de *La Critique de la raison dialectique* l'avait rapproché du marxisme qu'il étudiait avec la même ferveur. Avec lui et quelques copains, nous avions accepté

1. Jean-Paul SARTRE, *L'Être et le Néant. Essai d'ontologie phénoménologique*, Gallimard, 1943.

2. Jean-Paul SARTRE, *La Critique de la raison dialectique (précédé de Questions de méthode)*, tome I, *Théorie des ensembles pratiques*, Gallimard, 1960.

une invitation d'un cercle de catholiques qui voulaient dialoguer avec des étudiants sur la philosophie sartrienne et le marxisme, en nous considérant sans doute comme leurs ardents défenseurs. Le jour venu, nous nous retrouvâmes dans le salon d'un appartement somptueux d'un officier de marine près de la place Napoléon. Les membres de ce cercle commencèrent à faire une prière en évoquant le Saint-Esprit pour qu'il éclaire cette discussion. Cette introduction jeta un froid. La suite de la réunion ne fut guère plus brillante. À la critique catholique de l'athéisme inhérent à l'existentialisme sartrien et au marxisme, mon ami répondit par des explications plus ou moins claires sur l'« en soi » et le « pour soi », la dialectique marxiste, l'exploitation de la classe ouvrière, avec le notion de « plus-value » à l'appui.... Ce soir-là, malgré l'invocation de l'Esprit-Saint, la réconciliation du matérialisme et du christianisme n'eut pas lieu. Mais l'aisance avec laquelle mon ami avait répondu aux objections m'avait impressionné.

Je me mis à lire à mon tour *L'Être et le Néant* dans ma chambre d'étudiant à Caen. Je lisais et relisais les pages denses et touffues en prenant beaucoup de notes, parvenant à décrypter tant bien que mal un langage philosophique des plus abscons. J'en retirais quelques idées-forces : l'homme était seul et sans excuses, sa conscience était comme un « trou au sein de l'être », il ne pouvait coïncider avec lui-même, les autres et les choses, tout en étant sans cesse tenté par le mensonge, par des conduites de fuite pour essayer d'échapper à cette situation... Les quelques illustrations empiriques permettaient un peu mieux de saisir les concepts en question. Les pages où le garçon de café joue trop bien le rôle qui lui est assigné comme s'il voulait à tout prix oublier son existence me plaisaient particulièrement.

Avec Sartre, la vie dans les cafés prenait une dimension métaphysique qui n'avait rien de convivial. Les relations humaines étaient essentiellement marquées par un rapport d'aliénation réciproque où chacun tendait inéluctablement à considérer l'autre comme un objet. La « honte d'être regardé » renvoyait à cette appréhension de la subjectivité comme une chose, sans que la moindre possibilité de rompre avec ce cercle infernal soit esquissée. Dans *L'Être et le Néant*, l'« existence d'autrui » donnait lieu à des considérations d'une profonde obscurité, renforçant l'idée d'une complexité infernale des rapports humains : « Nous pouvons dire que le Pour-soi, comme soi-même, enveloppe l'être d'Autrui dans son être en tant qu'il est en question dans son être comme n'étant pas Autrui. En d'autres termes, pour que la conscience puisse n'être pas Autrui et, donc, pour qu'il puisse "y avoir" un Autrui sans que ce "n'être pas", condition du soi-même, soit purement et simplement l'objet de la constatation d'un témoin "troisième homme", il faut qu'elle ait à être elle-même et spontanément, ce *n'être pas*, il faut qu'elle se dégage librement d'Autrui et s'en arrache, en se choisissant comme un néant qui simplement est Autre que l'Autre et, par là, se rejoint dans le "soi-même" [1]. »

À lire ce passage, je comprenais mieux les raisons pour lesquelles mon ami sartrien avait pu recourir à une dose immodérée de ce qu'on appelait alors du « gros qui tache » pour tenter de percer les mystères de l'être et du néant. Manifestement, je n'avais pas la même capacité d'absorption intellectuelle que lui. J'abandonnai la lecture par KO à la quatre cent deuxième page.

Comment devient-on sartrien ?

Les romans de Sartre me paraissaient plus lisibles et plus clairs. Parmi eux, *La Nausée* [2], que j'avais lu en terminale,

1. Jean-Paul SARTRE, *L'Être et le Néant. Essai d'ontologie phénoménologique, op. cit.*, p. 343.
2. Jean-Paul SARTRE, *La Nausée*, (1938), Le Livre de Poche, 1965.

demeurait une référence centrale. En lisant ce « roman métaphysique », j'avais commencé à comprendre les conceptions de Sartre et apprécié tout particulièrement sa critique acerbe des notables de province. Le président de la chambre de commerce, le docteur, les riches familles de la ville et leurs descendants, se promenant le dimanche sur le boulevard maritime, les fidèles sortant de la messe avec des dames habillées en bleu marine... ressemblaient à ceux de la bourgeoisie cherbourgeoise. L'esprit de sérieux de tous ces gens satisfaits et caricaturaux dans leur conformisme social devenaient sous la plume de Sartre l'incarnation d'une « mauvaise foi » fuyant la contingence de l'existence humaine.

La Nausée coïncidait avec cette étape transitoire et flottante de l'adolescence, où l'on s'interroge sur son identité et où l'on peut avoir le sentiment d'être de trop. Sartre en avait fait une sorte de modèle type de la condition humaine en lui donnant un statut métaphysique. L'existence n'avait ni but ni sens déterminé, nous flottions à la surface des choses dans l'impossible coïncidence avec nous-mêmes. L'angoisse et la nausée étaient inséparables de cette prise de conscience qui voyait l'effondrement des repères familiers. Nous étions des êtres jetés dans l'existence et embarrassés d'eux-mêmes. Il nous fallait affronter lucidement notre condition. Cette conscience existentielle nous plaçait au-dessus des hommes ordinaires toujours enclins à fuir cette situation en cherchant à se confondre avec leurs rôles sociaux. L'état d'esprit de Roquentin, le personnage de *La Nausée*, était semblable au mien, comme à beaucoup d'autres jeunes intellectuels de ma génération : « Il me semble que j'appartiens à une autre espèce. Ils sortent des bureaux, après leur journée de travail, ils regardent les maisons et les squares d'un air satisfait, ils pensent que c'est *leur ville*, une "belle cité bourgeoise". Ils n'ont pas peur, ils se sentent chez eux [...] Ils sont paisibles, un peu moroses, ils pensent à Demain, c'est-à-dire à un nouvel aujourd'hui. [...] Les imbéciles. Ça me répugne de penser que je vais revoir leurs faces épaisses et rassurées[1]. »

J'avais commencé à m'éloigner de Cherbourg et la ville moderne de Caen avait les charmes d'une liberté sans racine. L'indétermination et la conception sartrienne de la liberté faisaient écho à ma nouvelle situation d'étudiant projeté dans ce monde moderne, détaché du passé et refusant un avenir qui semblait tout tracé. La liberté sartrienne fondée sur le néant au cœur de l'existence effaçait par là même la dépendance matérielle, les dettes et les devoirs envers les autres et la société. J'avais le sentiment d'être seul avec moi-même confronté à une responsabilité individuelle écrasante, celle de devoir choisir ce que j'allais faire de ma vie en dehors de toute aide, tout héritage et toute filiation. La conception sartrienne de la liberté renforçait mon refus de m'insérer dans la société et maintenait l'idée d'un choix constamment ouvert sur tous les possibles. L'avenir se profilait sur fond d'angoisse. Cette liberté perpétuellement flottante qui refusait de trancher pouvait déboucher sur n'importe quoi.

L'existentialisme était l'enfant rebelle de la modernité. Les « apprentis philosophes » de ma génération continuaient d'en être imprégnés plus ou moins consciemment dans une nouvelle étape de l'histoire qui avait déjà des allures d'une fuite en avant.

Une ouverture culturelle tous azimuts

Parmi les revues de l'époque, je découvris *Planète* qui se voulait résolument moderne et bénéficiait d'une audience dans le milieu intellectuel et étudiant[2]. Cette revue ne res-

1. *Ibid*, p. 221-222.
2. Le pic des ventes atteindra 100 000 exemplaires par numéro, cf. https://fr.wikipedia.org/wiki/Planète_(revue).

semblait à aucune autre par son format un peu carré, mais surtout par sa couverture aux couleurs foncées avec des têtes de statues de toutes les cultures et de toutes les religions : divinités sumériennes, Bouddhas, dieu hindou, Vierge et saintes catholiques, statues grecques, guerrier aztèque, masques africains… sans oublier le buste de Beethoven et quelques statues de jeunes sculpteurs modernes. Les quelques lignes en guise de sous-titre en bas de la couverture renforcèrent ma curiosité : « Chronique de notre civilisation/ Histoire invisible/Ouverture de la science/Grands contemporains/Monde futur/Civilisations disparues. »

Cette revue avait été créé par Louis Pauwels et Jacques Bergier, auteurs d'un livre qui avait connu un immense succès : *Le Matin des magiciens*[1]. Ce livre se voulait le « récit parfois légende et parfois exact d'un premier voyage dans des domaines de la connaissance à peine explorés[2] ». On y trouvait un drôle de mélange de science-fiction, de sciences occultes, de parapsychologie, de religion et de référence à des civilisations disparues… Le tout se présentait sous la catégorie du « réalisme fantastique ».

La revue *Planète* va reprendre la plupart de ces thèmes en les intégrant dans un projet pour le moins ambitieux. La revue entendait faire connaître et dialoguer entre elles toutes les civilisations sans exclusive et sans hiérarchie. Le projet se présentait comme une recherche sans a priori visant à une vaste synthèse de l'histoire et des conceptions des différentes civilisations, tâche estimée indispensable pour parvenir à donner un sens au monde nouveau qui en manquait cruellement.

Le monde, ne cessait de répéter Louis Pauwels, vit un moment de crise sans précédent qui concerne tous les

1. Louis Pauwels, Jacques Bergier, *Le Matin des magiciens*, Gallimard, 1960. Il sera vendu à 1 million d'exemplaire, cf. https://fr.wikipedia.org/wiki/Le_Matin_des_magiciens

2. « Quatrième de couverture ».

domaines: « Crise de l'histoire, de la politique, de la morale, de la psychologie, de la philosophie »; « Le vieil humanisme a duré trop longtemps[1] », qu'il soit matérialiste ou spiritualiste, il se montre incapable de répondre aux défis du présent[2]. Le dynamisme du monde est tel qu'« il semble dépasser l'histoire elle-même dans un temps en quelque sorte méta-historique[3] ».

Les dossiers se voulaient résolument à la pointe du progrès avec des articles écrits par des scientifiques et des spécialistes faisant le point de l'avancée des recherches dans les domaines de la physique, de la biologie, des sciences naturelles, de la cosmologie, de la recherche médicale, de l'astronomie... Rubriques scientifiques, littéraires, artistiques, philosophiques, historiques, religieuses coexistaient dans chaque numéro, renforçant l'idée qu'il est urgent de prendre conscience que nous sommes entrés dans un monde radicalement nouveau. L'humanité était arrivée à un tournant inédit et capital de l'histoire, remettant radicalement en cause toutes nos croyances, nos modes de pensée et de vie, nos comportements, nos mœurs... Religions, philosophies, idéologies occidentales paraissaient non seulement faussement universelles, closes et repliées sur elles-mêmes, mais dépassées par un vaste mouvement bouleversant la planète tout entière. Le constat dressé appelait une « révolution » sans précédent. Les promoteurs du « changement » et de la postmodernité d'aujourd'hui n'ont rien inventé.

Cette « attitude ouverte » à tous les domaines pratiquait déjà une transversalité qui n'hésitait pas à mélanger les genres et à glisser vers des horizons obscurs: la « libération de l'esprit scientifique » pouvait ainsi passer par la reconnaissance

---

1. Louis Pauwels, « La philosophie de *Planète 2.* », *Planète*, n° 26, Janvier-février 1966.
2. Louis Pauwels, *ibid.*, n° 32, janvier-février 1967.
3. Louis Pauwels, *ibid.*, n° 26, Janvier-février 1966.

de la possibilité de recevoir des informations provenant de l'avenir et d'entrer en contact avec des intelligences d'autres planètes. Entre la science, la « science-fiction » et les sciences occultes, les frontières étaient vite franchies. Dans ce vaste capharnaüm, on pouvait aussi trouver Heidegger, Carl Jung, Krishnamurti, Theilard de Chardin, avec sa vison cosmique-christique de l'histoire, tout autant que les maîtres soufis ou les lamas tibétains.

Comme la majorité des lecteurs, je lisais cette revue par curiosité sans prendre tout ce qui y était écrit pour argent comptant. J'étais très loin de partager sa « philosophie » et son projet que je trouvais, pour le moins, confus. Mais je l'achetais de temps en temps pour découvrir des auteurs, des cultures et des mondes inconnus. La lecture de *Planète* était un « dépaysement » dans un monde universitaire replié sur lui-même et une société où régnaient la rationalité et la gestion technocratique. Ce modernisme et ce syncrétisme invétéré n'en annonçaient pas moins de nouvelles formes de religiosité diffuse adaptées au nouveau monde[1].

Un cinéma du mal-être

Le soir, avec les cafés, le cinéma était l'un de nos loisirs favoris. Je découvrais des films nouveaux bien différents de ceux que j'avais vus depuis mon enfance avec leurs héros positifs et leur fin heureuse. Dans le milieu étudiant, le cinéma n'était pas seulement un divertissement, mais il relevait du « septième art ». Dans ce domaine, nombre de grands cinéastes faisaient apparaître la condition de l'homme moderne sous un angle tragique et sombre. Ils mettaient

1. Jean-Pierre Le Goff, « V. De nouvelles formes de spiritualités diffuses », *Malaise dans la démocratie, op. cit.*

en scène un mal-être qui, malgré les différences d'âge et de situation, ne nous était pas inconnu.

Dans le milieu étudiant, les films de Bergman étaient particulièrement prisés. La découverte des *Fraises sauvages* avec ses scènes oniriques de réminiscences d'enfance et de mort me faisaient découvrir un art nouveau qui me semblait prolonger sur un autre plan la littérature et la peinture. La vision du film *Persona* faisait écho à l'introspection sans fin, à l'angoisse et à la difficulté d'aimer. Ce qu'on appelait encore la « psychologie des profondeurs » se mêlait à une métaphysique : la condition humaine se révélait sans fondement solide où s'accrocher, l'isolement et l'incapacité d'une communication véritable entre les êtres apparaissaient comme inhérents à l'existence : « Rêver vainement d'exister... Un abîme sépare ce qu'on est pour les autres et ce qu'on est pour soi-même [1]. »

D'autres films venaient nous conforter dans notre vision critique de la bourgeoisie et des notables locaux. Le film de Truffaut *La mariée était en noir* nous plaisait non seulement par son récit et son intrigue policière, mais parce qu'il mettait en scène des bourgeois et des notables locaux peu reluisants. Dans le genre, le film *Le Septième Juré* de Georges Lautner sorti plus tôt était une référence : il dressait un tableau des mœurs d'une petite ville de province et de l'hypocrisie des « notables » et des « honnêtes gens »... Les films d'Antonioni ne nous réconciliaient pas plus avec le monde moderne. On y retrouvait les thèmes du drame intérieur, de l'incommunicabilité entre les êtres, des couples en mal d'amour dans un monde moderne en perpétuel mouvement. L'atmosphère étrange de *Blow-up* m'avait fasciné, à tel point que j'écrivis un article dithyrambique dans *L'Étoile dansante*. La séquence où le groupe de pop The Yardbirds joue un morceau de

1. Extrait des dialogues de *Persona*.

rock déchaîné face à une foule de jeunes immobiles aux yeux hagards m'avait subjugué. Pour moi, ce mélange de rage et de non-sens exprimait sublimement la révolte et le malaise de ma génération. À cette époque, l'hermétisme avait valeur esthétique. La scène finale où des jeunes déguisés miment une partie de tennis avec le bruit de balles invisibles rebondissant sur les raquettes tenait pour moi d'une beauté métaphysique où les repères de la réalité s'évanouissaient. Je n'hésitais pas alors à écrire : « Ce film en réalité ne peut laisser indifférent que les imbéciles, car même ceux qui disent n'avoir rien compris reconnaissent qu'ils ont été accrochés par quelque chose qu'ils ressentent confusément[1]. » Mon propos ne contribuait pas vraiment à les éclairer. Contre les condamnations morales d'une certaine presse catholique, je concluais tout bonnement : « « Ce film est plus que moral ou immoral, il est Beau[2]. » Les grands espaces verts du parc londonien avec le bruissement du vent dans les arbres y étaient sans doute pour quelque chose ; j'y trouvais quelques ressemblances avec ceux du campus de l'université, les soirs et les dimanches quand régnaient le silence et le vide.

Avec les films de Godard, je découvrais un cinéma d'« avant-garde » qui avait des allures de brouillon avec des fulgurances au milieu d'un chaos. À l'époque, les voix off, les citations plus ou moins littéraires me plaisaient. C'était nouveau et cela donnait un côté littéraire à des films dont les aspects énigmatiques étaient censés être révélateurs d'un sens profond. On pouvait en discuter longuement à la sortie de la séance et dans les bistrots, sans qu'on y voie plus clair pour autant.

Une formule de *Masculin Féminin* caractérisant la jeunesse des années 1960 avait retenu mon attention : « Les enfants de

1. « Impressions sur *Blow-up* », *L'Étoile dansante*, document en possession de l'auteur.

2. *Ibid.*

Marx et de Coca-Cola». On aurait pu dire tout autant: «Les enfants de l'existentialisme et de Coca-Cola», en y ajoutant même «des chrétiens de gauche» pour compléter le tableau. Mais plus que tous les autres, c'était *À bout de souffle* et surtout *Pierrot le fou* qui provoquèrent un choc par leur mélange de transgression, d'amour impossible et de mort. La musique déchirante et tragique d'Antoine Duhamel dans *Pierrot le fou*, mêlée aux paysages de la Provence et de la méditerranée me bouleversait. Le refus d'une vie conformiste, la soif d'un amour absolu, le soleil et la mer mêlés avec la fin tragique du héros sublimaient des désirs enfouis avec l'envie folle de «prendre ses désirs pour des réalités» quel qu'en soit le prix. Avec *À bout de souffle*, *Pierrot le fou* demeurera un film culte pour toute une génération, comme un amour fou de jeunesse qui n'aurait pas vieilli.

Groupuscules et dépolitisation

Les hauts lieux du militantisme étudiant étaient moins fréquentés que les cinémas. En bas du Gaillon, place de La Mare, siégeait une petite bâtisse sans étages au nom étrange de «Maison de l'A». Elle appartenait à l'Association générale des étudiants de Caen (AGEC) adhérente à l'UNEF. Pour un nouvel étudiant, cette maison n'avait rien de particulièrement attirant. Les salles étaient meublées de façon sommaire, les murs remplis d'affiches et la propreté laissait à désirer. On pouvait y manger sommairement et pour pas cher. Dans l'une des salles, s'alignait une rangée de flippers plus très jeunes qui fonctionnaient plus ou moins bien. L'agitation et les discussions bruyantes créaient une atmosphère particulière que l'on ne trouvait pas dans les autres «bistrots». C'était le lieu privilégié de rencontres des syndicalistes, des étudiants politisés de gauche et d'extrême gauche. Avant Mai 68, ils vivaient plutôt en cercle restreint. On les voyait souvent distribuer des tracts devant les portes du « resto U ».

Les trotskystes, tout comme les maoïstes de l'UJCML (Union des jeunes communistes marxistes-léninistes) étaient issus de l'organisation étudiante du parti communiste UEC. À la différence des trotskystes, les maoïstes étaient beaucoup moins présents à l'université, préférant déjà partir à la conquête de la classe ouvrière dans les usines à la périphérie de Caen. On les voyait quand même de temps à autre sur le campus avec des tracts, des panneaux et un petit journal dénonçant la guerre du Vietnam et appelant à rejoindre les comités Vietnam de base qui étaient leur émanation.

Je n'étais pas encore des leurs. J'avais au contraire tendance à considérer tous les militants comme des gens peu intéressants à connaître et à fréquenter. Leurs préoccupations et leur activisme me paraissaient en décalage avec la vie quotidienne de la grande masse des étudiants. Les deux principaux dirigeants de l'UNEF, avec leurs lunettes, leur teint pâle et leur allure frêle, avaient gardé des allures de boy-scouts cathos. Ils ne faisaient pas le poids face à des militants d'extrême droite du groupe Occident beaucoup plus bagarreurs et costauds. Il en allait différemment avec quelques carrures d'extrême gauche, liées de près ou de loin aux trotskystes de la Jeunesse communiste révolutionnaire (JCR). Leur opposition et leurs bagarres n'intéressaient pas grand monde et je ne me sentais pas concerné par ce type d'affrontement. Je n'étais pas encore politisé et les groupuscules ne m'intéressaient pas.

Depuis la fin de la guerre d'Algérie, le syndicat étudiant à Caen comme ailleurs vivotait. Le taux massif d'abstentions pour l'élection du bureau de l'AGEC en novembre 1966 avait atteint le taux record de 97 %, celui du Conseil de la faculté des lettres en janvier 1967 était de 95 %[1]. À lire ses bulletins, l'AGEC ne semblait pas alors avoir le moral reconnaissant son échec à « élever le niveau de conscience collective des étudiants[2] ».

Un journal local en avait rendu compte en ces termes : « Ces pourcentages et l'absence totale de campagne électorale sont révélateurs. Une fois de plus, les étudiants sont en pleine léthargie. Ils ne semblent s'intéresser qu'aux examens ! Pour le reste, c'est l'indifférence totale[3]. » En juin 1967, ce même journal observait naïvement : « Il faudra sans doute attendre bien longtemps avant que les étudiants osent s'intéresser à autre chose qu'à leurs cours[4]. »

Les mobilisations contre la guerre au Vietnam suscitaient plus d'intérêt. Les images d'actualité au cinéma et à la télévision montrant les B-52 déversant leurs tonnes de bombes, les villages en feu, les populations terrorisées… apparaissaient à la fois comme une barbarie contre un peuple qui voulait son indépendance et comme un résidu du monde ancien marqué par les horreurs de la guerre. La France au contraire s'était réconciliée avec l'Allemagne, elle avait mis fin à la guerre d'Indochine et d'Algérie ; en 1966, elle s'était retirée du commandement militaire intégré de l'OTAN et dans son discours de Phnom Penh de Gaulle avait critiqué la politique américaine au Vietnam.

L'opposition à l'« impérialisme américain » apparaissait comme une sorte d'évidence à beaucoup, sans se soucier le moins du monde de la mainmise des communistes vietnamiens sur cette lutte de libération. J'avais fait la connaissance d'un étudiant vietnamien qui m'avait mis en garde

1. Cf. Alain Leménorel, *68 à Caen*, *op. cit.*, p. 72.
2. Cité par Alain Leménorel, *ibid.*
3. *Caen 7 jours*, 12 janvier 1967, cité par Alain Leménorel, *ibid.*
4. *Caen 7 jours*, cité par Alain Leménorel, *op. cit.*, p.73.

contre la propagande des communistes. Pour lui, les horreurs avaient lieu de tous les côtés et cette guerre était un déchirement. Je le comprenais mais pour moi l'agresseur était le géant américain avec des armes sophistiquées face à un petit peuple écrasé sous les bombes. Sa résistance n'en était que plus héroïque. La photo d'un aviateur américain prisonnier, marchant les mains liées, amené par une femme vietnamienne plus petite portant un fusil était le symbole même de la résistance de tout un peuple. Le groupuscule d'extrême droite Occident avait tenté de développer des actions de soutien aux GI qui combattaient au Vietnam, mais cette initiative apparaissait absurde et n'avait pas d'écho. À cette guerre s'ajoutaient le racisme et la ségrégation contre les Noirs. Ils nous semblaient injustes et insupportables, les restes d'un vieux monde qui s'accrochait encore à sa domination. C'est aussi ce que nous disait Dylan à travers ses chansons qui annonçaient en même temps un monde de réconciliation.

La guerre est finie ?

Je n'étais pas pacifiste mais comme beaucoup de jeunes de cette époque je n'aimais pas l'armée. Le service militaire apparaissait comme une corvée et une perte de temps. La vision des militaires demeurait associée à celle des caporaux butés et des conscrits avinés et bruyants, que l'on croisait dans les gares et dans les trains. À gauche, on ne cessait de pester contre l'arme nucléaire avec des arguments moralistes et sociaux : « Tout cet argent serait bien mieux utilisé pour financer la recherche, l'école et les hôpitaux... » Cette idée avait spontanément de l'écho chez les étudiants pacifistes et dépolitisés comme dans le milieu du syndicalisme et de la gauche estudiantine. « N'importe comment, ajoutait-on souvent, si une nouvelle guerre mondiale éclate il n'y aura plus de vainqueurs et de vaincus mais un holocauste nucléaire. »

Le récit gaullien de la France héroïque de la Résistance continuait d'être présent, mais il avait perdu de son dynamisme et de sa substance avec le basculement dans un nouveau monde. Avec la réconciliation franco-allemande, les contenus des films de guerre avaient eux-mêmes évolué. En 1946, le film bien connu *Le Père tranquille* mettait en scène un bon père de famille apparemment sans histoire, habitant un pavillon avec un jardin. Mais derrière ces apparences se cachait un chef de la résistance. En 1959, le film *Marie-Octobre* donnait une vision moins simpliste d'un réseau de la résistance avec un traître en son sein ayant livré son chef aux Allemands. En comparaison avec tous ces personnages, le héros du film *Le Passage du Rhin* (1960) avait des allures de Français moyen. Prisonnier de guerre travaillant en Allemagne, il se liait avec Helga, la fille du bourgmestre. Après sa libération et son retour en France, il finira par abandonner sa famille et franchira de nouveau le Rhin pour rejoindre Helga.

Le film au titre explicite *Arrêtez les tambours* (1961) mettait en scène un maire de village, médecin humaniste qui soigne les maquisards mais aussi les soldats allemands. Alors qu'il est menacé d'être fusillé, le médecin allemand le sauvera une première fois et tombera amoureux de sa fille, tandis qu'au sein du village les critiques vont bon train contre cette famille qui fréquente des « boches ». Le maire finira par être fusillé avant que des avions alliés bombardent le village, l'un des soldats allemands tombera à ses côtés. La figure des militaires avait aussi évolué. Les personnages d'*Un taxi pour Tobrouk* (1961) tiennent des propos ironiques et cyniques sur la guerre. Le film se termine par un défilé de la victoire où le seul survivant du groupe se voit vertement réprimandé par un spectateur parce qu'il a gardé sa casquette sur la tête au passage de la troupe. « Excusez-moi, répond-il, je pensais à autre chose », et cette autre chose ce sont ses amis morts, y compris le soldat allemand qu'ils avaient fait prisonnier.

Le gaullisme installé au pouvoir depuis 1958 n'est plus celui de l'épopée de la France libre. Ne trouve-t-on pas dans les allées du pouvoir des « politiciens usés, des académiciens somnolents, des hommes d'affaires manégés par les combinaisons, des généraux épuisés de grades », dénoncés par le général de Gaulle à Londres en 1942 [1] ? Pour moi, comme pour beaucoup d'autres jeunes étudiants de l'époque, l'évocation de la Résistance était devenue le supplément d'âme et la bonne conscience d'une société dont les préoccupations étaient désormais aux antipodes de cette période. Était-ce le même peuple qui, selon l'histoire officielle, s'était battu héroïquement et qui désormais ne semblait rêver que de consommation et de loisirs ?

Les discours des cérémonies officielles me semblaient de plus en plus désuets, malgré les efforts pour ranimer la flamme et la voix tremblante, épique et tragique d'André Malraux lors du transfert des cendres de Jean Moulin en 1965 : « Entre ici, Jean Moulin, avec ton terrible cortège. Avec ceux qui sont morts dans les caves sans avoir parlé, comme toi ; et même, ce qui est peut-être plus atroce, en ayant parlé ; avec tous les rayés et tous les tondus des camps de concentration, avec le dernier corps trébuchant des affreuses files de *Nuit et Brouillard,* enfin tombé sous les crosses ; avec les huit mille Françaises qui ne sont pas revenues des bagnes, avec la dernière femme morte à Ravensbrück pour avoir donné asile à l'un des nôtres.

---

1. Discours prononcé par le général de Gaulle devant le *National Defense Public Interest Committee* à Londres, le 1er avril 1942, in Charles de GAULLE, *Mémoires de guerre, L'Appel 1940-1942,* Plon, 1954, p. 533.

Entre, avec le peuple né de l'ombre et disparu avec elle – nos frères dans l'ordre de la Nuit[1]. »

Ce discours a été prononcé en pleine vague du rock et du yé-yé. Le divorce était trop grand ; l'idéal qui associait étroitement la liberté à la mort et au sacrifice, décalé. Comment pouvoir encore s'identifier à ce « visage de la France » martyrisé dans un pays qui désormais ne semblait plus préoccupé que par les courbes de la croissance, la réussite professionnelle, le week-end et le tiercé ? De Gaulle lui-même n'avait-il pas dit que « les Français sont des veaux » ?

Un peu moins d'un an avant les événements, en juin 1967, le journal *Caen 7 jours* affirmait naïvement : « Il faudra sans doute attendre bien longtemps avant que les étudiants osent s'intéresser à autre chose qu'à leurs cours[2]. » L'année 1968 allait changer la donne.

1. André MALRAUX, « Transfert des cendres de Jean Moulin au Panthéon. Discours prononcé à Paris le 19 décembre 1964 », *La Politique et la Culture*, Gallimard, 1996, p. 304.

2. *Caen 7 jours*, cité par Alain LEMÉNOREL, *ibid.*, p.73.

Chapitre 5

Quand le temps s'accélère

Les jeunes étudiants ne ressemblent plus à ceux qui s'étaient mobilisés contre la guerre d'Algérie. À Caen, l'UNEF et les groupuscules révolutionnaires ne représentent qu'une petite minorité qui a tendance à vivre dans un entre-soi contestataire. Les discours syndicaux et militants continuent comme avant face à des étudiants qui ont d'autres préoccupations en tête. Les désillusions de la vie étudiante et les méthodes d'enseignement n'en ont pas moins engendré un certain malaise. Le 4 novembre 1967, l'université de Caen fêtait son dixième anniversaire. La rentrée solennelle eut lieu dans le grand amphithéâtre avec les enseignants revêtus de leur toge en présence du recteur et des représentants des institutions locales et régionales. Deux mois plus tard, des échauffourées éclatent lors de la visite d'Alain Peyrefitte, nouveau ministre de l'Éducation nationale, venu inaugurer la nouvelle faculté des Lettres. À Caen, Mai 68 commence en janvier et les événements prendront une autre tournure que ceux du Quartier latin.

Inauguration mouvementée

Le 18 janvier, pour protester contre la visite du ministre de l'Éducation nationale, l'AGEC et l'UNEF appellent les étudiants à se rassembler dans la cour d'honneur de l'université à seize heures. Depuis des mois, l'AGEC et l'UNEF mènent une campagne contre l'application du plan Fouchet[1]. Les cours sont suspendus en lettres et en droit et beaucoup d'étudiants comme moi se rendent au rassemblement. À vrai dire, je ne m'intéresse pas au « plan Fouchet » considéré par l'UNEF comme un plan visant à « rentabiliser l'université et à l'adapter aux exigences du néocapitalisme du patronat, des technocrates et du gouvernement[2] ». Ce syndicat ne représente plus grand monde, comme l'a montré le très fort taux d'abstentions aux élections universitaires. Ses revendications me paraissaient en décalage avec la vie quotidienne en milieu étudiant, les désillusions et le vide ressenti par les jeunes. À sa façon, il s'intègre au fonctionnement de l'université, comme une contre-pôle revendicatif exigeant toujours plus de « gommes et de crayons » sur le modèle des syndicats ouvriers.

En arrivant dans la cour d'honneur de l'université, je suis surpris de trouver autant d'étudiants rassemblés. Les responsables de l'UNEF ont déployé des banderoles et quelques slogans sont lancés : « Peyrefitte démission ! », « Des profs pas de flics ! », « Des amphis pas de canons ! » repris avec plus ou moins d'entrain. Nous avons droit à une longue prise de parole pour expliquer comment la politique du

1. Ce plan, entre autres, réorganisait la formation universitaire en trois cycles, le premier étant un cursus court de deux ans, créait des instituts universitaires de Technologie (IUT) dans le but de désengorger l'université et de développer des filières professionnelles.

2. AGEC, rapport de novembre 1967, cité par Alain Leménorel, *68 à Caen*, *op. cit.*, p. 73.

ministre s'inscrit dans un plan global visant à développer les inégalités. Les étudiants présents (environ mille cinq cents) ne sont pas forcément venus pour écouter ce genre de discours. Ils attendent avec impatience la venue du ministre en espérant qu'elle ne se déroule pas comme prévu. L'attente fut vaine. Le ministre était entré par la porte à l'arrière du bâtiment.

Cette situation échauffe les esprits. Un petit cordon de policiers a été placé dans la rue en face de l'esplanade. Les quolibets et les insultes commencent à fuser. Sentant la tension monter, les responsables de l'UNEF appellent les étudiants à aller manifester en ville pour faire connaître leurs revendications à une population qui n'en demande pas tant. Je ne suis pas venu pour écouter les discours stéréotypés des syndicats et participer à un gentil défilé. Je me retrouve spontanément dans le groupe d'« irréductibles » qui refuse de les suivre et jette des œufs et des mottes de terre par les soupiraux du bâtiment de la fac de lettres qui donnent directement dans l'amphithéâtre en contre-bas où le ministre fait un discours. Ils passent tout près de la tête du ministre et sèment le trouble dans la cérémonie officielle. Le recteur de l'université quitte la réunion et sort un moment pour essayer de calmer les esprits. Mais rien n'y fait. Le groupe d'irréductibles jette des œufs et des boulets de charbon pris sur un camion de passage sur les policiers qui répliquent par quelques grenades lacrymogènes et coups de matraque. Ces petits affrontements ont encore les aspects d'un chahut d'étudiants et on entend quelques chansons paillardes au milieu des slogans. Les CRS placés en réserve n'interviennent pas. Le ministre accepte finalement de recevoir une délégation de l'AGEC. Il est près de vingt-deux heures, le ministre s'en va sous la protection des forces de l'ordre. Je termine la soirée dans les cafés de la rue du Gaillon à commenter cet événement qui a brisé la monotonie de la vie quotidienne en milieu étudiant.

C'est ma première manifestation. Je n'ai jamais participé à un tel rassemblement qui me paraît imposant et surtout je n'ai jamais vu d'aussi près des policiers donner quelques coups de matraque et se servir de gaz lacrymogènes. Je m'y habituerai assez vite après Mai 68. Mais le plus important est le sentiment que ma révolte n'est pas solitaire. Dans ce rassemblement, les étudiants – ou du moins une partie d'entre eux – ont déposé leur habit de sérieux pour exprimer un « ras-le-bol » qui déborde les mots d'ordre syndicaux. Le lendemain, un communiqué filandreux de l'AGEC-UNEF déclare se désolidariser de ceux qui ont « dénaturé » la manifestation syndicale. Ma sympathie est allée spontanément vers les « irréductibles ». Relatant la manifestation, le quotidien *Ouest-France* pose justement la question : « Mais qu'est-ce qu'ils veulent ? »

Émeute ouvrière

Quelques jours plus tard, les mille cinq cents ouvriers de l'usine Saviem rassemblés devant les portes de l'usine avec leurs représentants syndicaux, CFDT en tête, décident de déclencher une grève illimitée après que la direction eut rejeté leurs revendications[1]. Depuis 1965, des débrayages avaient eu lieu dans les nouvelles usines implantées dans la région. Les ouvrières de la Sonormel, de la Radiotechnique, de Jaeger et les ouvriers de la Saviem s'étaient mis en grève pour des augmentations salariales pour un travail à la chaîne exigeant toujours plus de rendement. Jusqu'alors, je n'avais pas prêté trop d'attention à ces conflits sporadiques. Mais avec la grève et les manifestations des ouvriers de

1. Augmentation des salaires de 6 % ; constitution d'un fonds de stabilité des revenus ; libre exercice du droit syndical à l'intérieur de l'usine.

la Saviem dont la presse rend compte quotidiennement, il n'est plus possible de demeurer insensible à ce qui se passe dans le milieu ouvrier. Des échauffourées ont lieu à l'entrée de l'usine avec les non-grévistes qui voient leurs vélos, leurs mobylettes et leurs voitures endommagés. Plusieurs marches des ouvriers vers le centre-ville de Caen se heurtent aux barrages de gardes mobiles et des premiers affrontements ont lieu à la périphérie. Le vendredi 26 janvier, tous les syndicats appellent à un grand rassemblement de solidarité à dix-huit heures dans le centre-ville. Des cortèges ouvriers de la Saviem et des autres usines de la périphérie convergent vers la place Saint-Pierre. Les militants étudiants, syndicalistes et gauchistes, participent à ce rassemblement.

C'est un vendredi en fin d'après-midi. Comme beaucoup d'étudiants, la veille du week-end, je fuis la ville et retourne chez mes parents. L'avenue qui mène à la gare est étrangement vide. Un vieux monsieur bien habillé promène son petit chien sur le trottoir. On entend une rumeur sourde : au loin une masse sombre et compacte scande des slogans. Ce cortège ouvrier est impressionnant. Le vieux monsieur prend son petit chien dans ses bras et se presse de rentrer dans son immeuble. J'ai un train à prendre et ne reste pas sur place plus longtemps. C'est le lendemain, en regardant le journal télévisé, que je prends connaissance de ce qui s'est passé dans la nuit du 26 au 27 janvier. Le journaliste parle d'émeute et l'on montre des gourdins, des barres de fer, des lance-pierres, des boulons… dont se sont servis les manifestants.

De retour à Caen, je constate les dégâts, beaucoup de vitrines du centre-ville ont été brisées et la ville est en émoi. Les affrontements violents ont duré jusqu'à cinq heures du matin. On compte plus de deux cents blessés dont trente-six hospitalisés parmi lesquels onze membres des forces de l'ordre (l'un d'eux ayant perdu un œil) et quatre-vingt-trois personnes ont été appréhendées [1]. Les témoignages de la répression policière ont suscité une large indignation.

Dans la nuit du 28 au 29 janvier, les gardes mobiles et les CRS démantèlent les petites barricades que les ouvriers ont dressées devant les portes de l'usine et pénètrent dans les ateliers. En réponse à cette intervention, la solidarité avec les ouvriers de la Saviem se développe. Des débrayages ont lieu dans les usines, les maires des communes des alentours apportent leur soutien et organisent des collectes, des habitants et des agriculteurs rendent visite aux grévistes à l'usine et leur apportent des vivres... L'évêque de Bayeux exprime sa sympathie pour les grévistes. Les étudiants ne sont pas en reste [2]. À l'université, les militants mènent grand battage avec tracts, panneaux d'affichage et prises de parole pour dénoncer la répression policière et appeler à la solidarité des étudiants. Comme beaucoup d'autres, je verse quelques sous à la collecte organisée à la porte du resto universitaire. C'est mon premier acte de soutien à une grève ouvrière.

La presse locale fait les gros titres sur cette nuit d'émeutes relayée quelques jours plus tard par les journaux nationaux. *Le Canard enchaîné* titre à la une : « Des triques à la mode de Caen [3] ». Jean Lacouture, journaliste du *Monde*, vient sur place et écrit un article retentissant, « Caen : de la grève à la jacquerie ouvrière [4] » : « Caen vient de connaître les contrecoups de la tentative de modernisation et d'urbanisation

1. La plupart étaient âgés de moins de trente ans. Les deux tiers étaient ouvriers, les autres chômeurs et étudiants.

2. Pour une information plus complète sur la grève de la Saviem et son impact, voir Alain Leménorel, *68 à Caen*, *op. cit.*, et Jean Quellien, Serge David, *Caen 68*, *op. cit.*

3. « Des triques à la mode de Caen », *Le Canard enchaîné*, 31 janvier 1968.

4. Jean Lacouture, « Caen : de la grève à la jacquerie ouvrière », *Le Monde*, 7 février, 1968.

accélérée d'une région particulièrement retardée jusqu'en 1960. Cette nécessaire tentative de "recyclage" socio-économique a brisé un rythme d'existence, fait éclater des cadres et des traditions, et naturellement provoqué des dissonances[1]. »

Ce constat, pour pertinent qu'il soit, peut laisser de côté une dimension essentielle de cette révolte qu'Henri de Grandmaison souligne dans *Ouest-France* : « Pour la première fois à Caen, des jeunes sont descendus dans la rue. Avec des pierres dans les mains et des boulons dans les poches. [...] Un Caennais m'a confié qu'il expliquait cette explosion par une agressivité longtemps retenue. Mais alors contre qui ? Contre quoi ? "Contre le sophisme du progrès", disent les uns. "Contre cette illusion de croire à un avenir idéal de l'humanité", disent les autres. "Contre la dénonciation de toutes les autorités, morales, économiques, politiques", dit-on encore, en ajoutant que ces jeunes n'acceptant pas ce monde qui a grandi trop vite, sans qu'ils soient concernés par lui, ils veulent rompre avec lui et cette rupture ils veulent la consommer dans la violence désespérée. [...] Dévalorisés à l'usine, ces jeunes ont voulu vendredi se valoriser dans la violence. [...] Il est urgent de prendre conscience de l'impatience de tous ces jeunes, impatients à vingt ans de mordre au fruit d'une vie dont on ne cesse de vanter le progrès ! Déçus trop longtemps, ils finiront par se croire collectivement victimes d'un mirage. Et ils viendront dire à leurs aînés qu'on leur a menti[2]. »

Cette révolte ouvrière comporte une forte dimension générationnelle. Malgré les différences de situation, je me sens spontanément solidaire de ces jeunes ouvriers en projetant volontiers sur eux mes propres préoccupations.

1. *Ibid.*

2. Henri de GRANDMAISON, « Des jeunes dans la rue... », *Ouest-France*, 29 janvier 1968, cité par Alain LEMÉNOREL, *68 à Caen*, *op. cit.*, p. 36.

À la différence des étudiants qui semblent encore majoritairement bien apathiques, n'ont-ils pas manifesté une révolte exacerbée contre ce nouveau monde désenchanté ?

Ouvriers, étudiants : même révolte, même combat ?

Dans le milieu gauchiste étudiant, la lutte de la Saviem devient vite une référence emblématique. Le débordement des syndicats et les violences sont considérés comme la preuve évidente que, contrairement aux apparences, la classe ouvrière est restée révolutionnaire. Ce discours auquel je commence à être sensible se heurte à la réalité. Les ouvriers demeurent et demeureront méfiants vis-à-vis des étudiants qu'ils considèrent comme des enfants de riches et de privilégiés qui ne connaissent rien au monde ouvrier. Ce jugement sévère est globalement justifié. Je mettrai beaucoup de temps à admettre que, dans ce domaine comme dans les autres, il ne faut pas confondre ses désirs et la réalité.

Les jeunes ouvriers qui ont participé à la nuit d'émeute ne ressemblent pas à ceux de la sidérurgie de la SMN, ni aux mineurs de May-sur-Orne qui défilent dans les rues de Caen contre la fermeture programmée de leur établissement. Les nouveaux embauchés de la Saviem sont issus des bourgs ruraux. Ils peuvent avoir un CAP et se retrouvent à travailler sur des chaînes de montage. Séduits par la grande entreprise automobile dépendant du groupe Renault avec des espoirs d'avancement, ils se trouvent confrontés à l'organisation taylorienne du travail. Les revendications de salaire se mêlent à la révolte contre la hiérarchie et les « petits chefs » méprisants. La déception arrive vite, comme en témoigne un ouvrier de la Saviem dans un journal local : « On n'a aucun respect pour le travail de l'ouvrier. Jamais personne ne lui dit : c'est bien. Ceci me révolte le plus. Beaucoup plus que la question de salaire… parce que je refuse de me laisser humilier, je passe pour un frondeur. Si l'on refuse de faire des heures supplémentaires, on vous traite d'anarchiste. Quand j'ai dit non aux deux-huit[1], on m'a menacé de licenciement. C'est du chantage au gagne-pain. Finalement la Saviem, c'est un peu le bagne. Pour les jeunes, l'avenir est bouché[2]. » Pour ces jeunes ouvriers, l'usine est synonyme de contraintes insupportables et ils n'y restent pas forcément très longtemps.

À la différence de la CFDT, la CGT centrée sur ses bastions traditionnels n'a pas su prendre en compte cette nouvelle situation. Avec des cadres et des militants dynamiques, la CFDT a réussi son implantation. Elle est majoritaire dans la ville de Caen et dans les usines de la périphérie. Mais elle a aussi affaire à de jeunes ouvriers révoltés et bagarreurs qu'on n'encadre pas facilement.

Revenant sur son parcours, vingt ans plus tard, un ouvrier de l'usine Jaeger témoigne de l'importance de cette nuit d'émeutes du 24 au 25 janvier : « Cette nuit-là m'a vraiment impressionné. J'ai vu des ouvriers dans une traction [vieille voiture Citroën] avec des fusils de chasse. Ils connaissaient bien la ville et avaient fait le tour pour prendre à revers les CRS. Ils sont arrivés tous feux éteints et ont foncé dans le barrage. D'autres avaient des bouteilles d'essence qu'ils envoyaient en flammes sur les CRS. […] Cette nuit-là a été une étape pour moi. Je n'avais jamais vu de CRS ni d'émeute, je n'avais jamais fait de manifestation. Je n'étais pas très instruit et j'étais trop jeune pour avoir vécu l'occupation. J'ai vu des hordes de CRS, pour moi c'était comme

1. Organisation des horaires de travail consistant à faire travailler par roulement deux équipes d'ouvriers. Les équipes changeant de tranche horaire (matin et après-midi) d'une semaine sur l'autre.

2. Extrait de l'interview d'un électricien de vingt-cinq ans, *Caen 7 jours*, 8 février 1968, cité in Alain Leménorel, *68 à Caen*, *op. cit.*, p. 69.

une sorte d'occupation militaire. Ils lançaient des grenades à tir tendu. C'était très impressionnant et c'était très dur. J'ai vu un gars recevoir une grenade en pleine tête. Il était défiguré, le visage en sang. J'ai eu une impression très forte, un mélange de peur et de révolte[1]. »

Un jour de grève à l'usine, cet ouvrier voit arriver des étudiantes maoïstes. Le responsable syndical a prévenu les ouvriers : « Attention, si des étudiants arrivent, il ne faut pas discuter avec eux. Ce sont des fils à papa. » Il est étonné de trouver des interlocutrices qui l'écoutent et approuvent sa révolte exacerbée. Il est invité à la maison de l'A et des liens se tissent : « Je ne me sentais pas très à l'aise, ce n'était pas mon milieu. Mais j'avais trouvé des gens qui étaient en accord avec ma volonté de lutter jusqu'au bout, alors qu'au syndicat je rencontrais des attitudes "raisonnables". Le soutien que recevait ma révolte à l'état brut, un peu débridée, me plaisait beaucoup. Quand je disais : "Les patrons il faut leur taper dans la gueule, ils ne comprennent que ça", les étudiantes hochaient la tête, béates d'admiration. Cela me faisait plaisir[2]. »

L'ouvriérisme est véhiculé par les groupuscules trotskystes et maoïstes en jouant, d'une autre façon que les « cathos de gauche », sur les ressorts de la mauvaise conscience des « petits-bourgeois ». La révolution qu'annoncent les groupuscules révolutionnaires se veut encore « prolétarienne », mais elle comporte une forte dimension générationnelle ; elle fait valoir une radicalité et un désir d'autonomie qui accompagnent le développement du monde nouveau. Les liens très minoritaires qui se tissent entre étudiants gauchistes et jeunes ouvriers comportent un aspect existentiel par-delà la langue de bois. Je rencontrerai cet ouvrier de Jaeger dans

1. Maurice LEBOUDER, « Révolte ouvrière », *Itinéraires, récits et réflexions, Cahier de Politique Autrement*, septembre 1988.

2. *Ibid.*

l'après-Mai. Il deviendra un « camarade » en même temps qu'un ami et finira, comme moi, par se débarrasser de ses illusions révolutionnaires.

Retour du vide et violences intestines

À l'université, la mobilisation pour les ouvriers de la Saviem ne dure pas bien longtemps et tout recommence comme avant. L'UNEF et les trotskystes distribuent leurs tracts à l'entrée du resto U et le groupe d'extrême droite fait de nouveau parler de lui. Un tract signé du « service d'ordre d'hygiène d'Occident » et intitulé : « Dehors les rats crevés » se fait menaçant contre l'UNEF et l'extrême gauche : « Il faut assainir et désinfecter les abords de notre université des grappes poisseuses d'hamadryas chevelus et crasseux qui empoisonnent l'atmosphère de leurs déjections fétides. [...] La liberté d'expression réside dans la possibilité pour chacun de lire ce qu'il veut, où il veut quand il veut!! et non de se voir imposer régulièrement à dose dangereuse des torche-culs que dispensent hargneusement des ignobles tarés pseudo-intellectuels et sous-littérateurs sévissant dans l'escroquerie obscurantiste. Aux égarés qui se sont fourvoyés dans l'impasse marxiste nous demandons s'ils veulent revoir le printemps. Si Oui : alors retournez à vos études et abandonnez vos méthodes staliniennes vous pourrez alors avoir la chance de mener une vie décente jusqu'à la fin de vos études, SI NON.... »

Comme la majorité des étudiants, je me fiche de ces menaces. Occident commence à les mettre en application en agressant des militants de l'AGEC et en brisant les vitres de la maison de l'A. La riposte des militants d'extrême gauche ne se fait pas attendre sous l'œil plutôt dubitatif de la masse des étudiants. Pour l'heure, je ne pratique pas encore ce genre de sport de combat.

De cours en cours, de soirées en soirées, la vie en milieu étudiant continue, entrecoupée des allers et retours du week-end entre Cherbourg et Caen. Je commence à « sécher » la plupart des cours de philosophie, préférant lire directement les auteurs dans le texte ou récupérer les notes de copains ou les polycopiés de l'AGEC, plutôt que de passer une heure ou deux à écouter des enseignants qui m'ennuient beaucoup. Nous sommes quelques-uns à pratiquer de la sorte et à nous retrouver dans des cafés à échanger nos impressions avant d'aller au cinéma. Un seul cours échappe à l'ennui croissant : celui de Claude Lefort qui sait passionner son auditoire et me fera découvrir de nouveaux domaines que je ne connaissais pas : la sociologie et l'anthropologie. Il est d'une autre trempe que les autres enseignants. Son autorité est naturelle et il ne craint pas les étudiants contestataires qui, face à lui, se trouvent vite à court d'arguments.

Nous sommes en mars, le temps est redevenu vide, Dylan a sorti un nouveau disque et il faut quand même se préparer à passer les examens. Cette perspective m'effraie quelque peu, étant donné le retard que j'ai accumulé depuis la rentrée universitaire. Je me force à réintégrer un cours où j'ai été souvent absent. Au bout d'une demi-heure environ, n'y tenant plus, je quitte la salle, suivi d'un étudiant qui s'ennuie autant que moi. Nous ne supportons plus cet enseignement qui nous paraît hors sol et désincarné. Nous descendons la rue du Gaillon en échangeant nos impressions. Que sommes-nous venus faire en fac ? On nous prépare à devenir des enseignants. Il faut bien gagner sa vie, mais pour en faire quoi ? Une rage de vivre nous habite, mais au-delà ? Notre révolte tourne à vide, prête à éclater à la moindre occasion, mais toujours solitaire ou partagée seulement dans un petit cercle d'amis. Nous nous retrouvons au bar de L'Équipe pour dissiper notre mal-être avec quelques demis de bière et parties de baby-foot. La chanson « Il est cinq heures, Paris s'éveille » passe dans le jukebox avec son air de flûte en arrière-fond. À n'en pas douter, si la vraie vie est ailleurs, elle est de ce côté-là.

Un Mai 68 à retardement

Le vendredi 3 mai, je pars de nouveau passer le week-end chez mes parents. C'est par les journaux que j'apprends que la police est entrée dans la Sorbonne et a arrêté des étudiants[1]. Il s'est ensuivi une première nuit d'affrontement et de nouvelles arrestations. À l'université, l'AGEC/UNEF appelle à une manifestation le lundi. Le tract compare la « répression féroce » de Paris avec celle des ouvriers de Caen en janvier et souligne une nouvelle fois la nécessité de l'unité syndicale pour éviter les divisions. La langue de bois suit son cours. Quand je me retrouve avec quelques centaines d'étudiants à commenter les événements devant la faculté de lettres, je suis surpris par le faible nombre de participants à ce rassemblement. Les quelques centaines d'étudiants qui partent manifester en ville pour « informer la population » sont déterminés, certains ont des casques de moto sur la tête, brandissent des manches de pioche avec de toutes petites pancartes clouées au bout : « Non à la répression », « Solidarité Nanterre », « CRS = SS »... Je les suis un moment avant de retourner sur le campus.

L'« appel à la population » ne produit pas l'effet escompté. Au passage de ce cortège, nombre de commerçants ferment leurs boutiques et baissent les rideaux de fer de peur que

1. Cette intervention à la demande du recteur Roche fait suite au meeting tenu par plusieurs centaines de militants d'extrême gauche dans la cour de la Sorbonne qui protestent contre la fermeture de la faculté de lettres de Nanterre suite à l'agitation gauchiste et s'attendent à une attaque imminente de militants d'extrême droite.

leur vitrine ne vole en éclats. Le souvenir des émeutes de la Saviem est toujours présent. Les manifestants qui s'attendent sans doute à des affrontements avec la police ne voient pas l'ombre d'un policier à l'horizon. Il en sera de même pendant tous les événements à Caen. CRS et gardes mobiles seront prêts à intervenir mais on ne les verra pas dans les rues où passeront les manifestations. Le préfet a tiré les enseignements des affrontements de janvier où la vue des barrages de gardes mobiles et de CRS, leur intervention à coups de grenade lacrymogène avaient immédiatement entraîné des réactions violentes. Cette première manifestation étudiante de Mai 68 se termine par des cailloux lancés dans les vitres de la préfecture et du commissariat. Caen n'est pas Paris et ne ressemble pas au Quartier latin.

À l'université, le mot d'ordre de grève est peu suivi, sauf en lettres où les étudiants de sociologie occupent leur institut jour et nuit pour exiger que leur enseignement ne se limite pas à un premier cycle. Des piquets de grève devant les portes d'entrée du bâtiment empêchent étudiants et enseignants de passer. Il s'ensuit discussions, invectives et bousculades. Quelques enseignants ont réussi à entrer, on ne sait trop comment. Dans le hall de l'amphithéâtre, nous nous retrouvons à quelques dizaines. L'un d'eux est un professeur d'histoire bien connu qui n'entend pas céder à l'intimidation. Mal lui en prend, un gauchiste à la carrure impressionnante lui écrase des œufs sur la tête Le professeur continue de protester et finit par s'en aller sous les huées. Cet acte est loin d'être approuvé par tous, mais il lève un tabou dans le rapport avec les quelques enseignants de la faculté des lettres qui s'opposent à la grève.

Un de nos enseignants de philosophie est lui aussi présent. Il se sent gêné et discute avec nous. L'après-midi, il est de nouveau présent et visiblement il a changé d'habit : il porte une écharpe rouge et déclare à qui veut l'entendre qu'il a compris son erreur ; désormais, il est totalement solidaire des étudiants. On en rit sous cape. Ce retournement ne le fait pas remonter dans notre estime, mais, à vrai dire, il n'en avait pas déjà beaucoup. Ce premier « retournement de veste » sera suivi par beaucoup d'autres. Le professeur qui a fait front a fait preuve de plus de courage, mais il est la « bête noire » des étudiants contestataires et le demeurera longtemps.

Le 10 mai, nouveau meeting, les représentants des syndicats ouvriers sont présents aux côtés de l'UNEF et de la FEN. La motion commune adoptée par les syndicats continue dans la langue de bois, affirmant la « légitimité du mécontentement des étudiants dont le gouvernement porte l'entière responsabilité en refusant les moyens indispensables à l'université, en refusant le dialogue avec les représentants étudiants et enseignants, en recourant systématiquement à la violence chaque fois que s'expriment de justes revendications [1] ».

Le décalage est manifeste non seulement avec ce qui se passe à Paris mais avec les étudiants révoltés présents. Pour moi, comme pour beaucoup d'autres, les raisons de la colère sont plus simples et plus fortes : la police a envahi la Sorbonne, des étudiants sont emprisonnés, la répression policière des manifestants a été brutale… C'est la preuve du divorce entre la jeunesse étudiante et le pouvoir en place, les institutions drapés dans leur arrogance et leur autoritarisme datant d'une autre époque. C'en est trop.

Je n'avais jamais participé à une manifestation de rue, je n'aimais pas la foule, mais je me retrouve le 10 mai à crier comme des milliers d'autres : « À bas la répression ! », « Libérez nos camarades ! ». Notre solidarité avec les étudiants parisiens est totale. C'est pour moi une évidence : les CRS sont des brutes sadiques. Nous avions entendu parlé des exactions allemandes pendant la guerre, des tortures et des

1. Cité par Alain Leménorel, *68 à Caen*, *op. cit.*, p. 75.

affrontements en Algérie. La colère mêlée à la méconnaissance ne s'embarrasse pas de nuance et de raison. Le mot d'ordre « CRS = SS » est une évidence et un slogan à la hauteur de notre indignation.

Barricades et affrontements à distance

Je commence à écouter fiévreusement tous les jours la radio. Je me souviens de la soirée du vendredi 11 mai. Un dialogue incroyable s'établit en direct sur les ondes de Radio-Luxembourg entre Alain Geismar du SNES-sup dans la rue et le vice-recteur Chalin. Ce dernier lui dit qu'il est prêt à se rendre à l'endroit où il se trouve « afin d'avoir une conversation » avec lui. Les reporters décrivent en direct l'érection des barricades autour de la Sorbonne face à des rangées de CRS, l'arme au pied qui attendent les ordres. À minuit, Alain Peyrefitte reçoit une délégation composée de trois étudiants (dont Daniel Cohn-Bendit) et trois professeurs. Au ministère de l'Intérieur, on s'impatiente, car les manifestants dépavent les chaussées, les barricades atteignent une certaine hauteur et les manifestants disposent désormais de quoi riposter… Je suis pris par le récit en direct des reporters et des voix des protagonistes. C'est la première nuit des barricades et mon imagination s'affole. N'y tenant plus, je rejoins le quartier du Gaillon où je retrouve des étudiants qui ne parlent que des événements du Quartier latin. L'un d'eux propose de partir immédiatement en autostop à Paris et je me surprends à le suivre aussitôt avec un de mes copains de philo. Je ne le connais que de vue, il fréquente la maison de l'A et c'est un militant qui ne craint pas les coups.

Nous traversons le campus, il fait nuit. Soudain, des ombres nous encerclent. Ils sont une dizaine, casqués, masqués, armés de barres de fer. Ils ont une croix celtique peinte sur leur casque. Ce sont des militants d'extrême droite qui recherchent les étudiants qui, la veille, ont pourchassé l'un des leurs. C'est ma première expérience de ce genre de confrontation et je suis effrayé. L'étudiant gauchiste qui n'a peur de rien essaie d'attraper les barres de fer à pleines mains. On parvient à s'enfuir. Le lendemain, au restaurant universitaire, l'étudiant costaud fait le tour des tables à la recherche de nos agresseurs. La chasse aux « fascistes » est ouverte. Désormais, les militants d'extrême droite n'oseront plus trop se montrer sur le campus. Je ne suis pas encore rompu à ce genre d'exercice.

La première nuit des barricades a fait la une de tous les journaux. Les premiers récits de la répression policière contre de jeunes étudiants suscitent l'indignation générale. De nombreuses personnalités prennent position, dont le professeur Alfred Kastler, prix Nobel de physique, qui écrit un article « Comment les étudiants ont été trahis » dans *Le Nouvel Observateur* : « Ces jeunes enthousiastes, prêts à tous les sacrifices, rejetant le confort de la civilisation, voulant détruire une société sans savoir ce qu'ils mettent à la place. Ce bouillonnement contenait le meilleur et le pire. Nés après 1945, la plupart de ces jeunes ne pouvaient se souvenir. Ils n'ont pas vu le fanatisme, l'intolérance, la violence à l'œuvre, ils n'ont pas connu les jeunes foules acclamant le sauveur. Nous savons où cela a mené, nous savons où cela mène ! » Et d'ajouter : « Mais je n'étais vraisemblablement qu'un enseignant de gauche dépassé, à la carrière révolue. Je pris machinalement une feuille de papier et griffonnai ces mots : "Après cette nuit, il ne s'agit plus de savoir si un recteur doit démissionner, si un ministre doit s'en aller. Le problème du régime est posé. Ce régime est né il y a dix ans d'un coup de force. Il en porte la marque. Il renie sa jeunesse" [1]. »

1. Alfred Kastler, « Comment les étudiants ont été trahis », *Le Nouvel Observateur*, 19 au 25 mai 1968.

Les témoignages sur la répression policière au Quartier latin ont commencé à circuler. Ils rappellent ceux de la nuit d'émeute de la Saviem dans la ville de Caen. L'emploi massif des grenades lacrymogènes et des grenades offensives, les matraquages et les passages à tabac contre des étudiants qui, vus de loin, apparaissent pacifiques, renforcent la colère et l'indignation. L'UNEF distribue des tracts indiquant comment se protéger des gaz lacrymogènes, ce qui contribue un peu plus à faire monter la tension. Avec la discrétion de la police à Caen en mai, ces précautions n'auront pas lieu d'être. Mais, avec l'excitation régnante, il vaut mieux se préparer à tout.

Dès les premiers jours d'affrontements à Paris circulent les bruits les plus divers sur l'utilisation de « gaz de guerre » employé par les troupes américaines au Vietnam et utilisé par la police dans les rues de la capitale. Cette « information » concernant un gaz qui « attaquerait les centres hépatiques et rénaux de l'homme » et qui « se serait montré mortel pour les animaux en laboratoire à des doses concentrées [1] » est corroborée par un professeur, Marcel-Francis Kahn, jeune agrégé de médecine dans une conférence tenue dans un amphithéâtre de la faculté des sciences. Qui peut mettre en doute une telle autorité scientifique ? Nous ne savons pas et on se garde bien de nous dire que ce jeune agrégé est un militant proche des trotskystes [2]. Dans tous les cas, les témoignages recueillis et diffusés par l'UNEF sont suffisamment probants pour susciter la condamnation. Les récits des violences policières me choquent profondément comme la grande masse des

1. Les comités d'action du 3 mai, « Gaz de guerre ! » in Alain Schnapp, Pierre Vidal-Naquet, *Journal de la commune étudiante. Textes et documents. Novembre 1967-juin 1968*, Seuil, 1988, p. 226.

2. Cf. Jean-Paul Salles, *La Ligue communiste révolutionnaire (1968-1981). Instrument du Grand Soir ou lieu d'apprentissage ?*, Presses universitaires de Rennes, 2015, p. 200.

étudiants et de la population. Le mouvement de Mai 68 resté jusque-là limité au milieu étudiant va franchir une nouvelle étape.

Une photo frappante occupe toute la couverture du *Nouvel Observateur*: un jeune, la tête ensanglantée, avec dans le dos un CRS casqué l'emmenant on ne sait où. Cette photo avec en gros titre: « La France face aux jeunes » résume on ne peut mieux le fossé qui éclate au grand jour entre les générations. Je découpe cette photo et la colle sur le mur de ma chambre. Ce visage sera reproduit sur l'une des affiches emblématiques de Mai 68 avec le slogan: « Bourgeois, vous n'avez rien compris. » Pour moi, cette affiche et ce slogan disent l'essentiel. Ils peuvent tout autant s'adresser aux syndicats et aux partis de gauche qui s'efforcent d'encadrer le mouvement.

Grève générale et catharsis

Le 13 mai, l'appel à la grève générale des syndicats pour protester contre la répression élargit le mouvement à la France entière. Une nouvelle phase s'enclenche pour le plus grand bonheur des étudiants contestataires qui ont le sentiment d'être à l'origine d'un mouvement d'ensemble auxquels eux-mêmes ne s'attendaient pas. En dehors, de la solidarité contre la répression, les grévistes ne partagent pas, loin s'en faut, leur révolte et leurs actions. Sans cet appel à la grève générale, que serait devenu le mouvement étudiant et Mai 68 par la même occasion?

À Caen et dans la région, la grève est très suivie dans les entreprises et à l'université. La manifestation, encadrée par le service d'ordre des syndicats, rassemble de sept à dix mille personnes et défile calmement dans les rues de Caen. Un groupe d'étudiants gauchistes tente de se rendre à la préfecture mais les manifestants ne suivent pas. Les « enragés » devront se contenter de casser quelques vitres et de peindre des slogans sur les murs. Je suis présent au milieu du cortège avec des étudiants de philo. Cette foule est impressionnante mais le défilé paraît bien « ran plan plan ». Toujours pas de casque de CRS à l'horizon. Un bruit de sirène crée soudain un moment d'émotion, mais ce n'est qu'une ambulance transportant un blessé de la circulation. De retour place Saint-Pierre, après de nouveaux discours, vient l'ordre de dispersion. Nous sommes des centaines à nous asseoir sur la chaussée et à refuser de partir. Tout le monde attend qu'il se passe quelque chose, mais quoi ?

Des discussions s'engagent entre étudiants syndicalistes ouvriers. L'unité ouvriers-étudiants tant proclamée s'avère difficile. Un étudiant critique les syndicats : « On en a assez des manifestations promenades qui ne mènent à rien ! », se voit vertement répondre : « Vous voulez tout casser et ça nous mènera où ? » Un leader trotskyste s'emploie à convaincre des « camarades ouvriers » que la révolution est possible en France. Les maoïstes, moins nombreux, sont présents. Le long du cortège ils ont tenté, sans succès, de faire reprendre un long slogan difficile à scander : « À bas le gaullisme, régime antipopulaire, de répression, de chômage et de misère ! » Mis à part la répression, quel rapport avec le mouvement étudiant ?

Des passants se joignent aux petits groupes. On discute des luttes des ouvriers de la Saviem, des événements parisiens, des étudiants toujours accusés d'être des privilégiés, du gaullisme… En fin d'après-midi, pour prolonger le débat, les derniers manifestants se retrouvent dans l'amphithéâtre de la faculté de lettres où la parole se libère dans la plus grande confusion. Les orateurs se succèdent et se contredisent, donnant l'impression de n'être d'accord sur rien ou pas grand-chose. Syndicalisme, luttes ouvrières, réforme de l'université… tout y passe. Le ton de colère et la dénonciation des syndicats, la surenchère dans la critique avec des références emblématiques à la classe ouvrière suscitent de nombreux applaudissements. Des orateurs « passent du coq à l'âne » et ont du mal à finir leurs phrases… Au sein de l'UNEF et du milieu gauchiste, les luttes entre les différentes tendances sont vives. Il faut être du milieu pour repérer la tendance en question dans le discours des intervenants. Mais, « en gros », il y a les révolutionnaires (eux-mêmes divisés) et les réformistes plutôt cathos de gauche et liés au syndicalisme ouvrier, versus CFDT ou/et au PSU qui lui-même n'est pas très unifié contrairement à ce que son nom laisse entendre.

Je ne sais plus si c'est dans cette réunion que j'ai découvert une formulation qui me fait rire : « On n'est pas là pour enc… les mouches ! » L'image est parlante. Cet avertissement revient chaque fois que le débat « pinaille » sur des questions de détails ayant une portée idéologique qui échappe à beaucoup. Venant d'un militant trotskyste pur et dur de la FER (Fédération des étudiants révolutionnaire), cette formulation introduit un grain de fantaisie surréaliste dans une langue de bois sur le Front unique ouvrier et la lutte contre le plan Fouchet.

Ce jour-là, je découvre ce qu'est une « assemblée générale » et ses « prises de parole » dont la clarté et la cohérence ne sont pas le souci premier. Que m'importe cette grande confusion et, à la limite, ce qui est dit. Cette prise de parole multiforme et sauvage me ravit et « fait du bien ». Elle tient de la catharsis et non du débat raisonnable et censé. Cette assemblée houleuse du 13 mai met en question la direction de l'AGEC qui semble de plus en plus en décalage avec le mouvement. Cette question du pouvoir est d'autant plus délicate à trancher que la méfiance est de rigueur : comment être sûr que ceux qui se disent vos représentants ne vous trahissent pas ? Question interminable remise constamment en débat… Finalement, ce soir-là, le bureau de l'AGEC est maintenu suite à un vote serré de l'assemblée générale. Ce n'est qu'un début…

En quelques jours, tout a changé. Sur le campus, l'ambiance n'est plus la même. Chacun semble avoir abandonné son statut et son rôle, pour dire librement ce qu'il ressent et ce qu'il pense. Cette communication directe qui fait fi des hiérarchies et des instituions en place crée un sentiment commun de fraternité et d'appartenance. À la limite, « l'important, c'est qu'on en cause » et qu'on en finisse avec un quotidien morose où les préoccupations besogneuses semblaient jusqu'alors l'emporter. Chaque jour a son lot d'événements qui peut faire croire que tout est désormais possible. Tel est du moins mon sentiment de jeune étudiant apolitique et révolté au début du mouvement. Mai 68 est pour moi une « divine surprise » rompant le cours linéaire du temps, m'entraînant avec beaucoup d'autres dans un mouvement iconoclaste et passionné.

Un 1789 en miniature ?

À partir du 13 mai la grève à la faculté de lettres est totale. En accord avec le recteur, le doyen a décidé de suspendre l'enseignement. Les facultés de droit et de sciences se mettent en grève, mais avec plus de difficulté pour mobiliser les étudiants. Le SNE-sup appelle enseignants et étudiants à venir débattre pour redéfinir la forme et le contenu des cours. Étudiants et enseignants de la faculté de lettres se retrouvent dans le grand amphithéâtre plein à craquer. Les interventions se succèdent et partent de nouveau dans tous les sens. La créativité collective ne va pas de soi, surtout quand on entend non seulement remettre en cause les « structures archaïques de l'université », mais tout bonnement changer le monde et la société. Assis au premier rang, les enseignants se veulent plus réalistes, mais leur parole et leur vote ne valent pas plus que les autres. Tout le monde est mis désormais sur le même plan et a droit de parler comme il l'entend. Certains qui n'ont pas grand-chose à dire en usent allègrement. Les trotskystes en profitent pour faire valoir leurs orientations révolutionnaires et s'attirer la sympathie des étudiants. Comme le relate un journaliste présent : « Tout ce qui se dit ou se décide à un certain moment se trouve immédiatement contesté et remplacé par une nouvelle décision qui d'ailleurs ne s'impose guère plus que la précédente [1]. »

Pour tenter d'y remédier, des commissions de travail sont créées pour que soient « clairement élucidés et approfondis tous les problèmes de l'université ». Les thèmes de ces commissions sont des plus vastes : économie et université, contrôle du savoir et examens, fonction idéologique de l'université, luttes ouvrières et étudiantes… Dans le même temps, la légitimité de l'assemblée de la faculté composée d'enseignants est mise en question. Après des débats confus, les enseignants membres de l'assemblée de la faculté décident à une large majorité (32 voix sur 35) de se dissoudre et de remettre leur pouvoir à l'assemblée jusqu'aux élections des étudiants prévues en juin [2]. Cet acte révolutionnaire qui semble rejouer 1789 à l'échelle de la faculté de lettres est salué par un tonnerre d'applaudissements.

Dans chaque section d'enseignement, des « sous-commissions » sont créées avec la présence de professeurs, de maîtres-assistants et de syndicalistes qui veillent à ce que les débats ne versent pas dans le « n'importe quoi ». En géographie, une commission portant sur les méthodes

1. *Liberté*, mai 1968, cité par Jean Quellien, Serge David, *Caen 68*, *op. cit.*, p. 92.

2. Cf. Alain Leménorel, *68 à Caen*, *op. cit.*, p. 88.

d'enseignement formule des propositions : « pédagogie participative », « former à des méthodes et non stocker des connaissances », « cours magistraux alternant apports de connaissance et discussions-débats », « programmes allégés et limités élaborés avec la participation de tous [1] » … Par-delà la délicate question des nouvelles modalités du « contrôle des connaissances », une question plus terre à terre préoccupe les esprits : les examens auront-ils lieu en juin ?

À l'institut de philosophie, nous sommes réunis pour écrire une sorte de cahier de doléances qui doit servir de base de travail. Chacun donne ses idées et imprime sa marque. Le résultat aboutit à un curieux mélange à dominante marxiste : « Faire passer dans l'enseignement de la philosophie cette idée : jusqu'ici les philosophes n'ont fait qu'interpréter le monde, il s'agit maintenant de le transformer (Marx)… Il s'agit de développer l'information par les sciences exactes. Un philosophe ne peut parler du « temps » sans référence à la science physique. De même, la philosophie ne peut être enseignée séparément des sciences humaines… Étudier l'histoire de la philosophie en rapport avec l'histoire réelle des sociétés [2]. » Un étudiant plus âgé que moi m'impressionne. Ses interventions sont remarquées. La radicalité du propos allié à une référence emblématique aux sciences humaines en impose, même si l'on ne comprend pas toujours ce qu'il dit.

Au milieu des discussions sans fin, je parviens tant bien que mal à faire passer quelques idées confuses et vengeresses contre un enseignement et un milieu que je rejette de plus en plus : « Pourquoi brassons-nous toujours des idées sans référence au vécu ? L'enseignement qu'on nous "professe" apparaît trop souvent comme un verbiage abstrait, une dissertation

1. Commission des méthodes pédagogiques de géographie, citée par Jean Quellien, Serge David, *Caen 68*, *op. cit.*, p. 87.

2. Document en possession de l'auteur.

morbide du vécu faite par des intellectuels fatigués, parlant de leur conception du monde entre deux tasses de thé[1]. »

De l'ouvriérisme en milieu étudiant

Lors d'une assemblée générale, le président de séance annonce triomphalement la liste des usines qui entrent en grève : « Camarades, l'usine Sud-Aviation près de Nantes est en grève, les ouvriers ont séquestré les cadres… Dans les usines Renault, à Flins et à Boulogne-Billancourt, les ouvriers ont voté la grève illimitée… » La SNCF, la RATP, Air France puis l'ORTF suivront. À Caen, les ouvriers de la Saviem ont voté la grève avec occupation[2], bientôt suivis par ceux de Jaeger, de Citroën, de Moulinex, de la SMN, de la Radiotechnique… On va vers la paralysie générale du pays. Je n'en reviens pas : il y a dix jours, la France semblait endormie et tout d'un coup le peuple entre en lutte comme aux plus beaux jours de la révolution. Les problèmes universitaires me semblent dépassés.

L'université est « ouverte aux travailleurs » et je me rends à la commission sur les luttes ouvrières et étudiantes. Il y a effectivement quelques ouvriers assis sur les bancs de l'amphithéâtre. Un ouvrier prend la parole et l'assistance l'écoute religieusement : « À quoi ça sert d'avoir fait construire le *France*, ce paquebot pour milliardaires, c'est uniquement pour le prestige de la France, mais la France, c'est nous ! Pourquoi tout cet argent ne va pas aux écoles et aux hôpitaux ? » Applaudissements.

1. *Ibid.*

2. Les résultats du vote à bulletins secrets sont en fait très serrés : 1 566 voix pour la grève avec occupation, 323 en faveur d'un mouvement plus limité, 1 532 contre toute action et 182 nuls. Cf. *Caen 68*, *op. cit.*, p. 100.

Je me risque moi aussi à une intervention. C'est ma première prise de parole dans une assemblée de ce type. Mes propos sont saccadés et maladroits, mélange des restes de mouniérisme et de gauchisme naissant : « C'est une société basée sur le fric et l'apparence... Il ne suffit pas de dire : "Les usines aux travailleurs". Pour en faire quoi ? Tant qu'on ne remet pas en cause le règne de l'argent, tant qu'on ne remet pas en cause les valeurs dominantes, on ne changera pas vraiment la société. » Le leader trotskyste qui anime la réunion me répond qu'il ne faut pas être idéaliste : « Il y a le Capital et ses forces de répression, et ça les ouvriers, eux, le savent bien. » Je ne sais pas trop quoi lui répondre. « Il faut laisser la parole aux camarades ouvriers ! » ajoute-t-il. Justement, celui qui a parlé du paquebot *France* intervient de nouveau après le trotskyste : « Il n'empêche que si on ne change pas les mentalités à propos de l'argent, comme vient de le dire le camarade tout à l'heure, on aura changé quoi ? » Cette réplique me réconforte : le « camarade » en question, c'est moi, et comme elle émane d'un ouvrier, manifestement syndicaliste CFDT, elle s'en trouve d'autant plus valorisée. Le militant trotskyste reprend la parole et s'explique longuement : il a trouvé son ouvrier à convaincre et ne le lâchera plus. Je ne suis pas encore apte à ce genre de débat et quitte la réunion.

À Caen, l'ouvriérisme est fortement présent au sein du mouvement étudiant. Il ne fait pas bon plaisanter sur la « juste lutte des camarades ouvriers ». Le comique Romain Bouteille venu de Paris en fait l'expérience lors d'une assemblée générale dans le grand amphithéâtre de l'université. Lors d'un intermède, il fait un petit sketch en pratiquant l'humour au deuxième et au troisième degré. La salle rigole. Un moment, il fait allusion à *L'Internationale*. Mal lui en prend. Le leader étudiant assis à la tribune le met en garde : « Attention, camarade, tu n'as pas le droit de te moquer des symboles du mouvement ouvrier. *L'Internationale*, ici, ça veut dire quelque chose, on ne joue pas avec ça ! » Romain Bouteille ne se laisse pas démonter : « Je croyais que vous aviez dépassé ce genre de réaction. Vous en êtes où ? À Paris, à la Sorbonne, à l'Odéon… on en a fini depuis longtemps avec les sacrements. Il faut renverser tous les dogmes. L'humour est révolutionnaire ! » Romain Bouteille est applaudi par une partie de la salle. Réponse du leader étudiant : « Je dis attention, camarade, ici tu n'es pas à Paris, on n'insulte pas les travailleurs ! » Ce soir-là, il n'y a pas un travailleur dans la salle, mais la réalité importe peu. Le débat s'anime. Un militant trotskyste approuve les propos du président de séance. Des voix s'élèvent pour exprimer leurs désaccords… Va-t-on devoir passer au vote pour trancher la question ? Romain Bouteille déclare que ses propos n'avaient vraiment rien de bien méchant avant de s'éclipser discrètement. « Camarades, continuons d'aborder les points de l'ordre du jour… La situation est grave et nous devons rester vigilants… » Décidément, Caen n'est vraiment pas Paris.

Fin de parcours

C'est un après-midi ensoleillé. On flâne sur le campus en attendant l'assemblée générale quotidienne. Deux étudiants, dont l'un porte une casquette bleu marine de pêcheur, se promènent avec un seau de peinture à la main. Ils barbouillent consciencieusement les murs de la faculté déjà bien recouverts de slogans et d'affiches. Ce sont des maoïstes de l'UJCML qui appellent avec d'autres à une « longue marche » vers la Saviem et les usines en grève. Je n'ai rien de prévu cet après-midi-là. Mais faire dix kilomètres à pied pour aller rencontrer quelques ouvriers barricadés dans leur usine dont l'accueil n'est pas garanti ne me tente pas. Je préfère aller discuter dans les cafés plus proches. « Servir le peuple » n'est pas encore ma vocation. La « longue marche » ne regroupe que deux à trois cents étudiants qui échangent quelques mots avec des ouvriers à travers les grilles des usines occupées où il ne se passe pas grand-chose.

À Paris, la nuit des barricades du 22 mai franchit un pas de plus dans la violence. L'UNEF est débordée, des groupes scient des arbres au Quartier latin, incendient la Bourse du commerce... Les affrontements sont violents et durent toute la nuit. On trouve un jeune homme mort au pied d'une barricade dans des circonstances non élucidées. À Lyon, un commissaire de police meurt sur le pont Lafayette, écrasé par un camion que les manifestants ont pris sur un chantier et jeté sur les forces de l'ordre. Le soutien de la population envers les étudiants s'étiole, la peur s'installe dans l'opinion et la presse elle-même change de ton. Le Premier ministre Georges Pompidou parle d'une « tentative évidente de déclencher la guerre civile » et avertit que « tout rassemblement sera immédiatement dispersé avec la plus vive énergie ».

À Caen, les manifestations demeurent pacifiques, au grand dam des gauchistes qui rêvent d'affrontements. Mais les syndicats et les partis de gauche veillent au grain. L'initiative leur appartient. Les négociations de Grenelle entre les syndicats et le gouvernement ont commencé. Le 29 mai, à Paris, la CGT et le parti communiste manifestent. À Caen, les syndicats organisent une action spectaculaire : le bouclage total de la ville de Caen de quinze à dix-neuf heures. Les ouvriers des différentes usines et les étudiants occupent les points d'entrée de la ville.

Je me retrouve avec quelques copains de philosophie au milieu d'ouvriers en grève. On s'assoit par terre et on attend. L'ambiance est bon enfant. Des ouvriers jouent aux cartes sur la chaussée. Certains ont l'oreille collée aux transistors qui annoncent l'opération spectaculaire du bouclage de la ville. On applaudit. Seules quelques voitures se sont présentées au barrage. Pas un policier ni opposant à l'horizon. Tout a été prévu entre les syndicats et la préfecture. Je quitte la place avant l'heure officielle de la levée du barrage. Étrange impression : le blocage de la ville de Caen est devenu un événement national répercuté par la radio. Il s'est passé quelque chose et en même temps pas grand-chose. « C'est comme un 15 août sans touristes[1]... », dit le maire à un reporter venu l'interroger. Le climat est étrange, les rues de la ville sont désertes et silencieuses. Le temps semble suspendu.

On apprend par la radio que le général de Gaulle a disparu. Que va-t-il se passer ? Des rumeurs angoissantes commencent à circuler : n'a-t-on pas vu des chars faire route sur Paris ? Après la visite du général de Gaulle à Baden-Baden, ne va-t-on pas envoyer les paras de Massu ? À l'université, dans le grand amphithéâtre, l'un de leaders étudiants a fait une déclaration solennelle : « Camarades, rappelez-vous les Grecs qui se sont retrouvés un matin avec les tanks dans la rue. Nous sommes en état d'urgence ! » On est loin des jours où le nom de chaque université et de chaque usine qui se mettait en grève soulevait un tonnerre d'applaudissements. L'« heure est grave », c'en est fini des petites manifestations étudiantes plus ou moins spontanées. L'initiative appartient aux organisations syndicales et aux partis de gauche qui paraissent seuls à même de jouer le rôle de bouclier contre la répression, voire contre un coup de force d'un pouvoir qu'on n'hésite plus à qualifier de « fasciste ».

Le 31 mai, après la manifestation gaulliste qui a donné lieu à quelques échauffourées, les étudiants de Caen se retrouvent à défiler dans un imposant cortège. Les responsables syndicaux sont en tête, suivis un peu plus loin des élus socialistes et communistes ceints de leur écharpe tricolore. Les mots d'ordre ont changé. Ils sont, si l'on peut dire, plus

1. Cité par Jean QUELLIEN, Serge DAVID, *Caen 68*, *op. cit.*, p. 139..

« politiques » : « De Gaulle démission ! » « De Gaulle assassin ! », « Le fascisme ne passera pas ! »... Drapeaux rouges et drapeaux tricolores se côtoient. On chante : « Adieu de Gaulle, adieu, adieu de Gaulle, adieu... » sur l'air des lampions. Avec un copain, on s'amuse ironiquement à compléter le slogan : « De Gaulle à l'hospice ! » par un « Pompidou à l'égout ! »... Au passage, des manifestants rebaptisent le cours du Général-de-Gaulle le boulevard de la Grève.... Tout le monde se disperse dans le calme. C'était la plus grande manifestation de Mai 68 à Caen. Mes rêves d'étudiant révolté en prennent un coup.

Le petit imprimé *L'Enragé* de Caen diffusé à l'université exprime bien le malaise et le désenchantement que ressentent alors beaucoup d'étudiants contestataires : l'initiative ne leur appartient plus, la masse de la classe ouvrière est hostile ou indifférente, les syndicats ouvriers les rejettent dans le ghetto universitaire. *L'Enragé* appelle les étudiants à se libérer de la mauvaise conscience vis-à-vis des ouvriers et à assumer leur propre lutte : « C'est en ceci que la révolte des étudiants a une valeur exemplaire, elle s'attaque à ceux qui se présentent comme les détenteurs de l'autorité et du savoir. [...] La lutte des étudiants fait sauter des verrous ; peu importe qu'elles se développe dans un milieu déterminé à prédominance petite-bourgeoise : son effet intéresse la société tout entière[1]. » Ce texte fait plaisir à lire au milieu de l'ouvriérisme ambiant. Il est inspiré et écrit par Claude Lefort et ses partisans que j'apprendrai à mieux connaître à la rentrée universitaire suivante. Nous saurons alors mettre en pratique, à notre manière, ces idées nouvelles. Le mouvement étudiant à Caen n'a pas dit son dernier mot.

1. *L'Enragé* (Caen), n° 1, (fin mai) ; in Alain SCHNAPP, Pierre VIDAL-NAQUET, *Journal de la commune étudiante. Textes et documents. op. cit.*, novembre 1967-juin 1968, p. 555.

Comment tout cela a-t-il fini ? Je ne m'en souviens plus très bien. En juin, le mouvement s'étiole. On parle d'université d'été. Les étudiants les plus accrochés s'y inscrivent. C'est trop pour moi. J'aspire à prendre l'air, à quitter les réunions enfumées, les marches dans les rues, les soirées sur le qui-vive… J'ai besoin de retrouver la mer et la beauté de la Hague.

Mais à Cherbourg, une autre manifestation m'attend. Les gaullistes et leur Comité de défense de la République ont appelé à un rassemblement. Je me retrouve au milieu de quelques dizaines de contre-manifestants sur les marches du grand café du théâtre face aux gaullistes rassemblés sur la place. Parmi eux, j'aperçois quelques-uns de mes anciens enseignants que je n'aimais pas trop. Mais je vois surtout quelqu'un de ma famille que j'apprécie pour son esprit indépendant : le « cousin Henri », artisan et ferronnier d'art à Fermanville. Il m'a vu lui aussi et me montre du doigt. Il a l'air en colère de me voir au milieu de ces jeunes qui chantent *L'Internationale*. Un jeune étudiant trotskyste que je reconnais pour l'avoir vu à Caen grimpe sur la façade du théâtre et arrache le drapeau tricolore devant les gaullistes en émoi qui nous traitent de « chienlit » et chantent *La Marseillaise*. Certains tentent d'attraper sans succès quelques contre-manifestants. On improvise une manifestation. On est peu nombreux, mais on occupe toute la chaussée et on fait le tour dans les rues de Cherbourg en chantant *L'Internationale* avec quelques drapeaux rouges. Les commerçants sortent de leur boutique. Je reconnais quelques notables qui nous regardent tout étonnés. Les manifestations se croisent à l'angle de deux rues, des quolibets s'échangent, *La Marseillaise* s'oppose de nouveau à *L'Internationale*. On n'est pas loin d'en venir aux mains mais quelques policiers en képi séparent les deux rangées de manifestants. Des responsables de la CGT locale sont également présents. Ils ont suivi notre petite manifestation d'un œil plutôt bienveillant. Au bout d'un moment, on ne sait plus trop quoi faire. L'un des responsables de la CGT nous rejoint et nous confisque nos drapeaux : « Maintenant, c'est fini, les enfants, on rentre à la maison. »

J'ai revu le « cousin Henri » quelques années plus tard et nous avons parlé de cette fameuse journée de juin 1968. Gaulliste convaincu, il m'a confié la façon dont lui et ses compagnons s'étaient regroupés à Fermanville si les « rouges » avaient eu la mauvaise idée de venir jusque-là : « Le comité d'accueil était prêt avec quelques fusils de chasse. » Il est vrai qu'à Cherbourg quelque temps auparavant un ouvrier qui avait voulu franchir le piquet de grève de l'arsenal s'était vu frapper violemment au visage par un gros bras de la CGT muni d'un coup de poing américain. L'ouvrier en question est le père de mon ami étudiant en philo à Caen. Dans ces conditions, à Cherbourg et dans ses environs, il est difficile d'adhérer au slogan soixante-huitard : « Laissons la peur du rouge aux bêtes à cornes », même s'il y en a beaucoup dans la région.

Mes parents sont contents de me revoir après tous ces événements. Comme beaucoup d'autres, ils ont craint pour leur enfant. « Dans quelle histoire es-tu allé encore te fourrer ? », me dit mon père d'un ton plutôt bienveillant. Comme la majorité de la population, mes parents en ont assez de toute cette agitation et de ces manifestations qui semblent de plus en plus mener au chaos. « On est quand même en République et c'est les urnes qui trancheront ! »

Le soir des élections législatives, je me retrouve en bordure de mer à Urville avec la petite bande de mes amis. On mange, on boit, on rit. Un ami joue un air de boogie-woogie au piano. Un autre entre dans la maison : « Vous êtes au courant des résultats des élections ? » À vrai dire, on s'en fiche. Selon la célèbre formule de la Commune étudiante : « Élections, piège à cons ». Quand même, c'est un raz de marée gaulliste et le PSU n'a même pas un seul élu ! Mais après tout qu'importe, la société se changera par en bas. Mai 68, c'est sûr, reviendra bientôt, à la rentrée prochaine… En attendant, le drapeau noir fixé sur un aviron flottera quelque temps encore au-dessus la petite maison en bordure de mer.

Conclusion
Une révolution adolescente

Après mai-juin 1968, la France est sous le choc et chacun cherche à comprendre ce qui s'est passé. Moins de deux mois auparavant, selon un article du *Monde* qui deviendra célèbre, la France semblait s'ennuyer [1]. L'événement n'est pourtant pas intervenu comme un éclair dans un ciel serein. En 1968, le gaullisme n'est plus ce qu'il était, non seulement en comparaison de ce qu'il fut pendant la Résistance et dans l'après-guerre, mais par rapport au début des années 1960 où il paraissait incontesté. Dix ans après être arrivé au pouvoir, l'usure est manifeste. De Gaulle a été mis en ballottage au premier tour de l'élection présidentielle de 1965 et les gaullistes gagnent de justesse les élections législatives de 1967 [2]. S'y ajoute un malaise social diffus qui se traduit par des manifestations

1. Pierre Viansson-Ponté, « Quand la France s'ennuie… », *Le Monde*, 15 mars 1968.

2. Au premier tour de l'élection présidentielle au suffrage universel que le régime avait institué, le général de Gaulle était mis en ballottage avec 43,7 % des voix face à François Mitterrand. Aux élections législatives de mars 1967, les gaullistes demeurent la principale force politique, mais ils rassemblent moins de 38 % des suffrages des Français et dans un grand nombre de circonscriptions, la marge entre les gaullistes et l'opposition est réduite. En fin de compte, les gaullistes ne conquièrent que 223 sièges sur 470 sièges en

d'agriculteurs et des grèves ouvrières. Crise universitaire, crise sociale et crise politique se sont combinées en mai-juin. Les gaullistes ont obtenu une victoire électorale écrasante en juin, mais ces élections ont été celles de la peur, du refus des désordres et de la subversion. Rien n'est réglé sur le fond.

La révolte étudiante est apparue comme un déclencheur et elle intrigue par son aspect nouveau. Au début des événements et dans l'immédiat après-Mai, nombre d'intellectuels et de journalistes mentionnent des écrits et des travaux sur la crise de l'université qui n'a pas su s'adapter assez vite à la société de l'après-guerre. Depuis les années 1960, la « crise universitaire » est devenue un thème récurrent de publications et de colloques [1]. Certains textes de la Commune étudiante s'inspirent de leurs propositions. Le courant réformiste de l'« Éducation permanente » est l'une des composantes du mouvement que l'on ne peut sous-estimer au profit de l'extrême gauche. On ne saurait pour autant considérer la révolte comme un simple effet d'une « inadaptation » de l'université. Si elle trouve des conditions favorables dans la crise de l'université, elle ne se limite pas, loin s'en faut, à cet aspect.

Dans cette même période, le mouvement étudiant se développe en Italie, en Allemagne, aux États-Unis, au Japon... dans des conditions universitaires différentes. La révolte étudiante s'articule autour d'une rupture générationnelle [2] dont la

---

métropole. Avec le vote de l'Outre-mer, ils disposeront de 247 sièges sur 487. Cf. Serge Bernstein, *La France de l'expansion*, Seuil, p. 295.

1. Cf. « Faire l'université. Dossier pour la réforme de l'enseignement supérieur », *Esprit*, mai-juin 1964. Le colloque de Caen en novembre 1966 appelait à une rénovation des universités dans leurs structures, leur fonctionnement, et leurs méthodes d'enseignement. Celui d'Amiens en mars 1967 formule un vaste programme de réformes pédagogiques pour répondre avant tout à la croissance massive des élèves du secondaire.

2. Antoine Prost souligne cette « convergence d'un conflit de générations et d'une crise universitaire » dans le mouvement étudiant de 68 dans son livre *Éducation, société et politiques. Une histoire de l'enseignement de 1945 à nos jours*, Seuil, 1992 et 1997, p. 133.

portée dépasse la « crise universitaire ». Elle a d'emblée une dimension internationale et s'affirme comme mouvement à multiples facettes. En février 1968, les « journées internationales de solidarité avec la révolution vietnamienne » organisées par les étudiants socialistes allemands réunit à Berlin près de vingt mille personnes. Elles concernent avant tout des étudiants politisés, des intellectuels et des militants antérieurement engagés dans les luttes anticolonialistes et tiers-mondistes. Avant Mai 68, le mouvement « provo » d'Amsterdam mélange les protestations contre la guerre du Vietnam et les luttes des peuples du tiers-monde avec des actions provocatrices et des happenings contre la société industrielle, ce qui leur donne des allures d'écologistes avant l'heure....

Une « révolution » à multiples facettes

Les différents acteurs du mouvement ont interprété chacun à leur manière la signification de Mai 68 en y projetant leur propre conception. Pour les groupuscules d'extrême gauche, contrairement aux apparences de la société de consommation, la classe ouvrière a gardé son potentiel révolutionnaire, les directions syndicales et le parti communiste l'ayant empêchée d'aller jusqu'au bout. En juin, la dissolution des groupuscules par le gouvernement peut laisser supposer qu'ils ont joué un rôle central dans les événements et va renforcer le courant de sympathie et de solidarité parmi les lycéens et les étudiants. Au lendemain de Mai 68, les groupes d'extrême gauche vont ainsi connaître une seconde jeunesse par l'engagement d'adolescents qui rêvent de refaire Mai 68.

Daniel Cohn-Bendit appelle quant à lui à développer les luttes sur tous les fronts, en n'oubliant pas celui des mœurs, en dehors des organisations d'extrême gauche. Pour lui, « personne ne peut représenter personne », la révolution est inséparable du plaisir que chacun y trouve et il faut en finir avec les idées de hiérarchie, de sacrifice et de dévouement[1]. Le mouvement étudiant de Mai 68 représente ainsi un curieux mélange entre des aspects hédonistes, libertaires, et un bolchevisme avant-gardiste qui a rejoué sous une forme caricaturale et groupusculaire le communisme et les révolutions du passé. La thématique de la révolution regroupe confusément ce gauchisme à double face[2].

Ce mélange des genres n'est pas radicalement nouveau. L'idée révolutionnaire a séduit nombre d'intellectuels et d'artistes parce que « la réforme est ennuyeuse et la révolution excitante[3] », parce qu'elle garde « la poésie de l'inconnu, de l'avenir, de l'absolu[4] ». Le rapport des surréalistes avec la révolution bolchevique et le communisme en a témoigné à sa manière. Les figures françaises les plus en vue du surréalisme ont été fascinées par Staline ou Trotsky. L'art véritable, déclare le manifeste « Pour un art révolutionnaire indépendant » que Trotsky écrit avec André Breton, « ne peut pas ne pas être révolutionnaire, c'est-à-dire ne pas aspirer à une reconstruction complète et radicale de la société[5] », et l'artiste est déclaré l'« allié prédisposé » de la révolution communiste. Entre la « révolution surréaliste » et la « révolution prolétarienne », entre Rimbaud et Marx, le malentendu est patent. Les situationnistes ont repris le flambeau à leur manière en voulant en finir pour de bon avec la séparation de l'art avec la vie, tout en se réclamant du pouvoir absolu

1. Daniel COHN-BENDIT, *Le Gauchisme, remède à la maladie sénile du communisme*, Seuil, 1968.

2. Pour une analyse plus développée ce point, voir *Mai 68, l'héritage impossible*, *op. cit.*

3. Raymond ARON, *L'Opium des intellectuels*, Calmann-Lévy, Agora, 1995, p. 55.

4. *Ibid.*, p. 101.

5. « Pour un art révolutionnaire indépendant » (1938) in Léon TROTSKY, *Littérature et révolution*, Éditions de la Passion, 2000, p. 280.

des « conseils ouvriers ». Il en va de même en Mai 68 entre le mot d'ordre « changer la vie » et la « dictature du prolétariat » qui demeure l'objectif des groupuscules néoléninistes. L'idée de révolution maintient les apparences d'un même combat.

Paroles et médias

Ces interprétations « révolutionnaires » de Mai 68 demeurent aveugles sur une nouvelle donne historique qui n'entre pas dans le cadre de l'action militante : la venue sur la scène sociale et politique d'un nouvel acteur social, le « peuple adolescent » élevé et éduqué dans la nouvelle société de consommation et des loisirs. La « Commune étudiante » de Mai 68 en porte la marque. C'est précisément ce que met bien en lumière Edgar Morin : « On doit ici se demander, en toute orthodoxie marxiste, si, croyant faire la révolution prolétarienne de Marx et de Lénine, l'"intelligentsia" révolutionnaire ne fait pas en réalité *autre chose, une sorte de 1789 socio-juvénile* qui accomplit l'irruption de la jeunesse comme force politico-sociale, et de quelque chose de nouveau qu'apporte la jeunesse, irruption qui n'a pu s'accomplir qu'avec l'aide de concepts et forceps marxistes qui justifient et orientent l'agressivité, fécondent l'action, donnent une cohérence idéologique à un bouillonnement qui cherche encore sa forme et son nom[1]. »

La grande masse des étudiants est en fait partagée par des exigences contradictoires. On trouve chez eux une « dimension de jeu permanente », de « jeu-kermesse » mêlé à un « extrême sérieux » qui peut verser dans la tragédie : « La grande fête de la solidarité juvénile, le grand jeu

1. Edgar MORIN, « La Commune étudiante », *Mai 68. La Brèche. Premières réflexions sur les événements*, Fayard, 1968, p. 26-27.

syncrétique de la révolution, ont été en même temps, sur le plan individuel, *un examen de passage dans la société* (qui, dans l'instant et pour la plupart, a semblé préférable et bien supérieur aux examens scolaires), et, sur le plan collectif, la volonté de s'affirmer pour et contre la société[1]. » Ces caractéristiques sont précisément significatives de la formation du « peuple adolescent », de sa culture et de ses comportements qui s'affirment dans l'espace public en Mai 68 et qui ne le quitteront plus.

La réalité de la Commune étudiante est, pour le moins, ambivalente. Celle-ci a remis en scène tout un imaginaire révolutionnaire à travers les assemblées générales permanentes et les barricades, en même temps qu'elle respecte les week-ends où les affrontements n'ont pas lieu. À la Pentecôte, l'alimentation des pompes à essence permet le départ massif des automobilistes à la campagne et à la mer avec son lot d'embouteillages, d'accidents et de morts sur les routes. Ce que ne manquent pas de souligner les « enragés » à leur manière : « Un seul week-end non révolutionnaire est infiniment plus sanglant qu'un mois de révolution permanente[2]. » La Commune étudiante s'effilochera à l'approche des grandes vacances. Paradoxalement, celles-ci ne souffrent pas trop de la dénonciation virulente de la société capitaliste et de ses mécanismes d'aliénation.

Les assemblées générales étudiantes avec leurs débats à n'en plus finir témoignent d'une libération de la parole qui contraste avec la langue de bois institutionnelle et technocratique pour verser dans une confusion néomarxiste et libertaire, une contestation sans fin qui finit souvent « en eau de boudin ». Elles témoignent déjà d'une société devenue volubile avec le développement des grands médias qui fait

1. *Ibid.*, p. 21.
2. *Les murs ont la parole*, Tchou éditions, 1968, p. 43.

croire que « l'on a beaucoup agi pour la société, quand on a beaucoup bavardé sur elle[1] ».

La radio et plus précisément les transistors ont joué un rôle central dans la répercussion et l'amplification du mouvement. Le direct donne l'impression à l'auditeur de vivre en même temps les événements alors qu'il n'en est pas un acteur et peut en être géographiquement éloigné. Le ton exalté des journalistes décrivant et commentant sur le terrain la montée de la tension et les affrontements contribue à exalter l'imagination au détriment d'une appréhension plus sereine et raisonnée de la situation. Pierre Nora a bien décrit et analysé cette nouvelle donne du rapport à l'événement et à l'histoire. Habitant alors boulevard Saint-Michel, il a pu observer à la fois les manifestations et l'attitude des journalistes qui étaient sur son balcon et commentaient en direct les affrontements : « Un soir, tout flambait sous mes fenêtres. D'un côté les étudiants hurlaient : "De l'eau, de l'eau !", pendant que de l'autre la police brûlait les barricades. Julien Besançon, reporter pour Europe 1 que je connaissais de la guerre d'Algérie, se trouvait chez moi. Tout en essayant de garder son calme, il criait dans le poste : "La fumée m'étouffe, la police m'entoure, j'essaie de me faufiler", etc. J'entendais sa voix dans le transistor, alors que nous étions sur le balcon. J'ai alors fait l'expérience étrange d'une "commotion" au sens littéral : Où étions-nous ? Que se passait-il ? D'un côté, pas grand-chose : les barricades, les étudiants, des affrontements, certes brutaux, mais finalement sans violence excessive. D'un autre côté, j'imaginais le pharmacien de Carpentras réveillant sa femme et lui disant : "Ça y est, c'est la révolution à Paris !"[2]. »

1. Joffre DUMAZEDIER, « Réalités du loisir et idéologie », *Esprit*, *op. cit.*

2. Pierre NORA, *Esquisse d'ego-histoire*, Desclée de Brouwer, 2013, p. 65. Voir également « L'éclair de Mai 68 », article paru sans titre dans *Le Nouvel Observateur* en mai 1978, publié dans *Historien public*, Gallimard, 2011, p. 331.

Les médias ont accompagné le mouvement et accentué ses aspects violents et spectaculaires lui donnant une portée et une signification révolutionnaires qui confortaient les interprétations et les actions gauchistes. En Mai 68, s'est développé un nouveau rapport à l'information qui annihile le recul et la distance au profit du règne de l'émotion. L'information dans sa forme même (le direct) et dans sa façon de rendre compte de la réalité (le ton émotionnel et dramatique) est partie intégrante de la mise en scène de la Commune étudiante pour qui l'intensité du présent, l'expression débridée et la dramatisation sont les signes évidents d'une révolution en acte. Ces caractéristiques de la Commune étudiante de Mai 68 vont constituer un moule premier dans lequel viendront se couler les luttes étudiantes et lycéennes, et ce qu'on appellera les « mouvements sociaux ».

L'adolescence comme nouveau modèle de comportement

C'est dans ce moment historique que l'adolescence va devenir un nouveau modèle social de comportement. Elle ne renvoie plus seulement à une classe d'âge, à une période transitoire de la vie qui s'allonge, elle va s'ériger en anthropologie du nouveau monde. L'adolescent devient un modèle type d'individu qui fait de l'intensification du présent un mode de vie qui a tous les traits d'une fuite existentielle et du divertissement pascalien. La bohême et la contre-culture jusqu'alors confinées à des cercles restreints et aux étudiants contestataires vont se répandre et se banaliser dans l'ensemble de la société. Dans l'imaginaire du gauchisme, la France entière est supposée se mettre à l'heure du Quartier latin. La fracture déjà présente en mai-juin 68 avec la classe ouvrière et une partie de l'opinion va se développer en étant de moins en moins visible dans les médias convertis au gauchisme culturel.

En 2016, « Nuit debout » a poussé jusqu'à l'extrême – si l'on peut dire – cet héritage impossible de Mai 68 : refus de toute hiérarchie et de toute organisation synonymes de domination et de dépossession, utopie d'une société à l'horizontale en état de recréation permanente composée d'individus également autonomes, créatifs et responsables dont les rapports s'établiraient en toute transparence, dans l'illusion d'une parole et d'un débat à n'en plus finir sur tout et n'importe quoi, avec l'illusion que l'on a changé la société et le monde quand on a beaucoup parlé à leur propos. En contrepoint, se développe une fantasmagorie du pouvoir dominateur, manipulateur et du fascisme montant. Le comble est que certains continuent de croire que « la police vous parle tous les jours à vingt heures », selon un célèbre slogan de 1968, alors que les gauchistes sont invités régulièrement sur les plateaux comme représentants d'un « mouvement social » ou d'un nouveau Mai 68 dont on annonce régulièrement la venue depuis un demi-siècle. Des journalistes militants affirment leur opinion et leur idéologie comme des évidences indiscutables parce qu'ils sont conformes au nouvel air du temps. Ils dénoncent le pouvoir auquel ils participent pleinement. La crise, le retour de l'épreuve du réel et du tragique sous la forme des guerres, du terrorisme islamiste, des incivilités et des violences... dévoilent les faiblesses et les effets délétères de cette culture adolescente sans pour autant y mettre fin. Celle-ci est devenue hégémonique et continue de régner en maître dans certains médias ; elle est présente dans les institutions et dans l'État.

Un questionnement dépassé ?

Plus que jamais, il importe de trouver la bonne distance avec Mai 68 et d'affronter les questions confusément ouvertes, en dehors des idéologies et des impasses auxquelles elles ont donné et continuent de donner lieu. Par-delà son « héritage impossible », Mai 68 est symptomatique d'une crise de la modernité. Le malaise du « peuple adolescent » reflète les hésitations et les difficultés d'une société encore attachée à son histoire, à son héritage culturel mais qui n'en accomplit pas moins une rupture avec son passé, sans être capable de dessiner les traits du nouveau monde autrement que sous un angle modernisateur. L'adolescence vécue à cette époque est la « plaque sensible » révélatrice de ses paradoxes et de ses contradictions. L'entre-deux entre l'enfance et l'âge adulte fait écho à la mutation de la société française. Crise de l'adolescence et crise de la société entrent en résonance et aboutissent à un malaise présent au sein même de la dynamique des Trente Glorieuses. Les soixante-huitards sont à la fois les orphelins d'une France passée et les enfants de la dynamique de la modernité de l'après-guerre. Leur révolte est inséparable d'une rupture générationnelle dans une situation de mutation rapide à laquelle les élites et les adultes peinent à donner un sens qui dépasse le registre de la gestion technocratique, de la consommation et des loisirs. La désarticulation des sociétés démocratiques avec l'histoire, la fin des grands récits et des idéologies s'amorcent dans cette période. Malgré les efforts du gaullisme pour maintenir le fil, le progrès scientifique et technique, économique et social trouve difficilement à s'insérer dans le creuset humaniste et le récit historique qui, jusqu'alors, avaient constitué l'identité du pays qui le distinguait des autres nations en lui conférant une place particulière en Europe et dans le monde.

En ce sens, Mai 68 peut être considéré comme l'expression des contradictions de cette nouvelle étape de l'histoire sous la forme d'une catharsis qui libère les passions et les tensions accumulées dans ce moment de bouleversement historique, avec comme corollaire une fuite dans un imaginaire qui convoque les traits d'un passé révolutionnaire comme pour conjurer les angoisses du nouveau monde. Ce moment de catharsis collective et d'interrogation critique sur cette nouvelle société demeure encore fortement imprégné d'un héritage culturel et d'une histoire de France marqués par la Révolution française et les références au mouvement ouvrier. Qu'en est-il aujourd'hui ?

La fin des Trente Glorieuses et les « désillusions du progrès[1] », le développement de l'individualisme et du chômage de masse dessinent une situation qui paraît aux antipodes de ce moment bien particulier de l'histoire. Et pourtant... Une modernisation, qui n'est plus celle de l'après-guerre, continue d'aller bon train. Les politiques au pouvoir n'ont de cesse d'appeler à la « Modernisation », à la « Réforme », au « Projet »... qui, répétés à satiété, deviennent des maître mots au contenu indifférencié. Chacun est invité à changer pour s'adapter au plus vite à une mondialisation qu'on voudrait à tout prix rendre heureuse, quitte à passer outre aux résistances et aux oppositions vite réduites à du corporatisme ou à de la « ringardise ». La fascination pour les nouvelles technologies bat son plein. Le manager motivé et branché, perpétuel gagnant du nouveau monde, est devenu le héros auquel chacun est appelé, peu ou prou, à s'identifier... Dans ces conditions, que peut bien encore avoir à nous dire Mai 68 ?

Un texte anonyme de Mai 68 traduit un questionnement existentiel sur la vie dans la nouvelle société de l'époque :

« Nous travaillons pour nous nourrir ;
Nous travaillons pour nous loger ;
Nous travaillons pour nous vêtir.

1. Raymond Aron, *Les Désillusions du progrès*, Calmann-Lévy, 1969.

Et cela occupe tout notre temps : nous sommes souvent surmenés, fatigués.

Quel rôle joue donc cette mécanisation qui devait nous libérer ?

Qu'avons-nous fait, depuis plus d'un siècle de ce progrès, du machinisme et de la technique dont nous parlons sans cesse, que nous invoquons chaque jour comme s'il constituait l'article premier de notre foi ?

Ne sommes-nous point trompés par une croyance malheureuse ? Ne sommes-nous point abusés par les préjugés et la superstition ?

Le préjugé est ignoré de celui qui le nourrit ; les superstitions les plus profondes ne sont point conscientes : sinon elles s'évanouiraient bientôt.

Seulement, le préjugé, même ignoré, fait souffrir, la superstition inconsciente torture l'esprit.

Voyons, sommes-nous heureux [1] ? »

Cette interrogation qui date d'un demi-siècle n'a pas perdu forcément de son actualité. Elle est comme un héritage oublié de Mai 68, écrasé par l'apologie du nouveau monde et la fuite en avant.

Les élites de l'époque, qui comportent dans leurs rangs un nombre non négligeable de normaliens et d'agrégés, l'ont mieux compris que les jeunes conservateurs de droite d'aujourd'hui qui entendent en finir avec Mai 68 sans chercher à comprendre ce qui s'est passé. Raymond Aron a justement souligné le caractère de psychodrame de Mai 68 en le reliant aux conditions de vie dans la nouvelle société : « Étudiants et ouvriers conserveront, une fois de plus, un souvenir radieux de ces jours de grève, de fête, de cortèges, de discussions sans fin, d'émeutes, comme si l'ennui de la

1. Anonyme, *Quelle université ? Quelle société ?*, Seuil, 1968, p. 45.

vie quotidienne, l'étouffement par la rationalisation technique ou bureaucratique exigeait, de temps à autre, un soudain défoulement, comme si les Français ne sortaient de la solitude que dans le psychodrame révolutionnaire (ou pseudo-révolutionnaire) [1]. » Dans le cours même des événements, Georges Pompidou a posé le problème en termes civilisationnels : « Quoi d'étonnant enfin si le besoin de l'homme de croire à quelque chose, d'avoir solidement ancrés en soi quelques principes fondamentaux, se trouve contrarié par la remise en cause constante de tout ce sur quoi l'humanité s'est appuyée pendant des siècles [...]. Je ne vois de précédent dans notre histoire qu'en cette période désespérée que fut le XVe siècle, où s'effondraient les structures du Moyen Âge et où, déjà, les étudiants se révoltaient en Sorbonne [2]. »

Malgré les désordres et les affrontements [3], Mai 68 n'a pas débouché sur une « guerre civile ». André Malraux, qui avait vécu la guerre d'Espagne, ne s'y est pas trompé : « Ces grèves ont été singulières. D'abord, évidemment, par leur étendue. Mais aussi par leur absence de haine. Quand on

1. Raymond ARON, « Après la tempête. De Nanterre à l'Élysée », *Le Figaro*, 5 juin 1968, in *La Révolution introuvable. Réflexions sur la révolution de mai*, Fayard, 1968, p. 167.

2. Déclaration de Georges Pompidou, Premier ministre, à l'Assemblée nationale, le 14 mai 1968, in Georges POMPIDOU, *Pour rétablir une vérité*, Flammarion, 1982, p. 226.

3. En mai-juin 68, cinq morts peuvent être recensés : un jeune au pied d'une barricade et un commissaire de police à Lyon dans la nuit du 23 au 24 mai ; deux ouvriers à Sochaux et un lycéen à Flins le 10 juin. Mis à part à Sochaux, la police n'a pas ouvert le feu sur les manifestants. À ces morts lors des affrontements, s'ajoute celle d'un jeune militant communiste tué par balle lors de la campagne électorale de juin. Contrairement à la fantasmagorie gauchiste sur la répression et le fascisme, le gouvernement a tout fait pour éviter que les manifestations ne dégénèrent en affrontements sanglants. Cf. Maurice GRIMAUD, *En mai fais ce qu'il te plaît*, Stock, 1977. Voir aussi Maurice GRIMAUD, « L'État républicain face à la violence. L'exemple de mai 68 », *Cahiers de Politique Autrement*, avril 1999.

a vu déjà plusieurs révolutions, on ne peut s'y méprendre. Les grévistes étaient rarement armés. Les manifestations de masse ne se sont pas affrontées. Elles conduisaient à la guerre civile, elles ne la créaient pas. Elles aussi semblaient plus profondes que les revendications de salaires qu'elles soutenaient. Cette répétition générale d'un drame suspendu montrait, chez les grévistes comme ceux qui les regardaient passer, la conscience de la fin d'un monde[1]. » La Commune éudiante demeure largement une « histoire de famille » entre les élites modernisatrices au pouvoir, les parents qui ont connu l'ancien monde et leurs propres enfants. Ayant été élevés et éduqués dans l'ancien monde, les soixante-huitards en étaient les « héritiers rebelles », en rupture, mais des « héritiers quand même », malgré eux, tout au moins pour la frange cultivée de cette génération. Mais en guise d'héritage, la plupart d'entre eux ont laissé derrière eux des ruines et des désillusions, sans grand souci de reconstruction. Peut-on en déduire que la rupture de la transmission est définitive et que les nouvelles générations devraient tout reprendre à zéro ou se référer à l'ancien monde comme à un bon vieux temps qui n'a jamais existé ?

L'histoire demeure ambivalente et tragique. La transmission ne s'effectue pas en ligne droite et par le seul biais des institutions avec des enfants sages et bien élevés. Elle passe aussi par des chemins de traverse, des conflits et des contradictions. Nul ne peut a priori et du haut de ses certitudes décréter qu'elle en est la bonne et unique voie. En ce sens, la révolte étudiante de Mai 68 peut être considérée comme une révolution adolescente qui sur le moment a pu avoir des aspects de libération salutaires, mais qu'on ne saurait

1. André Malraux, « Discours prononcé au Parc des expositions à Paris le 20 juin 1968 », *La Politique et la Culture*, Gallimard, 1996, p. 347-348.

ériger en mythe fondateur pas plus qu'on ne saurait en faire la cause de tous nos maux. L'adolescence n'a qu'un temps, contrairement à ce que veut faire croire la société moderne. Que celui qui n'a pas été révolté lance la première pierre…

Discographie
(dans l'ordre d'apparition dans l'ouvrage)

« Mon amant de Saint-Jean », interprète : Lucienne Delyle, paroles : Léon Agel, musique : Émile Carrara, 1942

« J'attendrai », interprète : Rina Ketty, paroles : Louis Poterat, musique : Dino Olivieri, 1938

« L'Amour des hommes », interprète : Fréhel, paroles : André Hugon/Géo Koger, musique : Vincent Scotto, Columbia, 1938

« Pauvre Martin », interprète : Georges Brassens, paroles et musique de Georges Brassens, 1953

« Âge tendre et tête de bois », interprète : Gilbert Bécaud, paroles : Pierre Delanoë, musique : Gilbert Bécaud, 1960

« Salade de fruits », interprète : Bourvil, paroles : Noël Roux, musique : Armand Canfora et Noël Roux, 1959

« Kili Watch », interprète : Johnny Hallyday, paroles : Jil et Jan, musique : Gus Derse, Vogue, 1960

« Dactylo Rock », interprète : Les Chaussettes noires, paroles : Léo Missir, musique : Claude Moine, Barclay, 1961

« Be-Bop-A-Lula », interprète : Les Chaussettes noires, paroles : Eddy Mitchel/G. Vesta, musique : Gene Vincent/S. Davis, Barclay, 1961

« Daniela », interprète : Les Chaussettes noires, paroles : A. Pascal, musique : Georges Garvarentz, Barclay, 1961

« C'est pas sérieux », interprète : Dick Rivers, paroles : Fernand Bonifay, musique : Mort Garson, 1961

« Twist du canotier », interprète : Les Chaussettes noires et Maurice Chevalier, paroles : Noël Roux, musique : Georges Garvarentz, Barclay, 1962

« L'école est finie », interprète : Sheila, paroles : Claude Carrère/ Adré Salvet, musique : Jean Hourdeaux, Philips, 1963

« Première surprise-partie », interprète : Sheila, paroles et musique : Claude Carrère/Jean Grelbin, Philips, 1963.

« Papa t'es plus dans l'coup », interprète : Sheila, paroles et musique : Jil et Jam, Philips, 1963

« La Bagarre », interprète : Johnny Hallyday, paroles : Vline Buggy, adaptation de « Trouble » d'Elvis Presley, Philips, 1963

« Brand New Cadillac », interprète, paroles et musique : Vince Taylor, Parlophone, 1959

« Shakin' All Over », interprète : Vince Taylor, paroles et musique : Frederick Heath, 1961

« Twenty Fligh Rock », interprète, paroles et musique: Eddie Cochran, Liberty, 1957

« What'd I Say », interprète, paroles et musique : Ray Charles, Atlantic, 1959

« Est-ce que tu le sais ? » (« What'd I Say ») interprète : Les Chats sauvages, paroles et musique : Pierre Saka/D. Hortis/Ray Charles, 1962

« La Plus Belle pour aller danser », interprète : Sylvie Vartan, paroles : Charles Aznavour, musique : Georges Garvarentz, RCA, 1964

« Tous les garçons et les filles », interprète : Françoise Hardy, paroles : Françoise Hardy, musique : Roger Samyn, Vogue, 1962

« Nouvelle vague », interprète : Richard Anthony, paroles : Richard Anthony/Armand Canfora, musique : Jerry Leiber/Mike Stoller, Columbia, 1962

« À présent tu peux t'en aller », interprète : Richard Anthony, paroles : Gérard Bourgeois/Jean-Max Rivière, musique : Mike Hawker/Ivor Raymonde, Columbia, 1964 (reprise de « I Only Wanna Be with You », chanté par Dusty Springfield)

«J'entends siffler le train», interprète: Richard Anthony, paroles: Jacques Plante, musique: Hedy West, Columbia, 1962 (reprise de «500 Miles», folklore américain)

«Aline», interprète, paroles et musique: Christophe. Disc'AZ, 1965

«Tombe la neige», interprète, paroles et musique: Salvatore Adamo, La Voix de son maître, 1963

«Capri, c'est fini», interprète, paroles et musique: Hervé Vilard, Mercury, 1965

«Le bonheur n'est-il pas fait pour moi ?» interprète: Hugues Aufray, paroles: Vline Buggy/Hugues Aufray, musique: P. Sawtell, Barclay, 1964

«Céline», interprète: Hugues Aufray, paroles: Hugues Aufray/ Vline Buggy, musique: Mort Schuman, Barclay, 1966

«C'est pas sérieux», interprète: Les Chats sauvages, paroles: Vline Buggy, musique: Mort Garson, Pathé, 1962 (reprise de «Theme For A Dream», Cliff Richards)

«J'suis d'accord», interprète: Françoise Hardy, paroles: Françoise Hardy, musique: Françoise Hardy/ Robert Samyn, Vogue, 1962

«Soyons sages», interprète: France Gall, paroles: Robert Gall, musique: Guy Magenta, Philips, 1964

«I'm Down», interprète: The Beatles, paroles et musique: Paul McCartney aidé de John Lennon, EMI, 1965

«(I Can't Get No)… Satisfaction», interprète: The Rolling Stones, paroles et musique: Mick Jagger/ Keith Richards, DECCA, 1965

«Sa jeunesse», interprète Charles Aznavour, paroles et musique: Charles Aznavour/Pierre Roche/Jean Leccia/Jo Moutet, Ducretet-Thomson, 1956

«C'est bien mieux comme ça», bande originale du film *Les Parisiennes*, Barclay, 1962

«Help!», interprète: The Beatles, paroles et musique: Paul McCartney/John Lennon, EMI, 1965

«Rosa», interprète, paroles et musique: Jacques Brel, 1962

«A Well Respected Man», interprète: The Kinks, paroles et musique: Ray Davies, Pye Records, 1965

«Mother's Little Helper», interprète: The Rolling Stones, paroles et musique: Mick Jagger et Keith Richards, DECCA, 1966

«Summer Nights», interprète: Marianne Faithfull, paroles: B. Henderson, musique: L. Strike, DECCA, 1965

«Le Ciel, le Soleil et la Mer», interprète, paroles et musique: François Deguelt, Columbia, 1965

«Sea, Sex and Sun», interprète, paroles et musique: Serge Gainsbourg, Philips, 1978

«Sag Warum», interprète et paroles: Camillo, musique: Phil Spector, La voix de son maître, 1961

«Petite fleur», interprète: Sidney Bechet, Série Disque d'or, vol. 1, inédits en concert, Vogue, 1959

«Shake It Baby», interprète, paroles et musique: John Lee Hooker, American Folk Blues Festival, Brunswick, 1962

Ascenseur pour l'échafaud, album musique de film, interprète, musique: Miles Davis, Fontana, 1957

«Fontenay-aux-Roses», interprète: Maxime Leforestier, paroles: Jean-Pierre Kernoa, musique: Maxime Leforestier, Polydor, 1972

«Ni Dieu ni Maître», interprète, paroles et musique: Léo Ferré, Barclay, 1965

«Graine d'ananar», interprète, paroles et musique: Léo Ferré, Odéon, 1954

«La Marseillaise», interprète, paroles et musique: Léo Ferré, Barclay, 1967

«La Vie moderne», interprète, paroles et musique: Léo Ferré, Odéon, 1959

«Le Temps du plastique», interprète, paroles et musique: Léo Ferré, Odéon, 196?

«La Complainte de la télé», interprète, paroles et musique: Léo Ferré, Odéon, 1966

«Si tu t'en vas…», interprète, paroles et musique: Léo Ferré, Barclay, 1961

« L'Amour », interprète, paroles et musique : Léo Ferré, *Les Années Odéon*, Odéon, 1955-1958

« Ça t'va », interprète, paroles et musique : Léo Ferré, Barclay, 1962

« L'Affiche rouge », « Tu n'en reviendras pas », « Est-ce ainsi que les hommes vivent », *Les Chansons d'Aragon chantées par Léo Ferré*, album, paroles : Louis Aragon, musique : Léo Ferré, Barclay, 1961

« Les Assis », « Les Corbeaux », « La Chanson de la plus haute tour », album, *Léo Ferré chante Verlaine et Rimbaud*, paroles : Arthur Rimbaud, musique : Léo Ferré, Barclay, 1966

« Le Plat Pays », interprète, paroles et musique : Jacques Brel, Barclay, 1962

« Le Prochain Amour », interprète : Jacques Brel, paroles : Jacques Brel, musique : Gérard Jouannest, Philips, 1961

« Jef », interprète, paroles et musique : Jacques Brel, Philips, 1964

« Les Paumés du petit matin », interprète, paroles et musique : Jacques Brel, Philips, 1962

« Les Trompettes de la renommée », interprète, paroles et musique : Georges Brassens, Philips, 1962

« Il n'y a pas d'amour heureux », interprète : Georges Brassens, paroles : Louis Aragon, musique : Georges Brassens, Philips, 1965

« Les Yeux d'Elsa », interprète : Léo Ferré, paroles : Louis Aragon, musique : Léo Ferré, Barclay, 1961

« Quand on a que l'amour », interprète, paroles et musique : Jacques Bref, Philips, 1956

« Amsterdam », interprète, paroles et musique : Jacques Brel, Éditions Jacques Brel, 1964

« Les Bigotes », interprète, paroles et musique : Jacques Brel, Barclay, 1962

« Les Bourgeois », interprète, paroles et musique : Jacques Brel, Barclay, 1962

« Chanson pour l'Auvergnat », interprète, paroles et musique : Georges Brassens, Polydor, 1954

« La Prière », interprète : Georges Brassens, paroles : Francis Jammes, musique : Georges Brassens, Polydor, 1954

« La Mauvaise Réputation », interprète, paroles et musique : Georges Brassens, Polydor, 1954

« La Mauvaise Herbe », interprète, paroles et musique : Georges Brassens, Polydor, 1954

« Le Gorille », interprète, paroles et musique : Georges Brassens, Polydor, 1952

« Sunny », interprète : Richard Anthony, paroles : Jacques Plante, musique : Bobby Hebb, Columbia, 1966

« Si jamais », interprète, paroles et musique : Salvatore Adamo, La Voix de son maître, 1963

« My Generation », interprète : The Who, paroles et musique : Peter Townshend, Brunswick/DECCA, 1965

« J'irai cracher sur vos tombes », bande originale du film de Michel Gast, composée par Alain Goraguer, Philips, 1959

« Le Déserteur », interprète : Mouloudji, paroles : Boris Vian, musique : Boris Vian et Harold Berg, Philips, 1954 ; interprète : Les Sunlights, Disc'AZ, 1966 ; interprète : Richard Anthony, Columbia, 1966

« The House Of The Rising Sun », interprète : Bob Dylan, Columbia, 1962

« Masters Of War », « A Hard Rains's A-Gonna Fall », With God On Our Side », « The Lonesome Death Of Hattie Caroll », « Blowin'in The Wind », « When The Ship Comes In », « The Times They Are A Changin », « The Ballad Of Hollis Brown », « North Country Blues », « One Too Many Mornings », « Subterranean Homesick Blues », « Ballad Of A thin Man », « It's Alright, Ma (I'm Only Bleeding) », « Desolation Row », « Love Minus Zero/ No Limit », « Sad Eyed Lady Of The Lowlands », « Visions Of Johanna », « Chimes Of Freedom », *Another Side Of Bob Dylan*, interprète, paroles et musique : Bob Dylan, Columbia, 1962-1966

« Still I'm Sad », interprète: The Yardbirds, paroles et musique : Paul Samwell-Smith et Gim McCarthy, Columbia, 1965

« Paint It Black », interprète: The Rolling Stones, paroles et musique : Mick Jagger et Keith Richards, DECCA, 1966

« Babe, I'm Gonna Leave You », interprète : Joan Baez, paroles et musique : Anne Bredon, Vanguard, 1962

« Co-opération », « Melocoton », interprète, paroles et musique : Colette Magny, CBS, 1963

« Il est cinq heures, Paris s'éveille », interprète : Jacques Dutronc, paroles et musique : Claude Lanzmann/Anne Ségalen, Vogue, 1968

Filmographie
(dans l'ordre d'apparition dans l'ouvrage)

L'Île de Sein, compagnon de la Libération, film de Thierry Spitzer sur une idée d'Henri Bancaud, coproduction Arkadin/SIPRA ECRA, 1994

Paul dans sa vie, film de Rémi Mauger, Les Films d'ici, 2005

Hatari !, film de Howard Hawks, Malabar Production, 1962

Help !, film de Richard Lester, United Artists, 1965

Les Parisiennes, film à sketches de Marc Allégret, Claude Barma, Michel Boisrond et Jacques Poitrenaud, Francos Films, Incei films, 1962

L'Équipée sauvage, film de Lazlo Benedek, Stanley Kramer Productions, 1953

La Fureur de vivre, film de Nicholas Ray, Warner Bros, 1955

Terrain vague, film de Marcel Carné, Films Rive Gauche, Gray Film et Jolly Film, 1960

Les Cœurs verts, film d'Édouard Luntz, Les Films Raoul Ploquin, 1970

Les lions sont lâchés, film d'Henri Verneuil, Franco-London Films/Vidès-Film, 1961

Le Repos du guerrier, film de Roger Vadim, Franco Films, Incri Films, 1962

Les Quatre Cents Coups, film de François Truffaut, Les Films du Carrosse et SEDIF Productions, 1959

Ascenseur pour l'échafaud, film de Louis Malle, Nouvelles Éditions de Film, 1968

La Loi, film de Jules Dassin, Le Groupe des Quatre, Cité Films, Titanus, 1959

Scarface, film de Brian De Palma, Universal Pictures, 1983

Le Cercle des poètes disparus (*Dead Poets Society*), film américain de Peter Weir, Touchstone Pictures, 1989

Le Temps des copains, feuilleton télévisé, de Robert Guez, Telfrance/ RTF, 1961

Les Fraises sauvages (1966) et *Persona* (1967), films d'Ingmar Bergman, Svensk Filmindustri

La mariée était en noir, film de François Truffaut, les Films du Carrosse, les Productions Artistes Associés, 1968

Le Septième Juré, film de Georges Lautner, Orex Films, 1962

Blow-up, film de Michelangelo Antonioni, Bridge Films, Carlo Ponti Films, MGM, 1967

Masculin féminin, Anouchka Films, Argos Films, (1966), *À bout de souffle*, À bout de souffle Production (1960), *Pierrot le fou*, Films Georges de Beauregard, Rome Paris Films, SNC, (1965), films de Jean-Luc Godard

Le Père tranquille, film de René Clément, BCM, 1946

Marie-Octobre, film de Julien Duvivier, Abbey Films, Doxa Films, Orex Films, 1959

Le Passage du Rhin, film d'André Cayatte, Franco London Films, Joria, Société des films Gibé, 1960

Arrêtez les tambours, film de Georges Lautner, Compagnie lyonnaise de cinéma, Films A. de la Bourdonnaye, 1961

Un taxi pour Tobrouk, film de Denis de La Patellière, Franco London Films, Continetal Film, Procura, 1961

Table

Cet ouvrage a été composé
par Maury à Malesherbes
et achevé d'imprimer en France
par CPI
pour le compte des Éditions Stock
21, rue du Montparnasse, 75006 Paris
en août 2018

Imprimé en France

Dépôt légal : août 2018
N° d'édition : 04 - N° d'impression : 2039144
54-07-2414/7